Kohlhammer

Die Herausgeberin und der Herausgeber

Ursula Hofer, Prof. em. Dr., Blinden- und Sehbehindertenpädagogik an der Interkantonalen Hochschule für Heilpädagogik Zürich.
Markus Lang, Prof. Dr., Blinden- und Sehbehindertenpädagogik an der Pädagogischen Hochschule Heidelberg

Markus Lang
Ursula Hofer (Hrsg.)

Didaktik des Unterrichts mit blinden und hochgradig sehbehinderten Schülerinnen und Schülern

Band 2: Fachdidaktiken

2., überarbeitete und erweiterte Auflage

Verlag W. Kohlhammer

Dieses Werk einschließlich aller seiner Teile ist urheberrechtlich geschützt. Jede Verwendung außerhalb der engen Grenzen des Urheberrechts ist ohne Zustimmung des Verlags unzulässig und strafbar. Das gilt insbesondere für Vervielfältigungen, Übersetzungen, Mikroverfilmungen und für die Einspeicherung und Verarbeitung in elektronischen Systemen.

Die Wiedergabe von Warenbezeichnungen, Handelsnamen und sonstigen Kennzeichen in diesem Buch berechtigt nicht zu der Annahme, dass diese von jedermann frei benutzt werden dürfen. Vielmehr kann es sich auch dann um eingetragene Warenzeichen oder sonstige geschützte Kennzeichen handeln, wenn sie nicht eigens als solche gekennzeichnet sind.

Es konnten nicht alle Rechtsinhaber von Abbildungen ermittelt werden. Sollte dem Verlag gegenüber der Nachweis der Rechtsinhaberschaft geführt werden, wird das branchenübliche Honorar nachträglich gezahlt.

Dieses Werk enthält Hinweise/Links zu externen Websites Dritter, auf deren Inhalt der Verlag keinen Einfluss hat und die der Haftung der jeweiligen Seitenanbieter oder -betreiber unterliegen. Zum Zeitpunkt der Verlinkung wurden die externen Websites auf mögliche Rechtsverstöße überprüft und dabei keine Rechtsverletzung festgestellt. Ohne konkrete Hinweise auf eine solche Rechtsverletzung ist eine permanente inhaltliche Kontrolle der verlinkten Seiten nicht zumutbar. Sollten jedoch Rechtsverletzungen bekannt werden, werden die betroffenen externen Links soweit möglich unverzüglich entfernt.

2., überarbeitete und erweiterte Auflage 2022

Alle Rechte vorbehalten
© W. Kohlhammer GmbH, Stuttgart
Gesamtherstellung: W. Kohlhammer GmbH, Stuttgart

Print:
ISBN 978-3-17-041953-7

E-Book-Formate:
pdf: ISBN 978-3-17-041954-4
epub: ISBN 978-3-17-041955-1

Vorwort zur 1. Auflage

Nach dem ersten Band der »Didaktik des Unterrichts mit blinden und hochgradig sehbehinderten Schülerinnen und Schülern« legen wir nunmehr den zweiten der »Fachdidaktiken« vor. Enthielt der erste Band zentrale Grundlagengebiete blindenpädagogischen Handelns, folgt nun eine Ausdifferenzierung in konkrete Lernbereiche und fächerübergreifende Bildungsanliegen. Hierbei haben dankenswerterweise kompetente Kolleginnen und Kollegen aus den jeweiligen Praxisfeldern mitgewirkt, was den Band sprachlich und stilistisch vielfältig erscheinen lässt.

Im Zentrum stehen die Bildungsbedürfnisse blinder und (auch) auf Blindentechnik angewiesener, daher »hochgradig sehbehinderter« Kinder und Jugendlicher. Visuelle Aspekte werden in allen Kapiteln in die Überlegungen einbezogen, Basis ist jedoch das Lernen auf taktiler, auditiver und kinästhetischer Grundlage. Die Zielgruppe des Bandes sind wiederum alle Fachpersonen, die in Schule, Erziehung, Frühförderung oder Therapie mit hochgradig sehbehinderten, blinden oder sehgeschädigt-mehrfachbehinderten Kindern und Jugendlichen arbeiten bzw. sich in entsprechender Ausbildung, in Studium oder Weiterbildung befinden. Alle Aussagen werden grundsätzlich unabhängig von der Institution getroffen, in der eine Schülerin oder ein Schüler lernt. Der inhaltliche Fokus richtet sich jedoch ganz klar auf die didaktische Herausforderung des Lernens in heterogenen Gruppen. Mehrfachbehinderte Kinder und Jugendliche gehören selbstverständlich zur Zielgruppe dieser Fachdidaktik. Je nach Themenzusammenhang kommt dies unterschiedlich stark zur Geltung – im Bereich der unterstützten Kommunikation natürlich deutlicher als im Kontext von LaTeX als Mathematikschrift.

Der Begriff der Fachdidaktik steht in diesem Band einerseits »klassisch« für die Konkretisierung blindenpädagogischer didaktischer Grundlagen an einzelnen Fachwissenschaften (Mathematik, Deutsch, Musik, Kunst, Sport), zum anderen für die Realisierung fächerübergreifender spezifischer Bildungsanliegen und Fragestellungen in den Bereichen Veranschaulichung, Bewegungserziehung, Informationstechnische Bildung sowie Selbst- und Sozialkompetenz. Mit dieser Breite versuchen wir der Fülle der spezifischen Fragestellungen gerecht zu werden, ohne dabei jedes einzelne in den Stundentafeln der deutschsprachigen Länder tatsächlich verankerte Unterrichtsfach berücksichtigen zu können. Aus der Beschränkung des Buchumfangs ergab sich die Notwendigkeit exemplarischen Vorgehens. So wurden jene Lernbereiche ausgewählt, die als grundlegend für den Erwerb der Kulturtechniken gelten (»Lesen und Schreiben« sowie »Mathematisches Lernen«), des weiteren Fächer, die für blinde und hochgradig sehbehinderte Menschen von besonderer Bedeutung sein können oder hohe pädagogische Anforderungen im gemeinsamen Unterricht stellen (Kunst, Musik, Sport/Bewegungserziehung).

Auch die Kapitel zu fächerübergreifenden spezifischen Bildungsbereichen für den Unterricht mit blinden und hochgradig sehbehinderten Schülerinnen und Schülern sind ausgewählt und hätten um viele weitere ergänzt werden können. Da eine einzelne Darstellung der Fächer Geografie, Geschichte und Naturwissenschaften nicht möglich erschien, wurde das Problem der Veranschaulichung als didaktisches Hauptproblem isoliert und im Kapitel »Veranschaulichung in historischen, geografischen und naturwissenschaftlichen Kontexten« zusammengefasst. Es enthält einen Überblick über Grundprobleme der taktilen Veranschaulichung und konkretisiert diese noch einmal anhand von vier Beispielen.

In ähnlicher Weise wurden die Bereiche der Informationstechnischen Bildung, der Bewegungserziehung sowie der Selbst- und Sozialkompetenzen hinsichtlich Kommunikation, Orientierung und Mobilität sowie Lebenspraktischer Fähigkeiten als wichtige blindenspezifische didaktische Querschnittsfächer identifiziert, in ihren spezifischen Zielen, Inhalten, Methoden, Sozialformen und Medien dargestellt, aber auch exemplarisch konkretisiert.

Für einige Kapitel konnten Kolleginnen und Kollegen aus Deutschland und der Schweiz gewonnen werden, die gemeinsam mit den Herausgebern arbeiteten und ihre Kompetenzen aus dem jeweiligen Praxisfeld einbrachten. Zusätzlich wurden die Kapitel »Mathematisches Lernen« von Markus Lang, »Musik« von Ursula Hofer und »Kunst und Gestalten« von Friederike Beyer redaktionell betreut.

Auch in diesem Band war die Angleichung der ständig wechselnden Fach- und Verwaltungstermini zwischen Deutschland und der Schweiz, jedoch auch innerhalb der verschiedenen deutschen Bundesländer wieder ein unmögliches Unterfangen. Um die Verständlichkeit des Textes zu sichern, wurden jeweils die bekanntesten Begrifflichkeiten verwendet und, wo notwendig, kurz definiert.

In allen Kapiteln finden Praktikerinnen und Praktiker, Einsteigende wie Berufserfahrene eine Fülle von Anregungen, weiterführenden Fragen und auch Antworten, jedoch keine fertigen Unterrichtsrezepte. Diese bleiben den Leserinnen und Lesern bzw. dem kollegialen Austausch vorbehalten.

Vorwort zur 2. Auflage

Nachdem die erste Auflage des zweiten Bandes zur »Didaktik des Unterrichts mit blinden und hochgradig sehbehinderten Schülerinnen und Schülern«, die »Fachdidaktiken«, seit geraumer Zeit vergriffen ist, erscheint sie nun in zweiter Auflage. Analog zur 2011 erschienenen ersten Auflage enthält sie die didaktisch-methodische Ausgestaltung zentraler Fachbereiche gemäß Bildungsplänen sowie fächerübergreifend zu denjenigen der Curricula für besondere Bildungs- und Fördermaßnahmen für Lernende mit Blindheit und hochgradiger Sehbehinderung. Sie bezieht sich demnach auf verschiedene Fachwissenschaften wie Sprache, Mathematik, Musik, Sport und Kunst. Gleichzeitig berücksichtigt sie spezifische Fragestellungen in Bezug auf mediale Veranschaulichungen, Informationstechnologien, auf die Bewegungserziehung und die Förderung sozialer und kommunikativer Kompetenzen, die Vermittlung von Fähigkeiten zur Orientierung und Mobilität oder zur Bewältigung lebenspraktischer Anforderungen. Dazu werden wirksame altbewährte wie neue Konzepte und Prinzipien zur Gestaltung des Unterrichts vorgeschlagen. Sie richten sich an alle beteiligten Lehr- und Fachpersonen, welche ihre didaktischen Wissens-, Verstehens- und Handlungskompetenzen reflektieren und weiterentwickeln möchten. Sie richten sich insbesondere auch an diejenigen unter ihnen, welche in inklusiven/integrativen Settings arbeiten und aufgrund ihrer fachlichen Kompetenzen einen wichtigen Beitrag leisten zur Weitergabe derselben an die Kolleginnen und Kollegen in der Allgemeinen Schule und damit zur Weiterentwicklung des gemeinsamen Unterrichts.

Die thematischen Hinweise im Vorwort zur ersten Auflage behalten demzufolge ihre Gültigkeit für die nun vorliegende zweite Auflage. Alle Buchteile und Inhalte sind nach kritischer Durchsicht aktualisiert und erweitert oder differenziert worden. Einige Kapitel wurden völlig neu konzipiert (z. B. Mathematik, Kunst, Veranschaulichung in naturwissenschaftlichen Kontexten) oder wurden erstmalig als Inhalt aufgenommen (Sachunterricht und Medieneinsatz). Etliche Kolleginnen und Kollegen aus den spezifischen Fachbereichen, die an der ersten Auflage mitgearbeitet haben, sind auch an der zweiten beteiligt. Vier sind neu dazugestoßen. Sie alle tragen mit ihrem fachlichen Wissen, ihren umfassenden Erfahrungen und Handlungskompetenzen bei zu einer vielschichtigen und praxisnahen Darbietung der Inhalte. Alle gehen aus von den besonderen Herausforderungen, welche sich blinden und hochgradig sehbehinderten Kindern und Jugendlichen im Zugang zu Lerninhalten und dem Erfüllen von curricularen Zielen stellen.

Die Bildungsbedürfnisse dieser Lernenden beruhen auf ihren besonderen Wahrnehmungsvoraussetzungen im Erwerb von Fähigkeiten und Kompetenzen. Demzufolge beziehen sich auch die Inhalte der zweiten Auflage auf haptische, auditive sowie visuelle Aspekte der Gestaltung von Lernumgebungen. Dabei ist besonders zu beachten, dass funktionale Klassifikationen und Zuweisungen zu »Blindheit« oder »Hochgradiger Sehbehinderung« nur bedingt Aussagen zulassen über die für Betroffene notwendigen medialen Ausgestaltungen der Lernangebote sowie die Vermittlung von angemessenen und dafür dienlichen Nutzungsstrategien. Nicht alle Lernenden, die als blind bezeichnet werden, nutzen nur taktile und auditive Lern- und Hilfsmittel. Und diejenigen, welche als hochgradig sehbehindert eingestuft sind, nutzen visuelle, haptische und auditive Zugänge zu Lerninhalten auf unterschiedliche Weise, mit stets individuellen Präferenzen und Kombinationen. Damit entfällt jede grundsätzliche Anbindung der didaktischen Ausgestaltung des Unterrichts und der Lernumgebungen an eine Diagnose. Stattdessen gilt es, mediale Angebote in angemessener Passung von Bedürfnissen und Angeboten individuell festzulegen, dabei jedoch das gemeinsame, kooperative Lernen nicht außer Acht zu lassen, sondern, im Gegenteil, besonders zu fördern und zu unterstützen.

Diese Herausforderungen bestehen unabhängig davon, in welchen Institutionen, ob in Förder- resp. Sonder- oder in Regelschulen, die Kinder und Jugendlichen unterrichtet werden. Und sie bestehen ebenso für diejenigen unter ihnen mit zusätzlichen funktionalen Beeinträchtigungen. Für alle stehen die Sicherung von Zugänglichkeit zu und die Teilhabe an allen Bereichen der Aktivität und des Lernens primär im Fokus.

Wir hoffen, mit dieser zweiten Auflage der »Fachdidaktiken« einen hilfreichen Beitrag zur fachlich und sachlich fundierten Weiterentwicklung aller Praxisfelder für die Bildung blinder und hochgradig sehbehinderter Kinder leisten zu können.

Herzlich bedanken wir uns beim Verlag W. Kohlhammer, welcher das Erscheinen dieses 2. Bandes in zweiter Auflage ermöglicht.

Heidelberg und Zürich im Frühjahr 2022

Markus Lang, Ursula Hofer

Inhalt

Vorwort zur 1. Auflage 5

Vorwort zur 2. Auflage 7

1 Lesen und Schreiben 19
Markus Lang
- 1.1 Das System der Deutschen Brailleschrift 19
- 1.2 Das Lesen der Brailleschrift 22
  - 1.2.1 Leseorgan 22
  - 1.2.2 Redundanzarmut der Brailleschrift 22
  - 1.2.3 Lesebewegungen 23
  - 1.2.4 Wahrnehmungs- und Leseprozess 25
  - 1.2.5 Lesegeschwindigkeit 26
  - 1.2.6 Sitzhaltung 27
- 1.3 Das Schreiben der Brailleschrift 28
  - 1.3.1 Brailleschreibmaschine 28
  - 1.3.2 Computer und Braillezeile 29
  - 1.3.3 Tafel und Stichel 30
- 1.4 Braillenutzung von Schülerinnen und Schülern mit zusätzlichem Förderbedarf 31
- 1.5 Schriftspracherwerb 32
  - 1.5.1 Entwicklungsprozesse des Braille-Schriftspracherwerbs 32
  - 1.5.2 Voraussetzungen für den Schriftspracherwerb 37
  - 1.5.3 Vorbereitung auf den Lese- und Schreiblehrgang 38
  - 1.5.4 Der Lese- und Schreiblehrgang 42
  - 1.5.5 Die Reihenfolge der Schriftsysteme und Schreibmedien 53
  - 1.5.6 Förderung der Lesegeschwindigkeit 55
- 1.6 Didaktische Überlegungen zum Einsatz des Computers in den Bereichen Lesen und Schreiben 56
  - 1.6.1 Computereinsatz bei blinden und sehbehinderten Kindern und Jugendlichen mit zusätzlichen Beeinträchtigungen 58
  - 1.6.2 Computereinsatz in der Grundschule 58
  - 1.6.3 Computereinsatz in der Sekundarstufe 60
- 1.7 Herausforderungen bei dualer Schriftnutzung 60

| | | 1.7.1 | Schriftentscheidungen vor dem Schriftspracherwerb .. | 62 |

| | | 1.7.2 | Die Einführung von Brailleschrift bei Schwarzschriftnutzerinnen und -nutzern .... | 64 |

| | | 1.7.3 | Konkretes Vorgehen bei der Einführung der Brailleschrift als zweites Schriftsystem .... | 66 |

| | Literatur .... | 67 |

Anhang zu Kapitel 1 .... **71**

Anhang 1: Groß- und Kleinbuchstaben in Eurobraille 72

Anhang 2: Raster zur Entscheidung über das primäre Schriftmedium des Schriftspracherwerbs 73

Anhang 3: Raster zur Entscheidung über die Einführung von Brailleschrift bei Schwarzschriftnutzerinnen und -nutzern 75

2 Grundlagen des Mathematikunterrichts **77**
  Juliane Leuders & Markus Lang

  2.1 Ausgangspunkte des Mathematikunterrichts mit blinden und hochgradig sehbehinderten Schülerinnen und Schülern 77
  2.2 Kompetenzbereiche und Leitideen des Mathematikunterrichts 79
  2.3 Lernmaterialien für heterogene Lerngruppen 81
  2.4 Zahlen und Operationen 83
    2.4.1 Lernziele 83
    2.4.2 Individuelle Bedingungen und Lernvoraussetzungen blinder und hochgradig sehbehinderter Kinder 86
    2.4.3 Inklusive Eigenschaften des Materials 89
    2.4.4 Didaktische Kriterien 89
  2.5 Algorithmen, Algebra und funktionales Denken 90
    2.5.1 Lernziele 90
    2.5.2 Individuelle Bedingungen und Lernvoraussetzungen blinder und hochgradig sehbehinderter Kinder 92
    2.5.3 Inklusive Eigenschaften des Materials 93
    2.5.4 Didaktische Kriterien 93
  2.6 Geometrie (Raum und Form) 94
    2.6.1 Mathematische Lernziele (inkl. math. Basisfähigkeiten) 94
    2.6.2 Individuelle Bedingungen und Lernvoraussetzungen blinder und hochgradig sehbehinderter Kinder 96
    2.6.3 Inklusive Eigenschaften des Materials 98
    2.6.4 Mathematikdidaktische Kriterien 98
  2.7 Größen und Messen 99
    2.7.1 Mathematische Lernziele (inkl. math. Basisfähigkeiten) 99
    2.7.2 Individuelle Bedingungen und Lernvoraussetzungen blinder und hochgradig sehbehinderter Kinder 101
    2.7.3 Inklusive Eigenschaften des Materials 102

		2.7.4 Mathematikdidaktische Kriterien	102
2.8		Sachsituationen, Daten und Zufall	102
	2.8.1	Mathematische Lernziele (inkl. math. Basisfähigkeiten)	102
	2.8.2	Individuelle Bedingungen und Lernvoraussetzungen blinder und hochgradig sehbehinderter Kinder	104
	2.8.3	Inklusive Eigenschaften des Materials................	104
	2.8.4	Mathematikdidaktische Kriterien	105
2.9		Punktschriftnotation	106
2.10		Schriftliche Rechenverfahren	107
	2.10.1	Halbschriftliches Rechnen	108
	2.10.2	Schriftliche Rechenverfahren	108
2.11		Abakus...	110
		Literatur	112

3 LaTeX als Mathematikschrift 115
Ulrich Kalina

3.1	Verschiedene Mathematikschrift-Systeme	115
3.2	Wie ist LaTeX entstanden?	116
3.3	Das LaTeX-Konzept in fünf einfachen Regeln	117
3.4	LaTeX als Brückenschriftsystem	119
	3.4.1 Methodische Aspekte	120
	3.4.2 Eingabehilfe TeXShell................................	120
	3.4.3 Verwendung von LaTeX-Abkürzungen	120
	3.4.4 Müssen Schülerinnen und Schüler »übersetzbare« LaTeX-Dokumente erstellen?	120
3.5	Mathematik – gesprochen und geschrieben	121
	3.5.1 Wie streng müssen die Syntax-Regeln von LaTeX eingehalten werden?	122
3.6	Nachteile der linearen LaTeX-Notation	123
3.7	Vorteile einer zeichen- und zeilenorientierten Notation	123
3.8	LaTeX für sehbehinderte Schülerinnen und Schüler?	124
	Literatur	125

4 Inklusiver Sachunterricht und Medieneinsatz für Kinder mit und ohne Sehbeeinträchtigungen 126
Friedrich Gervé & Markus Lang

4.1	Einleitung	126
4.2	Sachunterricht und Inklusion	127
4.3	Lernen im Sachunterricht als sozial-konstruktivistischer Inklusionsprozess	128
4.4	Welterschließendes Lernen im Kontext von Blindheit und Sehbehinderung	131
4.5	Handlungsfelder des welterschließenden Lernens und deren inklusives Potential	133

	4.5.1	Wahrnehmen/sich informieren	134
	4.5.2	Erarbeiten/Dokumentieren	135
	4.5.3	Gestalten/sich ausdrücken	137
	4.5.4	Präsentieren/sich mitteilen	138
	4.5.5	Kommunizieren/sich verständigen	139
	4.5.6	Anwenden/üben	140
4.6	Zur Funktion von Medien und Materialien im inklusiven Sachunterricht		141
	4.6.1	Funktionen von Medien im sachunterrichtlichen Lehr-Lernprozess	141
	4.6.2	Medien im Kontext von Sehbehinderung und Blindheit	142
	4.6.3	Medien für einen inklusiven Sachunterricht	144
Literatur			144

5 Veranschaulichung in naturwissenschaftlichen Kontexten: Gestaltung konkret 146

Silvia Brüllhardt & Ursula Hofer

5.1	Taktile und visuelle Veranschaulichung		146
	5.1.1	Das Modell	146
	5.1.2	3D-Druck	147
	5.1.3	Das Relief	148
	5.1.4	Die Quellkopie	148
5.2	Gestaltungsprinzipien für visuelle und taktile Veranschaulichung		149
5.3	Materialien für die taktile Veranschaulichung		152
	5.3.1	Materialien für Reliefouriginale	153
	5.3.2	Materialien für Reliefabzüge	153
	5.3.3	Materialien für Reliefunikate	153
5.4	Veranschaulichungen für verschiedene naturwissenschaftliche Fachbereiche		154
	5.4.1	Geografie und Geschichte	154
	5.4.2	Mathematik	155
5.5	Schlussfolgerung		156
Literatur			156

6 Musik 157

Martin Huwyler

6.1	Einleitung		157
	6.1.1	Spezifische Voraussetzungen der Schülerinnen und Schüler für den Musikunterricht	157
6.2	Ziele – Inhalte, didaktische Prinzipien, Medien		159
	6.2.1	Bedeutsamkeit in Gegenwart und Zukunft	159
	6.2.2	Musik als Beruf oder Freizeitbeschäftigung	160

6.3	Inhalte		161
	6.3.1	Allgemeine didaktische Aspekte	162
	6.3.2	Medien und technische Hilfsmittel	162
	6.3.3	Übertragung von Noten und Texten in Brailleschrift	164
	6.3.4	Aufnahmegeräte	164
	6.3.5	Computer- und Tablet-Anwendungen	166
6.4	Singen		167
	6.4.1	Atmung, Haltung, Stimme	167
	6.4.2	Noten und Liedtexte lesen – auswendig singen	168
6.5	Bewegen und Tanzen		169
	6.5.1	Aufbau eines Bewegungsrepertoires	169
	6.5.2	Bewegungsvermittlung	170
	6.5.3	Sicheres Bewegen im Raum	171
6.6	Hören		172
	6.6.1	Auditive Wahrnehmung	172
	6.6.2	Musik hören	173
6.7	Vokal- und Instrumentalmusik		174
	6.7.1	Spielen ohne Noten	175
	6.7.2	Spielen mit Noten	176
	6.7.3	Merkmale der Notation in Schwarzschrift	176
	6.7.4	Braillenotenschrift	177
6.8	Instrumentalspiel		179
	6.8.1	Instrumentenwahl	180
	6.8.2	Aspekte einzelner Instrumentenfamilien als Auswahlkriterien	181
6.9	Blinde und sehbehinderte Musikerinnen und Musiker, die solistisch oder in Ensembles spielen		183
6.10	Schlussfolgerungen		184
	Literatur		184

7 Bewegungserziehung — 186
Markus Lang

7.1	Didaktische Grundorientierung des Sportunterrichts	186
7.2	Die Bedeutung der Bewegungserziehung für blinde und hochgradig sehbehinderte Schülerinnen und Schüler und die Praxis des Schulsports	186
7.3	Ophthalmologische Aspekte	188
7.4	Das Bewegungslernen von Kindern und Jugendlichen mit Blindheit und Sehbehinderung und didaktische Umsetzungen im Sportunterricht	190
7.5	Organisatorische Aspekte des Sportunterrichts	191
7.6	Psychomotorik, Rhythmik und Tanz	193
7.7	Schwimmen	195
7.8	Leichtathletik	196
	7.8.1 Lauf	197

		7.8.2	Sprung	198
		7.8.3	Wurf	199
	7.9	Sportspiele		200
		7.9.1	Goalball und Torball	200
		7.9.2	Blindenfußball	202
		7.9.3	Weitere Ballspiele	203
	7.10	Lauf- und Fangspiele		204
	7.11	Ausblick: Weitere Sportarten		204
	Literatur			205

8 Kunstunterricht mit blinden und taktil orientierten Schülerinnen und Schülern ... 208
Judith Schulz

	8.1	Problemfach Kunst?		208
	8.2	Fachübergreifende und unterrichtsimmanente Ziele des Kunstunterrichts		209
	8.3	Didaktische Überlegungen zu den Unterrichtszielen und Inhalten – Was ist Kunst?		211
		8.3.1	Entwicklung und Bedeutung des Kunstunterrichtes in der Blindenpädagogik	211
		8.3.2	Ziele des Kunstunterrichts – Lehrplanbezug	213
		8.3.3	Konsequenzen für die Planung des Kunstunterrichtes und der Unterrichtsziele	215
	8.4	Methodische Überlegungen zum Kunstunterricht		216
		8.4.1	Unterrichtsstruktur	217
		8.4.2	Methoden der Kunstrezeption	218
		8.4.3	Einsatz technischer Hilfsmittel	219
		8.4.4	Museumsbesuche	219
	8.5	Umsetzung im Unterricht		220
		8.5.1	Rolle der Lehrperson	220
		8.5.2	Material und Organisation im Klassenraum	221
		8.5.3	Bildbetrachtung im Kunstunterricht	224
		8.5.4	Vermittlung von Bedeutungswissen	229
	8.6	Zusammenfassung und Ausblick		230
	Literatur			231

9 Informationstechnologie (IT) ... 233
Ulrich Kalina

	9.1	IT-Systeme in der sonderpädagogischen Förderung		233
	9.2	Assistive Technologie		233
		9.2.1	Braillezeile	233
		9.2.2	Sprachausgabe	234
		9.2.3	Screenreader	234
		9.2.4	Vergrößerungssoftware	235

		9.2.5	Weitere Assistive Technologien für Menschen mit Blindheit und Sehbehinderung	236
		9.2.6	Produkte, Anbieter, Informationsquellen	236
	9.3	Methodische Aspekte		237
		9.3.1	Notwendigkeit eines speziellen Windows-Zugangs	237
		9.3.2	Objekt-orientierte Navigation in Windows – »ohne Maus«	237
		9.3.3	Kontextmenü	238
		9.3.4	Tastatur statt Maus	238
		9.3.5	Anwählen, Markieren, Aktivieren	239
		9.3.6	Menüs vor Kurztasten	239
		9.3.7	Windowsfunktionen vor Screenreader-Funktionen	240
		9.3.8	Klare Begrifflichkeit	240
	9.4	Informationstechnische Bildung – für alle!		240
		9.4.1	ECDL und Ilvesheimer Kompetenzraster	241
	9.5	Digitale Lehr- und Lernmittel		242
		9.5.1	Problempunkt Barrierefreiheit	242
		9.5.2	Literatur in digitaler Form	243
		9.5.3	DAISY	243
	Weiterführende Literatur/Informationsquellen im Internet			244

10 Förderung sozialer Kompetenzen 245
Ursula Hofer

	10.1	Definitionen, Inhalte und Voraussetzungen sozialer Kompetenz	245
		10.1.1 Individuelle Voraussetzungen	246
		10.1.2 Angebote zur Förderung sozialer Kompetenzen	247
	10.2	Inhalte von Förderangeboten zum Erwerb sozialer Kompetenzen	248
	10.3	Didaktische Umsetzungen der Förderung sozialer Kompetenzen	249
		10.3.1 Modelllernen: Ausführungs- oder Anregungsmodell	251
		10.3.2 Rollenspiel	252
	10.4	Feedback	255
		10.4.1 Transfer	255
	10.5	Körpersprache als Selbstinszenierung	256
		10.5.1 Stereotypien: Bewegung, Sprache, Stimme	257
	10.6	Interaktionsspiele	259
	Literatur		260

11 Förderung kommunikativer Kompetenzen 262
Ursula Hofer

	11.1	Voraussetzungen und Inhalte kommunikativer Kompetenzen	262
		11.1.1 Non- und paraverbale Kommunikation	263
		11.1.2 Kommunikationsgestaltung	263

	11.2	Didaktische Umsetzungen: Exemplarische Auswahl	265
		11.2.1 Körpersprache gestalten: Theaterarbeit	265
		11.2.2 Verbale Kommunikation: Sprechkompetenzen	266
		11.2.3 Hörkompetenzen: Hörverstehen	269
	11.3	Unterstützte Kommunikation	270
		11.3.1 Zielsetzungen und Voraussetzungen	270
		11.3.2 Individuelle Voraussetzungen	272
		11.3.3 Kontext: Kommunikationsvoraussetzungen der Bezugspersonen	274
	11.4	Körpereigene Kommunikationsformen	274
	11.5	Nichtelektronische Kommunikationshilfen	276
	11.6	Elektronische Kommunikationshilfen	279
	11.7	Förderorte und Unterrichtsgestaltung	282
	11.8	Allgemeine Schlussfolgerung	283
		Literatur	284
12	**Förderung von Orientierung und Mobilität**		**287**

Ursula Hofer & Viola Oser

	12.1	Orientierung und Mobilität (O&M) im Überblick	287
		12.1.1 Definitionen, Aufgaben und Ziele	287
		12.1.2 Klientel von O&M	288
		12.1.3 Entwicklungspsychologische Voraussetzungen	289
		12.1.4 Individualisierung und Kooperation	292
		12.1.5 Rahmenbedingungen des Unterrichts	294
	12.2	Echolokalisation	294
	12.3	Inhalte von O&M	296
		12.3.1 Förderung von Wahrnehmung und Bewegung	298
		12.3.2 Orientieren und Bewegen im Raum: Fortbewegung und Schutz	302
		12.3.3 Gestaltung des Raumes	304
	12.4	Didaktische Konzepte	306
		12.4.1 Erfahrungslernen und Begriffsbildung	307
		12.4.2 Vom markanten Punkt zum kognitiven Plan	310
		12.4.3 Gestaltungsprinzipien einer O&M-Unterrichtssequenz im öffentlichen Raum	311
	12.5	Hilfsmittel	312
		12.5.1 Der Langstock: Unterstützung und Schutz	313
		12.5.2 Alternativen zum Langstock – Ergänzung des Langstocks	314
		12.5.3 Der Navigationsgürtel feelSpace	315
		12.5.4 Hilfsmitteltraining am Beispiel ›Monokular‹	315
		12.5.5 Smartphone und Apps	316
		Literatur	318

13	**Förderung Lebenspraktischer Fähigkeiten (LPF)**	**320**
	Alex Hergert & Ursula Hofer	
	13.1 Lebenspraktische Fähigkeiten (LPF) im Überblick	320
	13.1.1 Aufgaben und Ziele von LPF	320
	13.1.2 Ausbildungskonzepte für Fachpersonen LPF	323
	13.2 Besondere Herausforderungen des Fachs LPF	324
	13.2.1 Selbstständige Lebensgestaltung	324
	13.2.2 LPF als spezifisches Unterrichtsfach oder als fächerübergreifendes Prinzip?	325
	13.3 Inhalte von LPF	328
	13.3.1 Inhalte und Lebensbereiche	328
	13.4 Didaktische Konzepte von LPF	334
	13.4.1 Unterrichtsvoraussetzungen auf verschiedenen systemischen Ebenen	334
	13.4.2 Didaktische Grundprinzipen	335
	13.4.3 Unterricht strukturieren und rhythmisieren	337
	13.4.4 Gestaltung von Lernprozessen	338
	13.4.5 Das Drei-Phasen-Modell am Beispiel ›Schuhe binden‹	339
	13.4.6 Das Drei-Phasen-Modell am Beispiel ›Rasieren‹	340
	13.5 Didaktische Umsetzung von Lernfeldern rund um das Thema ›Essen‹	340
	13.5.1 Inhalte (vgl. auch ISB 2001)	340
	13.5.2 Begriffsbildung	341
	13.5.3 Räumliche Orientierung	341
	13.5.4 Verhalten am Tisch	342
	13.5.5 Essenstechniken	343
	13.6 Hilfsmittel zur Unterstützung Lebenspraktischer Fähigkeiten	345
	13.6.1 Unterstützende Technologien: Exemplarischer Überblick	346
	13.7 Fazit	349
	Literatur	349

1 Lesen und Schreiben

Markus Lang

Blinde Kinder und Jugendliche sind hinsichtlich der Schriftsprache auf ein taktiles Schriftsystem angewiesen. Hieraus ergeben sich grundlegende und spezifische didaktische Entscheidungen und Vorgehensweisen.

Bei der nachfolgenden Darstellung der didaktischen Besonderheiten im schriftsprachlichen Lernen wird besonderes Gewicht auf den Schriftspracherwerb gelegt. Daneben finden der Computereinsatz in verschiedenen Lerngruppen und die Herausforderungen bei einer dualen Schriftnutzung (Brailleschrift und Schwarzschrift) intensive Berücksichtigung.

1.1 Das System der Deutschen Brailleschrift

Louis Braille (1809–1852) entwickelte als blinder Schüler der Pariser Blindenanstalt 1825 eine Punktschrift, die sich aufgrund ihrer hervorragenden Tastbarkeit und des relativ einfachen Schreibprozesses international als Blindenschrift durchsetzen konnte (vgl. Lang 2010). Sämtliche der heute gebräuchlichen Brailleschriften für Sprachen, Mathematik, Naturwissenschaften etc. gehen auf Brailles Erfindung zurück, dessen Grundmuster aus sechs frei kombinierbaren Punkten innerhalb einer festen Matrix besteht (▶ Abb. 1.1). Insgesamt lassen sich in diesem System 64 verschiedene Punktkombinationen (inkl. Leerzelle) bilden, die für die Zeichendarstellung zur Verfügung stehen. Da selbst innerhalb einer Sprache für die Verschriftlichung von Literatur, Mathematik, Musik oder naturwissenschaftlichen Sachverhalten mehr als 64 verschiedene Zeichen benötigt werden, sind die einzelnen Punktkombinationen mehrfach belegt. Die Kennzeichnung des für die Identifikation der Zeichen notwendigen Kontextes erfolgt über vorangestellte Ankündigungszeichen (z. B. kündigt die Punktkombination 3, 4, 5, 6 an, dass das nachfolgende Zeichen nicht als Buchstabe, sondern als Ziffer interpretiert werden muss).

Im deutschsprachigen Raum werden die Vollschrift und die Kurzschrift als Literaturschriften eingesetzt. Für das Erstellen von Texten am Computer spielt Eurobraille (Computerbraille) eine wesentliche Rolle.

In der Vollschrift existieren sämtliche Buchstaben als Kleinbuchstaben. Die Großschreibung wird durch ein vorangestelltes Ankündigungszeichen (Punkte 4 und 6) gekennzeichnet. Definierte Zeichen gibt es darüber hinaus beispielsweise für Satzzeichen und für häufige Buchstabenkombinationen (au, äu, eu, ei, ie, ch, sch, st) (▶ Tab. 1.1).

1 Lesen und Schreiben

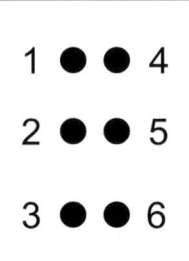

Abb. 1.1: Braillezelle mit Punktnummerierung

Tab. 1.1: Zeichenauswahl der Deutschen Vollschrift

a	b	c	d	e	f	g	h	i	j
k	l	m	n	o	p	q	r	s	t
u	v	w	x	y	z	ä	ö	ü	ß
au	äu	eu	ei	ie	ch	sch	st	,	Punkt
;	:	?	!	(	)	„	"	-	'

Die Kurzschrift verfolgt primär das Ziel, das Volumen der Braillebücher zu reduzieren. Das heute gültige System besteht aus ca. 300 Kürzungen (▶ Tab. 1.2). Es ist in einem umfassenden und komplexen Regelwerk zusammengefasst (s. Brailleschriftkommission der deutschsprachigen Länder 2018).

Eurobraille (Computerbraille) definiert die Gestalt der Zeichen, die benötigt werden, um Texte 1:1 von Schwarzschrift in Punktschrift übertragen zu können. Hierfür musste die Braillezelle auf 8 Punkte erweitert werden (▶ Abb. 1.2). Auf diese Weise entstanden 256 Kombinationsmöglichkeiten der Punkte, so dass jedem Schwarzschriftzeichen (des erweiterten ASCII-Zeichensatzes) ein eindeutiges Punktschriftzeichen zugeordnet werden kann. Per Computer angefertigte Texte stehen folglich unmittelbar sowohl in Schwarzschrift (Bildschirm/Ausdruck) als auch in Punktschrift (Braillezeile/Brailledruck) zur Verfügung.

Tab. 1.2: Beispiele aus dem System der Deutschen Kurzschrift

der	die	das	immer	komm
⠙	⠊	⠎	⠊⠍	⠅⠍

mit	regier	sprech	über	vor
⠍	⠗⠛	⠎⠏	⠾	⠧

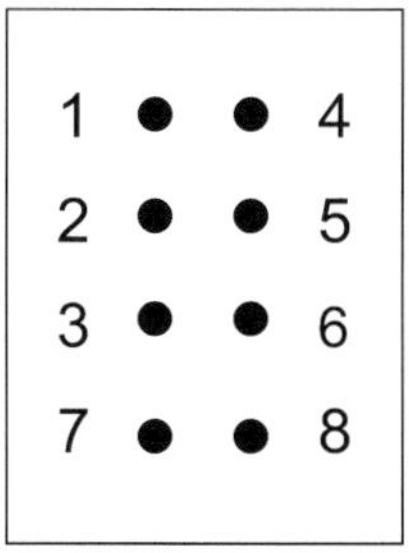

```
1 ● ● 4
2 ● ● 5
3 ● ● 6
7 ● ● 8
```

Abb. 1.2: Braillezelle im 8-Punkte-Format mit Punktnummerierung

Die Kleinbuchstaben in Eurobraille sind bis auf wenige Ausnahmen mit denjenigen der Vollschrift identisch (▶ Anhang 1). Eurobraille verfügt über Großbuchstaben und eigene Ziffernzeichen. Grundsätzlich existieren in Eurobraille keine Ankündigungszeichen und Kürzungen.

In einer umfassenden Befragung von Brailleleserinnen und -lesern aller Altersgruppen (N=819; Altersspanne 6–89 Jahre) zur Nutzung der Brailleschrift und assistiver Technologien in Deutschland und in der Schweiz konnten große Unterschiede in der Nutzungshäufigkeit der verschiedenen Braillesysteme in Abhängigkeit der Altersgruppe festgestellt werden (Lang et al. 2016). Die Vollschrift spielt insbesondere zu Beginn des Brailleerwerbs eine Rolle: 56,9 % der unter 23-Jährigen lesen sie täglich oder fast täglich. In den weiteren Altersgruppen sind die entsprechenden Werte deutlich geringer. Anders verhält es sich mit der Kurzschrift als Leseschrift. Diese wird von der Gruppe der jüngsten Teilnehmenden (Alter ≤22 Jahre) am seltensten gelesen (37,6 % täglich oder fast täglich). Der entsprechende Wert steigt in den folgenden Altersgruppen kontinuierlich an und erreicht in der Gruppe der über 63-Jährigen mit 84,5 % seinen Höchststand. Der Prozentsatz derjenigen, die die Kurzschrift überhaupt nicht verwenden, ist demnach erwartungsgemäß bei den unter 23-Jährigen mit großem Abstand am höchsten (40,6 %). Eurobraille ist sehr eng mit dem Einsatz einer Braillezeile verbunden und spielt in allen Altersgruppen eine bedeutende Rolle. Auch 48,5 % der über 63-Jährigen lesen Eurobraille täglich oder fast täglich. In den darunterliegenden

Altersgruppen sind die entsprechenden Werte wesentlich höher: 43–62 Jahre: 70,3 %; 23–42 Jahre: 74,1 %; ≤22 Jahre: 73,8 %.

1.2 Das Lesen der Brailleschrift

1.2.1 Leseorgan

Die Fingerspitzen sind in besonderer Weise für die Wahrnehmung feiner taktiler Unterschiede geeignet. Die hier in entsprechender Dichte vorhandenen spezialisierten Rezeptoren gewährleisten niedrige Druckempfindungsschwellen sowie niedrige simultane und sukzessive Raumschwellen (vgl. Birbaumer & Schmidt 2010, 323 f.; Goodwin & Wheat 2008; Goldstein 2015, 337 ff). Hinsichtlich der prinzipiellen Wahrnehmungsfähigkeit bestehen zwischen den einzelnen Fingern keine Unterschiede, sodass grundsätzlich jeder Finger für das Lesen der Punktschrift herangezogen werden könnte. Punktschriftlesende benutzen jedoch in der Regel die Zeigefinger, seltener die Mittelfinger zum Identifizieren der Braillebuchstaben (Hudelmayer 1985, 131), sodass bei erfahrenen Leserinnen und Lesern aufgrund von Übungseffekten die Lesefähigkeit kontinuierlich von den Zeigefingern zu den kleinen Fingern abnimmt (Birbaumer & Schmidt 2010, 324; Foulke 1991, 229).

Die Wahrnehmungsleistung der Fingerkuppen kann von der Raumtemperatur und der Hauttranspiration, aber auch von der Stärke der Hornhautschicht oder von Sensibilitätsstörungen (z. B. Diabetes) beeinflusst werden.

Vergleichsuntersuchungen zwischen rechtshändigem und linkshändigem Lesen konnten keine grundlegende Überlegenheit einer Lesehand feststellen (Millar 1997, 67 ff). Bezüglich der Lesehand sollte somit jedem Kind die Möglichkeit eingeräumt werden, individuelle Präferenzen auszubilden (Hudelmayer 1985, 131). Eine Voraussetzung hierfür ist, dass beide Hände gleichermaßen in Tastaufgaben einbezogen werden. Nicht zuletzt deshalb, weil auch die nichtdominante Lesehand eine entscheidende Rolle im beidhändigen Leseprozess einnimmt.

1.2.2 Redundanzarmut der Brailleschrift

Braillebuchstaben unterscheiden sich lediglich dahingehend voneinander, dass Punkte in der Sechspunktematrix vorhanden oder nicht vorhanden sind. Die Präsenz bzw. die Lokalisation eines einzigen Punktes kann somit das ausschließliche Unterscheidungsmerkmal zweier Buchstaben sein. In der Schwarzschrift hingegen unterscheiden sich Buchstaben in einer Fülle von Merkmalen voneinander wie beispielsweise der Kombination großer und kleiner Kurvenlinien, gerader Linien unterschiedlicher Länge und räumlicher Ausrichtung, Kreisformen und hinzugefügter Punkte sowie im Vorhandensein von Ober- und Unterlängen (Millar 1997,

45). Brailleleserinnen und -leser sind somit im Leseprozess auf eine detailliertere Schriftanalyse angewiesen, da weniger informationsrelevante Merkmale zur Verfügung stehen. Während Schwarzschriftlesende bei der Buchstabenidentifikation auf redundante und zudem räumlich relativ leicht kodierbare Informationen zurückgreifen können, muss beim Lesen der Brailleschrift im Zweifelsfall eine Abstraktionsstufe weitergegangen und die Lage des in der Braillezelle positionierten Punktes identifiziert werden (Hudelmayer 1985, S. 136). Die Redundanzarmut der Brailleschrift hat somit Konsequenzen auf den Wahrnehmungs- und Leseprozess. Es kann angenommen werden, dass sich diese Schriftbesonderheit erschwerend auf die Entwicklung hoher Lesegeschwindigkeit auswirkt.

1.2.3 Lesebewegungen

Beidhändiges Lesen führt zu höheren Lesegeschwindigkeiten als einhändiges Lesen (vgl. Wright et al. 2009; Millar 1984, 83 f.; Mousty & Bertelson 1985). Die Überlegenheit des beidhändigen Lesens liegt darin begründet, dass beide Hände unterschiedliche Funktionen im Leseprozess sowie bei der Orientierung im Lesetext übernehmen.

Der Zeilenwechsel gelingt beidhändig wesentlich schneller und sicherer als einhändig. Werden beide Hände am Leseprozess beteiligt, kann bei guten Leserinnen und Lesern beobachtet werden, dass der Leseprozess einer Textzeile in drei Segmente gegliedert wird: Während die rechte Hand die Zeile zu Ende liest, wechselt die linke in die neue Zeile, um anschließend den Anfang der Zeile alleine zu lesen (Segment 1), bis die rechte Hand hinzugeführt wird. Den mittleren Zeilenabschnitt lesen beide Hände parallel (Segment 2), bevor die rechte Hand wieder die alleinige Leseaufgabe übernimmt (Segment 3) und die linke in die neue Zeile wechselt (Foulke 1991, 230 f.; Millar 1997, 76, 82). Charakteristisch für das beidhändig unabhängige Lesen ist, dass keine Unterbrechung der Informationsaufnahme durch den Zeilenwechsel stattfindet. Ein beidhändig paralleles Lesen, bei dem beide Hände stets in Kontakt zueinander bleiben, kann als Durchgangsstadium zum beidhändig unabhängigen Lesen betrachtet werden (Swenson 2016, 109). Gleiches gilt für eine Technik, bei der die linke Hand lediglich zur Markierung der neuen Zeile eingesetzt wird.

Millar (1987b) konnte in Untersuchungen die konkreten Funktionen der Hände bzw. Lesefinger exakt analysieren und nachweisen, dass die beiden Lesefinger (meist beide Zeigefinger) keine verschiedenen verbalen Informationen simultan aufnehmen, da während der eine Zeigefinger einen Buchstaben ertastet, der andere zur selben Zeit meist eine Lücke zwischen Buchstaben oder Wörtern erfasst. Auch beim Zeilenwechsel beginnt der linke Zeigefinger erst dann mit dem Lesen, wenn der rechte Lesefinger die vorangegangene Zeile vollständig ausgelesen hat. Die beiden Lesefinger nehmen im Leseprozesss somit unabhängig voneinander entweder verbale oder das Lesen unterstützende räumliche Informationen wie beispielsweise Wortgrenzen oder Zeilenanfänge auf.

Gute Brailleleserinnen und -leser legen außer den Lesefingern noch weitere Finger auf die Textzeile auf. Obwohl letztendlich nur die Lesefinger die eigentliche

Dekodierungsaufgabe durchführen, können zusätzliche Finger hilfreiche Orientierungsfunktionen übernehmen (Harley et al. 1997, 78; Swenson 2016, 108 ff). Im Leselehrgang sollte folglich darauf geachtet werden, dass beim Lesen möglichst viele Finger (maximal alle außer den Daumen) auf der Textzeile positioniert werden.

Die Lesebewegungen guter Punktschriftleserinnen und -leser lassen sich folgendermaßen charakterisieren: unabhängiger Gebrauch beider Hände; sicherer und ökonomischer Zeilenwechsel; geringer, gleichbleibender Auflagedruck der Lesefinger auf den Lesetext; fließender, horizontaler Bewegungsablauf mit wenigen Vertikal- und Rückbewegungen (vgl. Hudelmayer 1985, 132; Foulke 1991, 229).

Effektive Lesebewegungen entwickeln sich erst langsam im Verlauf des Schriftspracherwerbs. Bei Leseanfängerinnen und -anfängern sind häufig unsystematische Tastbewegungen, vertikale oder zirkuläre Bewegungen über einzelnen Punktschriftzeichen, Rückbewegungen, ein erhöhter Auflagedruck der Lesefinger sowie Probleme beim Aufsuchen einer neuen Zeile beobachtbar (Millar 1997, 90 ff). Diese unsystematischen Lesebewegungen gelten als Zwischenschritt auf dem Weg zum fließenden Lesen und sind unabhängig des Braillesystems (Vollschrift oder Eurobraille) beobachtbar (Degenhardt 1999; Degenhardt et al. 1999). Treten verstärkt Vertikal- und Rückbewegungen in späteren Stufen des Schriftspracherwerbs auf, so kann dies auf Probleme bei der Identifikation von Buchstaben oder Wörtern hindeuten.

Auch bei guten Brailleleserinnen und -lesern treten beispielsweise bei schlechter Druckqualität, beim Erlesen unbekannter Wörter, beim Aufsuchen bestimmter Buchstaben oder bei Korrekturen und Verlesungen Vertikal- und Rückbewegungen auf (vgl. Millar 1997, 81, 163 f.). Das taktile Lesen ist ein motorischer und perzeptiver Vorgang, wobei diese Bereiche eng miteinander verknüpft sind.

Wird ein Text nicht als Brailleausdruck, sondern an einer Braillezeile (▶ Kap. 1.3.2) gelesen, wird der Leseprozess von weiteren Komponenten beeinflusst. Zwar sind auch für das Lesen an der Braillezeile gleichförmige, horizontale Bewegungen der Lesefinger von zentraler Bedeutung, der Zeilenwechsel erfolgt jedoch in der Regel durch mechanisches Auslösen an einer Funktionsleiste bzw. Großtaste. Ergonomisch sind diese Tasten oder Leisten so angebracht, dass sie aus jeder Leseposition heraus mit dem Daumen gedrückt werden können. Hierdurch müssen die Lesefinger nicht von der Zeile genommen werden. Auch an der Braillezeile gewährleistet nur ein beidhändiges Lesen einen fließenden Zeilenübergang. Idealtypisch löst entweder der rechte Daumen den Zeilenwechsel nach Auslesen des Zeilenendes aus, während die linke Hand bereits am Zeilenanfang wartet oder der linke Daumen drückt die Großtaste bzw. die Funktionsleiste unmittelbar, nachdem die rechte Hand die Lesezeile beendet hat. In beiden Fällen kann die linke Hand sofort mit dem Lesen fortfahren. Inzwischen sind auch Braillezeilen auf dem Markt, die über eine automatische Zeilenschaltung verfügen, sobald ein Lesefinger das letzte Zeichen der Zeile ausgelesen hat.

1.2.4 Wahrnehmungs- und Leseprozess

Braillezeichen können visuell leicht als Umrissformen (z. B. o als > oder ähnliche Form) wahrgenommen werden. Die hierfür notwendige räumliche Analyse lässt sich auf haptischem Weg sehr viel schwerer bewerkstelligen. Blinde Kinder sind zur räumlichen Analyse der Zeichen noch nicht in der Lage, da die externalen räumlichen Referenzbezüge, die zur eindeutigen Punktlokalisation notwendig sind, erst mit der Etablierung systematischer Tastbewegungen aufgebaut werden können (Millar 1994, 101, 106; 1997, 54). Zu Beginn des Brailleschriftspracherwerbs werden Braillezeichen textural und nicht figural wahrgenommen, wobei die Punktdichte das entscheidende Kriterium darstellt (Millar 1997, 44). Erst mit dem Erwerb systematischer Tastbewegungen gelingt die räumliche Analyse der Braillezeichen, d. h. die räumliche Beziehung der Hände und Finger zueinander, zur Körperhaltung und zur horizontalen Fingerbewegung kann nun mit der räumlichen Ausrichtung des Braillezeichens bzw. des Brailletextes in Beziehung gesetzt werden (vgl. Millar 1994, 106 ff., 114 ff.; 1997, 34 f., 83 ff.). Dieser Sachverhalt hat zur Folge, dass bei der Hinführung zur Brailleschrift und zu Beginn des Leselehrganges blinder Kinder nur originalgroße Brailleschrift eingesetzt werden sollte, da vergrößerte Braillezeichen die charakteristischen texturalen Merkmale zerstören würden (▶ Kap. 1.5.1.1). Völlig anders verhält es sich beim Schwarzschriftlesen: Die Buchstaben werden hier visuell als Figuren wahrgenommen, deren figurale Merkmale (Rundungen, Striche, Punkte etc.) auch bei einer Vergrößerung gleichbleiben.

Aufgrund des Sachverhaltes, dass viele Braillezeichen eine starke texturale Ähnlichkeit aufweisen, spielt das Erfassen der räumlichen Struktur im weiteren Verlauf des Lesenlernens eine wichtige Rolle für die schnelle und sichere Buchstabenerkennung sowie für deren ökonomische Speicherung (Millar 1978, 224 f.).

Vielfach wurde angenommen, dass das Erlesen von Wörtern und Sätzen ein sukzessives Erkennen von Einzelbuchstaben sei, die kognitiv zu Sinneinheiten zusammengesetzt würden (vgl. Nolan & Kederis 1969, 36 ff, Foulke 1991, 225). Diese Vermutung lag nahe, da die Kuppe des Lesefingers tatsächlich nur ein Braillezeichen aufnehmen kann. Darüber hinaus konnte man mit dieser Annahme die geringe Lesegeschwindigkeit beim Braillelesen erklären. Allerdings ist bereits aus der Beobachtung kompetenter Brailleleserinnen und -leser heraus offensichtlich, dass das Punktschriftlesen eben kein sukzessives Springen von Buchstabe zu Buchstabe darstellt, sondern vielmehr als ein kontinuierlich fließender Prozess zu verstehen ist. Millar (1987a) konnte belegen, dass gute Punktschriftleserinnen und -leser, die über gleichmäßige Lesebewegungen verfügen, charakteristische laterale Punkt-Lücke-Muster aufnehmen können, wodurch eine schnelle Wortidentifikation ermöglicht wird. Konkret bedeutet dies, dass häufige Buchstabenkombinationen, Vor- und Nachsilben, Wortstämme sowie auch kurze Ganzwörter nicht buchstabenweise erlesen werden müssen, sondern anhand ihrer charakteristischen Punkt-Lücke-Folge als Ganzes erkannt werden können. Analog zum visuellen Lesen können somit auch beim Braillelesen größere Wahrnehmungseinheiten als einzelne Buchstaben gebildet werden. Dieser Sachverhalt wird dadurch gestützt, dass in beiden Schriftsystemen Wörter schneller erkannt werden als Nichtwörter (Millar 1997) und häufige Wörter schneller erlesen werden als seltene (Carreiras & Alvarez 1999; Hughes 2011).

Bezüglich der Worterkennung kann davon ausgegangen werden, dass analog zum visuellen Lesen auch beim Braillelesen von einem Zwei-Wege-Modell (vgl. Richter & Müller 2017, 52 ff; Schründer-Lenzen 2013, 42 ff) ausgegangen werden kann. Auf dem lexikalischen Weg ist ein direkter Zugriff auf ein »inneres Lexikon« vertrauter Wörter möglich, wobei noch weitgehend ungeklärt ist, in welcher Form dieser direkte Zugriff erfolgt bzw. welche Repräsentationsform die Grundlage des »inneren Lexikons« bildet. Unter Umständen spielen beim Braillelesen phonologische Prozesse im Vergleich zum visuellen Lesen eine wichtigere Rolle (Millar 1997; Veispak et al. 2013). Auf dem nicht-lexikalischen Weg werden Wörter aufgrund der Graphem-Phonem-Korrespondenzen phonologisch rekodiert, wobei sich dieser Prozess als langsam und mitunter fehleranfällig erweist.

Neben den beschriebenen perzeptiven Prozessen sind im Lesevorgang von Anfang an weitere kognitive Strategien von großer Bedeutung. Bei Leseanfängern spielen phonologische, d. h. die Aussprache betreffende Kodierungsstrategien grundsätzlich eine große Rolle. Darüber hinaus sind beim Lesen stets semantische, orthographische und syntaktische Kontextinformationen beteiligt. Die bei Anfängerinnen und Anfängern auftretende Strategie, Wörter nach dem Identifizieren der Anfangsbuchstaben zu »erraten«, vollzieht sich keineswegs nach zufälligen Gesichtspunkten, sondern stellt eine Möglichkeit dar, semantische bzw. syntaktische Kontextinformationen effektiv in den Leseprozess zu integrieren (Millar 1997, 262). Diese Strategie kann somit als Versuch interpretiert werden, die unökonomische texturale Strategie oder die mühsame phonologische Rekodierung zu umgehen, indem das Vorwissen über die Inhalte des Lesetextes und das damit verbundene Wortmaterial einbezogen werden.

Gute Leserinnen und Leser sind in der Lage, semantische und linguistische Informationen vorausschauend auszunutzen, sodass bestimmte Wörter nicht vollständig abgetastet werden müssen.

1.2.5 Lesegeschwindigkeit

Angaben zur Lesegeschwindigkeit erfolgen meist in der Einheit »Wörter pro Minute« (WpM). Da die erzielten Ergebnisse von vielen Variablen (Leseerfahrung, Schwierigkeitsgrad des Lesetextes, Lesemotivation, Schriftsystem etc.) abhängig sind, ist ein Vergleich der Angaben erschwert, sodass sie lediglich als Richtwerte gelten können.

Klicpera und Gasteiger-Klicpera (1993) ermittelten in einer umfänglichen Studie zur Lesegeschwindigkeit deutschsprachiger Kinder ohne Sehbeeinträchtigungen für das laute Lesen folgende Durchschnittswerte: Klasse 2: 80 WpM; Klasse 3: 110 WpM; Klasse 4: 130 WpM. Erwachsene mit intaktem Sehvermögen lesen im Schnitt im Stilllesen ungefähr 250 bis 300 WpM (Rosebrock et al. 2017; Legge 2007), während lautes Lesen mit durchschnittlich ca. 160 bis 170 WpM deutlich langsamer ausfällt.

Brailleleserinnen und -leser erzielen durchschnittlich Lesegeschwindigkeiten zwischen 60 und 80 WpM, wobei geübte Leserinnen und -leser 100 bis 150 WpM erreichen können (Hudelmayer 1985, 132). Neuere Studien zur Lesegeschwindigkeit von Braille Lesenden (Laroche et al. 2012; Legge 2007) bestätigen diese Richtwerte. Demnach ist das Lesetempo in Braille etwa zwei- bis dreimal langsamer als das Schwarzschriftlesen von Leserinnen und Lesern ohne Sehbeeinträchtigungen (Lang 2017, 211; Kamei-Hannan & Ricci 2015, 157). Dieser Faktor trifft in etwa auch auf das Kindes- und Jugendalter zu. Wright et al. (2009) ermittelten in einer Studie für Braille lesende Schülerinnen und Schüler der 2. Klasse (N=28) einen Durchschnittswert von 45 WpM, in der 3. Klasse (N=19) 51,2 WpM und in der 4. Klasse (N=9) 50,2 WpM. Zu beachten ist allerdings, dass in dieser Studie nur die korrekt gelesenen Wörter gezählt wurden. Hofer et al. (2019a) geben für ihre Stichprobe der 11 bis 22-jährigen Leserinnen und Leser mit Braille als einzigem Schriftsystem (N=118) einen Durchschnittswert von 59,4 WpM an. Allerdings ging es für die Leserinnen und Leser dieser Studie um die Aufgabe, einerseits möglichst schnell zu lesen, aber andererseits im Anschluss Inhaltsfragen korrekt beantworten zu können, was die gezeigten Lesegeschwindigkeiten verlangsamt haben könnte. Eine Detailanalyse der Ergebnisse erbringt für Lesende der Textversion Klasse 5–6 (N=32) 50,5 WpM. Bei beiden Studien traten sehr starke individuelle Schwankungen auf (Wright et al.: min. 1 WpM, max. 97 WpM; Hofer et al.: Gesamtstichprobe: min. 12 WpM, max. 128 WpM). In der Studie von Hofer et al. konnten die Teilnehmenden das Schriftsystem selbst wählen. In allen Schriftsystemen (Vollschrift, Kurzschrift, Eurobraille) konnten Lesegeschwindigkeiten von mehr als 100 WpM erzielt werden.

Die Zusammenhänge zwischen Lesegeschwindigkeit und Leseverständnis sind bei Brailleleserinnen und -lesern äußerst komplex (Legge 2007), da der Dekodierungsprozess der Brailleschrift wie bereits dargestellt vielschichtiger abläuft. Während beim Schwarzschriftlesen Erwachsener ohne Sehbeeinträchtigungen bereits ab Lesegeschwindigkeiten von weniger als 100 WpM Einbußen im Textverständnis angenommen werden (Rosebrock et al. 2017, 62), liegt der Grenzwert beim Braillelesen offensichtlich sehr viel niedriger. Erste diesbezügliche Untersuchungen geben Hinweise darauf, dass sich erst Braillelesegeschwindigkeiten von weniger als 33 WpM negativ auf das Textverständnis auswirken (Hofer et al. 2019a).

1.2.6 Sitzhaltung

Brailleleserinnen und -leser entwickeln bezüglich der Körperhaltung beim Lesen ebenso wie Schwarzschriftleserinnen und -leser individuelle Präferenzen. Aus haltungsphysiologischen Gründen ist es jedoch wichtig, besonders bei Leseanfängerinnen und -anfängern auf eine gute Sitzposition zu achten. Das Buch sollte auf einer ebenen Unterlage niedriger positioniert werden als dies beim Lesen von Schwarzschrift der Fall wäre, so dass eine entspannte Schulter- und Handhaltung ermöglicht wird (Wormsley 1997, 59). Eine physiologische Körperhaltung kann einem raschen Ermüden vorbeugen.

Wahrnehmungspsychologische Zusammenhänge lassen darauf schließen, dass die Haltung des Körpers beim Lesen und insbesondere die Ausrichtung des Lesetextes bezüglich des eigenen Körpers als Einflussfaktoren auf den Leseprozess zu betrachten sind. Wie Kap. 1.2.3 ausgeführt, kann die räumliche Analyse der Braillezeichen im fortgeschrittenen Leselernprozess nur gelingen, wenn ein externaler Referenzrahmen aufgebaut werden kann. Hierfür bilden die Körperhaltung, die räumliche Beziehung der Hände bzw. Finger zueinander und die horizontale Fingerbewegung die notwendigen Ankerpunkte (Millar 1997, 34 f.; 83 ff; 248 ff).

1.3 Das Schreiben der Brailleschrift

1.3.1 Brailleschreibmaschine

Die Brailleschreibmaschine (▶ Abb. 1.3) ermöglicht das Prägen der Braillezeichen auf Papier durch entsprechend kombiniertes Niederdrücken von sechs Tasten, die jeweils einem Punkt der Braillezelle zugeordnet sind. Das Schreibresultat kann von der Schreiberin bzw. dem Schreiber sofort kontrolliert werden. Bereits im frühen Lernstadium kann ein zügiges Schreibtempo erreicht werden.

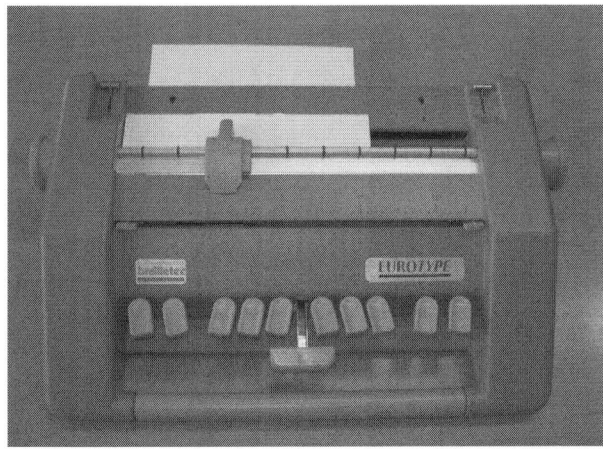

Abb. 1.3: Brailleschreibmaschine »Eurotype«

Auf dem aktuellen Lehrmittelmarkt werden verschiedene Typen von manuellen und elektronischen Brailleschreibmaschinen angeboten, wovon einige auch in 8-Punkt-Versionen erhältlich sind.

Für körperbehinderte Kinder und Jugendliche sind entsprechende Adaptionen, beispielsweise für ein einhändiges Schreiben, möglich. An elektronische Brailleschreibmaschinen können grundsätzlich jede Art von Sondertastaturen angeschlossen werden, so dass eine individuelle Geräteanpassung erfolgen kann.

1.3.2 Computer und Braillezeile

Braillezeile (▶ Abb. 1.4) und Sprachausgabe ermöglichen blinden Menschen eine uneingeschränkte Computer-Nutzung. Mittels einer Screenreader-Software kann der Bildschirminhalt über die Braillezeile in Punktschrift ausgegeben bzw. in Lautsprache übersetzt werden. Hierdurch werden blinde Menschen in die Lage versetzt, die aktuellen und allgemein üblichen Betriebssysteme und Anwendungsprogramme zu steuern und zu kontrollieren, was eine vielseitige schriftsprachliche Kommunikation mit sehenden Menschen gewährleistet. Diese Kommunikation schließt die Nutzung des Internets und das Versenden bzw. Empfangen von E-Mails mit ein. Endgeräte wie Tablets oder Smartphones verfügen mittlerweile über umfassende Bedienungshilfen (z. B. Sprachausgabe), so dass sie direkt nutzbar sind bzw. per Bluetooth mit einer Braillezeile gekoppelt werden können.

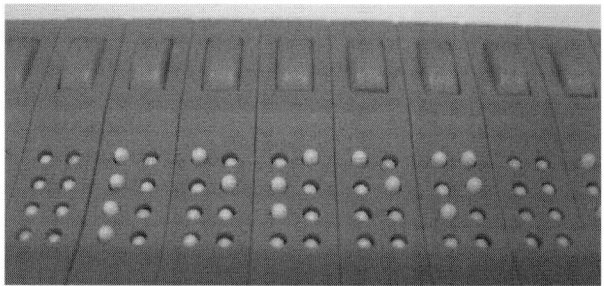

Abb. 1.4: Braillemodule einer Braillezeile

Bei entsprechender Druckerausstattung kann jeder am Computer erstellte Text sowohl in Schwarzschrift als auch in Punktschrift ausgedruckt werden.

Die Texteingabe erfolgt üblicherweise mit der Computer-Tastatur. Die Beherrschung des korrekten Fingersatzes ermöglicht blinden Menschen ein hohes Schreibtempo.

Die derzeit verfügbaren Braillezeilen bilden mit Hilfe beweglicher Kunststoffstifte je nach Modell meist 40 Bildschirmzeichen in Punktschrift ab, wobei als Standardschrift Eurobraille verwendet wird.

Wird der Computer bereits in den Eingangsklassen der Grundschulstufe eingesetzt, erfolgt das Schreiben mit einer Braille-Eingabetastatur, da die Computer-Tastatur aufgrund ihrer Komplexität und der erforderlichen feinmotorischen Fertigkeiten noch nicht bedient werden kann. Diese Tastatur ist in ihrem Aufbau mit der Tastatur einer Brailleschreibmaschine in einer 8-Punkt-Version nahezu identisch, d. h. jedem Braillepunkt ist eine Taste zugeordnet.

Aufgrund technischer Weiterentwicklungen und mittlerweile hoher Qualität und Zuverlässigkeit spielt die Spracheingabe am Computer, Tablet oder Smartphone eine zunehmende Rolle insbesondere bei jugendlichen und jungen erwachsenen Braillenutzerinnen und -nutzern (Lang et al. 2016).

1.3.3 Tafel und Stichel

Aktuelle Punktschrifttafeln (▶ Abb. 1.5) existieren in den unterschiedlichsten Materialausführen (Kunststoff, Metall) und Größen. Das Funktionsprinzip ist jedoch immer dasselbe: Zwischen Grundplatte und Deckplatte wird ein Punktschriftpapier eingelegt. Die Grundplatte enthält eine Lochrasterung, die aneinander gereihte vertiefte Braillezellen darstellen. Die Aussparungen der Deckplatte entsprechen der Größe einer Braillezelle. Mit Hilfe eines Stichels können nun die einzelnen Punkte der Braillezeichen entsprechend der 6-Punkt-Matrix eingeprägt werden. Da auf der Rückseite des Papiers der erhabene Punktschrifttext entsteht, muss die Schrifteingabe spiegelbildlich von rechts nach links erfolgen.

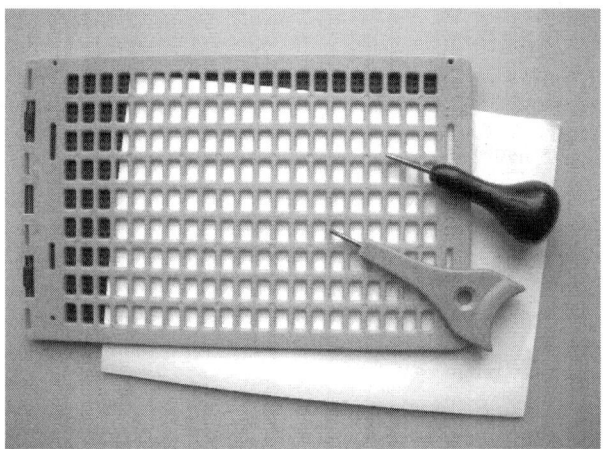

Abb. 1.5: Punktschrifttafel mit Stichel

Im Vergleich zu Brailleschreibmaschine und Braillezeile mit Eingabetastatur werden Tafel und Stichel aktuell deutlich seltener als Schreibgeräte genutzt. Immerhin gaben bei einer Befragung von Braillenutzerinnen und -nutzern in Deutschland und in der Schweiz (N=819, alle Altersstufen) 3,7 % der unter 23-Jährigen an, täglich oder fast täglich mit Tafel und Stichel zu schreiben (Lang et al. 2016). Bei den über 63-Jährigen sind es 16,2 %.

1.4 Braillenutzung von Schülerinnen und Schülern mit zusätzlichem Förderbedarf

60 bis 70 % der Kinder und Jugendlichen mit diagnostizierten Sehbeeinträchtigungen weisen eine weitere Beeinträchtigung (Zerebralparese, geistige Behinderung etc.) auf (Hatton et al. 2013). Für diese große und in sich wiederum sehr heterogene Gruppe stellt der Schriftspracherwerb eine besondere Herausforderung dar. Für die Beschreibung des Schriftspracherwerbs im Kontext kognitiver Beeinträchtigungen wird in der Regel ein erweiterter Lese- und Schreibbegriff verwendet, der insbesondere präliterale und logographemische Strategien weiter ausdifferenziert und die Bedeutsamkeit der Bild-, Symbol- und Worterkennung (anhand markanter Merkmale) hervorhebt (Euker & Koch 2010; Ratz 2013). Ratz (2013) konnte in einer Untersuchung an bayerischen Schulen im Bildungsgang Geistige Entwicklung, bei der auch Schülerinnen und Schüler aus Einrichtungen der Blinden- und Sehbehindertenpädagogik berücksichtigt wurden, feststellen, dass 13,2 % der insgesamt 1629 untersuchten Schülerinnen und Schüler (noch) gar nicht lesen konnten, 14,3 % beherrschten das Bilderlesen und Lesen von ikonischen Zeichen, 12,0 % lasen Symbole bzw. logographisch, 27,8 % alphabetisch und 32,8 % orthographisch. Werden ausschließlich Kinder und Jugendliche mit Blindheit bzw. hochgradiger Sehbehinderung und zusätzlichem Förderbedarf betrachtet, kann angenommen werden, dass aufgrund der braillespezifischen Besonderheiten der Prozentsatz der Schülerinnen und Schüler mit geringen schriftsprachlichen Kompetenzen noch höher liegt. In einer schriftlichen Befragung von Lehrkräften blinder und sehbehinderter Schülerinnen und Schüler betonten diese die Wichtigkeit von Lese- und Schreibkompetenzen (Durando 2008). Zugleich wurde jedoch deutlich, dass bei Vorliegen einer mehrfachen Beeinträchtigung oftmals andere Schwerpunkte, wie z. B. kommunikative oder lebenspraktische Fähigkeiten in den Vordergrund rücken.

Grundsätzlich sollte kein Bereich der Schriftsprache Schülerinnen und Schülern mit Blindheit bzw. Sehbehinderung und zusätzlichen kognitiven Beeinträchtigungen von vornherein vorenthalten werden. Ausschlaggebend ist ein individualisierendes, den jeweiligen Lernvoraussetzungen und Einsatzmöglichkeiten angepasstes Vorgehen wie von Wormsley (2016) konkret und praxisnah beschrieben.

Wie sinnvoll und individuell gewinnbringend der Schriftspracherwerb für blinde und sehbehinderte Schülerinnen und Schüler mit zusätzlichem Förderbedarf sein kann, konnte durch die »ZuBra-Studie« (Zukunft der Brailleschrift) aufgezeigt werden, bei der umfängliche Datenerhebungen von Kindern, Jugendlichen und jungen Erwachsenen mit zusätzlichen Beeinträchtigungen (N=35) gesondert ausgewertet wurden (Hofer et al. 2019b). Bei erwartungsgemäß großen individuellen Unterschieden konnten in der Regel ausreichend Grundkompetenzen bezüglich Leseflüssigkeit und -geschwindigkeit, Leseverständnis und Rechtschreibung festgestellt werden, sodass sich die Nutzung der Schriftsprache als wertvoll und bereichernd erweist.

1.5 Schriftspracherwerb

1.5.1 Entwicklungsprozesse des Braille-Schriftspracherwerbs

Im Laufe des Schriftspracherwerbs erlernen die Kinder verschiedene Strategien, mit deren Hilfe sie zunehmend in der Lage sind, Wörter erfolgreich zu erlesen und zu verschriften. Verschiedene Modelle versuchen, diese weitgehend ähnlich bezeichneten und beschriebenen Strategien in eine Erwerbsreihenfolge zu stellen (Schründer-Lenzen 2013, 66 ff). Grundsätzlich muss betont werden, dass keines der Modelle als starre Stufenabfolge interpretiert werden darf, sondern dass sich einzelne Strategien individuell in sehr unterschiedlicher Ausprägung und zeitlicher Präsenz zeigen bzw. sich überlagern oder parallel entwickeln können. Die Modelle geben somit einen Rahmen vor, der eine Orientierung über den Stand des Schriftspracherwerb ermöglicht, woraus sich wiederum geeignete Fördermaßnahmen ableiten lassen.

Blinde Menschen erwerben mit der Brailleschrift ein taktiles Schriftsystem, das weitgehend über dieselben morphologischen und grammatikalischen Regeln wie die Schwarzschrift verfügt. Die jeweiligen Erwerbsprozesse können somit durchaus parallele Entwicklungsschritte aufweisen. Nachfolgend sollen diese Parallelen, aber auch die Besonderheiten des Braille-Schriftspracherwerbs anhand des Phasenmodells von Günther (1986, ▶ Abb. 6.1) erfasst sowie spezifische Fördermaßnahmen begründet und abgeleitet werden. Das Günther-Modell wurde als Referenz gewählt, weil es ausführlich die sehr frühen, basalen Erwerbsprozesse thematisiert.

Schülerinnen und Schüler mit kognitiven Beeinträchtigungen erwerben die verschiedenen produktiven und rezeptiven Strategien unter Umständen zu einem deutlich späteren Zeitpunkt. Die grundsätzliche Bedeutung der einzelnen Strategien bleibt hiervon jedoch unberührt.

Analog zur Schwarzschrift hängen auch in der Brailleschrift die Lernprozesse des Lesens (Rezeption) und Schreibens (Produktion) eng miteinander zusammen. Beide Bereiche beeinflussen sich gegenseitig, worin sich die Dynamik des Lernprozesses begründet.

Im Folgenden werden die einzelnen Lernphasen kurz skizziert und die spezifischen Gegebenheiten im Lernen blinder Kinder herausgearbeitet.

Insbesondere bei hochgradig sehbehinderten Kindern stellt sich die Frage nach dem geeigneten Schriftsystem (Schwarzschrift oder Punktschrift, ▶ Kap. 1.7.1 und ▶ Kap. 1.7.2). Erfolgt der Schriftspracherwerb in Schwarzschrift, sind umfangreiche Optimierungen (Anpassung von Schriftgröße, Kontrastierung etc.) notwendig. Zusätzlich muss der Einsatz von Hilfsmitteln (z. B. Vergrößerungshilfen wie Lupen, Bildschirmlesegeräte etc.) erprobt werden.

1.5 Schriftspracherwerb

Tab. 1.3: Phasenmodell des Schriftspracherwerbs (Günther 1986, 33)

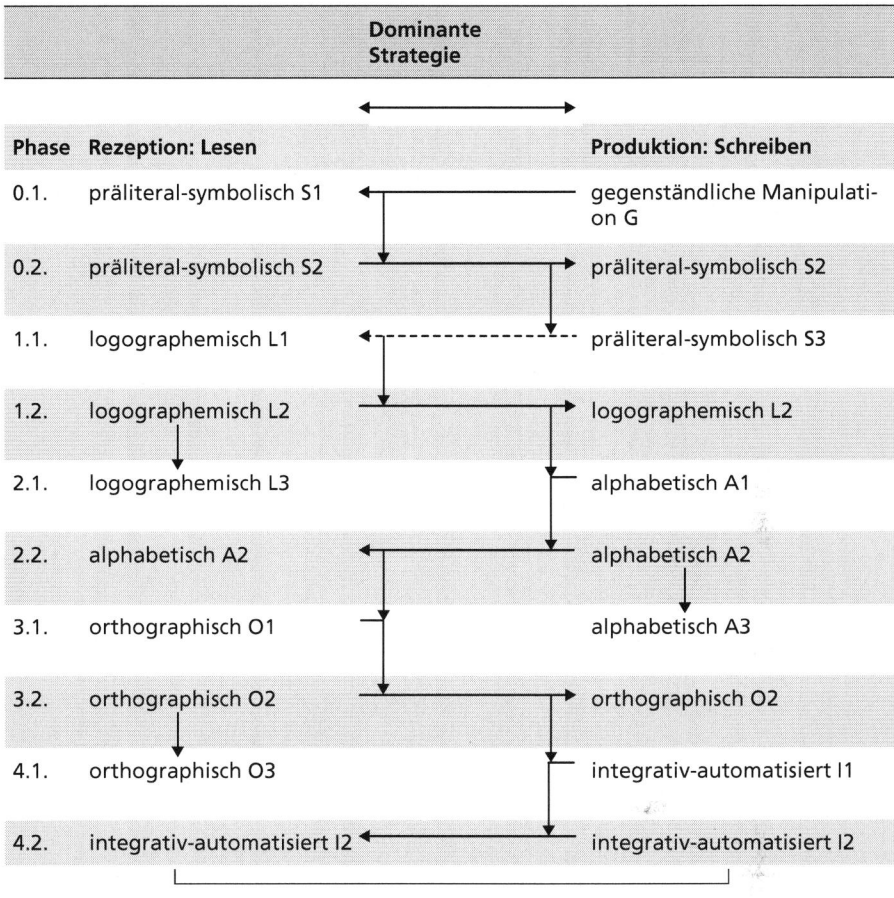

1.5.1.1 Präliteral-symbolische Strategien der Rezeption und Produktion

Ausgangspunkt der Entwicklung präliteral-symbolischer Strategien ist die gegenständliche Manipulation auf der Seite der Produktion. Rezeptive Strategien beginnen bei Kindern ohne Sehbeeinträchtigung im 2. Lebensjahr mit dem Betrachten von Abbildungen, was im Vergleich zu den vorangegangenen sensomotorischen Aktivitäten und gegenständlichen Manipulationen bereits eine Abstraktionsleistung darstellt, da Abbildungen grundsätzlich einen symbolisch-anschaulichem Charakter aufweisen. Das Anschauen von Bilderbüchern dient der Entwicklung von Vorläuferfähigkeiten für das Lesenlernen. Beispielsweise werden hierdurch die visuell räumliche Wahrnehmung gefördert, das gezielte Fixieren geübt und visuelle Suchstrategien initiiert. Da in vielen Bilderbüchern Beschriftungen auftauchen, kann darüber hinaus bereits in dieser frühen Phase ein vielfältiger Schriftkontakt stattfinden, der durch Vorlesesituationen und durch das

Vorhandensein von Lesemodellen zu einem Schriftkonzept weiterentwickelt werden kann.

Die produktiven Lernprozesse fokussieren sich stark auf das graphische Gestalten. Kinder mit Sehvermögen beginnen, gegenständlich zu malen, wobei den ersten Bildprodukten aufgrund der noch vorhandenen feinmotorischen Probleme ein eher symbolischer als realistischer Charakter zukommt. Dies ändert sich jedoch mit zunehmender Übung: Stifthaltung und Auge-Hand-Koordination entwickeln sich. Bereits in der präliteral-symbolischen Phase beginnen Kinder mit der Imitation von beobachteten Schreibaktivitäten. Diesen Kritzeltätigkeiten werden zunehmend Bedeutungen zugeschrieben (Einkaufszettel, Namen schreiben etc.). Die Kritzelprodukte werden mit der Zeit linearer und somit der Schwarzschrift ähnlicher. Ein Auftreten derartiger Tätigkeiten weist auf ein entwickeltes Symbolbewusstsein und auf das Vorhandensein eines Schriftkonzeptes hin.

Blinden Kindern ist der Zugang zur Schrift wesentlich erschwert. Während sehende Kinder visuelle Vorläuferfähigkeiten für das Lesen in der Regel quasi automatisch beim Bilderbuchbetrachten erwerben können, entwickeln sich die für das Tastlesen notwendige haptische Differenzierungsfähigkeit (z. B. haptisches Unterscheiden von Texturen und Formen) und die benötigten beidhändigen Taststrategien nur in gezielt herbeigeführten Übungssituationen, wobei ein entsprechend geeignetes anregungsreiches Tastmaterial vorhanden sein muss. Darüber hinaus muss auch das haptische Erkennen von Reliefabbildungen pädagogisch erarbeitet werden (vgl. Lang 2017, 212 f.), während Kindern mit voller Sehfähigkeit das visuelle Erkennen und Interpretieren kindgemäßer Abbildungen in der Regel spontan gelingt.

Grundsätzlich gilt, dass die Umgebung blinder Kinder nicht annähernd über denselben Grad literaler Anregung verfügt wie die Umgebung sehender Kinder. Eigenständige oder zufällige Schriftbegegnungen sind kaum möglich, da Punktschrift nur in speziell initiierten Situationen verfügbar ist. Selbst vorhandene Braillebeschriftungen (im Haushalt, zur Kennzeichnung im Kinderzimmer etc.) existieren für das Kind nur bei direktem Hautkontakt. Erschwerend kommt hinzu, dass Tätigkeiten des Lesens und Schreibens nicht direkt beobachtbar und imitierbar sind. Das alltägliche Schwarzschriftlesen und -schreiben der Bezugspersonen bleibt für das blinde Kind schwer verständlich, Punktschriftlesende und -schreibende sind meist nicht unmittelbar verfügbar und zudem sind auch die Lese- und Schreibmedien (z. B. Brailleschreibmaschine) nicht von vornherein vorhanden und jederzeit zugänglich. Ein Schriftkontakt in Vorlesesituationen ist nur dann adäquat möglich, wenn das Vorlesebuch auch Brailleschrift enthält.

Blinde Kinder sind in der präliteral-symbolischen Phase somit in wesentlich höherem Maße auf gezielte pädagogische Interventionen angewiesen als Kinder ohne Sehbeeinträchtigung. Hierzu gehört das Bereitstellen bzw. das Herstellen geeigneter Tastbilderbücher (Kriterien für Reliefabbildungen s. Lang 2017, 213 ff), das Durchführen spezifischer Tastübungen und Übungen zur Fingerkräftigung, das Bereitstellen von Medien für Kritzeltätigkeiten (Brailleschreibmaschine, Zeichentafel etc.) sowie das Ermöglichen vielfältiger Schriftkontakte. Wichtig ist, dass Brailleschrift in dieser Phase stets in Originalgröße angeboten wird, damit die Kinder deren spezifische Texturmerkmale haptisch erfassen können (▶ Kap. 2.4).

1.5.1.2 Logographemische Strategien des Lesens und Schreibens

In der logographemischen Phase erkennen Kinder mit intaktem Sehvermögen visuell-rezeptiv, dass sich Schwarzschrift von anderen graphischen Formen unterscheidet. Hieraus entwickelt sich die Fähigkeit, Wörter anhand charakteristischer Merkmale (z. B. Wortlänge, auffällige Buchstaben etc.) zu identifizieren. Diese erste Lesestrategie ist zunächst äußerst effektiv, da die Worterkennung sehr schnell umgesetzt werden kann und bei begrenztem Wortmaterial die Erfolgswahrscheinlichkeit hoch ist. Außerdem wird der Bezug zwischen den schriftsprachlichen Gebilden und der Lautsprache, vor allem die Möglichkeit des Versprachlichens von Schrift, erfasst.

Hinsichtlich der Schriftproduktion beginnen sehende Kinder mit Schrift (häufig mit dem eigenen Namen) zu experimentieren. Hierbei wird zunehmend folgende logographemische Strategie angewandt: aus der Erinnerung heraus bzw. mit Hilfe einer Vorlage werden charakteristische Buchstabenformen bzw. -abfolgen verschriftet oder »abgemalt«, wobei anfänglich Verdrehungen, Vertauschungen oder Auslassungen auftreten. Die Auge-Hand-Koordination sowie die feinmotorischen Fähigkeiten bei der Stifthaltung sind nun soweit vorhanden, dass erkennbare Buchstabengestalten realisiert werden können.

Bei den ersten Verschriftungen findet jedoch noch keine auditive Orientierung durch Vorsprechen und Abhören der Lautfolge statt. Diese Strategie beginnt erst beim Übertritt zur alphabetischen Phase mit der Entwicklung der Phonem-Graphem-Korrespondenz. Die Voraussetzungen hierfür, das Heraushören einzelner Laute aus dem Sprachfluss (zuerst der Anlaut) wird in der logographemischen Phase erworben.

Blinde Kinder benötigen vielfältigen Schriftkontakt und geeignete Taststrategien (feine Tastbewegungen mit den Fingerkuppen), um die taktilen Charakteristika der Brailleschrift im Vergleich zu anderen Texturen herauslösen zu können. Darüber hinaus muss sich die haptische Differenzierungsfähigkeit zielgerichtet weiter entwickeln, damit feinste Unterschiede zwischen einzelnen Braillezeichen wahrgenommen werden können. Wie bereits unter Kap. 1.1.2.1 (▶ Kap. 1.1.2.1) ausgeführt, müssen diese Fähigkeiten speziell angebahnt werden, da sie außer in der Lesesituation keine Alltagsrelevanz aufweisen. Sind diese Fähigkeiten genügend entwickelt, wenden blinde Kinder analog zur Entwicklung sehender Kinder sehr erfolgreich logographemische Lesestrategien an und sind in der Lage, Wörter (z. B. Eigennamen) anhand von charakteristischen Texturmerkmalen (z. B. durch markante Braillezeichen oder Buchstabendopplungen) oder anhand auffallender Wortlängen zu erkennen.

Hinsichtlich der Schreibentwicklung ist hervorzuheben, dass die logographemische Strategie des »Abmalens« für blinde Kinder nicht anwendbar ist. Ein direktes Erschließen des Schreibprozesses (Bedienung der Brailleschreibmaschine) aufgrund des Tasteindrucks eines Buchstabens ist in der Brailleschrift nicht möglich. Dieser Sachverhalt hat weitreichende Konsequenzen auf die didaktischen Entscheidungen im Schreiblernprozess (▶ Kap. 1.5.1.4). Festzuhalten bleibt, dass das Schreiben blinder Kinder im Grunde erst in der alphabetischen Phase erfolgen kann, da erst im systematischen Schreiblehrgang der motorische Schreibprozess einzelner Buchstaben gezielt eingeübt wird. Generell sind eine entwickelte Fingermotorik und Fingerkoordination sowie ausreichend Fingerkraft Voraussetzungen für das Bedienen einer Punktschriftmaschine.

1.5.1.3 Alphabetische Strategie im Lesen und Schreiben

Beim Schreiben zeigen sich die Unzulänglichkeit der logographemischen Strategie, da mit ihr kein neues Wortmaterial verschriftet werden kann. Ein Strategiewechsel vollzieht sich folglich zuerst auf der Seite der Produktion, da hinsichtlich des Lesens die logographemische Strategie vor allem bei einem reduzierten Lesewortschatz noch erfolgreich bleibt. Aufgrund der Erfassung der Graphem-Phonem-Korrespondenz ist das Kind in der Lage nach einer alphabetischen Strategie zu schreiben: das Kind lautiert und verschriftet die den Lauten zugeordneten Buchstaben. Auf diese Weise können nun auch neue Wörter aufgeschrieben werden. Die Lautorientierung bedingt eine phonetische Schreibweise, in der auch dialektale Einflüsse beobachtbar sein können.

Nach und nach wird die alphabetische Strategie auch auf das Lesen übertragen, sodass zunehmend auch hier neue Wörter versprachlicht werden können.

Die alphabetische Strategie ist blinden Kindern voll zugänglich, sodass nach einem Erfassen der Phonem-Graphem-Korrespondenz und dem Erlernen des motorischen Schreibprozesses der einzelnen Buchstaben (Tastenkombinationen an der Punktschriftmaschine) ein den Schreibungen sehender Kinder entsprechendes lautorientiertes Schreiben realisiert wird.

1.5.1.4 Orthographische Strategien

In der orthographischen Phase werden Morpheme (bedeutungstragende Wortteile) und Silbenstrukturen zu den relevanten schriftsprachlichen Grundeinheiten. Auf dieser Basis gelingt der Erwerb morphologischer Regeln (z. B. Dehnungs- und Dopplungszeichen), über Wortarten und syntaktische Beziehungen (z. B. Regeln der Großschreibung), d. h. eine Lösung von der Lautsprache und damit einhergehend ein zunehmend orthographisch korrektes Schreiben.

Blinde Kinder müssen verschiedene Braillesysteme erwerben. In der deutschen Sprache sind dies die Vollschrift, die Kurzschrift und die Computerschrift (Eurobraille). Hieraus ergibt sich die Tatsache, dass blinde Kinder und Jugendliche ein insgesamt komplexeres und vielfältigeres schriftsprachliches Regelwerk erlernen müssen als dies bei Kindern ohne Sehbeeinträchtigung in der Schwarzschrift (Druckschrift, Schreibschrift) der Fall ist.

Da die Gesamtzahl möglicher Punktschriftzeichen in der Vollschrift nicht ausreicht, um jedem Schwarzschriftzeichen ein Braillezeichen zuzuordnen, müssen bestimmte Sachverhalte (z. B. Großschreibung) mit Zeichenkombinationen (Ankündigungszeichen) umgesetzt werden. Während also sehende Kinder einen Großbuchstaben aufschreiben, schreiben blinde Kinder ein Ankündigungszeichen (Punkte 4 und 6), welches die Großschreibung markiert und unmittelbar dahinter den jeweiligen Kleinbuchstaben. Weitere Abweichungen zur Schwarzschrift ergeben sich dadurch, dass bestimmte Buchstabenkombinationen (ei, ie, au, äu, eu, ch, sch, st) in der Vollschrift durch ein einziges Zeichen repräsentiert werden. Das komplexe System der Kurzschrift besitzt keine Entsprechung in der Schwarzschrift.

Zusammenfassend kann festgestellt werden, dass blinde Kinder und Jugendliche neben den orthographischen Regeln der Schwarzschrift auch in umfassender Weise braillespezifische Regeln erlernen müssen. Berücksichtigt man hierbei, dass Vollschrift und Kurzschrift, aber auch englische Brailleschrift, Mathematikschrift, Notenschrift etc. aus denselben Punktschriftzeichen aufgebaut sind, ergeben sich für jedes Zeichen eine Reihe von Mehrfachbelegungen. Um ein Punktschriftzeichen zweifelsfrei identifizieren zu können, muss die Leserin bzw. der Leser folglich den Kontext kennen, also wissen, ob es sich um einen Buchstaben, eine Zahl oder einen Notenwert handelt. Das Braillesystem erscheint auch hierdurch wesentlich komplexer als das Schwarzschriftsystem. In diesem Zusammenhang überrascht es, dass in einer Untersuchung zur Rechtschreibkompetenz von jugendlichen und jungen erwachsenen Braillenutzerinnen und -nutzern durchschnittlich keine wesentlichen Unterschiede zur Vergleichsgruppe der Personen ohne Sehbeeinträchtigungen festgestellt wurden (Hofer et al. 2019a). Teilnehmende mit dualer Schriftnutzung schnitten in der Rechtschreibtestung deutlich schlechter ab als Teilnehmende mit Braille als einzigem Schriftsystem (Winter et al. 2019).

1.5.1.5 Integrativ-automatisierte Phase

Die integrativ-automatisierte Phase kennzeichnet keine neue Erwerbsstrategie. Vielmehr bezeichnet sie den (lebens-)langen Prozess der Aneignung und Automatisierung des orthographischen Regelwerks.

Aufgrund der unter Kapitel 1.2.4 (▶ Kap. 1.2.4) aufgeführten Besonderheiten des Braillesystems erscheint der Weg hin zu einer weitgehend automatisierten Regelbeherrschung für blinde Kinder und Jugendliche komplexer zu sein und dadurch unter Umständen auch längere Zeit in Anspruch zu nehmen.

1.5.2 Voraussetzungen für den Schriftspracherwerb

Unterschiede hinsichtlich notwendiger Vorläuferfähigkeiten für den Schwarzschrift- und Punktschrifterwerb bestehen insbesondere im sensorisch-perzeptiven und im feinmotorischen Bereich. Abbildung 1.6 gibt einen Überblick über die Voraussetzungen für den Schriftspracherwerb.

Von diesen Bereichen kann in Abhängigkeit der individuellen Lernvoraussetzungen des Kindes oder des Jugendlichen jeder zu einem Förderschwerpunkt im Vorfeld des Schriftspracherwerbs werden. Die Darstellungen zu präliteral-symbolischen und zu logographemischen Strategien und Phasen im Schriftspracherwerb (▶ Kap. 1.5.1.1 und ▶ Kap. 1.5.1.2) konnten aufzeigen, dass bei blinden Kindern in den Bereichen Wahrnehmungsfähigkeit, Feinmotorik und Schriftkonzept spezifische Förderangebote notwendig sind. Darüber hinaus ist der Aufbau eines Raumkonzeptes wesentlich erschwert, wenn auf visuelle Wahrnehmungsmöglichkeiten nicht oder kaum zurückgegriffen werden kann.

Voraussetzungen für den Schriftspracherwerb								
Sprachl. Fähigkeiten	Phonolog. Bewusstheit	Wahrnehmungsfähigkeit	Feinmotorik	Raumkonzept	Symbolbewusstsein	Schriftkonzept	Motivation	Konzentration
Semantik (Begriffsbildung), Wortschatz, Pragmatik, Artikulation	Sprache in Laute gliedern, Anlaut erkennen etc.	*Blindes Kind:* Punktschriftmuster taktil unterscheiden *Sehendes Kind:* Grafische Formen unter scheiden	*Blindes Kind:* Kraft (Schreibmaschine bedienen), Bewegungskoordination, Linien entlangtasten etc. *Sehendes Kind:* Stifthaltung, Graphomotorik etc.	Raumbegriffe oben, unten, links, rechts etc.	Zeichen interpretieren	Schrift erkennen, Schriftfunktionen erfassen, „Kritzeln", etc.	selbst lesen wollen	zuhören können, Arbeiten beenden etc.

Abb. 1.6: Voraussetzungen für den Schriftspracherwerb (vgl. Lang 2003, 233)

1.5.3 Vorbereitung auf den Lese- und Schreiblehrgang

1.5.3.1 Emergent Literarcy

Im englischen Sprachraum wird die Phase vor Beginn des systematischen Lese- und Schreiblehrganges als »Emergent Literacy« bezeichnet. Mit dieser Begrifflichkeit wurde bewusst eine inhaltliche Abkehr vom »Reading Readiness«-Modell vollzogen, das oftmals als isoliertes Training von lese- und schreibvorbereitenden Teilfertigkeiten durchgeführt wurde. Im Gegensatz hierzu versteht sich Emergent Literacy als ganzheitliches Konzept, das in sinnvollen und motivierenden Kontexten lange vor dem Schuleintritt präliteral-symbolische Lernprozesse initiiert, die die Grundlage für den weiteren Schriftspracherwerb bilden. Im weitesten Sinne beginnt die Phase Emergent Literacy ab der Geburt. Für den Schriftspracherwerb blinder Kinder hat »Emergent Literacy« aufgrund der spezifischen Lernvoraussetzungen (▶ Kap. 1.5.1 und ▶ Kap. 1.5.2) eine besondere Bedeutsamkeit.

Wright und Stratton (2007) erarbeiteten eine umfassende Übertragung des Emergent Literacy-Ansatzes auf die Situation blinder Kinder. Ihr Konzept enthält vielfältige, konkret beschriebene Aktivitäten für blinde Kinder unterschiedlicher Altersstufen von der Geburt bis zum Einschulungsalter

- zur Förderung der Grob- und Feinmotorik (Bewegungskoordination, Kraft etc.),
- zur kognitiven Förderung (Begriffsbildung, Symbolverständnis etc.),
- zur Kommunikations- und Sprachentwicklung,
- zur Tastwahrnehmung (Objekte, Texturen, Reliefformen, Punktmuster etc.),
- zur Anbahnung der Lesebewegungen (Tastrichtung von links nach rechts, Zeilen einhalten etc.),
- zur Vermittlung von Punktschrifterfahrungen (Objekte beschriften, Tastbilderbücher herstellen, Vorlesen etc.),
- zur Förderung der Lesemotivation,
- zur Hinführung zum Schreiben (Kritzeln auf der Punktschriftmaschine etc.)
- ...

Viele der hier beschriebenen Maßnahmen bleiben nicht auf den vorschulischen Bereich begrenzt, sondern können bis weit hinein in den Unterricht der Eingangsklassen sinnvoll bzw. notwendig sein. Für den Unterricht mit Kindern und Jugendlichen mit mehrfachen Beeinträchtigungen muss der Emergent Literacy-Ansatz inhaltlich umfassend angepasst werden, da diese Schülerinnen und Schüler oftmals erst zu einem späteren Zeitpunkt (mitunter erst im Jugendalter) intensiv an die Schriftsprache herangeführt werden können. Hier gilt es, altersadäquate Aktivitäten und Inhalte auf das Lernniveau der Emergent Literacy-Phase zu übertragen.

1.5.3.2 Die Materialsammlung »Auf der Taststraße zur Punktschrift«

Die Materialsammlung »Auf der Taststraße zur Punktschrift« versteht sich als konkrete Umsetzungshilfe des Emergent Literacy-Ansatzes für blinde Kinder im Kindergarten- und Schuleingangsalter. Es ist seit 2005 über den Hilfsmittelhandel erhältlich (3. Auflage: Lang 2013; Konzeption, Beschreibung und Evaluation, s. Lang 2003). Die in der Sammlung enthaltenen Fördermaterialien verfolgen schwerpunktmäßig die Ziele:

- haptische Diskrimination und Differenzierung: gezielte Hinführung zur Unterscheidungsfähigkeit von Braillezeichen
- Lesebewegungen: Hinführung zu beidhändigem Lesen, Automatisierung entsprechender Taststrategien, Einführung der Leserichtung
- Aufbau eines differenzierten Schriftkonzeptes
- Entwicklung von Lesemotivation.

Das gezielte Vorbereiten auf das Punktschriftlesen soll auf kindgemäße, spielerische und handlungsorientierte Weise sowie in subjektiv bedeutsamen und sinnvollen Lernzusammenhängen erfolgen. Die primäre Zielgruppe der Materialsammlung sind Kinder im Kindergarten bzw. in den Eingangsklassen. Der Einsatz bei älteren Kindern und Jugendlichen mit einer kognitiven Beeinträchtigung erfordert eine sorgfältige Materialauswahl und gegebenenfalls eine Adaption der Aufgabenstellung.

Das Materialpaket umfasst ein Formenbuch (mit Reliefformen und Würfelspiel), verschiedene Sammlungen von Arbeitsblättern zur Einführung der Lesebewegungen, zwei Handlungsbücher zum spielerischen Umgang mit »Taststraßen« (»Straßen reparieren«: Abb. 1.7), das Tastbilderbuch »Die Schatzsuche« (Abb. 1.8) und das Tastbilderbuch »Die Busfahrt«.

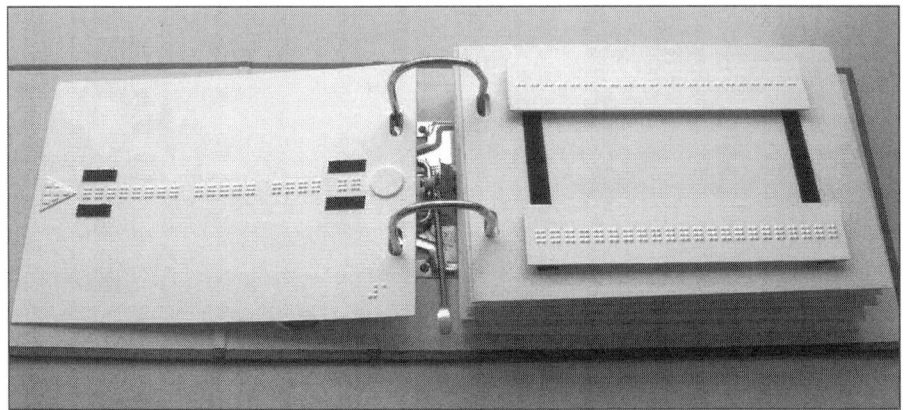

Abb. 1.7: Beispielseite des Fördermaterials »Straßen reparieren«

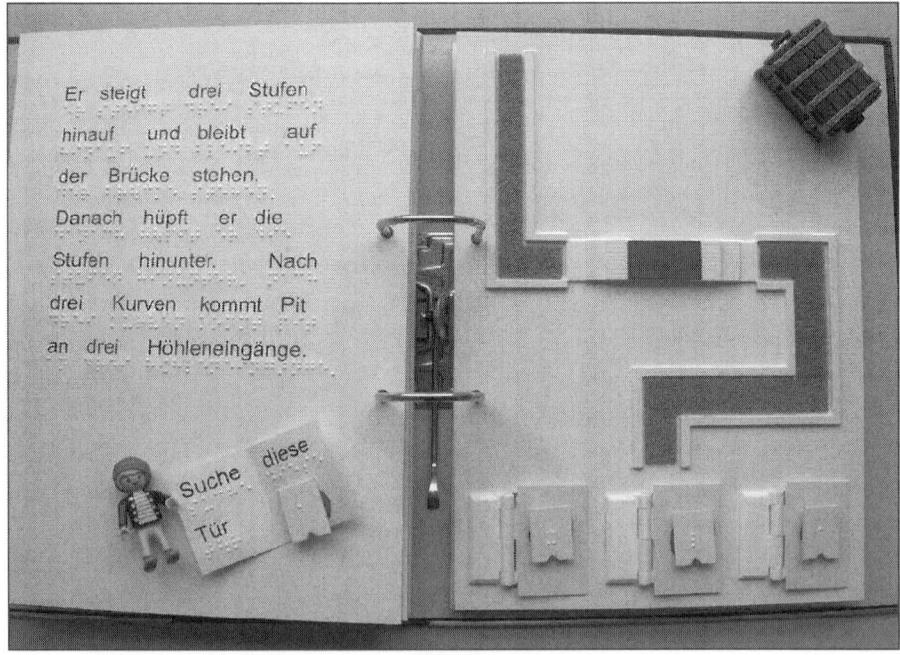

Abb. 1.8: Beispielseite des Tastbilderbuches »Die Schatzsuche«

1.5.3.3 Der Einsatz taktiler Bilderbücher

Bilderbücher spielen sowohl für sehende als auch für blinde Kinde eine grundlegende Rolle im Emergent Literacy-Konzept. In gemeinsamen Vorlesesituationen mit Bezugspersonen können auf äußerst motivierende und freudvolle Art wahrnehmungsbezogene Lesevoraussetzungen (z. B. durch visuelle oder haptische Erkennungs- und Suchaufgaben), Erfahrungen zum Schriftkonzepts oder das Erkennen von Schriftelementen zugänglich gemacht werden. Gute Tastbilderbücher sind parallel in Brailleschrift und in Schwarzschrift beschriftet, so dass das Kind während der Vorlesesituation jederzeit die Schrift ertasten kann und die Vorleserinnen und Vorleser direkt auf besonders lustige oder lange Wörter aufmerksam machen können. Für kleine Kinder geeignete Tastbilder regen durch Texturvielfalt zum Tasten an und sind an der Textur leicht zu erkennen. Das Erkennungsmerkmal beispielsweise einer Bilderbuchkatze ist für ein blindes Kind zunächst nicht die »Form« oder der taktile Umriss einer Katze, sondern das fühlbare Fell. Umrisse sind für blinde Kinder schwer zugänglich und müssen kognitiv rekonstruiert werden, da sie am dreidimensionalen Originalobjekt nicht direkt ertastet werden können. Geeignete Tastbilderbücher zeichnen sich durch weitere Kriterien aus wie beispielsweise (Lang 2014):

- kindgerechtes Format (Handtastraum)
- verständliche Inhalte
- angepasste Komplexität der Seitengestaltung
- Abbildungen mit Material- oder Texturähnlichkeit zum Original
- keine perspektivische Darstellung in Abbildungen, sondern typische Ansichten
- keine Überschneidungen der Bilder
- hohe Kontraste bezüglich Farb- und Texturgestaltung
- visuelle und haptische Ästhetik
- Möglichkeiten für handlungsorientierte Zugänge (z. B. Suchaufgaben, herausnehmbare Elemente).

Einfache Tastbilderbücher können selbst hergestellt werden. Die Geschichten sollten hierbei in einem direkten Bezug zur Erfahrungswelt des Kindes stehen. Bei Alltagshandlungen (z. B. Arbeiten im Garten) oder auf Ausflügen können bedeutsame Objekte gesammelt, auf Pappe aufgeklebt und mit Braille beschriftet werden, so dass in einem Ordner ein Tastbilderbuch entsteht, mit dessen Hilfe das Erlebte nacherzählt und wiederholt werden kann.

In diesem Zusammenhang wird deutlich, dass Textverständnis grundsätzlich auf Vorwissen und auf das Vorhandensein eines entsprechenden Wortschatzes aufbaut. Für Vorlesegeschichten und Bücher ohne taktile Illustrationen können »Geschichtenboxen« angelegt werden, in denen die für das Textverständnis hilfreichen Gegenstände, Figuren etc. aufbewahrt werden.

Taktile Bilderbücher sind in der Regel inklusiv gestaltet, so dass sie gemeinsam von sehenden und blinden Kindern genutzt werden können und im Idealfall neben einer taktilen auch eine optische Attraktivität aufweisen. Neue Konzeptionen im Bereich Emergent Literacy führen diesen inklusiven Gedanken konsequent fort, indem in Vorlesesituationen gezielt spezifische Vorläuferfähigkeiten für den Schwarzschrift- und für den Brailleerwerb integriert werden. Diese Lernmaterialien enthalten Aufgabenformate, die haptische und visuelle Suchaufgaben, Übungen zur Musterunterscheidung, Linienverfolgung und Formerkennung sowie Hinführungen zur Buchstaben- und Worterkennung in Schwarzschrift und in Brailleschrift enthalten, so dass sie unabhängig vom Sehvermögen der Kindern im jeweiligen familiären Umfeld eingesetzt werden können (Lang & Laemers 2017; Lang et al. 2016).

1.5.4 Der Lese- und Schreiblehrgang

1.5.4.1 Grundlagen

Im Grunde enthält jeder Lese- und Schreiblehrgang in Brailleschrift die in Abbildung 1.9 aufgeführten Komponenten. Je nach didaktisch-methodischer Konzeption werden die einzelnen Bausteine unterschiedlich gewichtet (▸ Kap. 1.5.4.2, ▸ Kap. 1.5.4.3; ▸ Kap. 1.5.5).

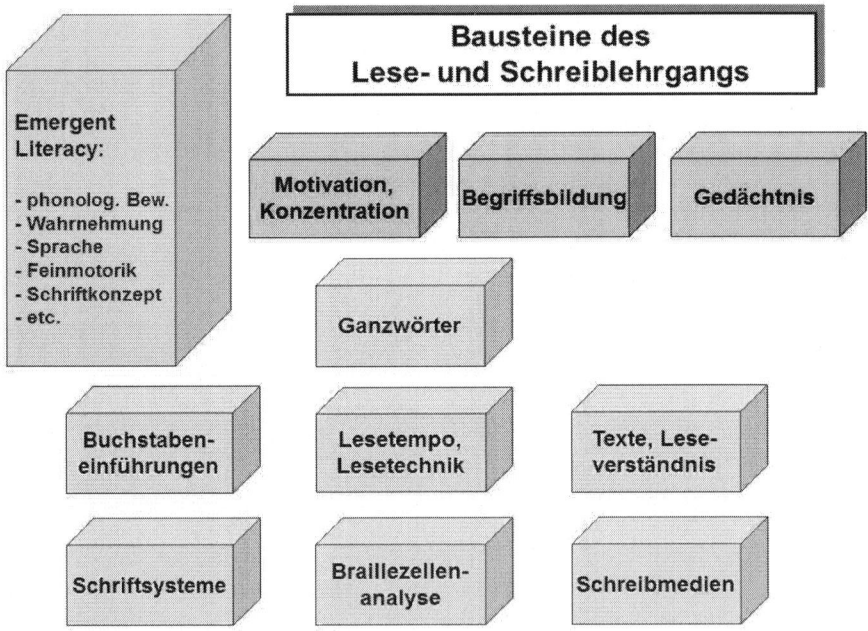

Abb. 1.9: Bausteine des Lese- und Schreiblehrgangs

Ergänzend muss hinzugefügt werden, dass sich die einzelnen Komponenten in ihrer zeitlichen Abfolge überschneiden. Beispielsweise hängt von den individuellen Lernvoraussetzungen und vom jeweiligen Lerntempo ab, über welchen Zeitraum Emergent Literacy parallel zum systematischen Lese- und Schreiblehrgang weitergeführt werden muss.

Der Baustein »Motivation und Konzentration« umfasst generell wesentliche Gelingensfaktoren für erfolgreiches Lesen- und Schreibenlernen (Kamei-Hannan & Ricci 2015, 12). Wormsley (2016) stellt die Aspekte Individualisierung, Bedeutsamkeit und Motivation konsequent in den Mittelpunkt ihres Kozeptes zum Brailleerwerb.

Das Erlernen und Speichern von Phonem-Graphem-Beziehungen oder Silben- und Wortstrukturen sind Inhaltsbereiche des Bausteins »Gedächtnis«. Nach Kamei-Hannan und Ricci (2015, 33) zeichnet das Braillelesen im Vergleich zum Schwarzschriftlesen eine höhere Gedächtnisbelastung aus. Die große Ähnlichkeit der Braillezeichen kann die Bildung buchstabenübergreifender Einheiten erschweren. Der hierdurch verlangsamte Dekodierungsprozess erfordert mehr Gedächtnisleistung für den Syntheseprozess beim Wortlesen. Gute Gedächtnisleistungen können den Lese- und den Leselernprozess somit maßgeblich erleichtern. Auch Prozesse des Langzeitgedächtnisses beeinflussen die Leseleistung, da für das Leseverständnis, Worte bzw. Textinhalte verstanden und miteinander in Beziehung gebracht werden müssen.

Der Baustein »Begriffsbildung« ist von Anfang an fest mit dem Lesenlernen verbunden, da die grundlegende Zielstellung von Lesen das Verstehen schriftlich fixierter Inhalte ist. Wortbedeutungen und Textinhalte müssen hierbei mit konkretem Handlungswissen bzw. mit über Sprache erworbenem Wissen verknüpft werden. Dies hat zur Folge, dass Inhalte von Vorlesegeschichten und Fibeltexten hinsichtlich ihrer Inhalte analysiert und gegebenenfalls handlungsorientiert bzw. unter Einbezug geeigneter Veranschaulichungsmedien erarbeitet werden sollten.

Für den Aufbau von Lesemotivation sind sinnhafte Leseanlässe von großer Bedeutung, so dass der frühe Einsatz von Ganzwörtern (anfänglich häufig die Eigennamen der Kinder) eine zentrale Rolle spielt. Aus diesem Grund ist der Baustein »Ganzwörter« im Schaubild abgesetzt positioniert. Ganzwörter sollten im gewöhnlichen Buchstabenabstand (ohne eingefügte Lücken) notiert sein, damit die Schülerinnen und Schüler logographemische Lesestrategien (▶ Kap. 1.5.1.2) erwerben können. Bei speziellen Übungen zur Wortsegmentierung im weiteren Verlauf des Leselehrganges ist ein gesperrter Druck (mit Lücken zwischen den Buchstaben) sinnvoll. Prägend für den Schriftspracherwerb sind systematische Buchstabeneinführungen, wobei hier die rasche Einbettung in Sätze und Texte sowie die begleitende Förderung von Leseverständnis aber auch von Lesetempo und Lesetechnik sinnvoll ist. Aus diesem Grund sind die entsprechenden Bausteine im Schaubild direkt nebeneinander dargestellt. Aussagen zur Buchstabenreihenfolge und weitere Tipps zu Buchstabeneinführungen finden sich in Kapitel 1.5.4.2 (▶ Kap. 1.5.4.2). Das Erlernen des Zeilenwechsels wird erleichtert, wenn erste Lesetexte wie auch Schülertexte mit doppeltem Zeilenabstand aufgeschrieben werden.

Eingangs dieses Buchkapitels wurden bereits die verschiedenen Systeme der deutschen Brailleschrift und Medien zum Braille-Schreiben vorgestellt. Didaktische Aspekte zu diesen Bausteinen werden unter Kapitel 1.5.5 (▶ Kap. 1.5.5) thematisiert.

Der Baustein »Braillezellenanalyse« befindet sich bewusst auf einer zeitlich später anzusiedelnden Ebene. Er hat trotz manch diesbezüglicher Empfehlung von Praktikerinnen und Praktikern, aber auch in der Literatur, beim Schriftspracherwerb geburtsblinder Kinder nichts im Bereich von Emergent Literacy zu suchen. Bei der Bewertung der Rolle der Braillezellenanalyse für den Schriftspracherwerb muss unterschieden werden, ob es sich um ein blindes Kind handelt, das vor oder während des Schriftspracherwerbs erblindet ist, oder ob die Erblindung erst später eintrat bzw. ob eine Schülerin bzw. ein Schüler mit hochgradiger Sehbehinderung die Brailleschrift erlernen soll. Bei später erblindeten und hochgradig sehbehinderten Schülerinnen und Schülern kann durchaus bereits am Anfang der Schrifteinführung die Braillezellenanalyse stehen, da hier die Voraussetzungen zur räumlichen Analyse vorhanden sind bzw. das haptische Erkennen durch das visuelle Vorstellungsbild der Braillezeichen erleichtert wird (▶ Kap. 1.7.3).

Gänzlich anders stellt sich die Situation bei geburtsblinden oder früh erblindeten Kindern dar. Bei diesen Kindern sollte die Beschäftigung mit dem Aufbau der Braillezelle in Form einer Analyse der räumlichen Anordnung der Braillepunkte aufgrund des hohen Abstraktheits- und Komplexitätsgrades erst zu einem späteren Zeitpunkt im Lese- und Schreiblehrgang realisiert werden. In Abschnitt 1.2.4 dieses Kapitels wurde darauf hingewiesen, dass blinde Kinder Braillezeichen zunächst textural wahrnehmen, so dass auch unter Wahrnehmungsgesichtspunkten eine Vergrößerung der Braillezelle zu Beginn des Schriftspracherwerbs vermieden werden sollte. Die Braillezellenanalyse stellt zudem keine Voraussetzung für das Schreiben an einer Punktschriftmaschine dar. Für den motorischen Prozess des Schreibens ist alleine notwendig, dass die Schülerinnen und Schüler die Nummerierung der Finger analog der Tasten der Brailleschreibmaschine von 1 bis 6 beherrschen (linke Hand: Zeigefinger bis Ringfinger = 1, 2, 3; rechte Hand: Zeigefinger bis Ringfinger = 4, 5, 6; bei Eurobraille kommen die kleinen Finger dazu: links = 7, rechts = 8). Ist dies der Fall, können die Kinder jeden Braillebuchstaben schreiben, sobald ihnen die hierfür benötigten Finger bzw. Tasten mitgeteilt werden. Ein Bewusstsein über die räumliche Position der Punkte innerhalb der Braillezelle ist für das Schreiben nicht relevant, da sich die Buchstabenschreibung anfänglich über das motorische Schreibmuster einprägt. Die Fingernummerierung ist generell eine Voraussetzung für einen zeitgleichen Lese- und Schreiblehrgang. Sie lässt sich über Lieder, Fingerspiele oder Fingermassagen anbahnen.

Grundsätzlich ist es daher empfehlenswert, die ersten Buchstaben und Ganzwörter nur in originalgroßer Brailleschrift einzuführen. Da eine sichere Buchstabenerkennung auf der alleinigen Grundlage von texturalen Merkmalen mit der Zunahme des Buchstabenrepertoires jedoch immer schwieriger wird, ist die Braillezellenanalyse unabdingbar, um die gedächtnismäßige Buchstabenspeicherung mithilfe räumlicher Merkmale ökonomischer und eindeutiger gestalten zu können. Ein günstiger Zeitpunkt für die Braillezellenanalyse ist dann erreicht, wenn die Schülerinnen und Schüler ein Schriftkonzept entwickelt haben, d. h. sobald sie »wissen«, wie Lesen- und Schreiben konkret »funktioniert« bzw. wie sich ihre Schrift anfühlt und welche Funktionen sie ausfüllt. In der Regel ist das der Fall, wenn einige Buchstaben und Ganzwörter erkannt werden können. Zu diesem Zeitpunkt stellen sich zudem gleichförmigere Lesebewegung ein (▶ Kap. 1.2.3), so dass die für die räumliche Analyse notwendigen Ankerpunkte (Position der Finger zur Lesezeile und zum eigenen Körper) vorhanden sind. Bei der Braillezellenanalyse kann eine enge Verknüpfung zwischen dem Lese- und Schreibprozess hergestellt werden: Eine aufgeklappte, vergrößerte Braillezelle (▶ Abb. 1.10) kann als kleine »Brailletastatur« vorgestellt werden, auf der die für den Buchstaben notwendigen Finger mit Steckern zu markieren sind. Wird die Braillezelle nun zusammengeklappt, wird die Beziehung zwischen Fingerposition auf der Tastatur und Position des geprägten Punktes innerhalb des Brailleraster deutlich.

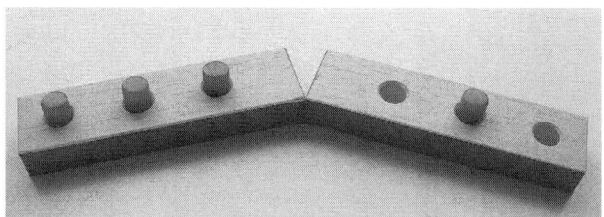

Abb. 1.10: Aufklappbare Braillezelle

Bei stark tastbeeinträchtigten und teilweise auch bei mehrfachbehinderten blinden Schülerinnen und Schülern wird vereinzelt in der Einstiegsphase eine leicht vergrößerte Brailleschrift (»Jumbo-Braille«) eingesetzt, wobei ein Übergang zur Originalgröße angestrebt wird.

Zu den organisatorischen Grundprinzipien des Brailleschriftspracherwerbs gehört zumindest in den ersten Lernjahren der konsequente Einsatz rutschfester Unterlagen bei Leseaufgaben. Wortkärtchen, Buchstabenplättchen und ähnliche Materialien sollten eine deutliche räumliche Orientierungshilfe aufweisen. Bewährt hat sich beispielsweise das Einfügen einer Kerbe an der unteren Seite.

Generell sollten die funktionalen Aspekte von Schrift von Anfang an betont werden. Umsetzbar ist diese Forderung beispielsweise, indem mit einem Klassenstundenplan gearbeitet wird, dessen Stundensymbole nach und nach durch Schriftkärtchen ergänzt und schließlich ersetzt werden. Auch die Beschriftung von Arbeitsplätzen, Kleiderhaken oder Regalfächern mit den Namen der Schülerinnen und Schüler ist in diesem Zusammenhang zu nennen.

1.5.4.2 Fibellehrgang

Das Arbeiten nach einer Fibel zeichnet sich dadurch aus, dass der Lese- und Schreiblehrgang schrittweise mit zunehmender Schwierigkeit anhand eines systematischen Programmes erfolgt. Ganzwörter und Buchstaben werden sukzessive im Rahmen von thematischen Einheiten eingeführt und geübt. In der Regel führen feste Fibelfiguren durch die einzelnen Fibelinhalte. Die Schulanfängerin bzw. der Schulanfänger bekommt folglich ein eigenes Buch, mit dessen Figuren er sich identifizieren kann.

Fibelwerke, die auf dem allgemeinen Lehrmittelmarkt erhältlich sind, beinhalten meist außer der eigentlichen Lesefibel, in der die Buchstaben und Wörter in kurzen, reich bebilderten Texten eingeführt werden, vielfältiges Begleitmaterial wie beispielsweise Übungsmaterialien zum Lesen (Arbeitsblätter, Leseheftchen etc.) und lose oder gebundene Sammlungen von Schreibübungen. Bei integriert beschulten blinden Kindern wird versucht, diese Fibelwerke in Punktschrift (Ausdruck, Datei) zu übertragen.

Bei der Übertragung von Schwarzschrift-Fibeln können verschiedene Problembereiche auftreten:

- Fibeln für sehende Kinder entnehmen einen Großteil der Lesemotivation sowie des Wort- und Textverständnisses aus den zahlreichen Illustrationen, die oftmals kaum adäquat in eine taktile Form adaptiert werden können.
- Die Wort- und Buchstabenreihenfolge in Schwarzschrift kann zur Folge haben, dass schwierig zu unterscheidende bzw. zu schreibende Braillezeichen bereits zu Anfang auftreten oder dass spiegelgleiche Zeichen in unmittelbarer zeitlicher Nähe eingeführt werden.
- Die Fibelinhalte sind unter Umständen für blinde und hochgradig sehbehinderte Kinder schwer zugänglich bzw. entsprechen nicht ihrer Erfahrungswelt.

Diese Schwierigkeiten lassen sich mildern, indem auf den ausgedruckten Fibelseiten reale Objekte bzw. einfache und gut erkennbare Reliefbilder eingeklebt werden, indem Fibeltexte mit Handpuppen oder im Rollenspiel nachgespielt werden oder indem die Klassen- oder Betreuungslehrkräfte die Fibelinhalte gezielt durch Lerngänge vorbereiten (Holbrook et al. 2017a, 400 ff; Kamei-Hannan & Ricci 2015; Harley et al. 1997, 58; Wormsley 1997, 74 f.). Spiegelgleiche Braillezeichen sollten generell getrennt und mit separaten Übungsphasen eingeführt werden.

Analog zur Vorgehensweise in den Schwarzschriftfibeln sollten blinde Schülerinnen und Schüler im gemeinsamen Unterricht mit sehenden Kindern inhaltsgleich von Anfang an die Groß- und Kleinbuchstaben kennen lernen. Dies kann durch Verwendung von Eurobraille geschehen oder durch die Einführung des Großschreibezeichens in der 6-Punkte-Systematik.

Der große Vorteil einer von vornherein für Punktschrift konzipierten Fibel ist der, dass hier die schriftspezifischen Schwierigkeiten von Wörtern und Buchstaben berücksichtigt werden können. Die Buchstabenreihenfolge leitet sich folglich aus dem Schwierigkeitsgrad der Braillebuchstaben beim Lesen und Schreiben ab, so dass Buchstaben mit prägnanter Textur und schreibmotorisch geringer Komplexität am Anfang stehen (▶ Tab. 1.4).

Tab. 1.4: Reihenfolge der ersten 10 Zeicheneinführungen in Fibeln für blinde Kinder

Punktschriftfibel										
Forchheim (1976)	a	l	m	o	i	u	s	e	n	ei
Dorner (1978)	a	l	i	m	b	au	s	o	ch	u
Paul- und Charlotte-Kniese-Stiftung (1989)	l	a	i	m	s	u	o	d	n	e

1.5 Schriftspracherwerb

Da auf dem deutschsprachigen Lehrmittelmarkt keine aktuelle Punktschriftfibel erhältlich ist, arbeiten einige Lehrkräfte in Eingangsklassen an Förderzentren für blinde und sehbehinderte Kinder mit einer Eigenfibel. D. h. die Fibel entsteht sukzessive im Laufe des Schuljahres, indem Woche für Woche Fibelseiten dazu kommen. Diese Vorgehensweise birgt eine Vielzahl von Vorteilen:

- Freie Themenauswahl: Verknüpfung der Fibelinhalte mit den behandelten Sachthemen, d. h. die Fibelthemen werden handlungsorientiert erarbeitet.
- Illustration der Fibelinhalte durch Einkleben von Realobjekten bzw. durch geeignete, den konkreten Möglichkeiten der Schülerinnen und Schüler entsprechende Reliefabbildungen.
- Optimale Anpassung an die Lernvoraussetzungen der Schülerinnen und Schüler hinsichtlich Illustration und Textauswahl, z. B. dadurch, dass die Lehrkraft die Lesetexte selbst verfasst.
- Individualisierung und Differenzierung: je nach Leistungsstand erhalten die Schülerinnen und Schüler unterschiedliche Fibelseiten, auf welchen die Reliefabbildungen identisch sein können, die Leseaufgaben jedoch unterschiedlich sind.
- Die Lehrkraft bestimmt selbst die Buchstabenreihenfolge und kann punktschriftspezifische Schwierigkeiten berücksichtigen.
- Anpassung des Tempos der Buchstabeneinführungen an die Leistungsfähigkeit der Schülerinnen und Schüler; problemloses Einfügen zusätzlicher Übungseinheiten.
- Integration von Übungsformen und Vorgehensweisen aus offenen Konzeptionen (▶ Kap. 1.5.4.3).

Bei der Erstellung einer Eigenfibel sollten grundlegende Gestaltungskriterien berücksichtigt werden. Beispielsweise sollte die Fibel ästhetisch ansprechend sein und auch eine visuelle Attraktivität besitzen, so dass sehende Geschwisterkinder oder Freunde der Fibel mit Wertschätzung begegnen. Dieser Aspekt kann für die Lesemotivation des blinden Kindes höchst bedeutsam sein. Es ist günstig, wenn die Fibelseiten einen konstanten Aufbau aufweisen (z. B. der neue Buchstabe befindet sich jeweils in der rechten oberen Ecke der Seite). Abbildungen müssen visuell und haptisch identifizierbar sein und zudem eine kontrastreiche Gestaltung aufweisen, so dass hochgradig sehbehinderte Kinder verwertbare visuelle Informationen erhalten.

1.5.4.3 Offene Konzeptionen des Schriftspracherwerbs

Aus der Vielzahl offener Konzeptionen des Schriftspracherwerbs sollen an dieser Stelle der Spracherfahrungsansatz und das Konzept »Lesen durch Schreiben« herausgegriffen werden, da hierüber konkrete Erfahrungen aus dem Unterricht mit blinden Kindern vorliegen.

Der »Spracherfahrungsansatz« stellt einen umfassenden, individualisierten und sinnorientierten Zugang zur Schriftsprache dar, der die funktionalen Aspekte von

Schrift von Anfang an in den Mittelpunkt rückt. Der Spracherfahrungsansatz ist folglich kein vorgeplanter und vorstrukturierter Lehrgang. Stattdessen wird jedem Kind je nach individueller Schriftvorerfahrung ein eigener Zugang zur Schriftsprache ermöglicht. Innerhalb dieses Rahmens finden verschiedene Schriftaktivitäten statt, die teilweise im Klassenverband realisiert werden wie z. B. das gemeinsame Erarbeiten von Buchstaben (»Buchstabe der Woche«), das (Vor-)Lesen von Kinderliteratur, das freie Schreiben eigener Texte (zunächst diktieren die Kinder einem Erwachsenen ihre Texte) oder der Aufbau eines Grundwortschatzes (vgl. Brügelmann & Brinkmann 2016, 99; Brinkmann & Bode-Kirchhoff 2013; Schenk 2012, 125 f.).

Konkrete Erfahrungen aus der Umsetzung im Unterricht mit blinden Kindern liegen aus dem englischsprachigen Raum vor (Holbrook et al. 2017a; Lamb 1996; Harley et al. 1997, 54 ff; Wormsley 1997, 76 ff; Rex et al. 1994, 68 ff). Swenson (2016) erarbeitet beispielsweise viele Aspekte der Schriftsprache dadurch, dass die Schülerinnen und Schüler konkrete Ereignisse wie Lerngänge, Feste etc. mit Hilfe des Lehrers verschriften und taktil illustriert in eine Buchform bringen. Wormsley (2016) greift in ihrem individualisierenden, bedeutungszentrierten Ansatz auf viele Elemente des Spracherfahrungsansatzes zurück und erläutert zahlreiche praxiserprobte Umsetzungsbeispiele für den Brailleerwerb.

Individualisierende Konzepte erscheinen grundsätzlich als vorteilhaft (Rex et al. 1994, 71 f.), da sich hierdurch insbesondere in inklusiven Lernkontexten durchgängige Sonderrollen abschwächen lassen. Allerdings gilt es zu bedenken, dass diese Ansätze bezüglich der Bereitstellung geeigneter Medien mit einem hohen Aufwand verbunden sind, da die jeweiligen Lernhilfen individuell an die zuvor detailliert beobachteten Lernschritte angepasst werden müssen. Dieser Einwand trifft im Kern auch auf Fibel-Adaptionen zu. Viele Aspekte des Spracherfahrungsansatzes lassen sich grundsätzlich in ein strukturiertes Vorgehen nach einer (Eigen-)Fibel integrieren, so dass sich Fibelarbeit und Elemente des Spracherfahrungsansatzes nicht widersprechen müssen.

Wie der Spracherfahrungsansatz handelt es sich bei der Konzeption »Lesen durch Schreiben« von Jürgen Reichen (1982; 2004) um ein offenes, fibelunabhängiges Konzept für sehende Kinder, das vielfältige Materialien beispielsweise zur Lese- und Schreibvorbereitung und zur Lesemotivation enthält. Zentrale Vorgehensweise dieses Ansatzes ist das Verschriften mit Hilfe einer Anlauttabelle, bei der jedem Laut ein Bildsymbol zugeordnet ist. Die Adaption der Konzeption »Lesen durch Schreiben« für blinde Kinder stößt teilweise an Grenzen (vgl. Gottwick 1997). Beispielsweise überschreitet eine tastbare Anlauttabelle in Form eines Schubladensystems, bei dem jeder Anlaut durch ein kleines Realobjekt repräsentiert wird, den Handtastraum blinder Kinder erheblich. Dadurch ist die Orientierung in diesem komplexen System deutlich erschwert. Hinzukommt, dass die Buchstaben von blinden Schülerinnen und Schülern von der Vorlage nicht »abgemalt« werden können (▶ Kap. 1.5.1.2). Zu jedem Buchstaben muss ein blindes Kind folglich zusätzliche Informationen erhalten, aus denen hervorgeht, welche Finger bzw. welche Tasten der Punktschriftmaschine zum Schreiben benötigt werden. Dies kann beispielsweise über entsprechend markierte, symbolisiert als Relief dargestellte Schreibtasten erfolgen oder auditiv mittels Ansage der Tastennummern über einen Vorlesestift. Dennoch wird die Arbeit mit Anlauttabelle für blinde Kinder sehr zeitintensiv bleiben und dadurch nicht dieselbe Rolle einnehmen können, wie bei sehenden Kindern. Blinde Kinder werden tendenziell schneller in die alphabetische Strategie (▶ Kap. 1.5.1.2 und ▶ Kap. 1.5.1.3) übergehen. Dadurch können sie aufgrund der erlernten Phonem-Graphem-Beziehungen und der zugehörigen Tastenbelegung der einzelnen Buchstaben effektiver Wörter verschriften, ohne eine Anlauttabelle zu verwenden.

1.5.4.4 Übungsmaterialien und Spiele

Sowohl in offenen Konzeptionen als auch bei Verwendung eines Fibel-Lehrganges werden umfangreiche Übungsmaterialien und lehrgangsbegleitende Lernspiele benötigt. Nachfolgend sollen einige Beispiele hierfür aufgeführt werden.

- »Tennisballmonster« (▶ Abb. 1.11) (vgl. Pauli & Kisch 2019):
  Durch Zusammendrücken öffnet das »Monster« sein Maul und kann z. B. mit zuvor definierten Buchstaben gefüttert werden. Zielstellung: Kräftigung der Finger- und Handmuskulatur

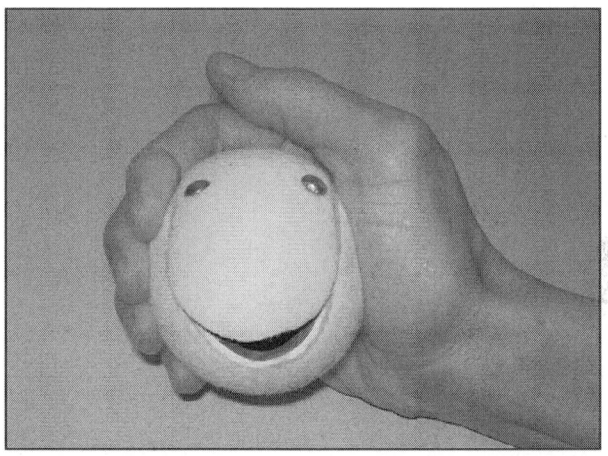

Abb. 1.11: »Tennisballmonster«

- Klettbrett mit Buchstabenplättchen (▶ Abb. 1.12) in Eurobraille bzw. Vollschrift (Lang 2007)[1]:
  Brett mit Linienführung zum Aufkletten von Braille-Buchstabenplättchen (bzw. Texturkärtchen, Wortkärtchen, Mathematikaufgaben etc.). Zielstellungen: Übungen zur Buchstabendiskrimination, zum Auf- und Abbau von Wörtern etc.

---

1 Bezug über: www.deutscherhilfsmittelvertrieb.de, Zugriff am 11.10.2020

Abb. 1.12: Klettbrett mit Buchstabenplättchen

- Lautbrettchen (▶ Abb. 1.13) (Lang 2007; Bezug über: www.deutscherhilfsmittelvertrieb.de):
Brettchen mit drei Feldern zur Positionierung einer Spielfigur analog der Lautposition (An-, In- und Auslaut) eines Ziellautes in einem Beispielwort. Zielstellung: Übungen zur phonologischen Bewusstheit

Abb. 1.13: Lautbrettchen

- Bingo:
Spielbrett mit 9 Feldern (3 x 3), in welche Braille-Buchstabenplättchen (s. o.) oder andere Kärtchen (Wörter, Zahlen etc.) fixiert (Klettband) werden können. Ausgewählte Buchstaben werden jeweils entfernt. Ein Bingo entsteht, sobald eine Reihe oder Spalte vollständig geleert wurde. Zielstellungen: Buchstabenidentifikation etc.
- Stöpselbrett (▶ Abb. 1.14):
Grundbrett zum Einsetzen von Aufgabenblättern (z. B. Buchstabenerkennung, Wortidentifikation etc.). Ein Stöpsel markiert die gewählte Antwort. Lässt sich das Aufgabenblatt aus dem Grundbrett entfernen, ist die Lösung korrekt (Selbstkontrolle). Zielstellungen: Buchstaben- bzw. Wortidentifikation, Reimwörter finden etc.

1.5 Schriftspracherwerb

Abb. 1.14: Stöpselbrett (Eigenbau)

- Wortfächer (▸ Abb. 1.15):
  Auf jedem Fächerelement befindet sich ein Buchstabe. Wird der Fächer auseinandergezogen, bilden die Buchstaben ein Wort. Zielstellungen: Übungen zum Wortaufbau etc.

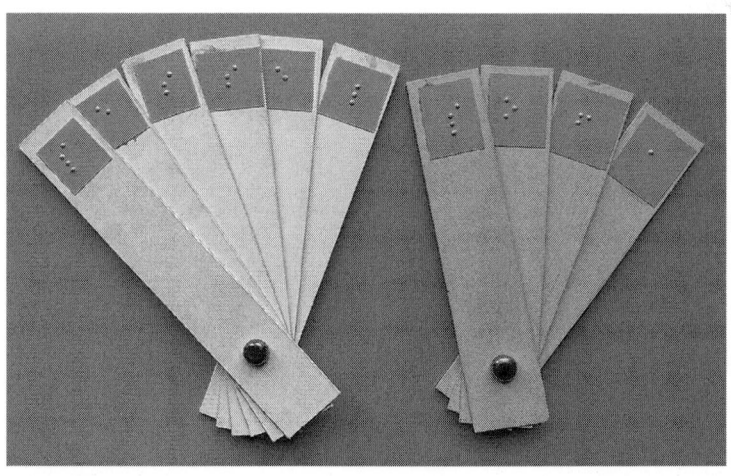

Abb. 1.15: Wortfächer

- »Geheime Botschaften«:
Kurze Handlungsaufträge (z. B. »Hole ...«; »Mache dich ganz klein«) werden auf Karteikärtchen geschrieben und in unterschiedliche Briefumschläge gesteckt. Zielstellung: sinnentnehmendes Lesen
- Kartenspiel »Duett«:
Auf jeder Spielkarte befindet sich ein Wort (z. B. Namen der Schülerinnen und Schüler, Tiernamen etc.). Jede Karte existiert doppelt. Durch Fragen (»Hast du ...?«) versuchen die Spielerinnen und Spieler, das Zweitexemplar zu erhalten. Gebildete Paare werden abgelegt. Zielstellungen: Wortidentifikation etc.
- Angelspiele:
Mit Magnetangeln werden Buchstabenplättchen (s. o.) oder Wortkärtchen (mit angehefteten Büroklammern) geangelt. Zielstellungen: Buchstaben- bzw. Wortidentifikation, Wortaufbau etc.
- Verbindungslinien (▶ Abb. 1.16):
In vielen Fibelübungsheften muss durch Einfügen von Verbindungslinien beispielsweise ein Anfangsbuchstabe entsprechenden Wörtern zugeordnet werden. Wird zwischen der Buchstabenspalte und der Wortspalte mit doppelseitigem Klebeband ein Stück Zeichenfolie eingeklebt, können auch blinde Schülerinnen und Schüler diese Übungsform bewältigen. Allerdings bleibt bei komplexen Aufgaben mit vielen Verbindungslinien das Nachvollziehen der Lösungen erschwert. Darüber hinaus sind Korrekturen nicht möglich. Einfacher ist somit die Adaption dieses Aufgabenformats z. B. zwei Wortkärtchen zuordnen (evtl. mit einer »Puzzleverbindung«, sodass eine Selbstkontrolle ermöglicht wird).

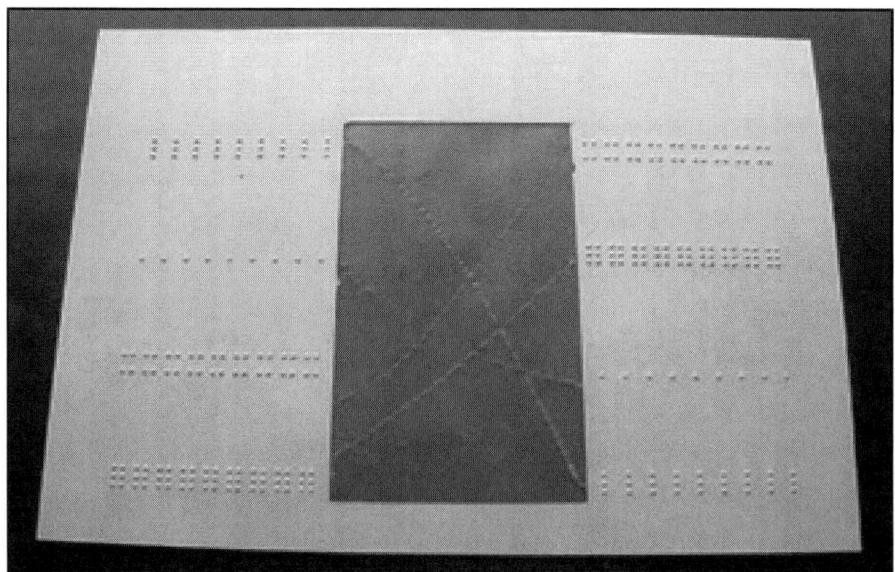

Abb. 1.16: Verbindungslinien

- Leseheftchen:
Heftchen (evtl. Spiralbindung) mit horizontal geteilten Seiten. Auf der oberen Hälfte befindet sich der Satzanfang (z. B. »Johanna hat«) und auf der unteren Hälfte das Satzende (z. B. »Musik«). Obere und untere Hälfte können getrennt umgeblättert werden, so dass jeweils ein neuer sinnvoller Satz entsteht. Zielstellungen: Leseübung bei gleichbleibendem Satzmuster (reduzierter Schwierigkeitsgrad) etc.
- Buchstaben-Rap:
Sprechgesang auf einen Klatschrhythmus (zweimal auf die Schenkel, einmal in die Hände klatschen und doppelte Zählzeit aushalten) zur Übung der phonologischen Bewusstheit. Vor jeder Strophe wird ein Buchstabenkärtchen gezogen; nach jeder Strophe werden zu diesem Buchstaben Wörter gesammelt (Anlaut).

Refrain: »Das ist der Buchstaben-Rap
und der hat viel Pepp!
Mit dem sing' ich dann,
was ich schon lesen kann.«
(Buchstabenkärtchen ziehen und vorlesen)
Strophe: »Lese ich ein ... (gezogener Buchstabe),
dann weiß ich sofort:
ein ... steht am Anfang
von diesem Wort.«
(Anlautwörter sammeln)

1.5.5 Die Reihenfolge der Schriftsysteme und Schreibmedien

Innerhalb der Blinden- und Sehbehindertenpädagogik besteht Konsens darüber, dass blinde Schülerinnen und Schüler hinsichtlich der beruflichen, der sozialen und der kulturellen Teilhabe umfassende Punktschriftkenntnisse benötigen. Blinde Schülerinnen und Schüler ohne zusätzliche kognitive Beeinträchtigungen sollen am Ende ihrer Schulzeit aus dem System der Deutschen Punktschrift die Voll- und Kurzschrift sowie das Eurobraille-System beherrschen (vgl. Altmaier & Hamann 2001). Die pädagogische Frage, in welcher Reihenfolge die Schriftsysteme eingeführt werden sollen, bleibt offen. Bei integriert beschulten blinden Schülerinnen und Schülern wird in der Regel mit Hilfe eines Computerarbeitsplatzes Eurobraille als Anfangsschrift eingesetzt. Die Praxis an den blinden- und sehbehindertenspezifischen Förderzentren ist uneinheitlich. Sowohl die Vollschrift als auch Eurobraille werden hier als Erstschrift verwendet.

Als erstes Schreibmedium wird meist die Brailleschreibmaschine (▶ Kap. 1.3.1) eingesetzt, da der Schreibprozess hier unmittelbar nachvollzogen werden kann: auf einen Tastendruck erfolgt ein akustisch wahrnehmbarer Prägevorgang, der sofort taktil kontrolliert werden kann. Beim Schriftspracherwerb in Eurobraille als Erstschrift empfiehlt es sich, eine elektronische Brailleschreibmaschine einzusetzen, da hier im Unterschied zur 6-Punkt-Schrift auch die kleinen Finger zum Tastendruck herangezogen werden müssen. Bei mechanischen 8-Punkt-Maschinen haben blinde Kinder oftmals große Schwierigkeiten die für die Punktprägung notwendige Kraft mit den kleinen Fingern aufzubringen.

Im Laufe der Grundschulzeit, teilweise bereits zum Schulbeginn wird der Computer (▶ Kap. 1.3.2) als Schreibmedium eingeführt. Von zentraler Bedeutung ist hierbei die Verwendung einer Brailleeingabetastatur, da die Normaltastatur für Schülerinnen und Schüler der Eingangsklassen zu komplex ist und zudem noch nicht im Zehnfingersystem bedient werden kann (▶ Kap. 1.6.1 und ▶ Kap. 1.6.2).

Das Schreiben mit Tafel und Stichel (▶ Kap. 1.3.3) sollte blinden Schülerinnen und Schülern ebenfalls als weitere Möglichkeit zum Punktschriftschreiben vorgestellt werden. Hierbei ist es kontraproduktiv, die spiegelverkehrte Schreibweise der Punktschriftzeichen zu thematisieren. Das Sticheln gelingt wesentlich einfacher, wenn die Kinder und Jugendlichen stur von rechts nach links schreiben und die Punktnummerierung der Braillezelle beibehalten, allerdings mit dem Unterschied, dass nun die Zählung oben rechts beginnt (▶ Abb. 1.17). Ein Spiegeln der Braillebuchstaben ist folglich nicht notwendig. Werden die im Schreiblehrgang erworbenen Punktnummernkombinationen der Braillebuchstaben (▶ Kap. 1.5.4.1) konsequent von rechts nach links gestichelt, entstehen auf der Rückseite automatisch die gewünschten in Leserichtung identifizierbaren Buchstaben.

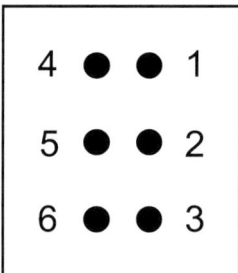

Abb. 1.17: Punktnummerierung zum Schreiben mit der Punktschrifttafel von rechts nach links

Eine Sonderrolle hinsichtlich der von blinden Kindern und Jugendlichen zu erwerbenden Schriftsysteme nimmt die Schwarzschrift ein, die soweit beherrscht werden muss, dass eine eigenhändige Unterschrift geleistet werden kann. Mittels taktil erfassbarer Reliefbuchstaben kann ein Zugang zur Form der Schwarzschriftbuchstaben geschaffen werden. Die Schreibung der Buchstaben und des Namenszuges kann mit Hilfe einer Zeichentafel geübt werden, da hier die Verschriftungen fühlbar werden. Als Hilfsmittel für das Unterschreiben stehen Unterschriftenschablonen zur Verfügung, die eine Linienführung aufweisen und die korrekte räumliche Ausrichtung der Unterschrift gewährleisten (▶ Abb. 1.18).

1.5 Schriftspracherwerb

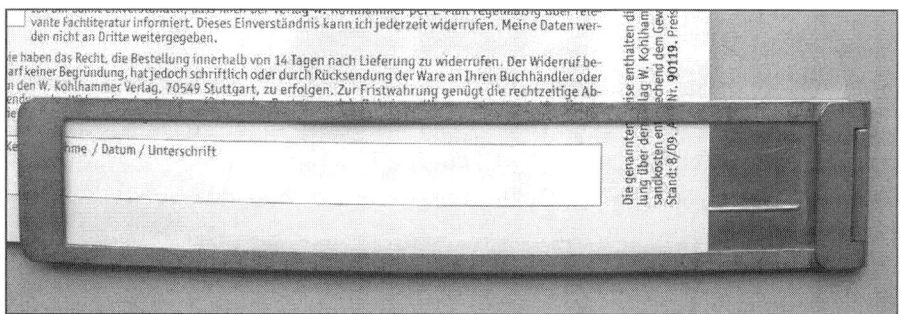

Abb. 1.18: Unterschriftenschablone

1.5.6 Förderung der Lesegeschwindigkeit

Maßnahmen zur Steigerung der Lesegeschwindigkeit verfolgen in der Regel die Ziele, einerseits die Lesetechnik (Lesebewegungen, Zeilenwechsel etc.) zu optimieren und anderseits die Wahrnehmung bzw. die Textaufnahme zu verbessern.

Zur Steigerung der Lesegeschwindigkeit von Grundschulkindern wird empfohlen, bereits bekannte Reime oder Lieder als Lesetexte zu wählen, da diese sich schnell abtasten lassen. Daneben können Suchaufgaben in Wortlisten und die Erarbeitung eines Grundwortschatzes zu einem schnelleren Lesen führen. Zur Anbahnung effektiver Lesebewegungen (Zeilen verfolgen, Zeilenwechsel etc.) und zur Förderung der Buchstabenidentifikation wird im englischsprachigen Raum auf das »Mangold Developmental Program of Tactile Perception and Braille Letter Recognition« (Mangold 1994) verwiesen, welches eine Vielzahl von Arbeitsblättern mit entsprechenden Tastübungen enthält. Darüber hinaus können einzelne Übungsformen der Fördermaterialien »[a]uf der Taststraße zur Punktschrift« (▶ Kap. 1.5.3.2) verwendet werden.

Studien zur Steigerung der Leseflüssigkeit lassen darauf schließen, dass insbesondere sogenannte »Lautleseverfahren« effektive Übungsformate darstellen (Rosebrock et al. 2017). Diese Verfahren lassen sich weitgehend ohne Probleme auf das Braillelesen übertragen. Kamei-Hannan und Ricci (2015, 177 ff) schlagen beispielsweise folgende Übungen vor, wobei stets auf günstige, beidhändige Lesebewegungen geachtet werden sollte:

- Wiederholendes Lesen: Messung der korrekten Wörter pro Minute beim ersten Lesedurchgang; angemessene Ergebnissteigerung als Zielvorgabe bei der Lesewiederholung.
- Echo-Lesen: die Schülerin bzw. der Schüler liest satzweise als Echo nach der Lehrperson (auch als kooperative Lehrmethode »Tandemlesen« mit lesekompetenten Mitschülerinnen und Mitschülern möglich).
- Gemeinsames Lesen: Einige Sätze vorlesen danach abwechselndes oder gemeinsames Weiterlesen.

- »Lesen und Einpacken«: Wortkärtchen (häufige Wörter) schnell erlesen; alle korrekt erlesenen Kärtchen werden in eine Kiste oder in ein Kuvert »eingepackt«.
- Wortsuche bzw. Buchstabensuche: Zwischen Braille-Linien versteckte Wörter (bzw. Buchstaben) suchen und erlesen (»tracking stories« s. Wormsley 2016, 69 ff; Swenson 2016, 82 ff)
- Etc.

Übungen zum Zeilenwechsel können so gestaltet werden, dass im Rahmen von »tracking stories«, Linien aus Braillezeichen mit eingebundenen Buchstaben oder Wörtern zunächst parallel mit beiden Händen ertastet werden. Für den Zeilenwechsel wird die bereits ertastetet Zeile zurückverfolgt, bevor am Zeilenanfang in die nächste Zeile gewechselt wird. Mit zunehmender Leseerfahrung sollten die Hände unabhängig voneinander eingesetzt werden können (▶ Kap. 1.2.3), so dass, während die rechte Hand das Zeilenende ausliest, die linke Hand zurücktastet, in die neue Zeile wechselt und den Zeilenanfang alleine liest.

Denninghaus (1996) stellt ein dänisches Förderprogramm für blinde und sehbehinderte Kinder und Jugendlicher vor, welches die Lesegeschwindigkeiten deutlich steigern konnte. Zu den Zielstellungen eines entsprechenden Kurses gehörte beispielsweise das Vermindern von Rückbewegungen der Lesefinger oder das Bewusstmachen und Abstellen von Vokalisationen und Lippenbewegungen beim Lesen, da durch diese Verhaltensweisen eine Reduzierung der Lesegeschwindigkeit erfolgt. Zur Förderung des Leseverständnisses wurden die Kursteilnehmerinnen und -teilnehmer aufgefordert, den Leseprozess bewusst in verschiedene Phasen zu gliedern: 1. Überblick verschaffen; 2. Formulieren von Fragen an den Text; 3. Lesephase; 4. Rekapitulieren des Gelesenen; 5. Text noch einmal lesen. Ein weiterer Inhalt des Programmes befasst sich mit der Technik des überfliegenden Lesens, das blinden Menschen in der Regel nur schwer zugänglich ist. Hierfür wurde den blinden Teilnehmerinnen und Teilnehmern beigebracht, jeweils den ersten Satz eines Absatzes zu lesen und danach nur noch die ersten Wörter einer Zeile.

1.6 Didaktische Überlegungen zum Einsatz des Computers in den Bereichen Lesen und Schreiben

Nachfolgend sollen einige Aspekte des Computereinsatzes im Rahmen des schriftsprachlichen Lernens thematisiert werden. Grundlegende Informationen zum Aufbau und zu Einzelkomponenten eines blinden- oder sehbehindertenspezifischen Computerarbeitsplatzes und deren Bedienung (z. B. Nutzung grafischer Benutzeroberflächen ohne Computermaus) werden in Kapitel 9 dieses Bandes erläutert.

Der Computer ist aus dem schulischen Alltag nicht mehr wegzudenken. Sein Einsatz im Unterricht mit blinden und sehbehinderten Kindern und Jugendlichen bietet vielfältige Chancen, die genutzt werden müssen z. B. in den Bereichen Kommunikation (barrierefreie schriftliche Kommunikation mit sehenden Menschen, Kommunikationshilfe für Menschen mit mehrfachen Beeinträchtigungen etc.), Informationszugang (mit Hilfe des Internets oder digitaler Speichermedien) und Textverarbeitung (problemloses Erstellen, Korrigieren, Speichern und Ausgeben von Texten etc.). Fundierte Computerkenntnisse sind für eine berufliche Rehabilitation in der Regel unumgänglich.

Der Einsatz des Computers stellt jedoch auch eine didaktische Herausforderung dar. Nicht einfach zu beantworten ist beispielsweise die Frage, wo ein Computerarbeitsplatz im Klassenzimmer positioniert wird. Die Ausrichtung des Arbeitsplatzes nach vorne zur Lehrperson erscheint bei blinden Schülerinnen und Schülern einfacher realisierbar, da der Bildschirm nicht unmittelbar bei der Schülerin oder dem Schüler stehen muss. Benötigt die Schülerin bzw. der Schüler dagegen für das visuelle Arbeiten einen Großbildschirm, besteht die Gefahr, dass sie oder er hinter dem Gerät regelrecht verschwindet, so dass die Kommunikation mit Mitschülerinnen und Mitschülern bzw. mit der Lehrperson gestört ist. Wird der Arbeitsplatz zu einer Raumwand ausgerichtet, wendet sich die Schülerin bzw. der Schüler von der Lehrperson sowie von den Mitschülerinnen und Mitschülern ab, was beispielsweise für Vorlesesituationen sehr nachteilig sein kann.

Kalina und Kahlisch (2009) fragen, ob im Computer-Zeitalter noch Punktschrift auf Papier benötigt wird. Ihrer Schlussfolgerung, wonach die Schule selbstverständlich neben umfassenden Computerkenntnissen auch sichere Papierlesekompetenzen vermitteln muss, sollte uneingeschränkt zugestimmt werden. Je nach Lese- und Schreibaufgabe sowie deren Umfang und Zweck können die Computervorteile (z. B. Kommunikation mit Sehenden, Arbeit mit Suchfunktionen, komfortable Textverarbeitung, billige und schnelle Textproduktion, geringer Platzbedarf digitaler Texte, auditiver Zugang mittels Sprachausgabe) oder die Vorteile des Papierlesens und -schreibens (z. B. kaum technische Störanfälligkeit, schneller Überblick über den Text und seine Struktur, räumliche Lokalisierung von Textstellen, ästhetische Textgestaltung, direkte Kombination mit taktilen Abbildungen) überwiegen (vgl. Kalina & Kahlisch 2009). Haben Brailleleserinnen und -leser die Wahl zwischen einem digitalen Text und einem Papierausdruck wird nicht selten auch von jungen Leserinnen und Lesern der Papierausdruck bevorzugt (Hofer et al. 2019a).

Unstrittig ist, dass Sprachausgaben und Audiomedien das Punktschriftlesen nicht ersetzen können, sondern eine sinnvolle und speziell in höheren Klassen aufgrund der zu bewältigenden Textmengen eine notwendige und arbeitsökonomische Ergänzung darstellen. Rechtschreibsicherheit kann nicht über eine rein auditiv gesteuerte Textverarbeitung erreicht werden; Vorlese- oder Vortragssituationen lassen sich nicht mittels ausschließlicher Nutzung einer Sprachausgabe sinnvoll lösen. Zudem kann der durchaus deutliche Geschwindigkeitsvorteil beim Hören von Texten im Vergleich zum Tastlesen mit Einbußen beim Textverständnis einhergehen (Hofer et al. 2019a). Effizientes und effektives Hören sollte somit gezielt gefördert werden. Hierzu gehört, die jeweilige Geschwindigkeit wie beim Lesen kontinuierlich den Textanforderungen anzupassen, was entsprechende Hilfsmittelkompetenzen voraussetzt.

Für den Unterricht mit blinden und hochgradig sehbehinderten Schülerinnen und Schülern bedeutet dies, dass sämtliche notwendigen Arbeitstechniken der Computernutzung und des Papierlesens und -schreibens in unterschiedlichen Aufgabenkontexten eingeführt und geübt werden müssen, damit Schülerinnen und Schüler befähigt werden, je nach Aufgabentypus, Lese- und Schreibzweck oder individueller Präferenz das jeweils geeignete Medium auszuwählen und zu nutzen.

1.6.1 Computereinsatz bei blinden und sehbehinderten Kindern und Jugendlichen mit zusätzlichen Beeinträchtigungen

Ein enormer Vorteil des Computereinsatzes für das schriftsprachliche Lernen blinder und sehbehinderter Schülerinnen und Schüler mit mehrfachen Beeinträchtigungen ist, dass für die Texteingabe jede Art von Sondertastatur eingesetzt werden kann (z. B. Einhandtastaturen).

Für blinde Kinder und Jugendliche lassen sich an der Braillezeile vielfältige Übungen zur Vorbereitung auf den Brailleschriftspracherwerb umsetzen. Zur Wahrnehmungsförderung und zum Erlernen notwendiger Lesebewegungen können z. B. Übungen entwickelt werden, in denen in Punktschriftreihen versteckte, abweichende Zeichen identifiziert (und gegebenenfalls gelöscht) werden müssen. Ist den Schülerinnen und Schülern die Schrifteingabe mit Hilfe einer Brailleeingabetastatur bzw. einer Sondertastatur möglich, ergeben sich vielfältige Übungen für Buchstaben- und Wortschreibungen. Bei Übungen auf der Wortebene kann partiell auch eine Sprachausgabe eingesetzt werden. Da die Buchstabenkenntnisse in der Regel nur langsam zunehmen, ergibt sich häufig das Problem, dass über einen längeren Zeitraum Übungen für ein sehr begrenztes Buchstabenrepertoire gefunden werden müssen. Sinnvolle und auch für Jugendliche angemessene Übungsformen auf der Buchstabenebene können beispielsweise durch die Arbeit mit Autokennzeichen gefunden werden, da hier bereits Kombinationen aus maximal drei Buchstaben einen Sinn ergeben (z. B. MA = Mannheim).

Bei nicht oder kaum sprechenden Kindern und Jugendlichen lässt sich die Arbeit mit Schriftsprache mit Formen der Unterstützten Kommunikation (UK) verknüpfen. Beispielsweise können für sehbehinderte oder hochgradig sehbehinderte Schülerinnen und Schüler über den Einsatz geeigneter Bilder (evtl. mit Sprach- oder Geräuschunterlegung) Ganzwörtern eingeführt werden, auf die dann in weiteren Übungen verstärkt zurückgegriffen werden kann (z. B. Zuordnungsübungen Bild-Wort).

1.6.2 Computereinsatz in der Grundschule

Hinsichtlich der Möglichkeiten des Computereinsatzes bei blinden Grundschulkindern zum Erlernen günstiger Lesebewegungen oder zur Wahrnehmungsförderung (z. B. Buchstabenunterscheidung) kann auf die unter 1.5.1 (▶ Kap. 1.5.1) angedeuteten Übungen verwiesen werden.

Problematisiert werden soll an dieser Stelle ausführlicher die Verwendung einer Sprachausgabe im Schriftspracherwerb. Im Anfangsunterricht sollten Buchstaben grundsätzlich nicht buchstabiert, sondern lautiert werden. Da Sprachausgaben in der Regel bei der Texteingabe buchstabieren, sollte auf deren Einsatz während des Schreibprozesses zunächst konsequent verzichtet werden. Für das Vorlesen von Texten und Schülerschreibungen ist die reflektierte und gezielte Verwendung der Sprachausgabe in ausgewählten Übungskontexten möglich. Bedacht werden muss jedoch, dass in diesen Fällen das eigenhändige Braillelesen überflüssig wird. Da das Erlernen des taktilen Lesens einen sehr übungsintensiven Prozess darstellt, sollten vielfältige motivierende Übungs- und Leseanlässe gesucht und umgesetzt werden. Die Sprachausgabe kann somit die notwendige taktile Leseerfahrung reduzieren.

Generell kann der Computereinsatz in der Grundschule eine große Lernhilfe darstellen. Der Computer schafft vielfältige natürliche Schreibanlässe und Schreibmotivation, da sich der Adressatenkreis von Schülerinnen- und Schülertexten nicht auf Punktschriftleserinnen und -leser beschränkt. Ein digitaler Text kann problemlos in Schwarzschrift ausgedruckt werden. Die Schülerin bzw. der Schüler benötigt somit keinen »Übersetzer« in Gestalt der Lehrerin oder des Lehrers, um zum Beispiel Briefe an sehende Familienmitglieder oder Mitschülerinnen und Mitschüler zu schreiben. Darüber hinaus sind digitale Texte ohne Aufwand bearbeitbar (z. B. durch Korrekturen, inhaltliche Änderungen oder Fortführungen).

Äußerst relevante Anregungen, wie blinde Grundschulkinder an die Computerbedienung herangeführt werden können, bietet ein aus der Praxis heraus entstandener systematischer Lehrgang mit zugehörigem Übungsmaterial (Rothhardt & Krombach 2008). Aktuell liegen von diesem Lehrgang Versionen für zwei unterschiedliche Braillezeilenfabrikate vor.[2] Grundsätzlich sollten zukünftig weitere Anpassungen an Braillezeilen und Screenreader sowie an neue Generationen von Betriebssystemen und Anwendungssoftware vorgenommen werden, wobei die Inhalte des Lehrganges weitgehend beibehalten werden können. In 26 aufeinander aufbauenden Lektionen werden die Kinder sukzessiv mit Grundlagen der Computerbedienung und der Textverarbeitung vertraut gemacht. Den Anfang bilden Basisfertigkeiten wie beispielsweise das Einschalten von Computer und Braillezeile sowie die Einsicht, dass an der Braillezeile jeweils nur ein kleiner Textausschnitt abgebildet werden kann, obwohl im Computer der Gesamttext abgespeichert ist. Weitere Lehrgangsinhalte sind zum Beispiel die Bedienung der Eingabetastatur für den Schreibprozess, die Steuerung des Cursors, das Markieren, Kopieren, Einfügen und Löschen von Textelementen etc. Am Ende des Lehrganges stehen Fähigkeiten der Dateiverwaltung oder das Arbeiten mit parallel geöffneten Dateien.

In der Regel wird gegen Ende der Grundschulzeit bzw. mit Beginn der Sekundarstufe mit der Einführung der Normaltastatur begonnen, so dass die Kinder durch ein gezieltes Tastaturtraining das Zehnfingersystem erwerben. Ohne diese Fertigkeit ist eine effektive Computerbedienung kaum möglich.

---

2 www.augenbit.de, Zugriff am 11.10.2020

1.6.3 Computereinsatz in der Sekundarstufe

In der Sekundarstufe werden die Computerkenntnisse und die Computerbedienung vertieft und optimiert, so dass der Computer ein äußerst effektives und vielseitiges Hilfs- und Kommunikationsmittel darstellt. Die hierbei zu erwerbenden Handlungsstrategien und Arbeitstechniken sind überaus komplex und zahlreich. Wesentliche Orientierungspunkte über diesbezügliche Kompetenzen bietet die blindenspezifische Bearbeitung grundlegender Module (z. B. Textverarbeitung, Präsentation) des »Europäischen Computer Führerscheins« (ECDL) (www.augenbit.de). Diese Bearbeitung stellt vielfältige didaktische Materialien und Anregungen zur Verfügung, die bei der Umsetzung der Inhalte im Unterricht äußerst hilfreich sind. Enthalten sind beispielsweise konkrete Tipps zur »Heftführung« (»E-Heft«) der Schülerinnen und Schüler am Computer.

Große Fortschritte konnten hinsichtlich einer einheitlichen Praxis bei der barrierefreien Gestaltung digitaler Dokumente und Texte erzielt werden. Der »Arbeitskreis Medienzentren« der »Bundesfachkommission für die Überprüfung von Lehr- und Lernmitteln für blinde Schülerinnen und Schüler« entwickelte den sogenannten »E-Buch-Standard«, der entsprechende Kriterien formuliert und zusammenfasst (www.augenbit.de). Jedes digitale Dokument für blinde und hochgradig sehbehinderte Schülerinnen und Schüler sollte dem E-Buch-Standard entsprechen. Der E-Buch-Standard definiert beispielsweise Formatierungen für Überschriften und Aufzählungen. Darüber hinaus regelt er die Ankündigung von Tabellen oder Bildbeschreibungen und stellt die hierfür notwendigen Werkzeuge zur Verfügung, damit diese korrekt in ein Word-Dokument integriert werden können (ein entsprechendes E-Buch-Menü kann von augenbit.de heruntergeladen werden). Die Vorschläge zur sinnvollen Handhabung von Tabellen werden durch detaillierte Hinweise zu Screenreader-Einstellungen ergänzt, so dass blinde Schülerinnen und Schüler befähigt werden, selbst komplexe Tabellen überblicken zu können. Der E-Buch-Standard hat auch zum Ziel, Seitenzahl- oder Lückentextformatierungen und Texthervorhebungen zu vereinheitlichen.

In engem Bezug zu den ECDL-Inhalten wurde mittlerweile ein umfassendes Kompetenzraster zusammengestellt, das dazu genutzt werden kann, die IT-Fähigkeiten und -Fertigkeiten der Schülerinnen und Schüler differenziert einzuschätzen und notwendige Fördermaßnahmen einzuleiten (www.augenbit.de).

1.7 Herausforderungen bei dualer Schriftnutzung

Als dual Schriftnutzende bzw. dual Lesende werden Personen bezeichnet, die sowohl Schwarzschrift als auch Brailleschrift erworben haben und diese auch nutzen können (Lang et al. 2018; Swenson 2016).

Die Entscheidung Schwarzschrift und/oder Brailleschrift bei Kindern und Jugendlichen mit hochgradiger Sehbehinderung oder sozialrechtlich definierter

Blindheit, die adaptierte bzw. über Hilfsmittel zugänglich gemachte Schwarzschrift wahrnehmen können, ist eine schwierige Aufgabe, da sie mit weitreichenden Konsequenzen in nahezu allen Lebensbereichen verbunden ist.

Durch moderne Hilfsmittel können Texte hinsichtlich Vergrößerung und Kontrastierung dergestalt optimiert werden, dass Schwarzschrift sehr lange zugänglich bleibt und eine Brailleeinführung lange hinausgezögert werden kann. Unstrittig ist, dass ein ergänzender Schwarzschriftzugang für Brailleleserinnen und -leser eine große Erweiterung der literalen Möglichkeiten mit hoher Alltagsrelevanz darstellt (z. B. Fahrplan lesen). Grenzziehungen, ab wann die Punktschrift zusätzlich verwendet werden soll, sind immer individuelle Entscheidungen, die sich am jeweiligen Lesezweck (z. B. Lesen innerhalb der beruflichen Tätigkeit, im Kontext Schule und Ausbildung) und Lesebedürfnis orientieren. Bei der Entscheidung Brailleschrift oder Schwarzschrift geht es folglich in der Regel nicht um ein kategorisches Entweder-oder, sondern um ein sinnvolles Sowohl-als-auch in Abhängigkeit der konkreten Lese- und Schreibaufgabe. Bedacht werden muss in Entscheidungsprozessen jedoch immer auch die Rolle zusätzlicher Möglichkeiten des Informationszugangs z. B. mittels Hörbuch oder Sprachausgabe.

Im Rahmen des in Deutschland, der Schweiz und Österreich durchgeführten Forschungsprojekts »Zukunft der Brailleschrift (ZuBra)« wurden umfassende Daten zu schriftsprachlichen Kompetenzen auch der Gruppe der dual Schriftnutzenden im Alter zwischen 11 und 22 Jahren (ohne zusätzliche Beeinträchtigungen, N=36) gesammelt und ausgewertet (Winter et al. 2019). Als bedeutsam erweisen sich insbesondere die Ergebnisse in den Bereichen der Leseflüssigkeit und der Lesegeschwindigkeit. In beiden Bereichen lagen die meisten dual Lesenden sowohl in der Brailleschrift als auch in der Schwarzschrift deutlich und signifikant unterhalb der Normwerte von Lesenden ohne Sehbeeinträchtigung; bei den Brailleergebnissen auch deutlich unterhalb der Gruppe der nur Braille Lesenden. In der Rechtschreibung liegen die Werte der meisten dual Lesenden im unteren Durchschnittsbereich und ebenfalls deutlich unterhalb der Ergebnisse sowohl der Normierungsstichprobe ohne Sehbeeinträchtigung als auch der nur Braille Lesenden. Für das flüssige Lesen als auch für das orthographisch korrekte Schreiben sind Repräsentationen von Wortstrukturen wichtig, über die dual Lesende offenbar nicht in ausreichendem Maße verfügen. Auf der Grundlage dieser Forschungsergebnisse lässt sich bezüglich des Zeitpunkts der Brailleeinführung ein eindeutiger Zusammenhang feststellen, wonach ein möglichst frühzeitiger Beginn des Brailleerwerbs zu einem deutlich höheren Kompetenzerwerb führt.

Nachfolgend sollen die Entscheidungsprozesse bei dualer Schriftnutzung skizziert werden, wobei generell unterschieden werden muss, ob Entscheidungen im Vorfeld des Schriftspracherwerbs oder nach bereits erfolgtem Schriftspracherwerb in Schwarzschrift (oder in Brailleschrift) anstehen. Zu beiden Vorgehensweisen sind im Anhang dieses Kapitels Entscheidungsraster aufgeführt (▶ Anhang 2 und 3), die eine praxisnahe Umsetzungshilfe darstellen sollen.

1.7.1 Schriftentscheidungen vor dem Schriftspracherwerb

Stehen Entscheidungen zum Schriftsystem vor dem Schriftspracherwerb an, so sind bereits im Rahmen der Frühförderung verschiedene Bereiche abzuklären, die in die Entscheidungsprozesse einbezogen werden müssen.

Zunächst gilt es festzustellen, welcher Wahrnehmungskanal bevorzugt für die Informationsgewinnung eingesetzt wird. Auf der Grundlage vielfältiger Beobachtungssituationen, können Rückschlüsse darauf gezogen werden, ob das Kind überwiegend das visuelle oder das haptische Wahrnehmungssystem zur Informationsgewinnung nutzt. Die Beobachtungssituationen (z. B. Spielsituationen) sollten den Innen- Außen-, Nah- und Fernbereich abdecken, bekannte und neue Handlungssituationen umfassen sowie strukturierte und freie Aufgaben beinhalten. Wesentlich hierbei sind beispielsweise die Bereiche Kontrolle über die An- oder Abwesenheit von Personen, Objektlokalisierung, Suchverhalten, Objekterkennung, Orientierung im Handraum, Greifverhalten oder Erkennen von Unterschiedlichkeit und Gleichheit (vgl. Holbrook et al. 2017b; Koenig & Holbrook 1989).

Ergänzend zu den eigenen Beobachtungen kommen Informationen von den Eltern, Erzieherinnen etc. hinzu, so dass ein umfassendes Bild über die Handlungsstrategien des Kindes entstehen kann.

Die Informationen aus dem augenärztlichen Befund (Visus, Gesichtsfeld, Prognose der Augenerkrankung etc.) stellen den Ausgangspunkt für die Überprüfung des funktionalen Sehvermögens dar. Zur Absicherung dieser Informationen sollte eine erneute, ergänzende Visusmessung (Nah- und Fernvisus) durchgeführt werden.

Wesentliche Aussagen zum funktionalen Sehvermögen lassen sich durch gezielt herbeigeführte Beobachtungssituationen ermitteln. Überprüft werden sollte beispielsweise, welche Objektgröße in Leseabstand visuell noch wahrgenommen werden kann und inwieweit optische Hilfen (z. B. Bildschirmlesegerät, Lupen) bzw. die Optimierung von Kontextfaktoren (z. B. Beleuchtung, Kontrastierung, Farbigkeit) die visuelle Leistungsfähigkeit steigern können. Darüber hinaus sind Informationen über den Umgang mit Bildern, über Möglichkeiten des Malens und Kritzelns, über das generelle Interesse an Büchern und Schwarzschrift sowie in welchem Maße Buchstaben geschrieben bzw. abgeschrieben werden können von wesentlicher Bedeutung (Holbrook et al. 2017b).

Umfassender Klärungsbedarf besteht hinsichtlich des Vorhandenseins weiterer Behinderungen, die sich auf das Lesen- und Schreibenlernen auswirken können wie beispielsweise motorische oder kognitive Beeinträchtigungen. Bei zusätzlichen motorischen Beeinträchtigungen müssen unter Umständen Ergo- bzw. Physiotherapeutinnen und -therapeuten in den Entscheidungsprozess einbezogen werden.

Ein großer Einfluss auf die visuellen oder haptischen Handlungsstrategien und -gewohnheiten geht von den Einstellungen der Eltern und evtl. weiterer Bezugspersonen (Geschwister, Erzieherinnen und Erzieher etc.) aus. Entscheidend ist in diesem Zusammenhang beispielsweise, ob das Kind zum Tasten oder zum Sehen angeregt wird bzw. für welches Verhalten es gelobt und bestärkt wird. (vgl. Holbrook et al. 2017a, 122; Jennings 1999).

In Anlehnung an Koenig und Holbrook (1995; vgl. Holbrook et al. 2017b) können verschiedene Charakteristika, die für einen Schriftspracherwerb in Schwarzschrift bzw. Punktschrift sprechen, aufgelistet werden. Für einen Schriftspracherwerb in Schwarzschrift sprechen demnach Charakteristika wie die Bevorzugung der visuellen Informationsgewinnung, ein effektives visuelles Arbeiten im Nahbereich, das Interesse an Bildern und an Schwarzschrift, das Erkennen von Bildern oder ein stabiler Augenbefund. Auf einen Punktschriftlehrgang deuten die entsprechend gegenläufigen Charakteristika hin (z. B. Bevorzugung der taktilen Informationsgewinnung, effizienter Gebrauch des Tastens bei der Objekterkundung und bei der Identifikation kleiner Objekte, Interesse an Brailleschrift, schlechte Prognose bezüglich der Sehfähigkeit etc.).

Grundsätzlich kann unterschieden werden, ob Schwarz- und Brailleschrift sukzessive nacheinander oder gemeinsam parallel eingeführt werden. Bei einer parallelen Einführung erfolgt die Entscheidung, welche Schrift als Erst- und welche als Zweitmedium verwendet wird, erst später, je nachdem, welches Medium sich als effektiver erweist (vgl. Holbrook et al. 2017a, b). Da die sprachlichen Grundlagen von Braille- und Schwarzschrift weitgehend identisch sind, kann ein paralleler Schrifterwerb gegenseitig unterstützende Effekte hervorrufen und den Erwerb schriftsprachlicher Kompetenzen begünstigen. Für die Entwicklung effektiver Braillekompetenzen ist eine möglichst frühzeitige Einführung dieses Schriftsystems wichtig (Winter et al. 2019). Macht das Kind frühzeitig positive Erfahrungen mit taktilen Schriftangeboten – auch wenn es noch in der Lage ist, den Schriftspracherwerb visuell zu bewältigen – kann von einer höheren Akzeptanz gegenüber der Braillenutzung ausgegangen werden, wenn diese aufgrund progredienter Augenerkrankungen zwingend erforderlich wird. Grundsätzlich hängt die Akzeptanz des Schriftmediums und damit der Erfolg im Schriftspracherwerb wesentlich von der Einstellung der Bezugspersonen ab (vgl. Argyropoulus et al. 2008). Deshalb müssen Eltern und weiterer Bezugspersonen wie Erzieherinnen bzw. Erzieher oder Lehrkräfte von Anfang an umfassend informiert und in den Entscheidungsprozess einbezogen werden.

Mit der Entscheidung für eine parallele oder sukzessive Schrifteinführung beginnt im Grunde sofort deren Überprüfung (vgl. Holbrook et al. 2017b; Koenig & Holbrook 1995; Mangold & Mangold 1989). Bewährt sich die getroffene Schriftentscheidung bzw. welches Schriftmedium erweist sich bei paralleler Schrifteinführung als primär und leitend? Hierbei muss einerseits die Entwicklung der visuellen Fähigkeiten berücksichtigt werden (medizinische und funktionale Prüfung) und andererseits eine genaue Beobachtung der Lese- und Schreibeffektivität erfolgen. Die Lese- und Schreibeffektivität wird beispielsweise beeinflusst vom vorhandenen Vergrößerungsbedarf. Bei sehr hoher Vergrößerung ist der erfassbare Textausschnitt sehr klein, wodurch die Orientierung im Text erheblich eingeschränkt sein kann. Einen weiteren Einflussfaktor stellt die Lesegeschwindigkeit dar. Zur Ermittlung der Lesegeschwindigkeit sollte ein Text in angepasstem Schwierigkeitsgrad ausgewählt werden. Ein Schwarzschrifttext muss in optimaler Schriftgröße bzw. mit optimaler Hilfsmittelversorgung angeboten werden. Die Lesezeit wird gestoppt und die Lesegeschwindigkeit dadurch errechnet, dass die Anzahl der gelesenen Wörter durch die Lesezeit in Minuten geteilt wird. Wird adaptierte bzw. mit Hilfsmitteln zugängliche Schwarzschrift von hochgradig sehbehinderten Kindern mit einer Geschwindigkeit von 50 bis

60 Wörtern pro Minute gelesen, wird ein Umstieg auf die Brailleschrift zunächst keine Steigerung bewirken. Allerdings kann von niedrigen Lesegeschwindigkeit nicht unmittelbar auf ein geringes Leseverständnis geschlossen werden. Offensichtlich wirken sich hier erst sehr niedrige Lesegeschwindigkeiten negativ auf das Textverständnis aus (Hofer et al. 2019a; Winter et al. 2019). Die Lese- und Schreibeffektivität wird durch das Textverständnis und darüber hinaus durch die Lesbarkeit der Handschrift und durch den Schulerfolg mitbestimmt. Zusätzlich sollte die Computernutzung (z. B. hinsichtlich der verwendeten Tastatur, der Bildschirmeinstellungen oder des Vorhandenseins eines Monitor-Schwenkarms) ebenso wie der Hilfsmittelgebrauch überprüft werden. Die Optimierung weiterer Kontextfaktoren (Beleuchtung, Kontrastierung etc.) kann die Lese- und Schreibeffektivität ebenfalls positiv beeinflussen.

Beachtet werden muss ebenso, inwieweit es bei längerem Lesen zu körperlichen Begleiterscheinungen wie starker Ermüdung, Kopfschmerz etc. kommt.

Im Rahmen der Überprüfung der Schriftentscheidung spielt die Selbsteinschätzung durch die Schülerin bzw. den Schüler eine entscheidende Rolle (Wie geht es ihr/ihm mit dem Schriftmedium? Etc.). Beim Auftreten von Problemen sind Fördermaßnahmen wie ein verstärktes Übungsangebot oder das Einführen effektiver Lese- und Schreibstrategien (z. B. Zeilenwechsel beim Braillelesen) einzubeziehen.

1.7.2 Die Einführung von Brailleschrift bei Schwarzschriftnutzerinnen und -nutzern

Der Zeitpunkt der Sehverschlechterung und das Alter der/des Betroffenen spielen eine wichtige Rolle im Entscheidungsprozess über das Schriftmedium.

Im Mittelpunkt augenmedizinischer Aspekte stehen der Grad des verbliebenen Sehvermögens und die Prognose des Augenbefundes (stabil oder progredient) (vgl. Holbrook et al. 2017b; Hudelmayer 1985; D'Andrea 1997).

Das funktionale Sehvermögen ist im Entscheidungsprozess über das geeignete Schriftmedium sehr stark auf die Effektivität der Nutzung des bisherigen Schriftmediums bezogen. In der Regel muss demnach geprüft werden, wie effektiv die Schwarzschrift verwendet wird. Der Leseabstand ist hier einer der zu beachtenden Faktoren. Darüber hinaus muss zwingend der Vergrößerungsbedarf ermittelt werden. Die Überprüfung der Lesegeschwindigkeit wurde an anderer Stelle bereits skizziert (▶ Kap. 1.7.1). Als Grenzwert für das laute Schwarzschriftlesen Erwachsener können etwa 40 Wörter pro Minute definiert werden (Lehnert 2004). Diese Geschwindigkeit wird mit Braille bei spät erblindeten Erwachsenen in der Regel erreicht. Liest eine Schwarzschriftleserin bzw. ein Schwarzschriftleser oberhalb dieses Wertes, kann die Umstellung auf Braille häufig keine Steigerung der Lesegeschwindigkeit erzeugen.

Die Leseeffektivität wird jedoch nicht nur vom Lesetempo bestimmt, sondern auch von der Lesegenauigkeit (hierzu muss eine Analyse der Lesefehler durchgeführt werden) und vom Leseverständnis (ermittelbar, in dem Fragen zum Lesetext gestellt werden). Zusätzlich stellt sich die Frage nach der Lesbarkeit der Handschrift (für sich selbst bzw. für andere) (vgl. Holbrook et al. 2017b; D'Andrea 1997).

In engem Zusammenhang zur Lese- und Schreibeffektivität steht die Hilfsmittelversorgung. Ausgangspunkt hierfür ist eine Auflistung der bereits verwendeten Hilfsmittel. Entscheidend ist dann die Frage, inwieweit der Hilfsmittelgebrauch optimiert werden kann (z. B. durch die Einführung effektiver Arbeitsstrategien). Unter Umständen müssen weitere Hilfsmittel hinzukommen.

Eine Reihe personaler Bedingungen erscheinen hinsichtlich eines möglichen Schriftwechsels als besonders bedeutsam (vgl. D'Andrea 1997). Zu prüfen wäre diesbezüglich beispielsweise, ob sich bei längeren Lese- und Schreibaufgaben rasche Ermüdung oder Kopfschmerzen einstellen. Diese Erscheinungen könnte ein Schriftwechsel eventuell mildern oder beseitigen. Hinsichtlich des Lesens von Punktschrift bestehen Voraussetzungen in den Bereichen Feinmotorik (Zeilen einhalten etc.) und Tastwahrnehmung (Braillezeichen unterscheiden können etc.). Hier kann die Leistungsfähigkeit durch zusätzliche Beeinträchtigungen (z. B. eingeschränkte Bewegungssteuerung bei körperlichen Behinderungen oder herabgesetzte Tastwahrnehmung bei Diabetes) vermindert sein.

Schließlich hängt ein eventueller Schriftwechsel maßgeblich von den zukünftig zu bewältigenden Lese- und Schreibanforderungen ab. Die Dringlichkeit einer Umstellung auf die Brailleschrift kann beispielsweise dann gegeben sein, wenn umfassende Lese- und Schreibaufgaben im beruflichen oder schulischen Kontext gefordert sind, wofür der Schwarzschriftgebrauch nicht mehr effektiv genug ist.

Die Motivation der/des Betroffenen hinsichtlich des Umstellungsprozesses muss ebenfalls Berücksichtigung finden. Hierbei spielen wiederum die psychische Stabilität bzw. die Frage, inwieweit die Brailleschrift akzeptiert wird, eine entscheidende Rolle. Beeinflusst wird diese Frage in starkem Maße von den Einstellungen von Bezugspersonen (Eltern, Partner, Freunde, Lehrkräfte etc.).

Nach einer Sammlung und Auswertung der Informationen zu den oben genannten Punkten, muss eine individuell begründete Entscheidung darüber getroffen werden, welches Schriftsystem künftig ausschließlich, überwiegend oder ergänzend eingesetzt werden sollte. Eine duale Schriftnutzung kann beispielsweise dergestalt aussehen, dass für den literarischen Bereich die Punktschrift verwendet wird, während im mathematischen Bereich noch mit der Schwarzschrift gearbeitet werden kann. Oftmals ist eine weitere Differenzierung sinnvoll, z. B. dass für zeitlich umfassendere Lese- und Schreibaufgaben die Brailleschrift gewählt wird, während einfache und übersichtliche Aufgaben mit der Schwarzschrift zu erledigen sind. Die bzw. der Betroffene müssen in die Lage kommen, selbstständig das der Lese- bzw. Schreibaufgabe angemessene Schriftmedium zu wählen.

Sehbehinderungsbedingte Umstellungen am Schriftsystem erfordern prinzipiell ein äußerst behutsames, einfühlsames und sensibles Vorgehen. Eine Sehverschlechterung stellt in jedem Fall eine massive Lebensveränderung dar. Die Brailleschrift ist in diesem Zusammenhang ein offensichtliches Signal für diese Veränderung und wird deshalb unter Umständen vehement abgelehnt. Mögliche Verhaltensweisen wie Rückzug, Depression oder Aggression müssen vor diesem Hintergrund interpretiert werden (Harley et al. 1997, 235). Eine psychologische Begleitung des Verarbeitungsprozesses einer Sehverschlechterung kann im Einzelfall von großer Wichtigkeit sein.

Es wurde schon mehrfach darauf hingewiesen, dass das Umfeld (Eltern, Freunde, Lehrkräfte etc.) in den Prozess der Schriftumstellung einbezogen werden muss. Die Erfolgswahrscheinlichkeit der Umstellung wird durch ein positiv eingestelltes Umfeld erheblich erhöht. Hierbei kommt den Lehrkräften eine besondere Verantwortung zu. Wichtig ist vor allem der Sachverhalt, dass der Brailleerwerb nicht mit einem »Wegnehmen« der Schwarzschrift verbunden ist, sondern dass er eine Kompetenzerweiterung darstellt, die die literalen Möglichkeiten wesentlich vergrößern kann (vgl. Mangold & Mangold 1989).

Wurde eine Umstellung oder Ergänzung des Schriftmediums durchgeführt, so muss diese Entscheidung kritisch geprüft werden. Entscheidend ist, inwiefern sich Verbesserungen bzw. Problemlösungen im Vergleich zur Ausgangssituation ergeben haben. Aber auch, wie die/der Betroffene die Umstellung betrachtet und welcher Grad an Literalität letztendlich erreicht werden konnte.

1.7.3 Konkretes Vorgehen bei der Einführung der Brailleschrift als zweites Schriftsystem

Lese- und Schreibprobleme werden u. U. aufgrund von Vermeidungsstrategien erst spät erkannt. Bei Schülerinnen und Schülern sollte die Brailleschrift generell möglichst frühzeitig eingeführt werden und in jedem Fall noch bevor der Schulerfolg durch Probleme mit der Schwarzschrift massiv nachlässt. Bedacht werden muss, dass das Erlernen der Punktschrift übungsintensiv ist. Eine umfassende Anfangsphase in Form eines Grundkurses erscheint unerlässlich, wofür genügend Zeit und personale Ressourcen (d. h. gut ausgebildete Lehrkräfte, die die Brailleschrift beherrschen) vorhanden sein müssen. Holbrook et al. (2017a) empfehlen für diese Initialphase der Förderung 1–2 Stunden täglich einzuplanen.

Eine methodische Besonderheit bei der Brailleunterweisung von Menschen mit noch vorhandenem, wenngleich gegebenenfalls abnehmendem Sehvermögen besteht darin, dass es hier im Unterschied zur Vorgehensweise bei blinden Vorschulkindern und Erstklässlern sinnvoll ist, das Braillesystem visuell mittels vergrößerten Braillezellen anzubieten. Aufgrund der bereits erworbenen räumlichen Strukturierungsfähigkeiten können die visuellen Informationen über die Position der Braillepunkte in die Tasthandlung beim Braillelesen »hineininterpretiert« werden. Dies stellt eine Hilfe im Lernprozess der Brailleschrift dar.

Ein permanentes Lesen unter der Augenbinde sollte nicht stattfinden, da das Beobachten der Hände beim Braillelesen wichtige Orientierungshilfen bietet. In einzelnen Übungen kann nach Rücksprache und bei vorhandener Akzeptanz ein Ausschalten des Sehvermögens jedoch sinnvoll sein. Ist eine Betroffene bzw. ein Betroffener in der Lage, Brailleausdrucke dauerhaft visuell zu lesen, wird sie bzw. er zweifelsfrei im falschen Medium unterrichtet.

Unter methodischen Gesichtspunkten (vgl. Holbrook et al. 2017a, b; D'Andrea 1997; Harley et al. 1997, 239 ff) sollte bei der Umstellung auf Brailleschrift darauf geachtet werden, dass ein altersentsprechender und motivierender Zugang gewählt wird (z. B. hinsichtlich Übungen zur Tastförderung, Textauswahl etc.). Es erscheint günstig, von Anfang an die Funktionalität und Alltagsrelevanz zu betonen (z. B.

Etiketten in Braille, Stichworte eines Referats, Telefonnummern notieren), so dass mit der Umstellung ein konkreter Nutzen verbunden ist.

Der Computereinsatz kann den Brailleerwerb wesentlich erleichtern, wenn die Sprachausgabe als sinnvolle Unterstützung und nicht als kompletter Ersatz für das Braillelesen eingesetzt wird und wenn konsequent effektive Bedienungsstrategien eingeführt werden. Die Nutzung von Hörbüchern oder Vorlesefunktionen kann als ergänzende und für bestimmte Aufgaben effektive Möglichkeit des Informationszuganges betrachtet werden. Ein Kontaktaufbau zu kompetenten Brailleleserinnen und -lesern schafft die Möglichkeit, Ängste abzubauen und Lese- und Schreibmotivation zu erzeugen.

Literatur

Argyropoulus, V.S., Sideridis, G.D. & Katsoulis, Ph. (2008): The impact of the perspectives of teachers and parents on the literacy media selections for independent study of students who are visually impaired. *Journal of Visual Impairment and Blindness 102*, 221–230.

Altmaier, M. & Hamann, B. (2001): Welche Punktschriftkenntnisse brauchen unsere Schüler? *blind-sehbehindert 121*, 97–99.

Birbaumer, N. & Schmidt, R.T. (2010): *Biologische Psychologie*. 7., überarbeitete und ergänzte Auflage. Heidelberg.

Brailleschriftkommission der deutschsprachigen Länder (BSKDL) (Hrsg.) (2018): *Das System der deutschen Blindenschrift. Nach den Beschlüssen vom 14. November 2015 in Frankfurt a.M.*, Marburg.

Brinkmann, E. & Bode-Kirchhoff, N. (2013): *ABC Lernlandschaften. Lehrer-Ordner. Didaktischer Kommentar*. Stuttgart.

Brügelmann, H. & Brinkmann, E. (2016): *Die Schrift erfinden*. 3. Auflage. Lengwil.

Carreiras, M., & Alvarez, C. J. (1999): Comprehension processes in braille reading. *Journal of Visual Impairment and Blindness, 93*, 589–595.

D'Andrea, F.M. (1997): Making the transition from print to braille. In: D.P. Wormsley & F.M. D'Andrea: *Instructional strategies for Braille literacy*. New York, 111–143.

Degenhardt, S. (1999): Untersuchungen zu Lesestrategien bei Euro-Braille, deutscher Blindenvoll- und -kurzschrift. Ein Beitrag zur aktuellen Punktschriftdiskussion (Teil 1). *blind-sehbehindert 119*, 135–144.

Degenhardt, S., Finn, D. & Schröder, J. (1999): Untersuchungen zu Lesestrategien bei Euro-Braille, deutscher Blindenvoll- und -kurzschrift. Ein Beitrag zur aktuellen Punktschriftdiskussion (Teil 2). *blind-sehbehindert 119*, 145–154.

Denninghaus, E. (1996): Die Förderung der Lesegeschwindigkeit bei blinden und sehbehinderten Jugendlichen und jungen Erwachsenen. *blind-sehbehindert 116*, 95–100.

Dorner, E. (1978): *Meine Fibel. 2. verbesserte Auflage*, Nürnberg.

Durando, J. (2008): A survey on literacy instruction for students with multiple disabilities. *Journal of Visual Impairment & Blindness 102* (1), 40–45.

Euker, N. & Koch, A. (2010): Der erweiterte Lesebegriff im Unterricht für Schülerinnen und Schüler mit geistiger Behinderung - Bestandsaufnahme und Neuorientierung. *Zeitschrift für Heilpädagogik 61*, 261–268.

Forchheim, G. (1976): *Unsere Fibel*. Leipzig.

Foulke, E. (1991): Braille. In: M.A. Heller & W. Schiff (Eds.): *The psychology of touch*. Hillsdale, 219–233.

Goodwin, A.W. & Wheat, H.E. (2008): Physiological mechanisms of the receptor system. In: M. Grunwald (Ed.): *Human haptic perception: basics and applications*. Basel, Boston, Berlin, 93–102.

Goldstein, E.B. (2015): *Wahrnehmungspsychologie. Der Grundkurs*. 9. Auflage. Berlin, Heidelberg.

Gottwick, B. (1997): *Lesen durch Schreiben nach J. Reichen. Überlegungen zur Adaption für den Schriftspracherwerb blinder Kinder*. Unveröffentlichte Examensarbeit, Heidelberg.

Günther, K.-B. (1986): Ein Stufenmodell der Entwicklung kindlicher Lese- und Schreibstrategien. In: H. Brügelmann (Hrsg.): *ABC und Schriftsprache: Rätsel für Kinder, Lehrer und Forscher*. Konstanz, 32–54.

Harley, R.K., Truan, M.B. & Sanford, L.D. (1997): *Communication skills for visually impaired learners. Braille, print and listening skills for students who are visually impaired*. Second edition, Springfield.

Hatton, D.D., Ivy, S.E. & Boyer, Ch. (2013): Severe visual impairments in infants and toddlers in the United States. *Journal of Visual Impairment and Blindness 107*, 325–336.

Hofer, U., Lang, M., Winter, F., Schweizer, M., Hallenberger, A. & Laemers, F. (2019a): Lese- und Schreibkompetenzen von Braille Lesenden. Forschungsergebnisse aus dem Projekt «Zukunft der Brailleschrift». *blind-sehbehindert 139*, 7–26.

Hofer, U., Lang, M. & Winter, F. (2019b): Erwerb schriftsprachlicher Kompetenzen von blinden und hochgradig sehbehinderten Kindern- Jugendlichen und jungen Erwachsenen mit zusätzlichem Förderbedarf: Spezifische Ergebnisse aus dem Forschungsprojekt ZuBra. *blind-sehbehindert 139*, 249–267.

Holbrook, M. C., D'Andrea, F.M. & Wormsley, D.P. (2017a): Literacy skills. In: M.C. Holbrook, Ch.K. Kamei-Hannan & T. McCarthy (Eds.): *Foundations of education. Volume II: Instructional strategies for teaching children and youths with visual impairments* (third edition). New York, 374–329.

Holbrook, M.C., Wright, D. & Presley, I. (2017b): Spezialized Assessments. In: M.C. Holbrook, Ch.K. Kamei-Hannan & T. McCarthy (Eds.): *Foundations of education. Volume II: Instructional strategies for teaching children and youths with visual impairments* (third edition). New York, 108–164.

Hudelmayer, D. (1985): Schrift, Schreiben und Lesen im Unterricht bei Blinden. In: W. Rath & D. Hudelmayer (Hrsg.): *Pädagogik der Blinden und Sehbehinderten. Handbuch der Sonderpädagogik Band 2*. Berlin, 127–142.

Hughes, B. (2011). Movement kinematics of the braille-reading finger. *Journal of Visual Impairment and Blindness 105*, 370–381.

Jennings, J. (1999): Print or Braille: decision-making in the choice of the primary literacy medium for pupils with a severe visual impairment. *The British Journal of Visual Impairment 17*, 11–16.

Kalina, U. & Kahlisch, T. (2009): Brauchen wir im Notebook-Zeitalter noch Punktschrift auf dem Papier? *blind-sehbehindert 129*, 283–289.

Klicpera, C. & Gasteiger-Klicpera, B. (unter Mitarbeit von A. Schabmann) (1993): *Lesen und Schreiben - Entwicklung und Schwierigkeiten. Die Wiener Längsschnittuntersuchung über die Entwicklung, den Verlauf und die Ursachen von Lese- und Schreibschwierigkeiten in der Pflichtschulzeit*. Bern.

Koenig, A.J. & Holbrook, M.C. (1995): *Learning media assessment of students with visual impairments. A resource guide for teachers*. 2nd ed. Austin.

Koenig, A.J. & Holbrook, M.C. (1989): Determining the reading medium for students with visual impairments: a diagnostic teaching approach. *Journal of Visual Impairment and Blindness 83*, 296–302.

Lamb, G. (1990): Beginning Braille: A whole language-based strategy. *Journal of Visual Impairment and Blindness 90*, 184–189.

Kamei-Hannan, Ch.K. & Ricci, L.A. (2015): *Reading connections: strategies for teaching students with visual impairments*. New York.

Lang, M. (2010): Die Entwicklung der Brailleschrift von den Anfängen bis zur Gegenwart. *blind-sehbehindert 130*, 4–15.

Lang, M. (2017): Inhaltsbereiche und konkrete Ausgestaltung einer spezifischen Didaktik des Unterrichts mit blinden und hochgradig sehbehinderten Schülerinnen und Schülern. In:

M. Lang, U. Hofer & F. Beyer: *Didaktik des Unterrichts mit blinden und hochgradig sehbehinderten Schülerinnen und Schülern*. 2., überarbeitete Auflage. Stuttgart, 174–227.

Lang, M. (2007): Methoden und Materialien für den Erstleseunterricht blinder Schülerinnen und Schüler der Bildungsgänge Grundschule, Förderschule und Schule für Geistigbehinderte. *blind-sehbehindert 127*, 3–12. (Bezug einiger Materialien über: www.deutscherhilfsmittelvertrieb.de)

Lang, M. (2013): *Auf der Taststraße zur Punktschrift. Fördermaterialien zur Vorbereitung blinder Kinder auf das Lesen der Brailleschrift*. 3. Auflage. Hannover: Deutscher Hilfsmittelvertrieb.

Lang, M. (2003): *Haptische Wahrnehmungsförderung mit blinden Kindern. Möglichkeiten der Hinführung zur Brailleschrift*. Regensburg.

Lang, M., Hofer, U. & Schweizer, M. (2016): Die Nutzung von Brailleschrift und assistiven Technologien durch blinde und hochgradig sehbehinderte Menschen unterschiedlichen Alters. Ergebnisse aus dem Forschungsprojekt »ZuBra« – Zukunft der Brailleschrift«. *Zeitschrift für Heilpädagogik 67*, 465–473.

Lang, M.; Hofer, U. & Winter, F. (2018): Brailleschrift und Schwarzschrift: Aspekte zur dualen Schriftnutzung. *blind-sehbehindert 138*, 79–85.

Lang, M. & Laemers, F. (2017): Alex und die Reise zu den Musterinseln – Ein Bilderbuch für sehende, blinde und sehbehinderte Kinder – geht das? In: Verband für Blinden- und Sehbehindertenpädagogik e.V. (Hrsg.): Perspektiven im Dialog. XXXVI. Kongress für Blinden- und Sehbehindertenpädagogik. 01.08. bis 05.08.2016 in Graz. Kongressbericht (digital).

Lang, M., Nettoevel, A., Laemers, F., Meyer, F. & Gaberthüel, M. (2016): Punkt für Punkt. Ergebnisse eines Forschungsprojekts zur gemeinsamen Vorbereitung sehender und blinder Kinder auf den Schriftspracherwerb. *Zeitschrift für Heilpädagogik 67*, 38–46.

Laroche, L., Boulé, J. & Wittich, W. (2012): Reading speed of contracted French braille. *Journal of Visual Impairment & Blindness 106*, 37–42.

Legge, G.E. (2007): *Psychophysics of reading in normal and low vision*. New Jersey.

Lehnert, H. (2004): Muss ich jetzt mit den Fingern lesen? Aspekte und Verfahren beim Übergang zur Punktschrift. In: Verband der Blinden- und Sehbehindertenpädagogen und -pädagoginnen (Hrsg.): »Qualitäten«. Rehabilitation und Pädagogik bei Blindheit und Sehbehinderung. 33. Kongress der Blinden- und Sehbehindertenpädagogen und -pädagoginnen (VBS) vom 04.–08.08.2003 in Dortmund. Würzburg (CD-Rom).

Mangold, S. (1994): *The Mangold developmental program of tactile perception and braille letter recognition*. Castro Valley.

Mangold, S. & Mangold, P. (1989): Selecting the most appropriate primary learning medium for students with functional vision. *Journal of Visual Impairment and Blindness 83*, 294–296.

Millar, S. (1997): *Reading by touch*. London, New York.

Millar, S. (1994): *Understanding and representing space*. Oxford.

Millar, S. (1984): Is there a ›best hand‹ for braille? *Cortex 20*, 75–87.

Millar, S. (1987a): Perceptual and task factors in fluent braille. *Perception 16*, 521–536.

Millar, S. (1987b): The perceptual ›window‹ in two-handed braille: Do the left and the right hands process simultaneously? *Cortex 23*, 111–122.

Millar, S. (1978): Aspects of memory for information from touch and movement. In: G. Gordon (Ed.): *Active touch. The mechanism of recognition of objects by manipulation: A multi-disciplinary approach*. Oxford, 215–227.

Mousty, Ph. & Bertelson, P. (1985): A study of braille reading: 1. Reading speed as a function of hand usage and context. *Quarterly Journal of Experimental Psychology 37A*, 217–233.

Nolan, C.Y. & Kederis, C.J. (1969): *Perceptual factors in braille word recognition*. New York

Paul-und-Charlotte-Kniese-Stiftung (Hrsg.) (1988, 1989, 1990): *Fibel für blinde Kinder. Teile 1 bis 5*. Hannover.

Pauli, S. & Kisch, A. (2019): *Geschickte Hände. Handgeschicklichkeit bei Kindern – Spielerische Förderung von 4–10 Jahren*. 2., durchgesehene Auflage, Dortmund.

Ratz, C. (2013): Zur aktuellen Diskussion und Relevanz des erweiterten Lesebegriffs. *Empirische Sonderpädagogik 5*, 343–360.

Reichen, J. (1988): *Lesen durch Schreiben. Lehrerkommentar Heft 1-8*. 3. Auflage, Zürich.

Reichen, J. (2004): *Hannah hat Kino im Kopf. Die Reichen-Methode Lesen durch Schreiben*. 4., korrigierte Auflage. Hamburg: Heinevetter.

Rex, E.J., Koenig, A.J., Wormsley, D.P. & Baker, R.L. (1994): *Foundations of braille literacy.* New York.
Richter, T. & Müller, B. (2017): Entwicklung hierarchieniedriger Leseprozesse. In: M. Philipp (Hrsg.): *Handbuch Schriftspracherwerb und weiterführendes Lesen und Schreiben.* Weinheim, Basel, 51–66.
Rosebrock, C., Nix, D., Rieckmann, C. & Gold, A. (2017): *Leseflüssigkeit fördern. Lautleseverfahren für die Primar- und Sekundarstufe.* 5. Auflage. Seelze.
Rothhardt, I., Krombach, M. (2008): *PC-Kurs für die Grundschule.* (www.augenbit.de, 5.1.2010).
Schenk, Ch. (2012): *Lesen und Schreiben lernen und lehren. Eine Didaktik des Schriftspracherwerbs.* 9., überarbeitete Auflage. Baltmannsweiler.
Schründer-Lenzen, A. (2013): *Schriftspracherwerb.* 4. Auflage, Wiesbaden.
Swenson, A.M. (2016): *Beginning with braille. Firsthand experiences with a balanced approach to literacy.* Second edition. New York.
Veispak, A., Boets, B. & Ghesquière, P. (2013): Differential cognitive and perceptual correlates of print reading versus braille reading. *Research in developmental disabilities 34(1),* 372–385.
Winter, F., Hofer, U. & Lang, M. (2019): Lese- und Schreibkompetenzen von Jugendlichen und jungen Erwachsenen mit dualer Schriftnutzung. Forschungsergebnisse aus dem Projekt »Zukunft der Brailleschrift«. *blind-sehbehindert 139,* 92–108.
Wright, S. & Stratton, J.M. (2007): On the way to literacy. Early experiences for children with visual impairments (2nd edition). Louisville.
Wright, T., Wormsley, D.P. & Kamei-Hannan, Ch.K. (2009). Hand movement and braille reading efficiency: data from the alphabetic braille and contracted braille study. *Journal of Visual Impairment and Blindness 103,* 649–661.
Wormsley, D.P. (2016): I-M-Able. Individualized Maening-Centered Aproach to Braille Literacy Education. New York.
Wormsley, D.P. (1997): Learning to read, reading to learn: teaching braille reading and writing. In: D.P. Wormsley & F.M. D'Andrea (Eds.): *Instructional strategies for braille literacy.* New York, 57–109.

Anhang zu Kapitel 1

Anhang 1: Groß- und Kleinbuchstaben in Eurobraille

Schwarz-schrift	Euro-braille	Punkt-kombination	Schwarz-schrift	Euro-braille	Punkt-kombination
a		1	A		1,7
b		1,2	B		1,2,7
c		1,4	C		1,4,7
d		1,4,5	D		1,4,5,7
e		1,5	E		1,5,7
f		1,2,4	F		1,2,4,7
g		1,2,4,5	G		1,2,4,5,7
h		1,2,5	H		1,2,5,7
i		2,4	I		2,4,7
j		2,4,5	J		2,4,5,7
k		1,3	K		1,3,7
l		1,2,3	L		1,2,3,7
m		1,3,4	M		1,3,4,7
n		1,3,4,5	N		1,3,4,5,7
o		1,3,5	O		1,3,5,7
p		1,2,3,4	P		1,2,3,4,7
q		1,2,3,4,5	Q		1,2,3,4,5,7
r		1,2,3,5	R		1,2,3,5,7
s		2,3,4	S		2,3,4,7
t		1,2,3,4,5	T		2,3,4,5,7
u		1,3,6	U		1,3,6,7
v		1,2,3,6	V		1,2,3,6,7
w		2,4,5,6	W		2,4,5,6,7
x		1,3,4,6	X		1,3,4,6,7
y		1,3,4,5,6	Y		1,3,4,5,6,7
z		1,3,5,6	Z		1,3,5,6,7
ä		3,4,5,8	Ä		5,6,7
ö		2,4,6,8	Ö		3,5,8
ü		1,2,5,6,8	Ü		2,3,6,8
ß		3,4,5,6,8			

(das vorangestellte Vollzeichen dient lediglich der besseren Orientierung)

Anhang 2
Raster zur Entscheidung über das primäre Schriftmedium des Schriftspracherwerbs

(vgl. Holbrook et al. 2017a, b; Koenig & Holbrook 1995; Koenig & Holbrook 1989; Mangold & Mangold 1989)

| 1 | Überprüfung des bevorzugten Wahrnehmungskanals für die Informationsgewinnung (visuell / haptisch) |

- Beobachtungssituationen:
  - Kontrolle über die An- oder Abwesenheit von Personen
  - Objektlokalisierung
  - Suchverhalten im Nahbereich / Fernbereich
  - Objekterkennung
  - Detailerkennung
  - Orientierung im Handraum
  - Greifverhalten
  - Erkennen von Unterschiedlichkeit und Gleichheit
  - Feinmotorische Tätigkeiten (Auge-Hand-Koordination?)
  - …
- Informationen von Eltern, Erzieherinnen und Erziehern etc.

| 2 | Überprüfung des funktionalen Sehvermögens |

- Augenärztlicher Befund:
  - Visus, Gesichtsfeld etc. (ergänzend: weitere Nah- und Fernvisusmessung z. B. mit LEA-Material)
  - Prognose der Augenerkrankung
- Minimale Objektgröße, die visuell in Leseabstand (Auge-Objekt) noch wahrgenommen werden kann
- Erprobung optischer Hilfen:
  - Bildschirmlesegerät
  - Lupen
  - …
- Erprobung von Kontextfaktoren:
  - Beleuchtung
  - Kontrastierung
  - Farbigkeit
  - …
- Umgang mit Bildern
- Malen, Kritzeln
- Interesse an Büchern

- Interesse an Schwarzschrift
- Buchstaben (ab-)schreiben

3 Weitere Einflussfaktoren

- Zusätzliche Behinderungen (motorische, kognitive, sprachliche Beeinträchtigungen etc.)
- Einstellungen der Eltern, Erzieherinnen und Erzieher etc.
- ...

4 Der Entscheidungsprozess

- Charakteristika für Schwarzschriftlehrgang:
  - Bevorzugung der visuellen Informationsgewinnung
  - Effektives visuelles Arbeiten im Nahbereich
  - Interesse an Bildern, Erkennen von Bildern und Bilddetails
  - Interesse an Schwarzschrift
  - Stabiler Augenbefund
  - Fortschritte im Gebrauch des Sehens (hinsichtlich Schriftsprache)
- Charakteristika für Punktschriftlehrgang:
  - Bevorzugung der taktilen Informationsgewinnung
  - Effizienter Gebrauch des Tastens bei der Objekterkundung und bei der Identifikation kleiner Objekte bzw. von Details
  - Interesse an Brailleschrift
  - Kein stabiler Augenbefund; schlechte Prognose bezüglich der Sehfähigkeit
  - Fortschritte im Gebrauch des Tastens und im Entwickeln der notwendigen Tastsensibilität (hinsichtlich Brailleschrift)
- Entscheidung für Schwarzschrift oder Punktschrift
- Entscheidung für ein duales Vorgehen (Schwarzschrift und Braille parallel)
- Einbeziehung, Information und Aufklärung der Eltern (und weiterer Bezugspersonen wie Erzieherinnen etc.)

5 Überprüfung der Anfangsentscheidung

- Entwicklung der visuellen Fähigkeiten (medizinische und funktionale Prüfung)
- Lese- und Schreibeffektivität:
  - Vergrößerungsbedarf/Schriftgröße (z. B. SZB-Test)
  - Lesegeschwindigkeit (Text in angepasstem Schwierigkeitsgrad; Schwarzschrifttext in optimaler Schriftgröße bzw. mit optimalen Hilfsmitteln; Errechnung: Anzahl der gelesenen Wörter geteilt durch Lesezeit in Minuten)
  - Lesegenauigkeit (Analyse der Lesefehler: Buchstabenverwechslungen etc.)
  - Textverständnis (Fragen zum Lesetext)
  - Schulerfolg (z. B. können Hausaufgaben in akzeptabler Zeit bewältigt werden)
  - Lesbarkeit der Handschrift generell und durch den Schüler

- Computer-Nutzung (Braille-/Schwarzschrift-Tastatur erproben, Bildschirmeinstellungen, Schwenkarm etc.)
  - Hilfsmittelgebrauch (Handhabung, Erprobung weiterer Hilfsmittel, Optimierung etc.)
  - Prüfung der Kontextfaktoren (Beleuchtung, Kontrastierung etc.)
- Körperliche Begleiterscheinungen: schnelle Ermüdbarkeit, Kopfschmerz etc.
- Selbsteinschätzung durch die Schülerin bzw. den Schüler (Wie geht es ihr/ihm mit dem Schriftmedium? Etc.)
- Evtl. Einführung eines zweiten Schriftmediums:
  - Erstmedium: wird überwiegend benutzt, ermöglicht Zugang zu den meisten Lerninhalten, erlaubt lesen und schreiben
  - Zweitmedium: kommt erweiternd hinzu, für spezielle Aufgaben, die mit dem Erstmedium nicht oder nicht über eine längere Zeit möglich sind

Anhang 3
Raster zur Entscheidung über die Einführung von Brailleschrift bei Schwarzschriftnutzerinnen und -nutzern

(vgl. Holbrook et al. 2017a, b; Koenig & Holbrook 1995; Hudelmayer 1985; Mangold & Mangold 1989; D'Andrea 1997; Lehnert 2004)

1 Augenmedizinische Aspekte

- Zeitpunkt der Sehverschlechterung, Alter
- Grad des verbliebenen Sehvermögens (ergänzend: weitere Nah- und Fernvisusmessung)
- Stabiler Augenbefund oder progrediente Sehschädigung

2 Überprüfung des funktionalen Sehvermögens bzw. der Lese- und Schreibeffektivität

- Lese- und Schreibeffektivität:
  - Leseabstand
  - Vergrößerungsbedarf (z. B. SZB-Test)/zur Verfügung stehender Textausschnitt (Orientierung noch möglich, Zeilenwechsel etc.)
  - Lesegeschwindigkeit: Text in angepasstem Schwierigkeitsgrad; Schwarzschrifttext in optimaler Schriftgröße bzw. mit optimalen Hilfsmitteln; Errechnung: Anzahl der gelesenen Wörter geteilt durch Lesezeit in Minuten

- (Grenze für lautes Schwarzschriftlesen liegt bei etwa 40 Wpm; diese Geschwindigkeit wird mit Braille bei später erblindeten Menschen in der Regel erreicht)
- Lesegenauigkeit (Analyse der Lesefehler: Buchstabenverwechslungen etc.)
- Leseverständnis (Fragen zum Lesetext)
- Handschrift (für sich bzw. andere lesbar?)
- ...

3 Hilfsmittelversorgung

- Auflistung der bereits verwendeten Hilfsmittel
- Optimierung des Hilfsmittelgebrauchs (effektive Arbeitsstrategien etc.)
- Erprobung weiterer Hilfsmittel

4 Personale Bedingungen

- Körperliche Begleiterscheinungen bei Lese- und Schreibaufgaben: Ermüdung, Kopfschmerzen etc.
- Feinmotorik (zusätzliche Beeinträchtigungen)
- Tastwahrnehmung (Braillezeichen unterscheiden etc.)
- Künftige Lese- und Schreibanforderungen (Beruf, Schule, Freizeit, Alltagsbewältigung etc.)
- Schulleistungen
- Motivation
- Psychische Stabilität, Akzeptanz der Brailleschrift
- Umfeld: Einstellung der Eltern, Lehrkräfte, Freunde etc.

5 Entscheidung

- Komplette Umstellung auf Brailleschrift
- Brailleschrift als ergänzendes Schriftmedium für bestimmte Aufgaben bzw. Bereiche
- Keine Brailleschrift-Einführung

6 Überprüfung der Entscheidung

- Haben sich Verbesserungen/Problemlösungen ergeben? Welcher Grad an Literalität konnte erreicht werden? Etc.

2 Grundlagen des Mathematikunterrichts

Juliane Leuders & Markus Lang

2.1 Ausgangspunkte des Mathematikunterrichts mit blinden und hochgradig sehbehinderten Schülerinnen und Schülern

Blinde und sehbehinderte Schülerinnen und Schüler sollen grundsätzlich dieselben mathematischen Kompetenzen wie ihre Mitschülerinnen und Mitschüler ohne Sehbeeinträchtigungen erwerben. Die entsprechenden Vorgaben und Standards werden unabhängig vom Sehvermögen dem Bildungs- und Lehrplan des Bildungsgangs entnommen, dem die Schülerin oder der Schüler folgt. Auf den ersten Blick existiert somit für den Mathematikunterricht keine inhaltliche Spezifik für Lernende mit Sehbeeinträchtigungen oder Blindheit. Gleichwohl ergeben sich im Lernprozess bezüglich der zur Verfügung stehenden Lernzugänge, bezüglich des Medieneinsatzes oder der notwendigen Lernstrategien und Lernwege bedeutsame Unterschiede zwischen blinden bzw. sehbeeinträchtigten und nicht sehbeeinträchtigten Lernenden. Ein guter inklusiver Mathematikunterricht ist somit kein von den Zielstellungen ableitbarer Automatismus.

Mathematiklernen beruht üblicherweise stark auf visuellen Darstellungen und Vorstellungen (Duval 1999). Dies zeigt sich z. B. in der Gestaltung von Schulbüchern (Emerson & Anderson 2018). Daraus ergibt sich eine große Herausforderung für den Mathematikunterricht im Förderschwerpunkt Sehen, wie sich erkennbar auch in Studien zu den Leistungen von blinden und sehbeeinträchtigten Lernenden zeigt (Klingenberg et al. 2019).

Grundlegend ist die Frage, wie sich Kinder und Jugendliche echtes Verständnis für mathematische Konzepte aneignen können, ohne auf der Ebene des auswendiggelernten, aber unverstandenen Ausführens von Verfahren zu verharren. Dafür sind die verschiedenen Repräsentationen von mathematischen Konzepten grundlegend (Duval 1999). Basierend darauf und auf den Repräsentationsebenen nach Bruner (1966) hat sich in der Mathematikdidaktik eine Einteilung der Darstellungsmöglichkeiten in vier Felder entwickelt (z. B. Kaufmann & Wessolowski 2017): Als Handlung, als Bild, über Sprache und symbolisch (▶ Abb. 2.1).

Für die Aufgabe 12 – 4 = 8 wäre eine mögliche *Handlung* das Wegschieben von vier Plättchen (enaktive Ebene nach Bruner). Ein *Bild* könnte z. B. 12 Plättchen zeigen, von denen vier durchgestrichen sind. Dies entspricht am besten der ikonischen Darstellung. Kaufmann und Wessolowski (2017) fügen zu dieser Kategorie aber noch gegenständliche Bilder hinzu, die realitätsbezogener sind, z. B. ein Bild, das zeigt, wie von 12 Autos

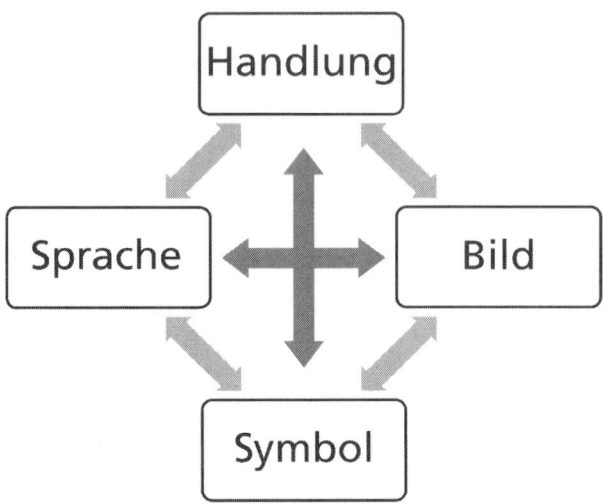

Abb. 2.1: Darstellungsmöglichkeiten mathematischer Konzepte

vier wegfahren. Für die Darstellung über *Sprache*, die bei Bruner nicht explizit vorkommt, wäre z. B. der Text »Von 12 Autos fahren 4 weg« denkbar, oder »Von 12 Plättchen werden 4 weggenommen«. Die *symbolische* Darstellung schließlich beinhaltet Ziffern und Rechenzeichen. Entscheidend ist, dass diese vier Bereiche vernetzt werden, wie die Pfeile zwischen allen Darstellungsmöglichkeiten in Abb. 2.1 andeuten: Um ein Subtraktionsverständnis aufzubauen, sollten die Kinder z. B. zwischen der symbolischen Darstellung, den passenden Bildern, sprachlichen Beschreibungen und Handlungen problemlos wechseln können. Im Vergleich zum Konzept von Bruner ist hier insbesondere wichtig, dass der Weg nicht nur in eine Richtung (enaktiv – ikonisch – symbolisch) führt, sondern dass die Übersetzungsprozesse zwischen den Ebenen in alle Richtungen stattfinden sollten, und dies nicht nur für die Einführung in ein neues Thema, sondern auch für die Phasen des Erarbeitens und Übens im Unterricht gilt.

Für blinde und sehbeeinträchtigte Lernende ist vor allem die Darstellung in Bildern anspruchsvoll (► Kap. 5). Hier ist grundsätzlich immer zu fragen, ob das Bild tatsächlich das Verstehen unterstützt, oder aufgrund der taktilen Komplexität eher hinderlich ist. Handlungen sind häufig besser geeignet, um Informationen zu transportieren. Auf der Ebene der Handlung ist es wichtig, die taktile Orientierung im Umgang mit dem jeweiligen Darstellungsmittel zu unterstützen. Im obigen Beispiel könnten die 12 Plättchen z. B. in der Struktur eines Zwanzigerfeldes angeordnet werden, statt sie ungeordnet nebeneinander zu legen (► Kap. 2.4). Auch weitere Tast- und Orientierungshilfen sind sinnvoll (z. B. Schüsseln zum Sortieren, oder magnetische Plättchen gegen das Verrutschen). Die symbolische Ebene ist prinzipiell leichter zugänglich, je nach Medium (DAISY, Braille, Großdruck etc.). Es ergeben sich aber auch hier Hindernisse, insbesondere in höheren Klassen, in denen komplexere mathematische Terme eine Rolle spielen (► Kap. 2.5). Die Ebene der Sprache hat als Kommunikationsmedium eine sehr hohe Bedeutung auch für das Überwinden der Hindernisse in den anderen Bereichen. Hier können Probleme auftreten, wenn z. B. Farbwörter eine wichtige Rolle spielen, oder andere Aspekte, die den Lernenden sensorisch nicht direkt zugänglich sind.

Es wird deutlich, dass bei der Erstellung oder Auswahl von Darstellungsmitteln für den Mathematikunterricht sowohl förderschwerpunktspezifische als auch mathematikdidaktische Überlegungen Eingang finden müssen. Dies wird in den folgenden Kapiteln berücksichtigt.

2.2 Kompetenzbereiche und Leitideen des Mathematikunterrichts

Maßgeblich für den heutigen Mathematikunterricht sind die Bildungsstandards der Kultusministerkonferenz (KMK 2003, 2004, 2012), die in alle Lehrpläne der deutschen Bundesländer Eingang gefunden haben. In ähnlicher Form werden Bildungsstandards auch in Österreich und der Schweiz verwendet. Sie sind unterteilt in die allgemeinen Kompetenzen, die inhaltsübergreifende mathematische Fähigkeiten beschreiben, und die Leitideen, die sich mit den zu unterrichtenden Inhalten auseinandersetzen. Es gibt leichte Unterschiede zwischen den Versionen für unterschiedliche Schulstufen und -formen, die hier zusammengefasst werden:

Allgemeine Kompetenzen

- Darstellen
- Kommunizieren
- Argumentieren
- Problemlösen
- Modellieren
- Mit symbolischen Elementen der Mathematik umgehen (Sekundarstufe)

Leitideen

- Zahlen und Operationen
- Algorithmen (nur Gymnasium)
- Funktionaler Zusammenhang (Sekundarstufe)
- Raum und Form
- Messen und Größen
- Daten und Zufall

Die allgemeinen mathematischen Kompetenzen haben eine herausragende Bedeutung für die Entwicklung von Verständnis zu den in den Leitideen gefassten Inhalten (Walther et al. 2008, 20).

Für den Unterricht mit blinden und sehbeeinträchtigten Lernenden steht bei den allgemeinen Kompetenzen sicherlich das *Darstellen* im Zentrum didaktischer Überlegungen, wie oben bereits deutlich wurde. Dies wird an späterer Stelle anhand der Leitideen konkretisiert, insbesondere in Bezug auf Graphen, Diagramme und Geometrie.

Die Kompetenzen des mathematischen *Kommunizierens* und *Argumentierens* beruhen zu einem großen Anteil auf Sprache und sind daher augenscheinlich zunächst weniger problematisch. Zu beachten ist allerdings, dass die Bedeutung einiger Begriffe für Lernende mit Förderschwerpunkt Sehen schwieriger zugänglich ist, z. B. Farben oder raumbezogene Ausdrücke (Lang 2017b). Zudem spielen Darstellungen ebenso wie Schriftsprache (einschließlich Termen und Formeln, ▶ Kap. 2.5) auch für das Kommunizieren und Argumentieren eine wichtige Rolle, weil sie eine unterstützende Funktion in diesem Kontext haben.

Problemlösen bezieht sich auf die Fähigkeit, mathematische Aufgabenstellungen zu bearbeiten, bei denen der Lösungsweg nicht bereits bekannt ist und erst gefunden werden muss. Bei der Lösung solcher Aufgaben haben Kommunikation, Argumentation und Darstellungen eine unterstützende Funktion, wirken sich also indirekt aus.

Modellieren beschreibt die Fähigkeit, Probleme aus der Umwelt zunächst mathematisch zu beschreiben, dann mathematisch zu lösen und das Ergebnis abschließend wieder auf die Umwelt zu beziehen (▶ Kap. 2.8). Auch hier sind Kommunikation, Argumentation und Darstellungen unterstützend. Zudem gibt es Aspekte der Lebensumwelt, mit denen Lernende mit Förderschwerpunkt Sehen weniger oder keine Erfahrungen haben, so dass ihre Überlegungen abstrakteren Charakter annehmen (z. B. nicht direkt zugängliche Objekte wie Wolken). Modellieren steht im engen Zusammenhang mit Größen und Messen sowie Sachsituationen, Daten und Zufall und wird in diesen Kontexten weiter unten wieder aufgegriffen.

Die Kompetenz des *Umgehens mit symbolischen Elementen* wird von der KMK nur für den Sekundarstufenbereich aufgeführt. Hier spielt die Darstellungsweise in den Mathematik-Braillesystemen (s. u. sowie ▶ Kap. 2.3) eine große Rolle.

Die Leitideen ordnen die mathematischen Inhaltsbereiche. In den Bildungs- und Lehrplänen einiger Länder findet sich noch eine weitere Leitidee: »Muster und Strukturen«. Sie wird allerdings als übergreifendes mathematisches Prinzip beschrieben (Zahlenmuster, geometrische Muster, Muster in Daten etc.) (Walther et al. 2008, 42 ff) und findet sich daher in allen anderen Leitideen wieder. Für den Förderschwerpunkt Sehen ist dieser Aspekt von Bedeutung, weil das Erkennen von Mustern neben kognitiven Aspekten auch die Wahrnehmung betrifft. Das bezieht sich natürlich besonders auf geometrische Muster, aber auch Muster in Daten oder Zahlenmuster können visuell erfasst werden.

Wie bereits deutlich wurde, ist die sensorisch zugängliche Repräsentation mathematischer Konzepte eine sehr zentrale Fragestellung im Förderschwerpunkt Sehen. Neben der Zugänglichkeit für die Lernenden sollten auch mathematikdidaktische Kriterien Beachtung finden. Ebenso sollten Lernmaterialien die Zusammenarbeit mit anderen Lernenden in der Klasse ermöglichen (Kommunizieren als allgemeine Kompetenz in den Bildungsstandards). Dies ist sowohl in inklusiven Klassen als auch in Klassen an Förderzentren ein wichtiges Thema, da jede Lerngruppe eine große Heterogenität aufweist (z. B. bzgl. Art der Sehbeeinträchtigung, kognitiver Leistungsfähigkeit, kulturellem Hintergrund). In diesem Text werden diese Varianten der Heterogenität in Schulklassen unter dem Begriff Inklusion zusammengefasst.

2.3 Lernmaterialien für heterogene Lerngruppen

Insgesamt ergibt sich in der schulischen Praxis ein komplexes und herausforderndes Geflecht von organisatorischen Rahmenbedingungen sowie pädagogischen und didaktischen Ansprüchen an Lernmaterialien, die bei der Entwicklung und Auswahl dieser Materialien beachtet werden sollten. Um die Berücksichtigung aller Aspekte zu unterstützen, ist es hilfreich, bei der Planung systematisch vorzugehen (Kullmann et al. 2014; Zierer et al. 2015). Ein Prozessmodell für die Entwicklung oder Auswahl von Lernmaterialien im inklusiven Unterricht wird in der Folge vorgestellt und dann mit Bezug zu den Leitideen weiter ausgeführt. Das Modell (▶ Abb. 2.2) eignet sich für die Analyse bestehender ebenso wie die Planung von neuen Lernmaterialien. Es nimmt dabei Unterrichtsplanung im Sinne der allgemeinen Didaktik zum Ausgangspunkt (Arnold & Lindner-Müller 2016), fokussiert aber auf Medien und Lernmaterialien.

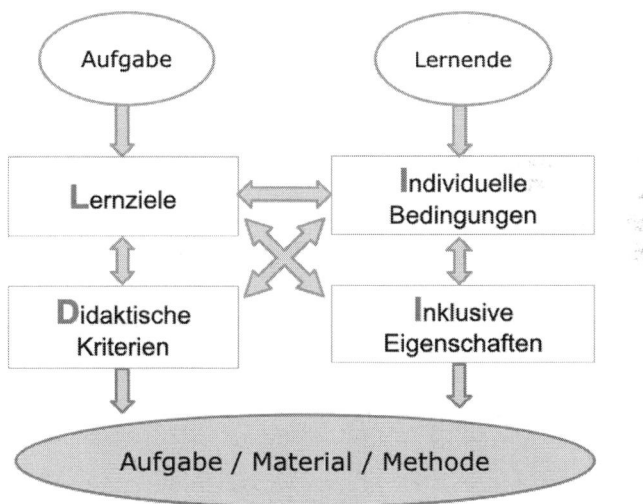

Abb. 2.2: LIID-Modell (Leuders 2016a, 2016b)

Das »LIID«-Modell (Leuders 2016a, 2016b) basiert auf vier für den inklusiven Unterricht besonders relevanten Aspekten:

- Auseinandersetzung mit den *Lernzielen* (L),
- Berücksichtigung *individueller Bedingungen* der Lernenden (I),

- Sicherstellen *inklusiver Eigenschaften des Materials* (I),
- *didaktische Kriterien* für gute Lernmaterialien (D)

Das Modell geht davon aus, dass in der Praxis bestimmte Rahmenbedingungen vorgegeben sind: Die Zusammensetzung der Lerngruppe ist meist nicht (leicht) veränderbar. Eine Aufgabenstellung oder auch ein Lernmaterial liegen häufig bereits vor (z. B. im Schulbuch oder im Fundus der Schule). Natürlich kann es auch vorkommen, dass nur der grobe Unterrichtsinhalt als Ausgangsbedingung gegeben ist. Ziel des Modells ist es, zu prüfen, ob eventuell vorhandenes Material für alle Lernenden der Lerngruppe passend ist, und darauf basierend das Material anzupassen oder bei Bedarf neu zu entwickeln. Eingebettet in allgemeine didaktische Modelle (z. B. Klafki 2007) liegt der Fokus also auf dem Aspekt der Zugänglichkeit/Darstellbarkeit. Die methodische Planung (Lehr-Lern-Prozessstruktur) einer Unterrichtsstunde ist nicht Teil des LIID-Modells. Diese muss jedoch eng an die Analyseergebnisse aus dem LIID-Modell angepasst werden bzw. wird aus diesen unmittelbar abgeleitet.

Im ersten Schritt erfolgt die Orientierung an den *Lernzielen*, die mit Hilfe des Lernmaterials angestrebt werden sollen, also den Intentionen nach Klafki (2007). In der Praxis insbesondere von Beratungslehrkräften kommt es häufig vor, dass diese Lernziele nicht explizit vorliegen, sondern über Aufgabenstellungen transportiert werden. Welche mathematischen Kompetenzen sollen die Lernenden mit Hilfe des zu adaptierenden Materials entwickeln? Wenn dies geklärt ist, können erste Ideen für die Adaption oder Auswahl von Materialien festgehalten werden. Dabei ist es hilfreich, zunächst viele und vielleicht auch abseitige Ideen zuzulassen, z. B. im Rahmen eines Brainstormings.

Im Anschluss daran werden die *individuellen Bedingungen* einzelner Lernender genauer in den Blick genommen, die manchmal auch mit der Formulierung von weiteren, individualisierten Lernzielen einher gehen (z. B. Erwerb von Taststrategien). Diese Analyse der differenzierungsrelevanten Lernvoraussetzungen (Arnold & Lindner-Müller 2016, 145) bekommt im Rahmen einer förderdiagnostisch begründeten Unterrichtsgestaltung einen besonderen Stellenwert (Kullmann et al. 2014). Die Ideen aus dem Brainstorming im ersten Schritt werden nun überprüft und bei Bedarf angepasst oder verworfen. Zudem können auch noch neue Ideen entwickelt werden.

Im dritten Schritt geht es um die inklusiven Eigenschaften des Materials. Dabei steht die Frage im Zentrum, ob das Lernmaterial Zusammenarbeit und Kommunikation über mathematische Inhalte ermöglicht. Dies ist nicht nur aus Sicht der Bildungsstandards (s. o.) ein wichtiger Punkt, sondern auch aus pädagogischer Sicht: Lernmaterialien müssen sich unter anderem daran messen lassen, welche methodischen Entscheidungen mit dem Ziel der Herstellung von Gemeinsamkeit damit unterstützt werden (Kullmann et al. 2014, 99). Erneut erfolgt dann eine Neubewertung der bereits entwickelten Ideen für Adaptionen aus diesem Blickwinkel.

Abschließend ist es wichtig, die Lernziele aus dem ersten Schritt noch einmal zu betrachten und zu prüfen, ob die Materialideen mathematikdidaktischen Anforderungen an gute Lernmaterialien genügen und die Lernziele damit erreichbar sind. Dieser fachdidaktische Planungsschritt ist in allgemeinen didaktischen Modellen nur implizit enthalten.

In der Praxis läuft dieser Prozess selten so linear ab, wie hier idealtypisch dargestellt. Die verschiedenen Aspekte hängen eng zusammen. Insbesondere zwischen Schritt zwei (Individuelle Bedingungen) und drei (Inklusive Eigenschaften) ergeben sich häufig wiederholende Schleifen, und es kommt auch zu Widersprüchen zwischen den Bedürfnissen der Einzelnen und der Lerngruppe als Ganzes. Entscheidend ist es, alle genannten Schritte zu durchlaufen, und die Lernziele nicht aus dem Blick zu verlieren, um dann zu einer reflektierten Entscheidung zu gelangen.

Insgesamt zeigt sich eine überaus große Kompatibilität des LIID-Modells zum Strukturmodell einer Didaktik des Unterrichts mit blinden und sehbehinderten Schülerinnen und Schülern (Lang 2017a). Die dort ausgewiesenen blinden- und sehbehindertenspezifischen Adaptionen auf den Unterrichtsebenen der Ziele, Inhalte, Methoden, Medien und hinsichtlich der Raumgestaltung lassen sich sinnvoll in das LIID-Modell integrieren. Durch diese gegenseitige Anschlussfähigkeit allgemeiner und sonderpädagogischer Didaktikmodelle und der Vernetzung der darin enthaltenen Expertisen wird inklusiver Unterricht konkret umsetzbar.

Das LIID-Modell kann nicht nur für die Entwicklung von neuen Lernmaterialien und Adaptionen eingesetzt werden, sondern dient auch der Strukturierung bei der Betrachtung von vorhandenen Materialien und mathematischen Inhalten, wie in den nun folgenden Abschnitten erkennbar wird.

2.4 Zahlen und Operationen

2.4.1 Lernziele

Im Inhaltsbereich »Zahlen und Operationen« ist es Ziel, dass die Lernenden ein Verständnis für die Bedeutung von Zahlen, die Beziehungen zwischen Zahlen und die Rechenoperationen entwickeln. Dazu gehören insbesondere in der Sekundarstufe auch erweiterte Zahlbereiche (z. B. Brüche, negative Zahlen).

Die Entwicklung des Zahlbegriffs beginnt vorschulisch mit dem Erwerb der Zahlwortreihe auf sprachlicher Ebene und mit dem Handeln mit Mengen von Objekten in Alltags- und Spielsituationen. Die Zahlwortreihe hat dabei zunächst eher den Charakter eines Gedichts und wird mit fortschreitender Entwicklung ausdifferenziert, mit den zugehörigen Mengen verknüpft und dadurch mit Bedeutung versehen (Peucker & Weißhaupt 2017). Zwei Hauptaspekte des Zahlbegriffs lassen sich unterscheiden: Der Ordinalaspekt beschreibt die Zahl als Position in einer Reihe (z. B. »die 7. Seite des Buches«), der Kardinalaspekt fokussiert auf die Zahl als Menge (»7 Bonbons«). Entscheidend ist, dass Kinder am Ende über diese beiden Zahlaspekte verfügen und diese verknüpfen können (Padberg & Benz 2011): Wenn man bis sieben zählt, wurde die Menge von 7 Bonbons gezählt, und nun ist der siebte Bonbon an der Reihe.

Die Kompetenz des Zählens wird in der Regel ebenfalls vorschulisch erworben und lässt sich durch fünf Zählprinzipien beschreiben (Gelman & Gallistel 1978):

1. Eineindeutigkeitsprinzip: Jedem zu zählenden Gegenstand wird genau ein Zahlwort zugeordnet.
2. Prinzip der stabilen Ordnung: Die Reihenfolge der Zahlwörter darf nicht variiert werden.
3. Kardinalzahlprinzip: Das zuletzt genannte Zahlwort gibt die Anzahl der gezählten Elemente an.
4. Abstraktionsprinzip: Jede Art von Objekt kann gezählt werden (Äpfel, Schritte, Glockenschläge etc.).
5. Prinzip der Irrelevanz der Anordnung: Die Reihenfolge, in der die Objekte gezählt werden, ist irrelevant für das Ergebnis.

Um die Zahlen in Beziehung untereinander setzen zu können, ist noch ein weiterer Aspekt sehr wichtig: das Teile-Ganzes-Konzept. Es bezeichnet die Tatsache, dass sich eine Menge aus verschiedenen Teilmengen zusammensetzen lässt: Die 7 beinhaltet die Mengen 3 und 4, aber auch 2 und 5 oder 1 und 6. Dieses Konzept ist auch grundlegend für das Verständnis der Addition und Subtraktion. Es wird im Vorschulalter auf der Basis von Handlungen mit Mengen entwickelt (Resnick 1989; Peucker & Weißhaupt 2017).

Das Verständnis der Rechenoperationen Addition, Subtraktion, Multiplikation und Division baut auf diesem Vorwissen der Kinder auf. Es basiert auf Grundvorstellungen, die dazu dienen, die symbolische Darstellung (z. B. $3+4=7$) mit Bedeutung zu füllen. Diese Grundvorstellungen können sich, wie in Abbildung 2.1 (▶ Abb. 2.1) erkennbar, auch in Handlungen, Bildern oder Sprache manifestieren. Wenn Kinder in der Lage sind, Verknüpfungen zwischen diesen Darstellungen herzustellen, ist davon auszugehen, dass sie ein Verständnis der Operationen erworben haben (Padberg & Benz 2011).

Der erste Zugang von Kindern zur Ausführung von Rechenoperationen erfolgt in der Regel über zählendes Rechnen, bei sehenden Kindern häufig mit Hilfe der Finger. Dies ist ein wichtiger und bis in die erste Klasse entwicklungsgemäßer Schritt. Zählendes Rechnen ist in größeren Zahlräumen und bei Multiplikation und Division aber nicht mehr praktikabel und zudem fehleranfällig, deshalb sollten sich die Kinder in den ersten Schuljahren davon lösen. Später werden Rechnungen mit Hilfe auswendig beherrschter Zahlfakten (z. B. Einmaleins) und mit Hilfe möglichst flexibler Rechenwege bearbeitet, z. B. unter Nutzung von Nachbaraufgaben: $7 \cdot 8 = 7 \cdot 7 + 7$, wenn $7 \cdot 7$ auswendig beherrscht wird. Dies ist nur möglich, wenn das oben beschriebene Verständnis für Zahlen, deren Beziehungen und die Rechenoperationen gut ausgebildet ist.

Auch der Zahlenraum, in dem sich die Kinder bewegen, vergrößert sich im Laufe der Grundschule bis zur Million. In diesem Prozess müssen die Kinder das Dezimalsystem verstehen, auf dem die symbolische Zahldarstellung und damit auch die Algorithmen (z. B. schriftliche Addition) beruhen: Die Position einer Ziffer entscheidet darüber, ob die Ziffer für die Anzahl der Einer, Zehner, Hunderter usw. steht. Grundlegend ist hier die Vorstellung des Bündelns: 10 Einer ergeben einen Zehner, 10 Zehner einen Hunderter usw. (Padberg & Benz 2011).

Zentrale Veranschaulichungen, die den Erwerb dieser Kompetenzen unterstützen können, sind Punktefelder (▶ Abb. 2.3) und der Zahlenstrahl (▶ Abb. 2.4).

2.4 Zahlen und Operationen

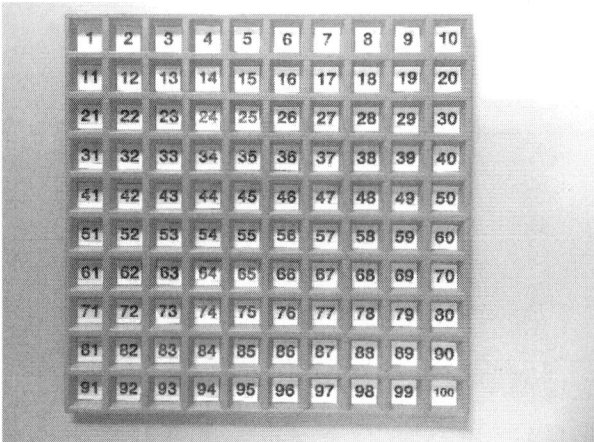

Abb. 2.3: Taktiles, in Braille und Schwarzschrift beschriftetes Hunderterfeld

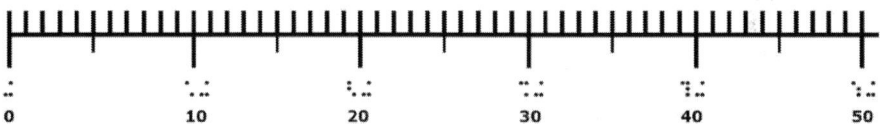

Abb. 2.4: Zahlenstrahl (Mittels Quellkopieverfahren werden alle schwarzen Linien und Punkte erhaben, so dass ein visueller und haptischer Informationszugang möglich wird.)

In der Sekundarstufe setzt sich die Zahlbereichserweiterung fort, es kommen zunächst Brüche und negative Zahlen hinzu. Auch hier bleibt es wichtig, Grundvorstellungen zu diesen neuen Zahlen und den Operationen mit ihnen aufzubauen. Das zeigt auch ein Blick in Schulbücher für sehende Lernende: Bei negativen Zahlen ist der Zahlenstrahl grundlegend, auch für das Verständnis der Rechenoperationen: Negative Zahlen und Operationen mit ihnen sind am besten zu verstehen als Veränderungen entlang einer Zahlengerade. Brüche werden oft anhand von Kreis-, Streifen- oder Rechteckdarstellungen thematisiert (Vorstellung von Brüchen als Anteile), aber auch am Zahlenstrahl verortet (Vorstellung von Brüchen als Größen). Die zentrale neue Herausforderung bei Brüchen gegenüber natürlichen Zahlen ist, dass Brüche für verschiedene Situation gleiche Anteile beschreiben (5 von 10 und 7 von 14). Das Erweitern und Kürzen von Brüchen sollte daher über die Vorstellung des Verfeinerns/Vergröberns, z. B. anhand von Bruchstreifen angeregt werden (▶ Abb. 2.5). Wenn man einen Streifen in 3 Teile aufteilt, erhält man Drittel. Verfeinert man die Aufteilung in kleinere Teile, erhält man z. B. Sechstel oder Zwölftel.

Des Weiteren kommen noch Brüche in Kommaschreibweise (»Dezimalbrüche«, »Dezimalzahlen«, z. B. 0,375), irrationale und transzendente Zahlen ($\sqrt{2}$ oder π) hinzu, für die wiederum der verfeinerte Zahlenstrahl die grundlegende Vorstellung liefert.

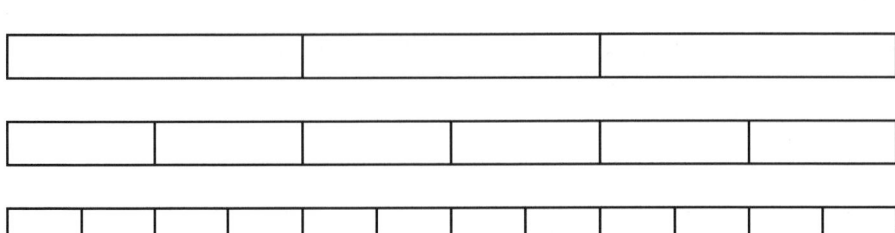

Abb. 2.5: Bruchstreifen zur Veranschaulichung des Verfeinerns

2.4.2 Individuelle Bedingungen und Lernvoraussetzungen blinder und hochgradig sehbehinderter Kinder

Der Aufbau arithmetischer Basisfähigkeiten (z. B. Zählen, Mengen bestimmen und vergleichen) und entsprechender Begrifflichkeiten (z. B. viel, wenig) wird durch visuelle Zugänge erleichtert (Smith 2017), da sich im Alltag durch Beobachtung vielfältige Entdeckungen und Handlungsmöglichkeiten ergeben. Für blinde und hochgradig sehbehinderte Kinder müssen entsprechende Erfahrungen häufiger gezielt angebahnt und initiiert werden; nicht nur, weil ihnen der Zugang über das Sehen ganz oder teilweise »fehlt«, sondern auch, weil haptische und auditive Zählvorgänge in einer Umwelt mit sehenden Menschen selten thematisiert werden. Darüber hinaus ist der Erfahrungshorizont zu Alltagshandlungen häufig insgesamt reduziert und somit auch die Möglichkeiten zum Begreifen und Verstehen im Kontext von Zahlen und Operationen: Handlungen mit Mengen (Zählen, Wegnehmen, Hinzufügen, Aufteilen) sind unverzichtbar für den Aufbau von Grundvorstellungen. Zählen mit den Fingern wird von blinden Kindern nur selten verwendet (Ahlberg & Csocsán 1999; Crollen et al. 2011), da die Fingeranzahl nicht visuell erfasst wird, sondern nur über die Fingerbewegung kinästhetisch, und damit vermutlich weniger leicht zugänglich ist. Da viele mathematische Lernprozesse im Vorschulalter beginnen, sollten diese Aspekte auch in der Frühförderung berücksichtigt werden.

Bei Zählvorgängen, die haptisch (oder auch visuell unter starker Vergrößerung oder Gesichtsfeldeinschränkung) ausgeführt werden, findet selten eine simultane Erfassung aller gezählten Objekte statt. Der Überblick über die gesamte Menge ist schwer zugänglich. Dies führt zu einem Fokus auf das Objekt, das gerade gezählt wird und kann die oben beschriebene Entwicklung eines kardinalen Zahlbegriffes behindern. Auch das Teile-Ganzes-Konzept ist unter diesen Bedingungen schwieriger zu erwerben, weil die Menge und ihre Teile nicht gleichzeitig wahrgenommen werden (Ahlberg & Csocsán 1994). Durch den fehlenden Überblick ist zudem auch die Organisation von Zählprozessen erschwert (Sicilian 1988): Die Anforderung, alle Objekte genau einmal zu zählen und keines zu vergessen oder doppelt zu zählen (s. o.: Zählprinzipien) erfordert eine gute Planung des Tastvorgangs, eine Strukturierung der Zählhandlung (z. B. in ein separates Materialschälchen »hineinzählen«) und benötigt Gedächtniskapazität. Dies kann zur Folge haben, dass die Zählentwicklung verzögert abläuft oder gestört wird. Insgesamt ergeben sich daraus Risiken für die Entwicklung mathematischer Lernschwierigkeiten, unausweichlich ist dies aber bei angemessener Förderung nicht.

Für die auditive Erfassung von Mengen deutet vieles darauf hin, dass sie eine wichtige Rolle in der Entwicklung des Zahlbegriffs spielen kann (Ahlberg & Csocsán 1999). Auditive Wahrnehmung ist wesentlich stärker als Sehen oder Tasten darauf ausgerichtet, zeitliche Strukturen zu erfassen und zu verarbeiten. Daraus ergibt sich der Vorteil, dass »Mengen« von Tönen trotz der sequentiell aufeinander folgenden Klänge einen quasi-simultanen Gesamteindruck erzeugen können (Leuders 2012, 2016b). Dies kann helfen, den kardinalen Zahlbegriff zu entwickeln und ein sicheres Teile-Ganzes-Konzept zu erwerben. Es sollte daher ergänzend zur Förderung beim haptischen Umgang mit Mengen eingesetzt werden. Zahlen im Zwanzigerraum (Klasse 1) können beispielsweise über Klopfen oder Klatschen rhythmisch in einem 6/8-Takt dargestellt werden (Leuders 2015; ▶ Abb. 2.6):

Abb. 2.6: 5 Schläge im 6/8-Takt

Dabei bleibt durch die Pause auf dem 6. Schlag die mathematisch wichtige Fünfergliederung erhalten.

Wie sich bereits im vorherigen Abschnitt vielfach zeigte, basiert der größte Teil der im gängigen Mathematikunterricht verwendeten Lernmaterialien auf dem Sehen. Bei der Adaption für blinde und sehbeeinträchtigte Lernende ist es wichtig, deren Bedürfnisse genau zu kennen (z. B. hinsichtlich Größe, Kontrast, Farben bzw. haptischen Qualitäten; s. Lang 2017a). Es gibt vielfältige Möglichkeiten, Visuelles tastbar zu machen, z. B. über unterschiedliche Texturen (glatt, schraffiert, rau etc.). Für das möglichst störungsfreie Handeln mit Lernmaterialien ist es zudem wichtig, dass nichts zu leicht verrutscht (rutschfeste Oberfläche, Klett, Magnete etc.), nichts verloren geht (Tablett mit Rand, Gefäße für kleine Objekte), und alles stabil und gut zu greifen ist. Auch haptischästhetische Gesichtspunkte (angenehme Tastqualitäten) sind zu berücksichtigen.

Würfelbilder lassen sich leicht ins Taktile übertragen (z. B. Würfel mit Nägelköpfen, aufgeklebte Filzpunkte auf Kärtchen) und zusätzlich kontrastreich ausgestalten. Je nach Größe kann das Würfelbild zählend oder als Muster erfasst werden. Bei der Auswahl der Würfel sollte berücksichtigt werden, dass erhabene Punkte einfacher zu ertasten sind als eingefräste Vertiefungen. Als Würfeltechnik eignet sich für blinde Kinder das Würfeln gegen die eigene Handfläche, damit der Würfel rasch gefunden und das Würfelbild ertastet werden kann.

Strukturierte Mengendarstellungen (▶ Abb. 2.7) erleichtern die Mengenerfassung und spielen für den Ablöseprozess ausschließlich zählender Strategien eine bedeutende Rolle. An Rechenrahmen oder Rechenschiffchen kann die farblich gut kontrastierte 5er-Strukturierung leicht mittels zusätzlicher Markierungen (z. B. Aufkleben von Texturen, Hervorhebungen mit Konturstiften) taktil zugänglich gemacht werden. Um ein versehentliches Verschieben der am Rechenrahmen eingestellten Zahl zu verhindern, kann eine Wäscheklammer als Abgrenzung und Fixierung verwendet werden.

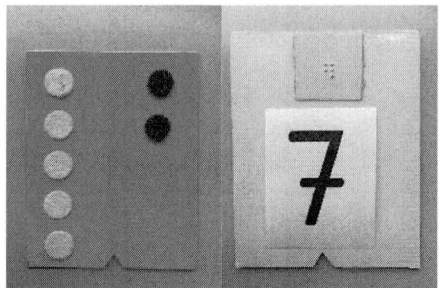

Abb. 2.7: Vorder- und Rückseite eines Mengenkärtchens mit 5er-Strukturierung (die Kerbe an der unteren Seite ermöglicht eine rasche Oben-Unten-Orientierung)

Mehrsystemblöcke (Dienes-Blöcke) bestehen aus Einerwürfeln, Zehnerstangen, Hunderterplatten und Tausenderwürfeln (▶ Abb. 2.8). Die sicht- und fühlbare Rasterung in Einerwürfel durch eingefräste Rillen in den Stangen und Platten ermöglicht ein Kontroll-Abzählen. Lehrkräfte sollten dabei darauf achten, dass tatsächlich die Würfel und nicht etwa die Rillen gezählt werden, weil es nur neun Rillen (als Grenze zwischen den zehn Würfeln einer Stange) gibt. Die Rillen sind taktil markanter. Mit Hilfe dieses Materials lassen sich das Bündelungsprinzip und das Stellenwertsystem sinnvoll veranschaulichen (z. B. Zerlegung von Zahlen in Hunderter, Zehner und Einer). Darüber hinaus können Additions- und Subtraktionsaufgaben konkretisiert und schriftliche Rechenverfahren vorbereitet werden.

Abb. 2.8: Mehrsystemblöcke mit taktiler Rasterung

Für hochgradig sehbehinderte Kinder eignen sich Materialausführungen in farbigem Kunststoff besser als Ausführungen in Naturholz, da Würfel, Stangen und Platten auch farblich eindeutig definiert sind. Für die Stellenwertdarstellung (Einer, Zehner, Hunderter etc.) ist es notwendig, nebeneinander liegende Materialschälchen zu verwenden, in die dann die Würfel, Stangen und Platten gelegt werden. Für hochgradig sehbehinderte Schülerinnen und Schüler muss auf eine geeignete Kontrastierung zwischen Schälchen und Materialien geachtet werden.

In der Regel ist es nicht sinnvoll, alles, was im Ausgangsmaterial tatsächlich sichtbar ist, zu vergrößern oder tastbar zu machen. Die Reduktion auf das mathematisch Wesentliche erfordert neben Wissen über die spezifischen Bedarfe der Lernenden auch mathematikdidaktisches Wissen (▶ Kap. 2.4.1 und ▶ Kap. 2.4.4). Es ist in der unterrichtlichen Umsetzung immer zu berücksichtigen, dass der haptische Umgang mit Materialien und der visuelle Umgang bei Sehbeeinträchtigung deutlich mehr Zeit in Anspruch nehmen.

2.4.3 Inklusive Eigenschaften des Materials

Sowohl in heterogenen Klassen an Förderzentren als auch in der Inklusion ist es wichtig, dass die Lernenden miteinander und mit der Lehrkraft zusammenarbeiten und über Mathematik kommunizieren können. Aus dieser Perspektive ist es ungünstig, wenn die Materialien von sehenden oder sehbeeinträchtigten Lernenden für blinde Mitschülerinnen und Mitschüler nicht zugänglich sind. Das lässt sich sicher nicht immer vermeiden, sollte aber so oft wie möglich verhindert werden. Hier bieten sich erneut auditive Zugänge an, sofern sie zum mathematischen Inhalt passen.

Einige Materialien (z. B. Dienes-Material) sind sowohl visuell als auch haptisch nutzbar. Zudem erscheint es sinnvoll, einen festen Schlüssel für die Zuordnung von Farben zu Texturen zu verwenden (Staatliche Schule für Sehgeschädigte Schleswig 2006), so dass z. B. rot immer durch Samt dargestellt wird, blau immer durch glatte Metallfolie usw. Das ermöglicht Kommunikation über Wahrnehmungsbarrieren hinweg. Günstig sind auch Materialien, die sich beispielsweise auf Arbeitsblättern als visuell oder haptisch wahrnehmbares Bild darstellen lassen (z. B. Würfelbilder durch aufklebbare Filzpunkte).

2.4.4 Didaktische Kriterien

Aus mathematikdidaktischer Sicht ist immer zu fragen, ob die intendierten Lernziele mit Hilfe des adaptierten Materials tatsächlich erreicht werden können. Dies lässt sich an einem Beispiel erläutern (angelehnt an Sundermann & Selter 2000): Eine Lehrerin möchte mit ihrer Klasse Einmaleinsaufgaben üben. Sie hat dabei Stationen vorbereitet, um das Üben abwechslungsreicher zu gestalten. Eine Station beinhaltet die folgende Aufgabenstellung: Die Kinder sollen in zwei verschiedenen Fühlsäckchen ertasten, wie viele Kugeln dort enthalten sind und dann die beiden Zahlen multiplizieren. Fühlsäckchen dienen hier eventuell bei einigen Kindern der Motivation. Aus didaktischer Sicht sind sie als Material aber nicht angemessen, weil das Ertasten der Anzahlen für das Üben oder die Entwicklung von Grundvorstellungen der Multiplikation keinen Vorteil erbringt und sogar eher vom mathematischen Lernziel (Automatisierung des 1 x 1) ablenkt.

Die zentralen mathematischen Inhalte und Strukturen sollten durch das Material betont werden und es sollte möglichst nichts davon ablenken. Das betrifft z. B. auch »motivierende« bunte Farben, die keinen mathematischen Sinn haben. Im Kontext des Förderschwerpunkts Sehen geht es aber auch um die Hindernisse, die sich beim handelnden Umgang ergeben können: Wenn die haptische/visuelle Orientierung auf dem Material zu komplex ist oder z. B. die Objekte leicht verrutschen oder zu klein sind, ist es schwierig für die Lernenden, sich kognitiv tatsächlich mit Mathematik zu beschäftigen. Sie sind mit dem Tast- oder Sehvorgang ausgelastet. Die Handlungen, die durch das Material ermöglicht werden, sollten die zugrundeliegenden mathematischen Operationen möglichst gut abbilden und störungsfrei ausführbar sein.

Die Einführung neuer Lernmaterialien ist für alle Lernenden ein ernstzunehmender Lerninhalt. Die mathematisch sinnvollen Umgangsweisen und bedeutsamen Strukturierungen sind häufig für die Schülerinnen und Schüler nicht selbsterklärend und müssen im Unterricht erarbeitet werden. Für blinde und sehbeeinträchtigte Lernende gilt natürlich noch in viel höherem Maße, dass die Orientierung auf dem Material und die Handlungsmöglichkeiten intensiv erlernt werden müssen. Aus diesem Grund ist es wichtig, dass nicht zu häufig zwischen Materialien gewechselt wird – Materialien sollten vielseitig einsetzbar sein.

Hier ist es interessant, noch einmal auf die auditiven Lernmaterialien einzugehen. Die Zahldarstellung durch Klatschen im Zwanzigerraum ist sensorisch leicht zugänglich. Wenn die Fünfergliederung mit Hilfe einer Pause konsequent beachtet wird, ist damit auch die zentrale mathematische Struktur gut betont. Bei der Vielseitigkeit ergeben sich schon eher kritische Fragen – sowohl in größeren Zahlenräumen als auch bei den Rechenoperationen Subtraktion und Division ist kein sinnvoller Einsatz möglich. Es lässt sich aber argumentieren, dass die leichte Zugänglichkeit diesen Nachteil relativiert. Ein weiteres Problem ergibt sich aus der Flüchtigkeit gehörter Eindrücke: Sie verschwinden, wenn sie beendet sind und müssen für eine Wiederholung erneut erzeugt werden. Dies kann aber auch positiv genutzt werden, wenn eine Dokumentation der gehörten Eindrücke (z. B. visuell über Strichlisten oder haptisch über Filzklebepunkte) angeregt und von den Kindern genutzt wird (Leuders 2015).

2.5 Algorithmen, Algebra und funktionales Denken

Algorithmen, Algebra und funktionale Zusammenhänge betreffen hauptsächlich die Sekundarstufe und werden je nach Bundesland und Schulform auch anders bezeichnet. Da es aber viele Gemeinsamkeiten gibt, erscheint es sinnvoll, diese Aspekte in einem Abschnitt zusammenzufassen.

2.5.1 Lernziele

Algorithmen basieren auf der korrekten Verwendung der Rechenoperationen und stellen eine besonders effiziente, für Menschen oder auch Computer leicht auszu-

2.5 Algorithmen, Algebra und funktionales Denken

führende Variante eines Rechenweges dar. Der erste Kontakt mit diesem Thema findet in Klasse 3 mit der Einführung der schriftlichen Rechenverfahren statt. Bei diesen und allen weiteren Algorithmen ist es entscheidend, dass die Lernenden verstehen, warum der Algorithmus immer funktioniert, es muss also an das Vorwissen zu Rechenwegen angeknüpft werden. In den letzten Jahrzehnten hat die alltagspraktische Bedeutung von Algorithmen abgenommen, da diese z. B. durch Smartphones übernommen werden können. Flexibles Rechnen auf der Basis von Verstehen hat an Bedeutung gewonnen. Dennoch bleibt die Automatisierung einiger zentraler Algorithmen ein Ziel des Mathematikunterrichts (Padberg & Benz 2011, 223).

Algorithmen werden in der Sekundarstufe zunehmend mit Hilfe von Variablen als Formel ausgedrückt. Variablen können dabei unter verschiedenen Aspekten für mathematisches Denken genutzt werden (Hefendehl-Hebecker & Rezat, 2015): Die naheliegendste (und historisch älteste) Auffassung betrachtet Variablen als *Unbekannte*: Die Variable steht für eine Zahl, die man finden möchte (»Berechne x«). In anderen mathematischen Kontexten können Variablen aber auch als *Unbestimmte* verwendet werden, d. h. für die Variable wird nicht eine Lösung gesucht, sondern es können beliebige Zahlen eingesetzt werden. Dies findet z. B. bei Rechengesetzen Anwendung: $a + b = b + a$ zeigt, dass man zwei beliebige Zahlen bei der Addition vertauschen darf. Es ist nicht das Ziel dieses Ausdrucks, a und b zu berechnen. Drittens können Variablen auch als *Veränderliche* betrachtet werden: In funktionalen Zusammenhängen (z. B. $y = x^2$) verändert sich y in Abhängigkeit von x.

Die Frage, wie ein Wert in Abhängigkeit von einem anderen variiert, wird mathematisch mit Hilfe von Funktionen betrachtet. Auch hier lassen sich verschiedene Aspekte beschreiben, die das gedankliche Operieren mit Funktionen wiedergeben und die Basis für das Verstehen darstellen (Vollrath 1989). Wenn bei dem Ausdruck $y = x^2$ der gedankliche Fokus darauf liegt, dass ein Wert von dem anderen abhängig ist, steht der *Zuordnungscharakter* im Vordergrund: für $x = 2$ ergibt sich $y = 4$, für $x = 3$ ergibt sich $y = 9$ usw. Eine andere Fragestellung ist, wie sich die Werte in Abhängigkeit voneinander verändern – verdoppelt man x (z. B. von 2 auf 4), dann vervierfacht sich y (von 4 auf 16) (*Änderungsverhalten*). Zuletzt können Funktionen auch ganzheitlich betrachtet werden (*Sicht als Ganzes*). Nicht mehr einzelne Wertepaare, sondern alle Wertepaare werden betrachtet. Eigenschaften wie »wachsend«, »fallend« oder »periodisch« werden beschrieben und die unterschiedlichen Funktionstypen können verglichen werden (z. B. quadratisch, exponentiell, Sinus etc.).

Funktionen lassen sich nicht nur symbolisch mit Hilfe von Termen wie $f(x) = x^2$ darstellen. Auch Wertetabellen, an denen Zuordnungscharakter und Änderungsverhalten besonders gut deutlich werden, und Graphen, die neben dem Änderungsverhalten auch die Sicht als Ganzes unterstützen, sind wichtige Darstellungsformen. Wie bereits in Bezug auf die Grundvorstellungen zu Rechenoperationen ausgeführt, ist es auch hier entscheidend, dass die Lernenden flexibel zwischen den Darstellungsformen wechseln können und sie in Beziehung setzen.

Eine häufige Lernaufgabe in der Sekundarstufe ist das Verstehen und Umformen von algebraischen Termen, z. B. $(2x + 4)(2x - 4) = 4x^2 - 16$. Dies ist für alle Schülerinnen und Schüler eine anspruchsvolle Aufgabe. Sie ist nur zu bewältigen, wenn es gelingt, die oberflächlich erkennbaren Strukturen (Klammern, Rechenzeichen,

Gleichheitszeichen etc.) und die abstrakteren mathematischen Strukturen (im obigen Fall die 3. binomische Formel: $(a + b)(a - b) = (a^2 - b^2)$ zu erkennen und zu nutzen. Für sehende Lernende ist bekannt, dass die individuellen Strukturierungen der Schülerinnen und Schüler auch am Ende der Sekundarstufe 1 noch nicht immer zielführend sind (Rüede 2012).

2.5.2 Individuelle Bedingungen und Lernvoraussetzungen blinder und hochgradig sehbehinderter Kinder

Für Lernende mit Sehbeeinträchtigung und Blindheit sind hier zwei Anpassungen wesentlich: die Darstellung von mathematischer Symbolsprache in Braille oder unter starker Vergrößerung, und das Arbeiten mit Graphen.

Im Umgang mit Braille-Mathematikschriften oder auch starken Vergrößerungen ist zu beachten, dass insbesondere komplexere algebraische Terme und Algorithmen grundsätzlich schwieriger zugänglich sind. Visuell offensichtliche Strukturierungen wie Klammern oder Bruchstriche sind wesentlich weniger leicht erkennbar, wenn man sie vorgelesen, über die Braillezeile oder unter Vergrößerung erfassen soll. Komplexere mathematische Ausdrücke sind zudem häufig nicht mehr linear von links nach rechts zu lesen und zu bearbeiten, weil z. B. Regeln wie »Punkt-vor-Strich« oder »Klammern zuerst« dem widersprechen. Bei manchen Lernenden führt dies im Falle von Braille zu aufwendigen und eher unstrukturierten Tastwegen (van Leendert et al. 2019). Dadurch nimmt das Lesen und Umformen von Termen mehr Zeit in Anspruch und ist fehleranfälliger. In Verknüpfung mit den oben beschriebenen Schwierigkeiten von sehenden Lernenden bei der Strukturierung von Termen ergibt sich daraus eine große Lernhürde. Es gibt Hinweise darauf, dass die Vermittlung von Taststrategien (z. B. zuerst die Rechenzeichen und Klammern suchen) das Lesetempo der Lernenden verbessern kann (Boonstra 2017). Untersuchungen zu Vor- und Nachteilen verschiedener Braillecodes oder auch der Sprachausgabe liegen für mathematische Kontexte bisher nicht vor.

Für die Darstellung von Graphen gelten im Wesentlichen dieselben Regeln wie für alle taktilen oder vergrößerten Abbildungen. Auch hier ist zu beachten, dass die Lernenden für den Umgang damit deutlich mehr Zeit benötigen. Das Ablesen von Werten ist zudem schwieriger und auch weniger genau, ebenso wie das Zeichnen. Dennoch ist der Umgang mit Graphen für das Verständnis von funktionalen Zusammenhängen nicht ersetzbar (s. o.).

Ergänzend ist auch eine Darstellung über das Hören denkbar (»Sonifikation«): Diese Methode wird in der Datenverarbeitung auch von Sehenden genutzt, weil das Hören eher in der Lage ist, Muster in komplexen Strukturen zu erkennen. Die y-Werte einer Funktion werden dabei als Tonhöhe wiedergegeben, die x-Werte entsprechen der Zeit (Droßard et al. 2012).

Erhöhte kognitive Anforderungen, Zeitbedarf und Fehleranfälligkeit beim Erfassen von mathematischer Symbolsprache oder von Graphen können grundsätzlich auch zur Folge haben, dass der Variablen- oder der Funktionsbegriff nur unvollständig erworben werden, weil die kognitiven Ressourcen für Verstehensprozesse dann fehlen.

2.5.3 Inklusive Eigenschaften des Materials

Formeln oder Funktionen können problemlos parallel in Braille und in Punktschrift notiert werden. Mit Hilfe des Quellkopieverfahrens bzw. spezieller, graphikfähiger Punktschriftdrucker (Lang 2017a, 215 ff) lassen sich auch Graphen anfertigen, die sowohl haptisch als auch visuell erfasst werden können. Gute Materialien finden sich auch bei den Multimedialen Lernpaketen.[3] Gemeinsames Arbeiten von Lernenden mit unterschiedlichen Wahrnehmungsbedingungen wird jedoch auch hier wieder wesentlich durch den unterschiedlichen Zeitbedarf erschwert. Es ist jeweils zu überlegen, inwiefern die Lernenden mit Beeinträchtigung über unterrichtsmethodische Maßnahmen mehr Zeit bekommen können.

Auditive Graphen werden bisher für sehende Lernende nicht eingesetzt, können aber auch für diese eine sinnvolle Ergänzung darstellen (Reiter 2011). In diesem Fall gibt es keine zeitliche Benachteiligung für blinde und sehbehinderte Schülerinnen und Schüler, eventuell sind sie gegenüber den sehenden Mitschülerinnen und Mitschülern sogar im Vorteil.

2.5.4 Didaktische Kriterien

Wie bereits beim Thema Zahlen und Operationen ist es auch hier sinnvoll, zwei mathematikdidaktische Qualitätskriterien für Unterrichtsmaterialien in den Blick zu nehmen: die Hervorhebung zentraler mathematischer Inhalte und die vielseitige Einsetzbarkeit.

In der konkreten Umsetzung von Aufgaben mit algebraischen Termen oder Funktionsgraphen ist es zentral, das Verstehen zu unterstützen. Der Fokus sollte also auf dem Erwerb des Funktions- und Variablenbegriffs liegen, bzw. auf dem Verständnis algebraischer Terme und ihrer Umformungen. Daher ist immer zu fragen, ob die Anzahl, der Umfang oder die Kompliziertheit der Aufgaben und Darstellungen reduziert werden kann, ohne das Erreichen des Lernziels zu behindern. Das Abarbeiten komplizierter Aufgabenstellungen (z. B. mehrere Graphen in einem Koordinatensystem, Umformen langer Bruchgleichungen etc.) kann unter der Bedingung Sehbehinderung/Blindheit das Verstehen sogar behindern, weil die Lernenden mit den komplexen Anforderungen an Wahrnehmung und Strukturierung überfordert sind. Die zentralen mathematischen Inhalte verschwinden dann hinter dieser Überforderung. Daher sollte jeweils gut überlegt werden, welches Vorgehen zum Unterrichtsinhalt, der Klasse und dem Lernstand Einzelner passt.

Graphen sind unverzichtbarer Teil des Unterrichts und sehr vielseitig einsetzbar. Deshalb ist nicht nur eine qualitativ hochwertige Adaption wichtig, sondern auch eine gründliche Einführung in das Lesen und Nutzen von Graphen. Dies umso mehr, wenn reflektiert wird, welche Rolle Graphen in der Regel spielen: Graphen stellen visualisierte Veranschaulichungen von Funktionen dar. Das Erschließen einer Visualisierung gelingt blinden Schülerinnen und Schülern anhand einer Übertra-

---

[3] »MuLi«, www.blista.de/taktilemedien, Zugriff am 6.10.2020

gung in die haptische oder auditive Wahrnehmung. Es bleibt jedoch grundsätzlich eine Visualisierung, die somit nur erschwert zugänglich ist. Aus diesem Grund ist es besonders wichtig, darauf zu achten, dass blinde Lernende ausreichend Zeit und Unterstützung erhalten, um symbolisch dargestellte Funktionsterme mit Bedeutung zu füllen.

Der große Vorteil der symbolischen Funktionsschreibweise in Schwarzschrift wie auch in Braille ist deren Eindeutigkeit und Konstanz. Auf dieser Grundlage lassen sich beispielsweise bei linearen Funktionen sehr leicht Eigenschaften wie Steigung oder y-Achsenabschnitt erkennen und nutzen, ohne dass ein entsprechender Graph zur Veranschaulichung benötigt wird – aber nur, wenn zuvor mit Hilfe von Wertetabellen, taktilen Graphen und Anwendungsbeispielen ein Verständnis entwickelt werden konnte (z. B. woran erkennt man die Steigung des zugehörigen Graphen? Was bedeutet »Steigung ½«?). Diese Argumentation macht deutlich, dass Graphen nicht bei allen Aufgabenstellungen so relevant sind, dass sie unbedingt gezeichnet oder genutzt werden müssen. Ergänzend ist es durchaus auch denkbar, dass die Lernenden verstärkt mit Wertetabellen arbeiten, die aufgrund der klaren Tabellenstruktur je nach Aufgabenstellung leichter zugänglich sind.

Die hörbare Darstellung von Funktionen ist besonders geeignet, um die Sicht auf eine Funktion als Ganzes zu unterstützen, auch das Änderungsverhalten wird deutlich. Der Zuordnungscharakter ist weniger gut zugänglich, da das Ablesen von Werten schwierig oder unmöglich ist. Hoch- und Tiefpunkte oder Schnittstellen mit Koordinatenachsen oder anderen Graphen können allerdings über zusätzliche auditive Signale erkennbar werden. Auch hörbare Funktionen können daher ergänzend im Unterricht genutzt werden.

2.6 Geometrie (Raum und Form)

2.6.1 Mathematische Lernziele (inkl. math. Basisfähigkeiten)

Im Geometrieunterricht steht das Arbeiten mit ebenen Figuren (2D) und räumlichen Objekten (3D) im Vordergrund. Dazu gehört es, geometrische Figuren und Körper zu erkennen und zu beschreiben, zu konstruieren und Beziehungen herzustellen (z. B. im Kontext von Mustern und Symmetrie). Zeichnungen und Bauwerke (z. B. aus Würfeln) spielen dabei eine wichtige Rolle. Zudem wird auch die Orientierung im Raum thematisiert (Franke & Reinhold 2016). In der Sekundarstufe werden diese Aspekte weiter ausdifferenziert. Der Fokus liegt zunehmend auf dem Argumentieren und Beweisen sowie auf dem Bestimmen von Größen (Längen, Flächen, Rauminhalte, Winkel, ▶ Kap. 2.7). Als weiterer Aspekt kommt die Darstellung im Koordinatensystem hinzu, die insbesondere in der gymnasialen Oberstufe eine wichtige Rolle spielt.

Neben den prozessbezogenen Kompetenzen (z. B. Argumentieren) sind im Geometrieunterricht vor allem räumliche Fähigkeiten gefordert. Dies lässt sich grob in drei miteinander verwobene Bereiche unterteilen (Franke & Reinhold 2016):

- Räumliche Beziehungen: »Erfassen und Vorstellen intern statischer Beziehungen« in oder zwischen ebenen Figuren und räumlichen Objekten
- Räumliche Veranschaulichung: Gedankliches »Vorstellen von räumlichen Veränderungen« einer Figur oder eines Objekts, also (im Unterschied zu den räumlichen Beziehungen) dynamische Prozesse (z. B. verschieben, vergrößern, rotieren etc.)
- Räumliches Orientieren: Orientierung im wahrgenommenen Raum und gedankliches Hineinversetzen in andere Perspektiven.

Im allgemeinen Geometrieunterricht spielt hier natürlich die visuelle Wahrnehmung eine klar übergeordnete Rolle. Neben der Wahrnehmung ist aber auch das Handeln sehr wichtig, mit Tätigkeiten wie Zeichnen, Falten, Bauen, Auslegen usw.

Denkprozesse in Bezug auf geometrische Begriffe (z. B. Rechteck, Quadrat) werden im Laufe der Kindheit und Jugend zunehmend abstrakter. Dies lässt sich in einem Entwicklungsmodell beschreiben (van-Hiele-Modell, zit. nach Franke & Reinhold 2016).

1. Räumlich-anschauungsgebundenes Denken: Geometrische Objekte werden ganzheitlich erfasst und können über Ähnlichkeit zu bereits bekannten Objekten unterschieden werden. Bsp.: Rechteck und Quadrat werden korrekt benannt, ohne dass diese Zuordnung auf der Basis von Eigenschaften (Seitenlängen, rechte Winkel etc.) begründet werden könnte.
2. Analysierend-beschreibendes Denken: Auf dieser Stufe können Kinder Eigenschaften (z. B. Seitenlänge, Eckenanzahl) erkennen, benennen und auf dieser Grundlage auch Klassifizierungen vornehmen. Das Verständnis der Klasseninklusion (alle Quadrate sind auch Rechtecke) ist aber noch nicht gegeben.
3. Abstrahierend-relationales Denken: Klasseninklusion kann nun erfasst werden. Die Eigenschaften von Figuren und Objekten werden abstrakter erfasst und können in Beziehung gesetzt werden: Ein Rechteck hat vier Ecken mit jeweils einem rechten Winkel, und vier Kanten, bei denen die gegenüberliegenden Seiten parallel und gleichlang sind. Für Quadrate gilt das auch, deshalb sind sie ebenfalls Rechtecke. Definitionen auf der Basis der Eigenschaften können erfasst werden und erste logische Schlüsse sind möglich: Bei vier rechten Winkeln in einer Figur müssen die gegenüberliegenden Seiten zwangsläufig parallel sein.
4. Schlussfolgerndes Denken: Die Fähigkeiten der vorigen Stufe können verwendet werden, um Beweise nachzuvollziehen und eigenständig auf Beweise zu führen.
5. Strenges abstrakt-metamathematisches Denken: Dieses Niveau wird auch von Oberstufenschülerinnen und -schülern z. T. nicht erreicht. Geometrische Axiome, Definitionen und Sätze in mathematischer Sprache ermöglichen das Nachdenken über mathematische Objekte und ihre Beziehungen auf der Metaebene.

2.6.2 Individuelle Bedingungen und Lernvoraussetzungen blinder und hochgradig sehbehinderter Kinder

Das Erfassen geometrischer Strukturen ist für blinde und hochgradig sehbehinderte Kinder mit einer Reihe von Erschwernissen verbunden. Untersuchungen zeigen, dass räumliches Wahrnehmen und Denken auf visueller Wahrnehmungsgrundlage wesentlich schneller und kognitiv weniger aufwändig ist als mittels haptischer und auditiver Wahrnehmung (Zusammenfassung in Leuders 2012, 22 ff). Es ist wichtig, festzuhalten, dass dies auch mit dem visuell geprägten Ursprung der meisten geometrischen Ideen zu tun hat – eine taktil geprägte Geometrie würde möglicherweise andere Konzepte in den Vordergrund stellen. Im Vergleich zu sehenden Kindern ist aber zu beobachten, dass gerade bei Kindern mit Blindheit und gravierenden Sehbeeinträchtigungen noch große Unsicherheiten bei der Orientierung im Raum oder bei Objekten auftreten können (Lang & Heyl 2020). Darüber hinaus erfordert das Erfassen von räumlichen Eigenschaften (z. B. Parallelität, Symmetrie) das Vorhandensein komplexer Taststrategien (z. B. Konturen mit den Fingerkuppen nachfahren, simultanes Vergleichen zweier Objekte durch den Einsatz beider Hände, Umgreifen von Gegenständen), um die entscheidenden Merkmale aus der Gesamtsituation herauslösen zu können. Diese notwendigen Taststrategien sind im Kindesalter oftmals noch nicht genügend ausdifferenziert, sondern müssen gezielt angebahnt und erlernt werden (Lang 2017b).

Von großer Bedeutung für das mathematische Lernen und für den Aufbau notwendiger Grundkompetenzen – aber auch weit darüber hinausreichend für die Wahrnehmungsförderung und Begriffsbildung – ist das Entdecken der Formenvielfalt im Alltag sowie das Durchführen von Sortier- und Klassifikationsaufgaben. Bereits die erste Stufe im van-Hiele-Entwicklungsmodell (s. o.) setzt voraus, dass bekannte Objekte und Figuren im Gedächtnis zur Verfügung stehen, die einen Ähnlichkeitsabgleich ermöglichen. Hier und in Stufe 2 (also im Wesentlichen in Frühförderung und Grundschule) müssen die notwendigen Grundlagen aufgebaut werden, damit die abstrakteren Stufen mit ihrer formaleren, stärker verbal ausgerichteten Struktur gut erreicht werden. Dies bedeutet selbstverständlich nicht, dass in der Sekundarstufe keine haptisch oder visuell zugänglichen Materialien mehr für das Lernen benötigt werden.

In Schulbüchern finden sich häufig perspektivische Darstellungen und Bilder von dreidimensionalen Objekten. In der Regel sollten solche Bilder nicht als Zeichnung wiedergegeben werden, sondern nach Möglichkeit als dreidimensionale Objekte zum Anfassen zur Verfügung stehen, denn Zeichnungen dreidimensionaler Objekte beruhen auf visuellen Prinzipien (Leuders 2012). Nur wenn perspektivisches Zeichnen selbst Unterrichtsthema ist, kann davon abgewichen werden. Mit dem Aufkommen des 3D-Drucks wird die Herstellung passender Tastobjekte immer einfacher.

Neben Vergrößerungen und taktilen Materialien sollte auch hier immer wieder gefragt werden, inwiefern das Hören einen Beitrag leisten kann. Dies gelingt am besten im Teilbereich der räumlichen Orientierung (Geräusche aus verschiedenen Richtungen, Wahrnehmung der Raumgröße oder Entfernung etc.). Zudem können auch Bewegungen und Körperwahrnehmung einbezogen werden. In diesem Kontext ist es auch denkbar, auf Vorerfahrungen und Begrifflichkeiten aus dem Mobilitätstraining zurückzugreifen.

Sollen in der Schule im Umgang mit Formen und geometrischen Strukturen eigene zeichnerische Lösungen umgesetzt werden, so sind für blinde Kinder hierfür spezifische Lernwege und Arbeitsmaterialien für das taktile Zeichnen notwendig. Nach Hahn (2006, 311 f.) muss das taktile Zeichnen umfassend vorbereitet und angebahnt werden. Vor allem das Erlernen der Konzepte »Umriss« und »Schnittfläche« erfordert viel Zeit. In enger Anlehnung an Hahn können diesbezüglich verschiedene Lernphasen definiert werden:

1. Genaue Exploration und verbale Beschreibung eines geometrischen Körpers
2. Umfahren des betrachteten Objektes mit dem Zeigefinger auf der Tischplatte (Konturwahrnehmung)
3. Modellieren des Gegenstandes und senkrechtes Durchschneiden des Modells (Querschnittsfläche entsteht)
4. Vergleich von Objekt und Querschnittmodell
5. Umfahren des Querschnittes mit dem Zeigefinger auf der Tischplatte (Transformation von der dreidimensionalen auf die zweidimensionale Ebene)
6. Zusammensetzen der Querschnittsform als zweidimensionales Abbild des Objektes (quasi-taktiles Bild) mit geeigneten Baumaterialien
7. Umfahren des Querschnittmodells auf einer Zeichentafel
8. Nachzeichnen der Querschnittfläche mit Hilfe von Schablonen auf einer Zeichentafel
9. Vergleich der eigenen Zeichnung mit einer vorgefertigten, idealen taktilen Abbildung
10. Zeichnerische Konstruktion der Grundrissform bzw. der Querschnittsform unter Beachtung geometrischer Gegebenheiten auf einer Zeichentafel

Die Verwendung einer Zeichentafel, auf der auf einer eingespannten Kunststofffolie mit einem Stift taktile Linien produziert werden können, und die damit verbundenen Techniken der Handhabung müssen ebenfalls eigens eingeführt und geübt werden. Herausfordernd kann bereits das Einspannen der Kunststofffolie sein, oder die Haltung und Benutzung eines Zeichenstiftes, da blinde Kinder kaum entsprechende Zeichen- und Kritzelerfahrungen vorweisen können. Auf dem Lehrmittelmarkt sind verschiedene Zeichentafeln erhältlich (▶ Abb. 2.9).

Hahn beschreibt die Techniken des taktilen Zeichnens (z. B. Abtragen einer Strecke oder Messen eines Winkels mittels Einsatz von Markierungsnadeln, Handhabung des Zirkels) ausführlich (Hahn 2006) und veranschaulicht das pädagogische Vorgehen detailliert in einem speziell entwickelten Zeichenlehrgang (Hahn & Pfeiffer 2006).

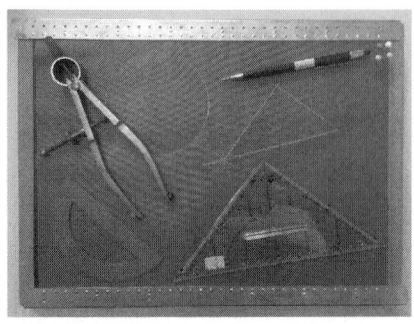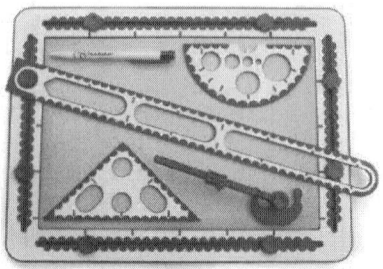

Abb. 2.9: Zeichentafeln »Gallus« und »TactiPad« jeweils mit Zeichenutensilien

2.6.3 Inklusive Eigenschaften des Materials

Noch stärker als im Bereich Zahlen und Operationen ist hier zu berücksichtigen, dass Lernende mit Blindheit und Sehbeeinträchtigung deutlich mehr Zeit und kognitive Ressourcen benötigen, um geometrische Aufgabenstellungen zu bearbeiten. Dies muss über didaktisch sinnvolle Reduktion von Arbeitsaufträgen (exemplarisches Lernen), das Ermöglichen von Vorarbeiten und differenzierende Unterrichtsmethoden aufgefangen werden. So sollten z. B. eigene Zeichnungen nur eingefordert werden, wenn sie für den Lernprozess notwendig sind. Andernfalls können z. B. fertige Zeichnungen zur Verfügung gestellt werden.

In den Schulbüchern für sehende Lernende findet sich eine große Zahl von Grafiken, die oft bei der Umsetzung nicht übertragen werden. Hier muss immer wieder neu entschieden werden, welche Grafik wichtig ist und den Zeitaufwand der Herstellung und der Nutzung durch die Lernenden didaktisch lohnt. Der verstärkte Einsatz von realen dreidimensionalen Objekten statt Bildern kann für alle Lernenden einer inklusiven Klasse von Vorteil sein, ebenso die Nutzung von Hören, Tasten und Bewegung (Franke & Reinhold 2016, 41 ff).

3D-Druck kann in höheren Klassen nicht nur zur Produktion von Tastobjekten dienen, sondern auch über die notwendige Programmierung mathematische Inhalte vermitteln (analytische Geometrie, Informatik; eine Ausarbeitung zu Analysis findet sich bei Dilling 2019).

2.6.4 Mathematikdidaktische Kriterien

Wie bereits in den vorigen Abschnitten steht auch hier die Anforderung im Vordergrund, die relevanten mathematischen Inhalte zu betonen und störende Anforderungen zu reduzieren, um das Erreichen der mathematischen Lernziele zu ermöglichen. Hierbei spielt neben gut strukturierten, ablenkungsarmen Materialien die Vereinfachung der Handhabung eine zentrale Rolle.

Bereits einfache Sortieraufgaben sollten gut strukturiert umgesetzt werden: Die Fläche, auf der die zu sortierenden Objekte präsentiert werden, muss abgegrenzt sein

(z. B. ein Tablett mit flachem Rand), damit keine Gegenstände abhandenkommen und das Kind den Überblick behält; zur Gruppenbildung müssen genügend Materialschälchen bereit stehen, damit eindeutige Trennungen vollzogen werden können. Für Kinder mit visuellen Wahrnehmungsmöglichkeiten spielt der Farbkontrast zwischen Objekt und Untergrund bzw. Materialschälchen eine große Rolle. Sollen auf der Grundlage erkannter Eigenschaften Reihen oder regelhafte Muster gebildet werden, können hierfür konkrete Gegenstände, aber auch Handlungen oder Klangereignisse (Klatschen, Schnipsen, Instrumentenklänge etc.) gewählt werden. Damit ausgelegte Muster taststabil erkundet werden können, müssen diese auf einer rutschfesten Unterlage bzw. auf einer Magnettafel präsentiert oder beispielsweise mittels Klettband fixiert werden.

Grundsätzlich ist immer zu fragen, welche Darstellungsform für das Erreichen der Lernziele am zielführendsten ist – manchmal genügt vielleicht eine verbale Beschreibung, manchmal ist der Umgang mit komplexen Zeichnungen unverzichtbar und manchmal lassen sich unerwartete Lösungen auf der Basis von Hören oder Bewegung finden (z. B. im Kreis und in einer Ellipse laufen).

Materialien sollten nach Möglichkeit auch vielseitig einsetzbar sein, um den einmal gelernten Umgang damit weiterhin zu nutzen. Daher ist es sinnvoll, z. B. einen gut zugänglichen Satz geometrischer Figuren und Körper immer wieder zu verwenden, statt zwischendurch auf andere Darstellungsformen zu wechseln (z. B. Tiefziehfolie, zusammensteckbare Elemente) – es sei denn, es ist im Rahmen der Aufgabe erforderlich.

2.7 Größen und Messen

2.7.1 Mathematische Lernziele (inkl. math. Basisfähigkeiten)

Zu den im Mathematikunterricht behandelten Größen gehören neben raumbezogenen Größen (Länge, Fläche, Rauminhalt) auch Zeit, Gewicht und Geld. Für die Behandlung im Unterricht wird eine »klassische Stufenfolge« vorgeschlagen, die bei jeder Größe zu durchlaufen wäre und der historischen Entwicklung des Messens entspricht (Franke & Ruwisch 2010):

- Erfahrungen sammeln und aufgreifen (Wie groß bist du? Wie lang ist der Schulweg?)
- Direktes Vergleichen (z. B. zwei Stäbe der Länge nach nebeneinanderlegen)
- Indirektes Vergleichen (z. B. zwei Stäbe mit der Elle oder einem Zollstock messen)
- Umwandeln von Maßeinheiten (z. B. Meter in Kilometer)
- Rechnen mit Größen

Dies genau einzuhalten, ist auch nach Ansicht von Franke und Ruwisch (2010) nicht sinnvoll, da Kinder aus dem Alltag bereits Erfahrung mit Messinstrumenten haben

(Waage, Uhr, Lineal etc.). Es wird aber deutlich, welche Aspekte beim Arbeiten mit Größen eine Rolle spielen müssen. Der erste Schritt, das Sammeln und Aufgreifen von Erfahrungen, ist von besonderer Bedeutung: Bevor Kinder Größen umwandeln oder damit rechnen, sollten sie *Stützpunktvorstellungen* zu den Größen aufgebaut haben. Eine Tür ist ca. 2 Meter hoch, das Sandmännchen dauert 10 Minuten, eine Tafel Schokolade wiegt 100 Gramm. Auch das Messen mit dem eigenen Körper (Fußlänge, Daumenbreite etc.) trägt dazu bei. Auf der Basis dieses Wissens können Kinder Schätzungen vornehmen. Ohne diese Bezüge bleibt das Rechnen mit Größen ohne Bedeutung.

Die einzelnen im Unterricht thematisierten Größen weisen Besonderheiten auf, die beachtet werden müssen (Franke & Ruwisch 2010):

- Länge ist eine grundlegend wichtige Größe. Längenvorstellungen finden auch in anderen Kontexten Verwendung (etwas »dauert lange«). Lineare Maßskalen bilden die Basis für Fläche und Rauminhalt, finden sich auch z. B. auf Waagen und korrespondieren mit dem Zahlenstrahl.
- Flächen und Rauminhalte sind aufgrund der zweiten und dritten Dimension weniger leicht vorstellbar.
- Bei Geld ist zu beachten, dass Preise willkürlich sind und sich ändern können. Zudem ist die Größe (Fläche) der Münzen und Scheine nicht proportional zum Wert und eine größere Anzahl Münzen kann denselben Wert haben wie ein einzelner Schein. Es gibt nur bestimmte Münzen und Scheine (2er-, 5er-, 10er-Bündelung), also z. B. kein 7-Euro-Stück.
- Gewicht ist nicht visuell zugänglich. Gegenstände mit größerer Raumausdehnung können leichter sein als kleinere Gegenstände. Die Wahrnehmung von Gewicht über die Propriozeption ist nicht sehr genau, und größere Gewichte können von Kindern nicht erfahren werden, weil sie zu schwer sind.
- Bei der Zeit muss man zwischen Zeitspannen und Zeitpunkten unterscheiden. Beim Umwandeln (z. B. Stunden in Tage, Minuten in Sekunden) wird nicht das Zehnersystem genutzt, sondern die Zahlen 60 und 24. Zeit ist der Wahrnehmung nur indirekt zugänglich und diese Wahrnehmung ist sehr subjektiv.

In der Sekundarstufe kommen noch Winkelmaße dazu, zudem werden Größen wie Geschwindigkeit, Temperatur oder Dichte häufiger in Sachaufgaben eingesetzt. Diese Größen werden aber in der Regel nicht systematisch eingeführt, sondern die Kenntnis wird vorausgesetzt oder im Physikunterricht angebahnt. Die in der Grundschule eingeführten Größen sind grundlegend für diese neuen Größen und werden außerdem weiter vertieft, z. B. in Bezug auf Dezimalbrüche (Kommaschreibweise) oder sehr kleine/sehr große Einheiten. Größen sind in der Sekundarstufe häufig nicht mehr selbst Unterrichtsthema, sondern dienen dem Verständnis mathematischer Konzepte (z. B. negative Zahlen mit Hilfe von Temperatur oder Schulden), oder dem Anwendungsbezug (Greefrath 2010).

2.7.2 Individuelle Bedingungen und Lernvoraussetzungen blinder und hochgradig sehbehinderter Kinder

Blinde und sehbeeinträchtigte Lernende verfügen in der Regel über geringere Erfahrungen mit Größen und Messgeräten im Alltag. Manches ist grundsätzlich nicht zugänglich (z. B. die Höhe eines Hauses), anderes wird aus praktischen Gründen seltener benutzt oder beobachtet (z. B. Messgeräte im Elternhaus: Waage ohne Sprachausgabe, Uhr an der Wand etc.). Deshalb muss im Unterricht mehr Zeit und Sorgfalt auf die notwendigen Vorerfahrungen verwendet werden. Dafür sollten natürlich Messgeräte mit taktil ablesbaren Skalen, guten Kontrasten oder Sprachausgabe zur Verfügung stehen.

Längen, Flächen und Rauminhalte sind grundsätzlich über Körperwahrnehmung und Bewegung zugänglich, z. B. kann eine »Kubikmeterkiste« mit der Kantenlänge 1m von Kindern von innen und außen erkundet werden. Gerade im Grundschulbereich ist es aber möglich, dass die Kinder noch nicht über ein ausreichend gutes Körperschema verfügen. Daher ist z. B. die Fingerspanne oder Fußlänge als Messgerät vielleicht für die Kinder abstrakter als erwartet und sollte vorher eingeführt werden (Lang 2003, 383). Größere Entfernungen und Räume sollten auch über das Hören erfahrbar gemacht werden (Lautstärke von vertrauten aber entfernten Geräuschen; Echo).

Beim Geld ist die Erkennung der Münzen und Scheine ein wichtiges Unterrichtsthema. Grundsätzlich ist es nicht schwer zugänglich, auch hier fehlen aber eventuell Erfahrungen, z. B. das Beobachten der Eltern beim Bezahlvorgang, oder das Ausführen kleinerer selbstständiger Einkäufe.

Beim Gewicht ergeben sich weniger Unterschiede zu sehenden Kindern, denen hier auch oft Vorerfahrungen fehlen. Eventuell haben Kinder mit Sehbeeinträchtigung und Blindheit sogar Vorteile, weil sie die Gewichtswahrnehmung häufiger nutzen (Ist Essen auf dem Löffel?) und weniger stark von der teilweise irritierenden visuellen Wahrnehmung des Volumens abgelenkt werden. Für die Erarbeitung der Begriffe »gleich schwer« und »schwerer« bzw. »leichter« eignet sich der Einsatz einer gut abtastbaren Balkenwaage.

Im Kontext von Zeit ist wieder der Zugang zu Messgeräten eingeschränkt, weil nicht alle Uhren im Umfeld des Kindes zugänglich sind. Schwierigkeiten können zudem mit dem Verständnis der Informationen auf einem Zifferblatt entstehen. Dies ist aufgrund der komplexen Struktur analoger Uhren (großer/kleiner Zeiger, zirkuläre Anordnung, Stunden und Minuten auf der gleichen Skala) auch für sehende Kinder eine große Herausforderung und wird durch Sehbeeinträchtigung oder taktile Nutzung zusätzlich erschwert.

Für die Größen in der Sekundarstufe gilt analog, dass z. T. die Zugänglichkeit erschwert ist (z. B. bei Geschwindigkeit). Sachaufgaben, die solche Kontexte enthalten, können daher ihren Anwendungsbezug für manche Lernende einbüßen, wenn dies nicht ausreichend vorbereitet wird.

2.7.3 Inklusive Eigenschaften des Materials

Die verstärkte Nutzung von Körperwahrnehmung, Bewegung und Hören sowie die bewusste Thematisierung von Vorerfahrungen über Aktivitäten und Materialien unterstützen auch andere Lernende in einer inklusiven Klasse (in allen Jahrgangsstufen), die aus anderen Gründen weniger Gelegenheit hatten, Vorerfahrungen aufzubauen.

2.7.4 Mathematikdidaktische Kriterien

Auch hier ist wieder wichtig, dass Materialien und die Aktivitäten mit ihnen immer das Lernziel in den Mittelpunkt stellen sollten (z. B. den Aufbau von Vorerfahrungen und Stützpunktvorstellungen). Insofern sollte auf möglichst einfache Bedienbarkeit geachtet werden, wenn z. B. Messinstrumente genutzt werden. Eventuell kann die Nutzung vorher eingeführt oder zu Hause vorbereitet werden.

Es ist immer wieder zu hinterfragen, ob die durchgeführten Aktivitäten und die Sinneswahrnehmungen, die damit einhergehen, Größen tatsächlich zugänglich machen können. Beispielsweise ist für blinde Lernende das Arbeiten mit Plastikmünzen, die teilweise auch eine andere Größe als die Originale haben, nicht sinnvoll, weil das Gewicht als ein Erkennungsmerkmal so nicht genutzt werden kann. Die Übertragung auf vertraute Geldstücke aus Metall erfordert ein unnötiges Maß an Abstraktion und kann das Lernen behindern.

2.8 Sachsituationen, Daten und Zufall

2.8.1 Mathematische Lernziele (inkl. math. Basisfähigkeiten)

Grundsätzlich können Sachsituationen mit drei Funktionen im Mathematikunterricht eingesetzt werden (Winter 2003):

1. um mathematische Zusammenhänge zu vermitteln, z. B. der Kontext Temperatur für die Einführung der negativen Zahlen
2. um Wissen über die Umwelt zu erwerben, z. B. in einem Projekt zum Thema »Wasser«
3. um prozessbezogene Kompetenzen zu entwickeln, z. B. das Darstellen und Modellieren

Diese drei Funktionen sind gleichwertig und schließen sich natürlich gegenseitig nicht aus, aber häufig steht eine davon im Vordergrund. Der Umfang entsprechender Aufgabenstellungen reicht vom Bearbeiten klassischer Textaufgaben bis hin zum Durchführen mehrtägiger Projekte. Zentrales didaktisches Konzept ist hier der

»Modellierungskreislauf« (Überblick in Greefrath 2010): Die Sachsituation muss häufig zunächst vereinfacht werden: Nicht alle Aspekte einer realen Situation sind relevant für das Lösen der Aufgabe. Aus dieser Vereinfachung (»Realmodell«) kann ein mathematisches Modell entstehen, z. B. eine Subtraktionsaufgabe oder ein geometrischer Körper, dessen Volumen zu bestimmen ist. Dieser Schritt setzt das Verständnis der zughörigen mathematischen Inhalte voraus. Nun wird mathematisch eine Lösung ermittelt und abschließend wieder mit der Realität in Bezug gesetzt und so geprüft. In der Unterrichtspraxis geschieht es leicht, dass der Fokus zu sehr auf dem mathematischen Teil liegt und der Anwendungsbezug vernachlässigt wird. Im Extremfall entnehmen die Lernenden einer Aufgabenstellung einfach die Zahlen und ein paar Schlüsselwörter, um eine Rechnung aufzustellen. Das Ergebnis wird dann auch nicht mehr auf die Realsituation aus der Aufgabe bezogen. Diesem Problem kann man entgegenwirken, indem reichhaltige und lebensnahe Sachsituationen verwendet werden und die Übertragung zwischen Mathematik und Realität immer wieder eingefordert wird.

Häufig ist es bei Aufgaben erforderlich, Daten aus Texten, Tabellen und Diagrammen zu entnehmen oder diese selbst zu erstellen. In der Grundschule werden bereits Säulen- und Balkendiagramme sowie Kreisdiagramme behandelt, zunächst in Bezug auf absolute Häufigkeiten (Anzahlen). Relative Häufigkeiten (Anteile) werden erst in höheren Grundschulklassen und in der Sekundarstufe thematisiert.

Wichtig ist es in diesem Kontext, den Nutzen dieser Darstellungsformen deutlich zu machen. Manche Zusammenhänge lassen sich visuell in Diagrammen schneller und leichter erkennen als in einem Text oder einer Tabelle, z. B. die Verteilung der Farben in einer Tüte Gummibärchen (Eichler 2015). Das setzt allerdings voraus, dass Diagramme (wie alle anderen Veranschaulichungen) zunächst gründlich eingeführt werden. Zunächst sollte geübt werden, Einzelinformationen aus einem Diagramm zu entnehmen (Wie viele rote Gummibärchen waren in der Tüte?). Im zweiten Schritt können die Informationen zusammengesetzt werden (von welcher Farbe gibt es die meisten Gummibärchen?). Abschließend können weitergehende Informationen und Fragestellungen entnommen werden (Wie sieht wohl die Verteilung bei zehn Gummibärchentüten aus? Und wie in der Fabrik?).

Im Kontext von Zufall und Wahrscheinlichkeit werden häufig Experimente durchgeführt (z. B. mit Würfeln). Kennzeichnend für diesen Bereich ist, dass die Lernenden viele Fehlvorstellungen mitbringen, z. B. bezüglich der Unabhängigkeit von Ereignissen: Auch wenn man bereits zwei Sechsen gewürfelt hat, ist die Wahrscheinlichkeit für eine Sechs im nächsten Wurf wieder ein Sechstel. Intuitiv nehmen viele Lernende an, diese Wahrscheinlichkeit sei nun geringer. Die mathematische Analyse von zufallsbezogenen Situationen widerspricht vergleichsweise oft der Intuition, auch bei Erwachsenen. Das kann dazu führen, dass mathematische Konzepte zur Berechnung von Wahrscheinlichkeiten aus dem Unterricht unverknüpft neben erfahrungsbasierten und teilweise falschen Alltagsüberzeugungen stehen bleiben (Biehler & Hartung 2010).

2.8.2 Individuelle Bedingungen und Lernvoraussetzungen blinder und hochgradig sehbehinderter Kinder

Bei der Behandlung von Sachsituationen spielt die veränderte Erfahrungswelt von Lernenden mit Sehbeeinträchtigung oder Blindheit eine große Rolle. Es lassen sich wenig allgemeine Aussagen zu Vorerfahrungen blinder und sehbeeinträchtigter Lernender treffen, da dies stark von der Art der Sehbeeinträchtigung, dem Elternhaus und der Förderung abhängt. Vorwissen, das von Schulbüchern der allgemeinen Schule vorausgesetzt wird, ist aber eventuell nicht ausreichend vorhanden (z. B. zu Sternbildern beim Thema »systematisches Zählen« in Klasse 1 oder zur Gangschaltung am Fahrrad beim Thema Verhältnisse/Brüche in der Unterstufe). Andererseits werden Alltagsbezüge, die für diese Lernenden vertraut sind (z. B. Einschätzen von Entfernung über das Hören, taktiles Unterscheiden von Geldstücken) in üblichen Schulbüchern nicht thematisiert. Werden schwer zugängliche Kontexte eingesetzt, um mathematische Sachverhalte zu erläutern (Funktion 1 nach Winter 2003, s. o.), dann kann dies natürlich zu Verstehenslücken führen. Beim Erwerb von Wissen über die Umwelt (Funktion 2, s. o.) bestehen eventuell Wissenslücken, aber auch Vorwissensaspekte, die bei sehenden Lernenden nicht vorkommen. Dies muss im Unterricht ausgeglichen und bestenfalls auch genutzt werden. Werden diese Unterschiede nicht beachtet, so kann der Modellierungskreislauf nicht vollständig durchlaufen werden. Es besteht die Gefahr, dass die Verknüpfung von Anwendungsbezug und mathematischer Lösung nicht gelingt oder abstrakt und oberflächlich bleibt.

Funktion 3 (s. o.), das Vermitteln von prozessbezogenen Kompetenzen, gestaltet sich insbesondere im Bereich Darstellen schwieriger. Wie bereits im Kontext von Funktionsgraphen angesprochen, stellen taktile Diagramme und Graphen deutlich erhöhte Anforderungen in Bezug auf Verständnis, aber auch in Bezug auf Bearbeitungszeit. Eine gründliche Einführung ist daher besonders wichtig. Zu bedenken bleibt, dass sehr komplexe Diagramme, z. B. ein Kreisdiagramm mit vielen Kreissegmenten, unter Umständen nicht adäquat in eine taktile Form (z. B. im Quellkopieverfahren) übertragen werden können, weil keine genügend große Anzahl haptisch eindeutig unterscheidbarer Texturen erzeugt werden kann. Schwierig ist darüber hinaus in vielen Fällen das genaue Ablesen von Werten (z. B. bei Balkendiagrammen), da auf den Achsen nicht genügend Platz für eine detaillierte Brailleschriftung vorhanden ist oder keine Hilfslinien zum Ablesen der Werte eingezeichnet werden können.

Sowohl bei Sachbezügen im Allgemeinen als auch beim Thema Zufall im Besonderen ist es besonders wichtig, nach Möglichkeit originale Gegenstände und taktile Modelle anstelle von Bildern zu nutzen und Handlungen bzw. Experimente damit zu ermöglichen.

2.8.3 Inklusive Eigenschaften des Materials

Wie bereits mehrfach angemerkt, müssen erhöhter Zeitbedarf und fehlendes Vorwissen im Unterricht ausgeglichen werden, z. B. durch individuelle Aufgabenstellungen zur Vorbereitung oder differenzierende Methoden wie dem Stationenlernen, die dem unterschiedlichen Zeitbedarf Rechnung tragen. Sachsituationen im Mathematikunterricht sind im inklusiven Kontext herausfordernd, bieten aber auch die Möglichkeit, etwas über die Erfahrungswelt anderer Schülerinnen und Schüler in der Klasse zu lernen. Lernende mit Sehbeeinträchtigung und Blindheit können z. B. etwas über Sternbilder oder das Fahrradfahren erfahren und damit ihr Weltwissen erweitern. Sehende Lernende können sich mit Höreindrücken (z. B. Symmetrie anhand von Rhythmen) auseinandersetzen, oder im Rahmen von Kombinatorik den Aufbau der Brailleschrift untersuchen (Wie viele verschiedene Zeichen kann man mit 6-Punkt- und 8-Punkt-Braille darstellen?). Vom Nutzen originaler Gegenstände und einem stärkeren Handlungsbezug profitieren alle Lernenden. So kann der Einstieg in das Erstellen einfacher Säulendiagramme für alle Schülerinnen und Schüler in der Grundschule handlungsorientiert anhand von Umfragen (z. B. zu Sportaktivitäten, Haustieren) erfolgen, wobei jede Nennung bei der Ergebnisdarstellung mit einem Lego- oder Duplostein symbolisiert wird. Für sehende Lernende wird dies sonst oft direkt zeichnerisch oder über Klebezettel durchgeführt, was weniger stark den Bezug zum Wort »Säule« herstellt.

2.8.4 Mathematikdidaktische Kriterien

Um die Zugänglichkeit für alle Lernenden zu gewährleisten, sollten natürlich, wie schon gesagt, die adaptierten Materialien entsprechend gut gestaltet sein (▶ Kap. 5) und dem erhöhten Zeitbedarf Rechnung getragen werden. Es ist aber auch möglich, einzelne Darstellungen und Materialien, oder auch ganze Kontexte zu ersetzen. Als Entscheidungshilfe kann hier die Unterscheidung der Funktionen (▶ Kap. 2.8.1) dienen. Ist die Sachsituation selbst das Lernziel (Funktion 2, z. B. das Bezahlen im Supermarkt), dann sollte keine grundsätzliche Veränderung vorgenommen werden. Ist das Ziel eher der mathematische Inhalt (Funktion 1) oder eine prozessbezogene Kompetenz (Funktion 3), dann kann man über eine Änderung des Kontextes nachdenken. Im Beispiel mit den Gummibärchen (▶ Kap. 2.8.1), deren Farbe nur visuell zugänglich ist, wäre es denkbar, andere, taktil unterscheidbare Bonbonmischungen zu verwenden. Bei der Thematisierung des systematischen Zählens über Sternbilder könnten dagegen auch andere Kontexte verwendet werden, z. B. Gebäckverzierungen. Es wäre aber auch denkbar, das Thema Sternbilder parallel auch im Sachunterricht aufzugreifen und zu vertiefen, da Sternbilder einen sehr attraktiven Kontext darstellen. Hier muss die Entscheidung mit Blick auf die Klasse und einzelne Lernende fallen.

Bei Diagrammen ist die Situation ähnlich wie bei Graphen: Sind Diagramme selbst der Lerninhalt, dann sollten sie natürlich unter Beachtung der guten optischen oder taktilen Gestaltung genutzt werden (wie im Beispiel des Säulendiagramms mit Legosteinen). Gleiches gilt, wenn Diagramme eher einfach und leicht zugänglich sind, oder die betroffenen Lernenden damit im Allgemeinen gut und schnell arbeiten. Eine Einführung in das Lesen von Diagrammen ist daher nicht zu umgehen. In manchen Aufgabenstellungen und bei einigen Lernenden kann es aber auch der Fall sein, dass die notwendigen Daten über eine Tabelle oder einen Text leichter zugänglich sind.

2.9 Punktschriftnotation

Die Notierung mathematischer Sachverhalte in Punktschrift weicht unter vielerlei Aspekten von der Notierung in Schwarzschrift ab. Die größte Abweichung betrifft die Linearität der Darstellung. Während in Schwarzschrift verschiedene Ebenen für die mathematischen Ausdrücke genutzt werden können (z. B. Brüche, Quadratzahlen), muss die Darstellung in Punktschrift immer linear erfolgen.

Mit der Marburger Systematik und Eurobraille (Computerbraille) stehen zwei Systeme für die Punktschriftumsetzung der Grundschulmathematik zur Verfügung. Die Marburger Mathematikschrift basiert auf der traditionellen Sechspunktdarstellung. Da hier lediglich 64 Punktkombinationsmöglichkeiten existieren, muss zur Unterscheidung zwischen Ziffern und Buchstaben ein Ankündigungszeichen (Zahlzeichen: Punkte 3, 4, 5, 6) eingesetzt werden. Durch diese Ankündigung wird beispielsweise aus dem Buchstaben »a« die Ziffer 1. Die Marburger Mathematikschrift eignet sich nicht für das Arbeiten am Computer.

Eurobraille besteht grundsätzlich aus acht Punkten (▶ Kap. 1), so dass genügend Punktkombinationen existieren, um allen Ziffern eindeutig definierte Braillezeichen zuordnen zu können. Für die Schreibweise von Ziffern und Grundrechenzeichen werden in Eurobraille allerdings ausschließlich Zeichen innerhalb der Sechspunktematrix verwendet, so dass als Schreibgeräte neben dem Computer und Achtpunkt-Schreibmaschinen auch die traditionellen Sechspunkt-Brailleschreibmaschinen eingesetzt werden können. Die mathematische Schreibweise in Eurobraille ist mit der Schwarzschriftschreibweise am Computer identisch. In der Sekundarstufe wird Eurobraille für die LaTeX-Notation (▶ Kap. 3) verwendet.

Tabelle 2.1 zeigt beispielhaft einige Notierungsweisen in Eurobraille und in der Marburger Mathematikschrift. Die am Zeilenanfang abgedruckte Acht- bzw. Sechspunktematrix dient der Orientierung über die Lage der jeweils benötigten Punkte. Während für die Marburger Mathematikschrift eigene Regeln gelten (z. B. vor den Rechenzeichen muss eine Lücke stehen, nach dem Rechenzeichen wird direkt weitergeschrieben), bestehen in Eurobraille dieselben Freiheiten wie in der Schwarzschrift. Aus Gründen der besseren Übersicht können Lücken vor und nach den Rechenzeichen gesetzt werden. Praktiziert wird häufig eine Schreibweise, bei der wie bei der Marburger Mathematikschrift nur vor dem Rechenzeichen eine Lücke steht. Einige Besonderheiten der Marburger Mathematikschrift sollen beispielhaft erwähnt werden: Ordnungszahlen können hinsichtlich der Punktpositionen tief gestellt notiert werden; bei einfachen Brüchen wird der Nenner tief gestellt; Einheiten werden mit einem Einheitenkennzeichen (Punkte 4, 5, 6) als solche kenntlich gemacht. Für die Marburger Mathematikschrift liegt ein vollständiges und detailliert erläutertes Regelwerk vor (Brailleschriftkomitee der deutschsprachigen Länder BSKDL Unterkommission Mathematikschrift 2015).

Tab. 2.1: Beispiele für mathematische Notationen in Eurobraille und Marburger Mathematikschrift

Ziffern										
Schwarzschrift	0	1	2	3	4	5	6	7	8	9
Eurobraille	⠴	⠁	⠃	⠉	⠙	⠑	⠋	⠛	⠓	⠊
Marburger	⠼⠚	⠼⠁	⠼⠃	⠼⠉	⠼⠙	⠼⠑	⠼⠋	⠼⠛	⠼⠓	⠼⠊

Rechenzeichen							
Schwarzschrift	+	−	* bzw. · (mal)	: (geteilt)	=	>	<
Eurobraille	⠖	⠤	⠦	⠒	⠶	⠔	⠦
Marburger	⠬	⠤	⠔⠔ bzw. ⠔	⠒⠒	⠶	⠕⠂	⠪⠄

Beispiele		
Schwarzschrift	Eurobraille	Marburger Systematik
3456243	⠉⠙⠑⠋⠃⠙⠉	⠼⠉⠙⠑⠋⠃⠙⠉
3.456243	⠉⠲⠙⠑⠋⠃⠙⠉	⠼⠉⠄⠙⠑⠋⠃⠙⠉
17,89	⠁⠛⠂⠓⠊	⠼⠁⠛⠂⠓⠊
1/2 bzw. ½	⠁⠲⠃	⠼⠁⠌⠃
4 1/2 bzw. 4 ½	⠙ ⠁⠲⠃	⠼⠙⠼⠁⠌⠃
3 + 4 = 7	⠉ ⠖ ⠙ ⠶ ⠛ oder ⠉ ⠖⠙ ⠶⠛	⠼⠉ ⠬⠼⠙ ⠶⠼⠛
5 * 2 = 10	⠑ ⠦ ⠃ ⠶ ⠁⠴ oder ⠑ ⠦⠃ ⠶⠁⠴	⠼⠑ ⠔⠼⠃ ⠶⠼⠁⠚
8 > 2	⠓ ⠔ ⠃ oder ⠓ ⠔⠃	⠼⠓ ⠕⠂⠼⠃
4 kg	⠙ ⠅⠛	⠼⠙⠅⠛

2.10 Schriftliche Rechenverfahren

Rechenmethoden, die in der Grundschule Anwendung finden, beschränken sich im Grunde auf Kopfrechnen, halbschriftliches Rechnen, schriftliches Rechnen und den Einsatz des Taschenrechners (Krauthausen 2018, 84).

Über die Gewichtung der einzelnen Bereiche wird in der Mathematikdidaktik diskutiert, wobei grundsätzlich die Bedeutung des halbschriftlichen Rechnens (»gestütztes Kopfrechnen«) sowie des überschlagenden Rechnens im Vergleich zu den schriftlichen Rechenverfahren betont wird (vgl. Krauthausen 2018, 88 ff; Schipper 2009, 187 ff). Die Alltagsrelevanz schriftlicher Rechenverfahren hat nicht zuletzt auch im Zuge der Verfügbarkeit von Taschenrechnern deutlich abgenommen.

Aufgrund der hohen Komplexität schriftlicher Rechenverfahren für blinde Anwenderinnen und Anwender wurde in der Blindenpädagogik traditionell ein großes Gewicht auf geschicktes Kopfrechnen gelegt. Eine geeignete Rechenhilfe stellt nach wie vor der Abakus (▶ Kap. 2.11) dar. Als elektronische Rechenhilfen stehen blinden Schülerinnen und Schülern insbesondere in der Sekundarstufe Taschenrechner mit Sprachausgabe und das Rechnen am Computer (z. B. mittels MS-Excel) zur Verfügung.

Nachfolgend werden das halbschriftliche Rechnen und das schriftliche Rechnen im Hinblick auf Bedeutung und Umsetzungsmöglichkeiten im Unterricht mit blinden und hochgradig sehbehinderten Schülerinnen und Schülern skizziert.

2.10.1 Halbschriftliches Rechnen

Unter halbschriftlichem Rechnen versteht man ein flexibles, durch Notieren von Zwischenschritten oder Zwischenergebnissen gestütztes Kopfrechnen (Krauthausen 2018, 88). Es gibt keine Normverfahren, vielmehr geht es um das Umsetzen strategisch geschickter Lösungswege. Voraussetzungen hierfür sind ein gesichertes Zahlverständnis und das Berücksichtigen von Zahlbeziehungen und Rechengesetzen.

Für blinde und hochgradig sehbehinderte Schülerinnen und Schüler besitzt die Flexibilität des halbschriftlichen Rechnens den Vorteil, die Notierung den eigenen Bedürfnissen anpassen zu können. Zwischenergebnisse können beispielsweise nebeneinander oder untereinander notiert werden. Es werden keine speziellen Techniken für die Handhabung der Schreibgeräte (Punktschriftbogenmaschine oder Computer mit Brailleezeile) benötigt. Allerdings ist das halbschriftliche Rechnen ebenso wie das schriftliche Rechnen auf die Verfügbarkeit der Schreibgeräte angewiesen. In Alltagssituationen ergeben sich somit im Vergleich zur Situation von Schülerinnen und Schüler ohne Sehbeeinträchtigung weniger Realisierungsmöglichkeiten. Die freien Notierungsmöglichkeiten des halbschriftlichen Rechnens stellen jedoch eine enorme Erleichterung im Vergleich zur Anwendung schriftlicher Rechenverfahren dar.

2.10.2 Schriftliche Rechenverfahren

Schriftliche Rechenverfahren sind hinsichtlich der Vorgehensweise und der Notation normiert. Beim schriftlichen Rechnen auf der Brailleschreibmaschine sind Adaptationen einzelner Verfahrensschritte notwendig. Krombach (2004) gibt konkrete Hinweise darauf, wie schriftliche Rechenverfahren mit blinden Schülerinnen und Schülern praktiziert werden können. Als Hinführung zur schriftlichen Addition wird das Erarbeiten der Stellenwertschreibweise und des Bündelungsprinzips an Mehrsystemblöcken (▶ Kap. 3.1.2) empfohlen. Mit Hilfe einer taktilen Stellenwerttabelle (z. B. für jeden Stellenwert ein Schälchen oder ein Fach) lassen sich mit Mehrsystemblöcken Additionsaufgaben veranschaulichen und durchführen, wobei falls erforderlich jeweils 10 Einheiten (beginnend rechts mit den Einern) in die nächst größere Einheit umgetauscht werden müssen. Zur Einführung der schriftlichen Darstellung, insbesondere des exakten Untereinanderschreibens, eignet sich das Aufstecken von Ziffernplättchen auf ein Klettbrett (▶ Tab. 2.2) oder das Setzen von Plättchen mit dem magnetischen Rechenkasten.[4]

Tab. 2.2: Schriftliche Addition in Eurobraille auf dem Klettbrett und als Notation

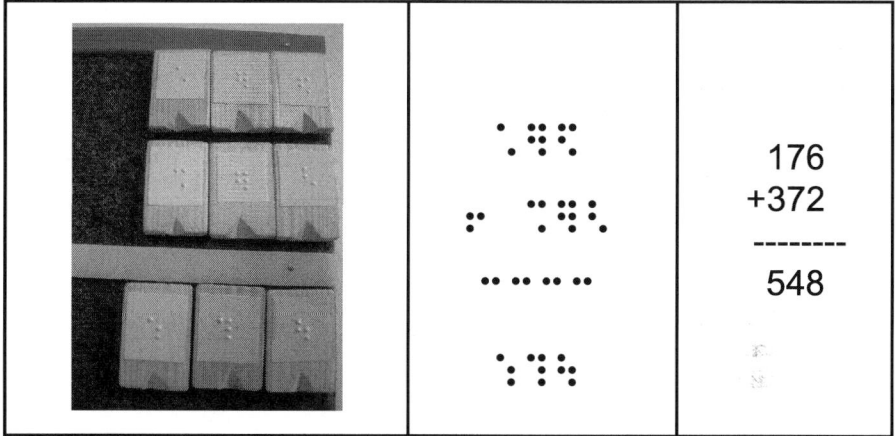

Bei der schriftlichen Addition an der Brailleschreibmaschine besteht die Hauptschwierigkeit im Einhalten der Stellenwertspalten, da die Rückstelltaste zweimal gedrückt werden muss, um von rechts nach links zum nächst größeren Stellenwert zu gelangen. Das tastende Kontrollieren der Stellenwertspalten stellt für Schülerinnen und Schüler anfangs häufig eine große Herausforderung dar. Überträge können nur sehr umständlich notiert werden und sollten deshalb im Kopf behalten werden. Die aufgeführten Schwierigkeiten treffen auch auf die schriftliche Subtraktion und Multiplikation zu. Bei der Multiplikation empfiehlt es sich, die Schülerinnen und Schüler die Nullen beim Ausmultiplizieren der Zehner- oder Hunderterstellen konsequent notieren zu lassen, um die Einhaltung der Stellenwertspalten zu erleichtern (vgl. Krombach 2004).

Die schriftliche Division stellt sicherlich das schwierigste Verfahren dar. Hier bietet sich eine vereinfachte Schreibweise in Punktschrift an, indem die Ergebnisse der Zwischenschritte jeweils rechts notiert werden und nicht wie sonst üblich in der Aufgabenzeile (Krombach 2004). Auf diese Weise wird das an der Punktschriftmaschine sehr umständliche Zeilenspringen vermieden. Das Ergebnis muss dann von oben nach unten zusammengefügt und anschließend aufgeschrieben werden (▶ Tab. 2.3).

---

4 Bezugsquelle: Blindenstudienanstalt Marburg: https://www.inklusion-jetzt.de, Zugriff am 6.10.2020

Tab. 2.3: Schriftliche Division vereinfacht notiert in Eurobraille

```
38346 : 7 = 5478
35
---
 33
 28
 ---
  54
  49
  ---
   56
   56
   ---
    0
```

2.11 Abakus

Der Abakus ist eine Jahrtausende alte Rechenhilfe, die vor allem im asiatischen Raum noch heute weit verbreitet ist. Seine einfache Handhabung und seine Recheneffektivität machen den Abakus für den schulischen Kontext interessant. In der Blindenpädagogik kann von einer Tradition des Abakus-Rechnens gesprochen werden, da die Abakus-Bedienung unabhängig vom Vorhandensein visueller Wahrnehmungsmöglichkeiten uneingeschränkt möglich ist. Insbesondere in der internationalen englischsprachigen Blindenpädagogik spielt der Abakus-Einsatz nach wie vor eine wichtige Rolle (Smith 2017; ICEVI, Overbrook School & Nippon Foundation 2005). Der Abakus existiert in verschiedenen Ausführungen und Ausstattungen. Im Unterricht mit blinden Schülerinnen und Schülern wird gewöhnlich ein Abakus eingesetzt, der aus einem Rahmen mit 13 bis 15 senkrechten Stangen besteht. Jede Stange hat die Bedeutung eines Stellenwertes im Dezimalsystem. Eine Trennlinie waagrecht zu den Stangen grenzt einen separaten unteren Teil ab. Auf den oberen Stangenteilen befinden sich je vier verschiebbare Einerkugeln, auf den unteren jeweils eine Kugel, die den Wert fünf darstellt (▶ Abb. 2.10).

Der Rahmenhintergrund ist oftmals mit Schaumstoff ausgelegt, so dass die Zahleinstellungen stabil sind und sich die Kugeln nicht versehentlich verschieben können.

2.11 Abakus

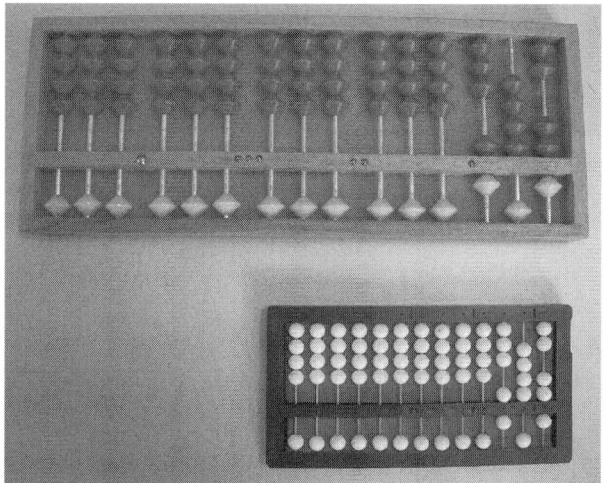

Abb. 2.10: Abakus mit eingestellter Zahl (647)

Die Zahleinstellung erfolgt durch Verschieben der Kugeln hin zur Trennlinie. Dort erfolgt das Ablesen. Die auf dem abgebildeten Abakus eingestellte Zahl beträgt somit 647 (von rechts nach links: Fünferkugel und 2 Einer = 7; 4 Zehner; Fünferkugel und 1 Hunderter = 6 Hunderter). Bereits beim Einstellen von Zahlen machen die Schülerinnen und Schüler viele Erfahrungen mit dem Stellenwertsystem und mit Zahlzerlegungen. Bei der Durchführung von Rechenoperationen werden Rechenstrategien eingesetzt, die vielfältige mathematische Einblicke ermöglichen.

Am Beispiel der Addition soll dies kurz veranschaulicht werden:
Aufgabe: 382+42

Vorgehensweise: 382 am Abakus einstellen; 2 Einer dazu; 4 Zehner geht nicht, da nur noch 2 Zehnerkugeln vorhanden sind; folglich muss eine Hunderterkugel dazu (10 Zehner); dies sind jedoch 6 Zehner zu viel; folglich müssen 6 Zehner weg geschoben werden (Fünferkugel des Zehnerstellenwertes und 1 Zehnerkugel), so dass folgende Zahl übrig bleibt (von rechts nach links): 4 Einer, 2 Zehner, 4 Hunderter = 424.

Beim Rechnen von Additionsaufgaben wird das Umtauschen der Stellenwerte sowie das Zerlegen und Ergänzen von Zahlen intensiv geübt. Subtraktions-, Multiplikations- und Divisionsaufgaben lassen sich auf ähnliche Weise rechenstrategisch lösen (Erläuterungen und Beispiele siehe Helms-Schevado & Stinner 2000).

Bei entsprechender Übung erreichen Schülerinnen und Schüler ein erstaunliches Rechentempo.

Zusammenfassend lässt sich bilanzieren, dass die in diesem Kapitel dargestellten Spezifika des Mathematikunterrichts mit blinden und sehbehinderten Schülerinnen und Schülern allesamt anschlussfähig sind an die allgemeinen mathematikdidaktischen Grundlagen, sodass bei entsprechender Berücksichtigung ein qualitativ hochwertiger inklusiver Mathematikunterricht konkret umsetzbar wird.

Literatur

Ahlberg, A. & Csocsán, E. (1994): *Grasping numerosity among blind children. Reports from the Department of Education and Educational Research.* Göteborgs Universitet.

Ahlberg, A. & Csocsán, E. (1999): How children who are blind experience numbers. *Journal of Visual Impairment and Blindness 9*, 549–561.

Arnold, K.-H. & Lindner-Müller, C. (2016): Die Lern-und die Lehrtheoretische Didaktik. Zur Entwicklung und Nutzung des Berliner (Heimann & Schulz) und Hamburger Modells (Schulz) der Unterrichtsplanung. In: R. Porsch (Hrsg.): *Einführung in die allgemeine Didaktik.* Münster, 133–155.

Biehler, R. & Hartung, R. (2010): Die Leitidee Daten und Zufall. In: W. Blum, C. Drüke-Noe, R. Hartung & O. Köller (Hrsg.): *Bildungsstandards Mathematik: konkret. Sekundarstufe I: Aufgabenbeispiele, Unterrichtsanregungen, Fortbildungsideen.* Berlin, 51–80.

Boonstra, L. (2017): *Improving the mathematical reading skills of students who read braille by scaffolding reading strategies.* Examensarbeit (Master). Utrecht University.

Brailleschriftkomitee der deutschsprachigen Länder BSKDL Unterkommission Mathematikschrift (Hrsg.) (2015): Das System der Mathematikschrift in der Deutschen Brailleschrift. O.O. (http://www.bskdl.org/download/mathematik/Mathematik%20zum%20Ausdrucken%20SS.pdf; 24.4.2020)

Bruner, J. S. (1966): Towards a theory of instruction. Cambridge, MA.

Crollen, V., Mahe, R., Collignon, O. & Seron, X. (2011): The role of vision in the development of finger–number interactions: Finger-counting and finger-montring in blind children. *J Exp Child Psychol 109*, 525–539. (doi:10.1016/j.jecp.2011.03.011)

Dilling, F. (2019): *Der Einsatz der 3D-Druck-Technologie im Mathematikunterricht.* Wiesbaden.

Droßard, T., Grond, F. & Hermann, T. (2012): Interaktive Sonifikation mathematischer Funktionen als Unterrichtsmethode für blinde und sehbehinderte Schülerinnen und Schüler. *blind-sehbehindert 132*, 42–52.

Duval, R. (1999). *Representation, vision and visualization: Cognitive functions in mathematical thinking. Basic issues for learning.* Paper presented at the Proceedings of the Annual Meeting of the North American Chapter of the International Group for the Psychology of Mathematics Education, Cuernavaca, Morelos, Mexico.

Eichler, A. (2015): Daten und Zufall. In: J. Leuders & K. Philipp (Hrsg.): *Mathematik-Didaktik für die Grundschule.* Berlin, 88–101.

Emerson, R. W. & Anderson, D. L. (2018): Using description to convey mathematics content in visual images to students who are visually impaired. *Journal of Visual Impairment & Blindness, 112* (2), 157–168. (doi:10.1177/0145482X1811200204)

Franke, M. & Reinhold, S. (2016): *Didaktik der Geometrie in der Grundschule.* 3. Auflage. Heidelberg, Berlin.

Franke, M., & Ruwisch, S. (2010): *Didaktik des Sachrechnens in der Grundschule.* 2. Auflage. Heidelberg.

Gelman, R. & Gallistel, C. R. (1978): The child's understanding of number. Cambridge.

Greefrath, G. (2010): *Didaktik des Sachrechnens in der Sekundarstufe.* Wiesbaden.

Hahn, V.F. (2006): *Mathematische Bildung in der Blindenpädagogik. Probleme der Veranschauligungsmedien beim Mathematiklernen Blinder mit einem Lösungskonzept im Bereich geometrischer Grundbildung.* Norderstedt.

Hahn, V.F. & Pfeiffer, T. (2006): *Zeichnen im Geometrieunterricht mit Blinden- Begriffsbildung mit adaptierten Zeichenmaterialien und Handlungsstrategien (DVD).* Marburg.

Hefendehl-Hebeker, L. & Rezat, S. (2015): Algebra: Leitidee Symbol und Formalisierung. In: R. Bruder, L. Hefendehl-Hebeker, B. Schmidt-Thieme & H.-G. Weigand (Hrsg.): *Handbuch der Mathematikdidaktik.* Berlin, Heidelberg, 117–148.

Helm-Schevardo, M. & Stinner, M. (2000): Abakus – Anleitung zur Handhabung. (https://www.isar-projekt.de/portal/1/uploads/didaktikpool_50_1.pdf, 24.4.2020)

ICEVI (International Council for Education of People with Visual Impairment), Overbrook School for the Blind & Nippon Foundation (Eds.) (2005): *Mathematics made easy for children with visual impairment*. Philadelphia.
Kaufmann, S. & Wessolowski, S. (2017): *Rechenstörungen. Diagnose und Förderbausteine*. 6. Auflage. Seelze.
Klafki, W. (2007): *Neue Studien zur Bildungstheorie und Didaktik*. 7. Auflage. Weinheim.
Klingenberg, O. G., Holkesvik, A. H. & Augestad, L. B. (2019): Research evidence for mathematics education for students with visual impairment: A systematic review. *Cogent Education*, 6 (1). (doi:10.1080/2331186X.2019.1626322)
Kullmann, H., Lütje-Klose, B. & Textor, A. (2014): Eine Allgemeine Didaktik für inklusive Lerngruppen - fünf Leitprinzipien als Grundlage eines Bielefelder Ansatzes der inklusiven Didaktik. In: B. Amrhein & M. Dziak-Mahler (Hrsg.): *Fachdidaktik inklusiv. Auf der Suche nach didaktischen Leitlinien für den Umgang mit Vielfalt in der Schule*. Münster, 89–107.
KMK (2003, 2004, 2012): *Bildungsstandards der Kultusministerkonferenz*. (https://www.kmk.org/themen/qualitaetssicherung-in-schulen/bildungsstandards/, 24.4.2020).
Krauthausen, G. (2018): *Einführung in die Mathematikdidaktik – Grundschule*. 4. Auflage. Berlin.
Lang, M. (2003): *Haptische Wahrnehmungsförderung mit blinden Kindern. Möglichkeiten der Hinführung zur Brailleschrift*. Regensburg.
Lang, M. (2017a): Inhaltsbereiche und konkrete Ausgestaltung einer spezifischen Didaktik des Unterrichts mit blinden und hochgradig sehbehinderten Schülerinnen und Schülern. In: M. Lang, U. Hofer & F. Beyer: *Didaktik des Unterrichts mit blinden und hochgradig sehbehinderten Schülerinnen und Schülern. Band 1: Grundlagen*. 2., überarbeitete Auflage. Stuttgart, 174–227.
Lang, M. (2017b): Wahrnehmungsförderung und Begriffsbildung als fächerübergreifende Prinzipien des Unterrichts mit blinden und hochgradig sehbehinderten Kindern und Jugendlichen. In: M. Lang, U. Hofer & F. Beyer: *Didaktik des Unterrichts mit blinden und hochgradig sehbehinderten Schülerinnen und Schülern. Band 1: Grundlagen*. 2., überarbeitete Auflage. Stuttgart, 228–275.
Lang, M., Heyl, V. (2020): *Pädagogik bei Blindheit und Sehbehinderung*. Stuttgart.
van Leendert, A., Doorman, M., Drijvers, P., Pel, J. & van der Steen, J. (2019): Supporting braille readers in reading and comprehending mathematical expressions and equations. Paper presented at the Eleventh Congress of the European Society for Research in Mathematics Education, Utrecht. (https://hal.archives-ouvertes.fr/hal-02431511, 24.4.2020).
Leuders, J. (2012): *Förderung der Zahlbegriffsentwicklung bei sehenden und blinden Kindern. Empirische Grundlagen und didaktische Konzepte*. Wiesbaden.
Leuders, J. (2015): Inklusion von Kindern mit Sehschädigungen im Mathematikunterricht. Welche Lernmaterialien sind geeignet? *Grundschule aktuell 130* (Mai), 8–10.
Leuders, J. (2016a): Inklusives Mathematiklernen bei Sehbeeinträchtigung und Blindheit – Herausforderungen und Konzepte. In: A.S. Steinweg (Hrsg.): *Inklusiver Mathematikunterricht – Mathematiklernen in ausgewählten Förderschwerpunkten: Tagungsband des AK Grundschule in der GDM 2016*. Bamberg, 41–56 (https://fis.uni-bamberg.de/handle/uniba/41146, 26.6.2020).
Leuders, J. (2016b): Tactile and acoustic teaching material in inclusive mathematics classrooms. *British Journal of Visual Impairment, 34* (January), 42–53.
Padberg, F. & Benz, C. (2011): *Didaktik der Arithmetik: für Lehrerausbildung und Lehrerfortbildung*. Heidelberg.
Peucker, S. & Weißhaupt, S. (2017): Entwicklung frühen numerischen Wissens. In: A. Fritz, S. Schmidt & G. Ricken (Hrsg.): *Handbuch Rechenschwäche. Lernwege, Schwierigkeiten und Hilfen bei Dyskalkulie*. 3. Auflage. Weinheim, 47–65.
Resnick, L. B. (1989): Developing mathematical knowledge. *American Psychologist 44*, 162–169.
Rüede, C. (2012): Strukturieren eines algebraischen Ausdrucks als Herstellen von Bezügen. Journal für Mathematik-Didaktik 33(1), 113–141 (doi:10.1007/s13138-012-0034-x).
Reiter, S. (2011): *Funktionen hören – ein auditiver Zugang zum Bereich funktionale Veränderung. Praxis der Mathematik in der Schule 53*, 19–24.
Schipper, W. (2009): *Handbuch für den Mathematikunterricht an Grundschulen*. Braunschweig.

Sicilian, S. P. (1988): Development of counting strategies in congenitally blind children. *Journal of Visual Impairment and Blindness 82*, 331–335.

Smith, D.W. (2017): Mathematics. In: M.C. Holbrook, C. Kamei-Hannan & T. McCarthy (Eds.): *Foundations of educations. Volume II: Instructional strategies for teaching children and youths with visual impairments.* New York, 479–509.

Staatliche Schule für Sehgeschädigte Schleswig (2006): *Eine Idee der Zuordnung von Farben zu Tastqualitäten.* (https://www.isar-projekt.de/didaktikpool/eine-idee-der-zuordnung-von-farben-zu-tastqualitaeten-idee-und-adaptiertes-material-205.html, 24.4.2020).

Sundermann, B. & Selter, C. (2000): Quattro Stagioni – Nachdenkliches zum Stationenlernen aus mathematikdidaktischer Perspektive. Meier, R. et al. (Hrsg.): *Üben und Wiederholen, Friedrich Jahresheft,* 110–113.

Vollrath, H.-J. (1989): Funktionales Denken. *Journal für Mathematik-Didaktik 10* (1), 3–37 (doi:10.1007/bf03338719).

Walther, G., Heuvel-Panhuizen, M., Granzer, D. & Köller, O. (Hrsg.) (2008): *Bildungsstandards für die Grundschule: Mathematik konkret.* Berlin.

Winter, H. (2003): *Sachrechnen in der Grundschule.* Berlin.

Zierer, K., Werner, J. & Wernke, S. (2015): Besser planen? Mit Modell! Empirisch basierte Überlegungen zur Entwicklung eines Planungskompetenzmodells. *Die deutsche Schule 107* (4), 375–395.

3 LaTeX als Mathematikschrift

Ulrich Kalina

3.1 Verschiedene Mathematikschrift-Systeme

In den deutschsprachigen Ländern werden im Mathematikunterricht hauptsächlich zwei verschiedene Schriftsysteme zur Darstellung mathematischer Ausdrücke und Formeln verwendet. Warum ist das so?

Die von Louis Braille entwickelte Punktschrift basiert bekanntlich auf einer Grundform mit sechs Punkten pro Zeichen. Damit lassen sich $2^6 = 64$ verschiedene Symbole darstellen. Da auf diese Weise aber bei Weitem nicht alle Zeichen der Schwarzschrift dargestellt werden können, definierte Louis Braille bestimmte Braillesymbole als so genannte Ankündigungszeichen, mit denen nachfolgende Symbole eine neue Bedeutung erhalten.

Ein wichtiges Ankündigungszeichen ist das »Zahlzeichen« # (Punkte 3456), das den nachfolgenden Buchstaben a, b, usw. bis j die Bedeutung von Ziffern 1, 2, 3 usw. bis 0 gibt (▶ Kap. 2).

Für eine Vielzahl fachspezifischer Schwarzschrift-Symbole, wie sie z. B. in der Chemie, in der Musik oder eben auch in der Mathematik verwendet werden, wurden entsprechende Brailleschrift-Systeme entwickelt. Innerhalb dieser Systeme erhalten die Braillesymbole – abhängig vom inhaltlichen Kontext – verschiedene Bedeutungen. Auch für den Wechsel von einem Brailleschriftsystem zu einem anderen gibt es entsprechende Ankündigungszeichen.

Das Regelwerk für »das System der Mathematikschrift in der Deutschen Brailleschrift« wurde vom zuständigen Brailleschriftkomitee der deutschsprachigen Länder (BSKDL) in seiner derzeit gültigen Form im Jahr 2015 veröffentlicht (Brailleschriftkomitee der deutschsprachigen Länder BSKDL Unterkommission Mathematikschrift 2015). Es umfasst das Spektrum mathematischer Symbole und Schreibweisen von der Primarstufe bis hin zur Hochschulmathematik.

Warum hat sich neben diesem traditionellen Schriftsystem noch ein weiteres im Schulunterricht etabliert?

Der Grund hierfür liegt darin, dass sich die auf sechs Punkten basierende Mathematikschrift als ungeeignet erwiesen hat, wenn ein Computer als Kommunikationsbrücke zwischen blinden und sehenden Menschen genutzt werden soll, wie dies z. B. im inklusiven Unterricht in der Regel der Fall ist (▶ Kap. 9). Die Zeichen der traditionellen 6-Punkt-Mathematikschrift lassen sich zwar – wie jede Kombination aus 6 Braillepunkten – auf einer Braillezeile darstellen. Als mathematisches Zeichen besitzt eine solche Punktkombination jedoch in der Regel eine spezifische Bedeutung, die von derjenigen abweicht, die sie als Computerbraillezeichen besitzt. Daher ist ein mathematischer Ausdruck, der auf der Braillezeile in traditioneller 6-Punkt-Mathematikschrift erscheint, auf dem Computerbildschirm nicht mehr als solcher lesbar. Die folgende Tabelle 3.1 verdeutlicht diesen Sachverhalt an einigen einfachen Beispielen.

Tab. 3.1: Beispiele der Darstellung mathematischer Ausdrücke in 6-Punkt-Mathematikschrift und auf dem Computerbildschirm

Bsp. Nr.	Schwarzschrift	In Worten	6-Punkt-Mathematikschrift als Brailezeichen	6-Punkt-Mathematikschrift in Schwarzschrift auf dem Bildschirm
1	218	Zweihundertachtzehn	⠼⠃⠁⠓	#bah
2	$\frac{2}{3}$	Zwei Drittel	⠼⠃⠌⠉	#b:
3	$(a+b)^2$	a plus b in Klammern zum Quadrat	⠐⠣⠁⠖⠃⠐⠜⠘⠃	2'a +b`0;

Um dieses Problem zu lösen, wurden im Laufe der Jahre verschiedene Computer-Mathematikschriften speziell für Menschen mit Blindheit entwickelt, so z. B. die Stuttgarter Mathematikschrift, die Karlsruher ASCII-Mathematikschrift AMS und eine Bochumer Mathematikschrift – bis hin zum Mathematik-System Lambda, das auf der Stuttgarter Schrift aufbaut. In der Unterrichtspraxis hat sich allerdings keine dieser Spezialschriften durchgesetzt. Stattdessen wird mittlerweile im deutschsprachigen Raum fast ausschließlich die LaTeX-Notation verwendet (sprich: »Latech«), wenn blinde Schülerinnen und Schüler mathematische Ausdrücke am Computer lesen und bearbeiten müssen.

Auch bei der Herstellung digitaler Unterrichtsmaterialien hat sich die Arbeitsgemeinschaft der Medienzentren an Blinden- und Sehbehindertenbildungseinrichtungen im Rahmen des »E-Buch-Standards« (▶ Kap. 9) darauf verständigt, in mathematischen Texten die LaTeX-Schreibweise zu verwenden.

3.2 Wie ist LaTeX entstanden?

LaTeX wurde nicht speziell für Menschen mit Blindheit erfunden, sondern es wurde als Druck-Satzsystem von den Informatikern Donald E. Knuth bzw. Leslie Lampert in den 1970er und 80er Jahren mit dem Ziel entwickelt, wissenschaftliche Fachbücher mit einem Computer schreiben und anschließend in einem ansprechenden Layout ausdrucken zu können – einschließlich mathematischer Formeln.

Da zu dieser Zeit graphische Windows-Oberflächen mit Mausbedienung noch nicht üblich waren, war die Ausgangssituation für die Erfinder von LaTeX in gewisser Hinsicht vergleichbar mit der Situation blinder Computeranwenderinnen und -anwender heute (▶ Kap. 9). Es ging darum, eine streng sequentielle, auf allgemein üblichen Computerzeichen (ASCII-Zeichen) basierende Notation für mathematische Ausdrücke zu entwickeln. Dabei sollte die Schreibweise möglichst einfach zu lesen und mit der Computertastatur zu schreiben sein. Außerdem sollte sie möglichst alle in der wissenschaftlichen Literatur vorkommenden mathematischen Konstrukte abdecken und sie musste eindeutig sein, da sie ja mit Hilfe eines Übersetzungsprogramms in die übliche grafische Mathematikschrift transferierbar sein sollte.

Diese Software ist heute ein international weit verbreitetes Satzsystem im wissenschaftlichen Bereich. Da ihr Quellcode von den Entwicklern von Anfang an offengelegt wurde, ist sie inzwischen praktisch fehlerfrei und für die meisten Systemplattformen und Betriebssysteme kostenlos verfügbar. Eine gängige LaTeX-Distribution für Microsoft-Betriebssysteme ist z. B. MikTeX.[5]

3.3 Das LaTeX-Konzept in fünf einfachen Regeln

1. Regel: Textzeichen verwenden, solange dies eben geht!

Solange in einem mathematischen Ausdruck die Grundlinie nicht verlassen werden muss und Zeichen benutzt werden können, die auf der Computertastatur zu finden sind, werden diese wie in normalem Fließtext verwendet. Für das Malzeichen und den einfachen Bruchstrich können dabei auch die üblichen ASCII-Zeichen Stern »*« und Schrägstrich »/« verwendet werden. Leerzeichen und Zeilenumbrüche können zur Strukturierung und zur Verbesserung der Lesbarkeit nach Belieben eingefügt oder weggelassen werden.

Tab. 3.2: Beispiele für Regel 1

Beispiel	Schwarzschrift	in Worten	LaTeX
Nr. 1	$2 + x = 5$	2 plus x ist gleich 5	2 + x = 5
Nr. 2	$\|x - 1\| = \|1 - x\|$	Betrag von x minus 1 Betragende ist gleich Betrag von 1 minus x Betragende	|x - 1| = |1 - x|
Nr. 3	$n! = n*(n-1)!$	n Fakultät ist gleich n mal runde Klammer auf n minus 1 runde Klammer zu Fakultät	n! = n*(n-1)!

---

5 http://miktex.org, Zugriff am 5.10.2020

2. Regel: Abweichungen von der Grundlinie

Wenn in einem mathematischen Ausdruck ein einzelnes Zeichen von der Grundlinie abweicht, wird dies bei hochgestellten Zeichen durch das Circumflex »^« und bei tiefgestellten Zeichen durch den Unterstrich »_« angezeigt. Wenn ein längerer Teilausdruck von der Grundlinie abweicht, wird dieser zusätzlich in geschweiften Klammern eingeschlossen.

Tab. 3.3: Beispiele für Regel 2

Beispiel	Schwarzschrift	in Worten	LaTeX
Nr. 4	x^2	x zum Quadrat	x^2
Nr. 5	$a_1 + a_n$	a Index 1 Indexende plus a Index n Indexende	a_1 + a_n
Nr. 7	x^{n+m}	x hoch n plus m Exponentende	x^{n+m}
Nr. 8	a_{n-1}	a Index n minus 1 Indexende	a_{n-1}

3. Regel: Zeichen, die es auf der Tastatur nicht gibt

Zeichen, die nicht direkt über die Tastatur eingegeben werden können, werden als »Befehlswort« eingegeben. Befehlsworte werden durch einen vorangestellten Backslash »\« (Schrägstrich von links oben nach rechts unten) gekennzeichnet. Für Zeichen, die in LaTeX eine Sonderbedeutung besitzen, wie z. B. die geschweiften Klammern, gibt es eine Ersatzdarstellung: Ihnen wird ebenfalls ein Backslash vorangestellt, wenn sie in ihrer ursprünglichen, mathematischen Bedeutung verwendet werden.

Tab. 3.4: Beispiele für Regel 3

Beispiel	Schwarzschrift	in Worten	LaTeX
Nr. 9	$n \to \infty$	n geht gegen Unendlich	n \to \infty
Nr. 10	$x \notin \{3;4\}$	x ist nicht Element von Mengenklammer auf 3 Semikolon 4 Mengenklammer zu	x \notin \{3;4\}

4. Regel: Konstrukte, die in sich bereits flächig angeordnet sind

Für elementare mathematische Ausdrücke, die in sich bereits eine flächige Darstellung enthalten (wie Brüche, Wurzeln, Integrale usw.), gibt es eigene Befehlsworte.

Tab. 3.5: Beispiele für Regel 4

Beispiel	Schwarzschrift	in Worten	LaTeX
Nr. 11	$\frac{a+b}{a-b}$	Bruchanfang a plus b durch a minus b Bruchende	\frac{a + b}{a - b}
Nr. 12	$\sqrt{a+b}$	Quadratwurzel aus a plus b Wurzelende	\sqrt{a + b}
Nr. 13	$\sum_{n=1}^{\infty} \frac{1}{2^n} = 1$	Summe von n gleich 1 bis Unendlich über Bruchanfang 1 durch 2 hoch n Bruchende ist gleich 1	\sum_{n=1}^\infty \frac{1}{2^n} = 1

5. Regel: Anpassungen an persönliche Bedürfnisse

Die LaTeX-Notation sieht von sich aus die Möglichkeit vor, neue Befehlsworte zu definieren oder vorhandene Befehle zu verändern, beispielsweise um sie abzukürzen. So wird z. B. mit dem Befehl \def \ol{\overline} der ursprüngliche Befehl \overline abgekürzt zu \ol. Statt \overline{AB} kann dann auch geschrieben werden: \ol{AB}.

Eine umfangreiche Liste von Abkürzungen wurde 1994 von U. Nitsch an der TU Dresden erarbeitet. Seine Datei mathlib.tex kann bei Bedarf mit dem Befehl \input {mathlib.tex} in den Übersetzungsprozess eingebunden werden, d. h. die Übersetzungssoftware »erlernt« auf diese Weise die neuen Kurz-Befehle.

3.4 LaTeX als Brückenschriftsystem

Für den inklusiven Unterricht bietet die LaTeX-Notation den großen Vorteil, dass sie ein allgemein eingeführtes und anerkanntes System darstellt, dass von allen Nutzerinnen und Nutzern – mit und ohne Sehbeeinträchtigungen – gleichermaßen gelesen und geschrieben werden kann. Mit LaTeX wird also keine »Blindenspezialschrift« eingeführt, sondern es wird eine weit verbreitete Notation verwendet, die im Übrigen auch in vielen gängigen Mathematik-Softwareprodukten wie z. B. in GeoGebra, MathType, Javascript-Anwendungen mit MathJax u. ä. verwendet wird. Auch die Tatsache, dass viele Mathematik-Lehrkräfte die LaTeX-Schreibweise schon von ihrer eigenen Hochschulausbildung her kennen, dient der Akzeptanz.

Übrigens wird auch in dem aktuellen BSKDL-Dokument zur Darstellung des Systems der Mathematikschrift die LaTeX-Notation als Brückensystem verwendet:

»Als Möglichkeit des Vergleichs der Brailleschrift mit einer zweiten Darstellung wurde für Tastlesende, die nicht auf die visuelle Darstellung zurückgreifen können, eine LaTeX-Schreibweise gewählt« (Brailleschriftkomitee der deutschsprachigen Länder BSKDL Unterkommission Mathematikschrift 2015, 9).

3.4.1 Methodische Aspekte

Es liegen heute schon umfangreiche Erfahrungen hinsichtlich der Verwendung von LaTeX im Mathematikunterricht bei blinden Schülerinnen und Schülern vor. Als einrichtungsunabhängige Plattform für den Erfahrungsaustausch hat sich die Web-Seite der VBS-AG Informationstechnologie etabliert.[6]

3.4.2 Eingabehilfe TeXShell

Da die LaTeX-Befehle häufig aus mehreren Zeichen bestehen, von denen einige zudem auf einer deutschen Computertastatur nicht so leicht einzutippen sind, wurde an der Schloss-Schule Ilvesheim ein Word-Makropaket entwickelt, das die Eingabe der Befehle sehr schnell und bequem wahlweise über ein zusätzliches Word-Menü oder über Kurztasten ermöglicht. Diese Software steht kostenlos auf www.augenbit.de[7] zur Verfügung.

3.4.3 Verwendung von LaTeX-Abkürzungen

Die oben beschriebene Möglichkeit, LaTeX-Befehle abzukürzen, ist vor allem dann interessant, wenn eine Braillezeile mit nur 40 Braille-Modulen eingesetzt wird, weil dadurch die Übersicht bei längeren Ausdrücken verbessert werden kann. Die Möglichkeit, Befehle »umzudefinieren« birgt auf der anderen Seite die Gefahr, dass individuelle Schreibregeln geschaffen werden. Eine einheitliche Notation ist aber wichtig, um die Durchlässigkeit der Schulsysteme zu gewährleisten und eine einrichtungsübergreifende Produktion von Unterrichtsmaterialien zu ermöglichen. Der Vorteil von LaTeX ist es ja gerade, dass diese Notation bereits quasi einen weltweit gültigen Standard darstellt.

3.4.4 Müssen Schülerinnen und Schüler »übersetzbare« LaTeX-Dokumente erstellen?

Für fortgeschrittene Schülerinnen und Schüler, die z. B. an einem Leistungskurs Mathematik teilnehmen, kann es durchaus sinnvoll sein, den Umgang mit der LaTeX-Übersetzungssoftware zu erlernen – etwa zur Vorbereitung auf das Studium oder den Beruf. Im »normalen« Mathematikunterricht wäre es jedoch eine ungerechtfertigte Zusatzanforderung, wenn von blinden Schülerinnen und Schülern per se verlangt würde, dass sie ihre schriftlichen Ausarbeitungen selbstständig mit Hilfe der LaTeX-Software in Mathematikschrift für Sehende übersetzen.

Beim Einsatz der LaTeX-Notation im Unterricht mit blinden Schülerinnen und Schülern geht es in erster Linie darum, mathematische Ausdrücke so darzustellen,

---

6 www.augenbit.de (Zugriff am 5.10.2020)
7 (Zugriff am 5.10.2020)

dass ihr *mathematischer Gehalt* möglichst leicht erfasst, bearbeitet und schriftlich wiedergegeben werden kann. Daher werden auch nur diejenigen LaTeX-Befehle verwendet, die für das mathematische Verständnis oder die Eindeutigkeit der mathematischen Darstellung notwendig sind. Dagegen sollten die Schülerinnen und Schüler im Normalfall nicht mit LaTeX-Befehlen belastet werden, die nur für die Übersetzbarkeit oder für das Layout von Bedeutung sind. Auch von sehenden Schülerinnen und Schülern wird schließlich nicht verlangt, dass sie perfekt druckreif gestaltete Mathematik-Dokumente verfassen.

3.5 Mathematik – gesprochen und geschrieben

Die sprachliche Darstellung mathematischer Ausdrücke ist in ähnlicher Weise sequentiell und linear strukturiert wie die schriftliche Notation in LaTeX. Analog zu den geschweiften Klammern in LaTeX müssen auch bei der Verbalisierung bestimmter mathematischer Ausdrücke »Klammerbegriffe« wie »Bruchanfang«, »Bruchende« oder »Exponentende« verwendet werden, um die Eindeutigkeit ihrer Darstellung zu gewährleisten. In den oben aufgeführten Beispielen zur LaTeX-Schreibweise wird dies bereits durch die Spalte »in Worten« verdeutlicht.

Der Grund hierfür liegt an den »KlaPoPuStri-Vorfahrtsregeln« bei der Anwendung mathematischer Operatoren:

1. Potenzrechnung geht vor Punktrechnung und Punktrechnung geht vor Strichrechnung.
2. Innerhalb einer Hierarchie-Ebene werden Operatoren von links nach rechts abgearbeitet.
3. Durch das Setzen von Klammern können diese Vorfahrtsregeln aufgehoben werden.

In der Mathematik-Schwarzschrift kann mitunter auf das explizite Setzen von Klammern verzichtet werden, weil die flächige Anordnung der Teilausdrücke (z. B. die hochgestellte Schreibweise eines Exponenten oder die Übereinander-Anordnung von Zähler und Nenner in einem Bruch) diese Klammern implizit bereits enthält und so die Eindeutigkeit der Darstellung hinreichend sicherstellt. In der sequentiell strukturierten sprachlichen Darstellung hingegen sind die Klammern explizit erforderlich.

> Beispiel: Eine Person schreibt an die Tafel den Schwarzschrift-Ausdruck $\frac{a+b}{a-b}$ und liest dabei vor: »a plus b geteilt durch a minus b«. Dies ist jedoch nicht die korrekte sprachliche Wiedergabe. Wegen der »Punkt-vor-Strich-Regel« bedeutet der gesprochene Ausdruck vielmehr »a + \frac{b}{a} – b«, während ursprünglich gemeint war: »\frac{a+b}{a-b}«. Die korrekte Verbalisierung dieses Ausdrucks lautet also: »Bruchanfang a plus b geteilt durch a minus b Bruchende.«

Es kann aber auch vorkommen, dass sprachlich auf Klammern verzichtet werden kann, während sie in der schriftlichen Darstellung zwingend erforderlich sind.

> Beispiel: Die Lehrkraft sagt: »Die Wurzel aus x kann man auch schreiben als x hoch ein halb.« Der Schüler bzw. die Schülerin schreibt daraufhin:
> \sqrt{x} = x^1/2 – Dies ist eigentlich falsch, denn die rechte Seite der Gleichung bedeutet wegen der Potenz-vor-Punkt-Regel streng genommen, dass x^1 halbiert wird (und dass nicht dasselbe wie das Ziehen der Wurzel). Richtig gewesen wäre vielmehr: \sqrt{x} = x^{1/2}. Das Problem besteht hier also darin, dass der Schüler bzw. die Schülerin von sich aus wissen muss, dass in der schriftlichen Darstellung Klammern gesetzt werden müssen, obwohl in der mündlichen Darstellung von ihnen keine Rede ist.

3.5.1 Wie streng müssen die Syntax-Regeln von LaTeX eingehalten werden?

Diese Frage kann nicht pauschal beantwortet werden, sondern muss im jeweiligen pädagogischen Kontext betrachtet und entschieden werden. Formale Korrektheit besitzt gerade im Mathematikunterricht einen hohen Stellenwert, darf aber auch nicht zum Selbstzweck verkommen. Andere, für den Lernerfolg der Schülerinnen und Schüler wichtige Gesichtspunkte sind dagegen abzuwägen. Besonders für diejenigen, die mit assistiven Technologien arbeiten, ist es wichtig, dass sie nicht durch einen zu sperrigen Formalismus darin behindert werden, mathematische Ausdrücke schnell und flüssig lesen und schreiben zu können. Und für sie wie für alle anderen Lernenden gilt, dass die Verstehbarkeit mathematischer Aussagen nicht durch ein Übermaß an Formalismus erschwert werden sollte. In diesem Sinne können auch syntaktische Ungenauigkeiten insbesondere dann in Kauf genommen werden, wenn die Bedeutung eines Ausdrucks aus dem Kontext eindeutig hervor geht.

Beispiele:

1. Der Exponent im Ausdruck x^{12} (»x hoch 12«) müsste in LaTeX eigentlich mit geschweiften Klammern umschlossen werden, da mehr als nur ein Zeichen die Grundlinie verlässt. Es wäre jedoch unverhältnismäßig, diese Regel auch im Unterricht einzufordern.
2. Für den Vergleichsoperator ≤ (»kleiner oder gleich«) gibt es den LaTeX-Befehl \leq (›less or equal‹). Es spricht aber nichts dagegen, stattdessen die in Programmiersprachen übliche Schreibweise »<=« zu verwenden.
3. Der Ausdruck \frac{a +b}{a -b} ist (ohne Verwendung eines entsprechenden Makros) relativ umständlich zu schreiben. Es spricht nichts dagegen, wenn ein Schüler bzw. eine Schülerin stattdessen schreibt (a+b)/(a-b). Beide Schreibweisen besitzen mathematisch die gleiche Bedeutung. Wenn es allerdings darum geht, die flächige Darstellung eines Bruches aus einer Schwarzschrift-Vorlage möglichst »als solche nachvollziehbar« in eine digitale Fassung zu übertragen oder wenn es z. B.

in Doppelbrüchen zu einer unübersichtlichen Häufung von Klammern kommt, dann bietet sich eher die frac-Schreibweise an.
4. Funktionsnamen wie z. B. für die Sinus- oder die Logarithmusfunktion werden in LaTeX üblicherweise mit einem vorangestellten Backslash dargestellt. Der LaTeX-Compiler sorgt dann dafür, dass nach der Übersetzung der Funktionsname in einem anderen Schriftschnitt dargestellt wird als Variablenbuchstabe. Aus dem Kontext ist aber in der Regel eindeutig erkennbar, dass etwa die Zeichenfolge sin die Bezeichnung der Sinusfunktion symbolisiert und nicht etwa das Produkt aus den drei Variablen s, i und n. Daher spricht in solchen Fällen nichts dagegen, auf den Backslash zu verzichten.

3.6 Nachteile der linearen LaTeX-Notation

Die Tatsache, dass LaTeX auf einer streng sequentiellen Anordnung von Textzeichen basiert, bietet bei der Nutzung einiger assistiver Technologien zwar Vorteile, birgt jedoch im Vergleich mit der flächig angeordneten Schwarzschrift-Notation auch Nachteile. Nicht ohne Grund nutzt diese für die Darstellung komplexer Ausdrücke die zweidimensionale Fläche, um die Übersicht zu erhöhen.
Beispiele:

1. Wenn der Zähler und der Nenner eines Bruches jeweils aus einer Kette einzelner Faktoren bestehen, dann kann in der übereinander stehenden Anordnung leichter erkannt werden, welche Faktoren gegeneinander gekürzt werden können.
2. Die Ankündigungszeichen für das Hoch- und Tiefstellen von Exponenten und Indizes und die teilweise erforderlichen zusätzlichen Klammern bedingen im Vergleich zur Schwarzschrift-Notation einen zusätzlichen Lese- und Schreibaufwand.
3. Der Umgang mit Spaltenvektoren, Matrizen und Determinanten ist in der flächigen Schreibweise erheblich einfacher als in der sequentiellen LaTeX-Notation.

3.7 Vorteile einer zeichen- und zeilenorientierten Notation

Die zeichen- und zeilenorientierte LaTeX-Notation eröffnet in Textverarbeitungsprogrammen die Möglichkeit, Term- und Gleichungsumformungen einfach, sicher und schnell durchzuführen. Dabei wird zunächst von der Ausgangszeile mithilfe der gängigen Tastenkombinationen für das Kopieren und Einfügen eine Kopie erstellt. Anschließend werden in dieser kopierten Zeile die passenden Änderungsschritte vorgenommen. Auf diese Weise behält man alle relevanten Informationen innerhalb einer Zeile und es entfällt das (mitunter fehlerträchtige) Abschreiben derjenigen Teile, die von der Umformung gar nicht betroffen sind.

Einige Taschenrechner-Programme (wie z. B. der so genannte »Termevaluator« oder der Windows-Taschenrechner calc) erlauben die Auswertung mathematischer Ausdrücke wie z. B. 64213649 * 0,19. Auch hier kann der Term wie auch das Ergebnis über die Zwischenablage einfach und sicher zwischen Textverarbeitung und Taschenrechner hin- und hertransportiert werden. Auf diese Weise kann auch das Abtippen langer Ziffernfolgen, bei dem sich leicht Tippfehler einschleichen können, umgangen werden.

3.8 LaTeX für sehbehinderte Schülerinnen und Schüler?

Während sich die LaTeX-Schreibweise für blinde Computeranwenderinnen und -anwender im Unterricht eindeutig als Mathematikschrift durchgesetzt und bewährt hat, ist die Frage nach der geeigneten Mathematikschrift für sehbehinderte Lernende nicht so einfach zu beantworten. Die Problematik ist hier vielschichtiger, da grundsätzlich verschiedene Low-Vision-Arbeitstechniken in Betracht kommen und gegeneinander abzuwägen sind.

So ergibt sich für sehbeeinträchtigte Menschen, die mithilfe einer geeigneten Vergrößerungstechnik sowohl digitale Dokumente als auch analoge Printmedien mit hinreichender Geschwindigkeit lesen können, die aber für das Anfertigen eigener Texte auf ein Textverarbeitungsprogramm mit Tastatureingabe angewiesen sind, weil sich das Arbeiten per Handschrift als zu langsam erweist, ein Dilemma, wenn es um die Frage der Mathematik-Notation geht.

Für die Nutzung der flächigen Notation spricht u. a., dass eine ungleich größere Vielfalt an Büchern und Dokumenten in dieser Form der Darstellung zur Verfügung steht, auf das Erlernen einer Spezialnotation wie LaTeX verzichtet werden kann und damit auch die Kommunikation mit Menschen erleichtert wird, die diese Notation nicht kennen.

Auf der anderen Seite ist allerdings zu bedenken, dass es im mathematisch-naturwissenschaftlichen Unterricht nicht nur darum geht, vorgefertigte Texte mit mathematischen Inhalten lesen zu können. Die Lernenden müssen auch in der Lage sein, selbstständig, schnell und sicher mathematische Inhalte zu schreiben, umzuformen und zu bearbeiten.

Wenn sich die Handschrift als zu langsam und unpraktikabel erweist, bleibt als digitale Variante für das Schreiben der flächigen Notation zunächst die Nutzung eines Formeleditors. Aber auch diese Arbeitsform kann sich als unangemessen zeitaufwändig erweisen, da hierbei einzelne mathematische Elemente mit der Maus zu komplexeren Ausdrücken ›zusammengeklickt‹ werden müssen.

Die meisten Formeleditoren bieten zwar neben der Mausbedienung auch eine sequentielle Tastatureingabe von LaTeX-artigen Befehlen an, die dann ›on the fly‹ in flächige Ausdrücke umgewandelt werden. Allerdings stellt sich bei dieser Option die Frage, ob eine solche Umwandlung in die flächige Form nicht auch wieder eine unnötige Zusatzbelastung darstellt, da die ›Übersetzbarkeit‹ der eingegebenen Ausdrücke zusätzliche formale Anforderungen impliziert und die Lernenden auf diese Weise permanent gedanklich zwischen zwei Notationen hin- und herschalten müssen.

Darüber hinaus können die oben beschriebenen Vorteile der LaTeX-Notation, mathematische Ausdrücke per ›drag and drop‹ kopieren und mit wenig Schreibaufwand schrittweise bearbeiten zu können bzw. sie in Taschenrechnerprogrammen berechnen zu lassen, ohne sie erneut eintippen zu müssen, auch für sehbeeinträchtigte Lernende von großem Wert sein.

Gleichwohl kann im Einzelfall auch eine Mischarbeitstechnik aus Handschrift und PC-Arbeitstechnik eine sinnvolle Variante sein.

Letztlich gilt für die Frage nach der ›richtigen‹ Mathematik-Notation das, was auch für die Wahl der ›richtigen‹ Arbeitstechnik allgemein gilt: Ziel der schulischen Ausbildung sollte es sein, dass die Lernenden verschiedene Techniken in der Praxis kennenlernen und ausprobieren können, um so möglichst selbstständig kompetent entscheiden zu können, welche Arbeitstechnik für sie in welcher Situation die geeignetste ist. Der Lernerfolg hängt schließlich nicht zuletzt auch ganz entscheidend von der Akzeptanz der Arbeitstechnik ab.

Literatur

Brailleschriftkomitee der deutschsprachigen Länder BSKDL Unterkommission Mathematikschrift (Hrsg.) (2015): *Das System der Mathematikschrift in der Deutschen Brailleschrift*. O.O. (http://www.bskdl.org/download/mathematik/Mathematik%20zum%20Ausdrucken%20SS.pdf; Zugriff am 5.10.2020)

Heuer gen. Hallmann, R. (2001): Beliebt, unbeliebt, beliebig – 6- oder 8-Punkt-Braille. *horus 6/2001*, 211–214.

Herrman, R. (2003): LaTeX als Mathematikschrift für Blinde am PC - ein Angebot für Interessierte. *blind-sehbehindert 123*, 202–210.

Kalina, U. (1993): LaTeX (nicht nur) eine Lösung für das Problem sehgeschädigter Computerbenutzer, Mathematik schriftlich darzustellen *blind-sehbehindert 113*, 86–89.

Kalina, U. (1998): Welche Mathematikschrift für Blinde soll in der Schule benutzt werden? *Beiheft zu Heft 3 der Zeitschrift blind-sehbehindert 118*, 78–94.

Klaus, J., Jaworek, G. & Zacherle, M. (2001): Mathematikschrift für Blinde – so einfach ist das Problem nicht! *blind-sehbehindert 121*, 90–96.

Kopka, H. (1992): *LaTeX: eine Einführung*. Bonn, München.

Lorenz, E.-D. (2002): 6-Punkt-Mathematikschrift und/oder LaTeX, Stellungnahme der DVBS Fachgruppe Mathematik zur Frage der für blinde Menschen zweckmäßigsten Notation mathematischer und naturwissenschaftlicher Ausdrücke. *blind-sehbehindert 122*, 265–267.

Meyer zu Bexten, E. & Hahn, V. (2000): LaTeX oder Mathematikschrift für blinde und sehbehinderte Studierende. *blind-sehbehindert 120*, 219–228.

4 Inklusiver Sachunterricht und Medieneinsatz für Kinder mit und ohne Sehbeeinträchtigungen

Friedrich Gervé & Markus Lang

4.1 Einleitung

Für den Sachunterricht gilt wie für jeden Unterricht generell: »Inklusiver Unterricht ist kein gänzlich neu zu erfindender Unterricht, sondern in erster Linie guter kindzentrierter Unterricht« (Kaiser & Seitz 2017, 4). Folglich ein Unterricht, der sich an den individuellen Lernvoraussetzungen der Schülerinnen und Schüler orientiert und allen im gemeinsamen Lernen Lernangebote vorhält, die dazu beitragen, sich Welt zu erschließen und Handlungskompetenzen aufzubauen. Der Umgang mit Heterogenität gehört zu den genuinen Aufgaben des Sachunterrichts, da Vorerfahrungen, Vorstellungen und welterschließende Potenziale der Schülerinnen und Schüler große Unterschiede aufweisen. Diese grundsätzliche Herausforderung schafft vielfältige Anknüpfungspunkte für einen gemeinsamen Unterricht von Schülerinnen und Schülern mit und ohne Behinderungen, da sowohl die Didaktik des Sachunterrichts als auch didaktische Modelle der Sonderpädagogik auf einem individualisierten und differenzierenden Unterricht aufbauen. Fast zwangsläufig ergeben sich hieraus sowohl methodisch als auch hinsichtlich des Medieneinsatzes synergetische Schnittmengen, die im Sinne eines guten inklusiven Unterrichts genutzt werden können. Besonders deutlich erscheinen diese gemeinsamen Bezugspunkte für die Blinden- und Sehbehindertenpädagogik zuzutreffen, da hier Prinzipien der Handlungsorientierung, der multisensorischen Informationszugänge, der Begriffsbildung oder des gezielten Einsatzes von Veranschaulichungsmedien traditionell eine hohe Bedeutsamkeit aufweisen. Im Kontext eines gemeinsamen Unterrichts im Sinne eines weiten Inklusionsverständnisses bedeutet Individualisierung aber gerade im Sachunterricht nicht nur eine Differenzen ausgleichende Förderung einzelner Schülerinnen und Schüler zum Beispiel durch besonders adaptive Repräsentationsformen für Informationen, Aufgaben, Dokumentation und Ergebnissicherung (Audiounterstützung, leichte Sprache o. ä.) oder an die jeweiligen Lernvoraussetzungen und -bedingungen angepasst gestaltete Lernräume (Barrierefreiheit). Vielmehr ergibt sich aus dem Anspruch eines ko-konstruktiven Verständnisses von Welterschließen die weiterreichende Herausforderung, die Diversität und damit die individuelle Eigenheit jedes Kindes durch eine gewissermaßen Differenz explizierende Kommunikation und Kooperation zu nutzen und damit Individualität in gleichen Lernräumen (einer Welt) für das gemeinsame Erschließen bedeutsam werden zu lassen. Hierdurch birgt das kooperative Arbeiten in heterogenen Lerngruppen immer auch die Gefahr einer Trivialisierung des Lerngegenstands (Schulte u. a. 2019, 33). Einer konkret ausgestalteten Didaktik für einen inklusiven Sachunterricht muss es gelingen, diese Gefahr zu erkennen und mittels reflektierter methodischer und medialer Entscheidungen auszuschließen.

4.2 Sachunterricht und Inklusion

»Kinder sind anders«, titelte einst die große Pädagogin Maria Montessori (1952), die uns wie kaum eine andere gelehrt hat, das einzelne Kind mit seinen Möglichkeiten und seinem je eigenen Bildungsdrang zu achten und auf seinem Weg des Welterschließens zu begleiten und zu unterstützen. Für die didaktische Rekonstruktion (Gervé 2016) von »Welt« für einen inklusiven Sachunterricht erfordert das intensive zirkuläre Suchbewegungen zwischen individuellen Voraussetzungen und Potenzialen, Zielen und Unterrichtsgegenständen, um im Unterricht schließlich individuell adaptives und gemeinschaftliches Lernen ermöglichende Zugänge zu den ›Sachen‹ schaffen zu können.

Inklusiver Unterricht meint aber nicht nur die individuelle Förderung einzelner Schülerinnen und Schüler mit besonderen Voraussetzungen und Möglichkeiten, sondern beschreibt – und das vielleicht ganz besonders im Sachunterricht – einen gemeinschaftsbildenden Prozess. Durch und in der Begegnung mit dem Anderen, besser mit vielen anderen wird einerseits die Ausprägung von Identität möglich, andererseits aber bildet sich auch eine Gemeinschaft der Unterschiedlichen, die im Sinne des Diversitätsgedankens gerade durch diese Vielfalt für alle besonders wertvoll wird und für das Welterschließen und Weltverstehen ganz besondere Chancen bietet. So verstanden beginnt Inklusion eigentlich erst da, wo individuelle Förderung in gemeinschaftliches Lernen mündet. Mit diesem Verständnis wird das Recht auf Teilhabe dadurch erweitert, dass jede einzelne Schülerin und jeder einzelne Schüler in ihrer bzw. seiner Eigenheit, Besonderheit und Unterschiedlichkeit von anderen wahr- und angenommen und für die Gemeinschaft wichtig wird. Individualisierung als Forderung bedeutet dann, jede Schülerin und jeden Schüler für die Gemeinschaft bedeutsam werden zu lassen. In diesem Sinne ist *Teilhabe* noch nicht erreicht, wenn jedes Individuum einen *Teil hat*, sondern erst dann, wenn jedes Individuum ein *Teil ist*. »Teilhaben an der Gemeinschaft« muss somit den Aspekt »Teil der Gemeinschaft sein« enthalten (Fröhlich 2018).

Gemeinschaftliches Lernen bedeutet im Sachunterricht, im gemeinsamen Welterschließen und der Begegnung Persönlichkeit und soziale Kompetenzen zu entwickeln. Es bedeutet, gemeinsam an einer Sache zu arbeiten und zu lernen, Wissen und Methoden der Erkenntnis auszutauschen und zu prüfen, auszuhandeln und sich zu verständigen, was gilt und gemeinsam Entscheidungen für alle zu treffen; gemeinschaftliches Lernen motiviert, macht Freude im Erleben gemeinsamer Leistung und stiftet Sinn. Damit werden im Übrigen wesentliche Elemente einer frühen Demokratiebildung verwirklicht. Die Idee von Inklusion ist damit in einem weiten und auf das Potenzial von Diversität gerichteten Verständnis einerseits sehr anschlussfähig an Prinzipien des Sachunterrichts, fordert uns andererseits aber auch in hohem Maße heraus, ein individualisiertes und gemeinschaftliches welterschließendes Lernen für alle Kinder differenziert zu unterstützen.

4.3 Lernen im Sachunterricht als sozialkonstruktivistischer Inklusionsprozess

Lernen lässt sich für den Sachunterricht als *welterschließendes Lernen* begreifen. *Welt erschließen* (Kahlert 2016, 22 ff) meint dabei einerseits ein aktives Erkunden, gewissermaßen ein Hinausgehen aus bereits Bekanntem, ein Überschreiten von individuellen Horizonten, um Neues in der Welt zu entdecken und kennenzulernen, sich also Kenntnisse über die Welt anzueignen, in der wir zusammenleben. *Welt erschließen* meint andererseits auch einen kreativen Akt der zunehmend bewussten Gestaltung des eigenen Lebens in situativen sozialen Kontexten mit Hilfe aus Erfahrung heraus entwickelter Handlungspotenziale. *Erfahrung* (Dewey 1994, 140 ff) wird verstanden als das Verfügbarmachen von direkt oder indirekt erlebten oder wahrgenommenen Wechselwirkungen zwischen eigenem Tun und seinen Folgen auf der Grundlage von Wissen, Können und Wollen. Eine auf *Verstehen und begründetes Handeln* (Köhnlein 2012, 289) zielende Reflexion als strukturiert-erarbeitende Auseinandersetzung mit Wahrgenommenem braucht Begriffe und ist gleichzeitig begriffsbildend. So spricht man im Sachunterricht auch vom *Begreifen* und betont damit den Zusammenhang von konkreter Handlung und Sprache. Begriffe allerdings sind in diesem lebensweltlichen Kontext nur tragfähig, wenn sie überindividuelle Gültigkeit haben und so Kommunikation und gemeinschaftliches Handeln erlauben. Sie müssen also gemeinsam über den Austausch individueller Weltdeutungen ausgehandelt und dann angewandt und durch Übung gesichert werden. Zum welterschließenden Lernen gehört demnach auch, die individuellen Weltdeutungen zum Ausdruck zu bringen, ihnen Gestalt zu geben. Das *Be-greifen* mit je eigenen Wahrnehmungsmöglichkeiten und Vorerfahrungen gewinnt Performanz durch *Sprache*, die jedoch aus dem Inklusionsgedanken heraus in einem sehr weiten Verständnis einer sachbezogenen, für andere zugänglichen Ausdrucksform und zunächst als »Sprache des Verstehens« (Wagenschein 1980) im Sinne einer Alltagssprache verstanden werden muss, die vor allem dem Dialog dient. Als »Sprache des Verstandenen« bezeichnet Wagenschein (ebd.) dann die Bildungs- oder Fachsprache, die am vorläufigen Ende eines Verstehensprozesses die intersubjektive Kommunikation, Sicherung und Anwendung von *Be-griffenem* über normierte Begriffe ermöglicht. Auch hier wäre daran zu arbeiten, solchen Begriffen unterschiedliche Repräsentationsformen zu geben, damit sie wiederum auch von Kindern genutzt werden können, denen geschriebene oder gesprochene Sprache nicht direkt zugänglich sind.

Die so entwickelten Handlungspotenziale können als Kompetenzen bezeichnet werden, die sich im Sachunterricht unabdingbar auf lebensweltliche Handlungsfelder beziehen und so zur direkten Teilhabe am gesellschaftlichen Leben im Sinne eines individuellen Mitgestaltens von Gemeinschaftlichem befähigen. Lernen als Erschließen einer gemeinsamen Welt ist in diesem Verständnis ein gemeinsames Konstruieren von Welt, entspricht also nicht der Vorstellung eines individuellen Erwerbs von vermeintlich wahrem Wissen über die Welt, sondern wird gedacht als kreativer Prozess des Schaffens gemeinsam verantworteter Lebenswelt. Die Unterschiedlichkeit jedes Einzelnen in seinen Erfahrungen und Möglichkeiten, in seinem Wahrnehmen, Denken, Fühlen, Können und Wollen sind die Grundlage sachunterrichtlichen Lernens, wenn sie in individuellen Weltdeutungen manifestiert zum Ausdruck kommen und im Sinne eines weiten Inklusionsverständnisses in gemeinschaftliches Weltverstehen und Handeln münden.

Folgendes Modell (▶ Abb. 4.1 und ▶ Tab. 4.1; vgl. Gervé 2009/2016) zeigt diesen komplexen Lernprozess in drei überlappenden Feldern (*wahrnehmen/sich informieren – gestalten/sich ausdrücken – kommunizieren/sich verständigen*) sowie jeweiligen Übergängen (*erarbeiten/dokumentieren – präsentieren/sich mitteilen – anwenden/üben*). Das Modell kann als *konstruktivistisch* bezeichnet werden, da es welterschließendes Lernen als Wirklichkeit schaffenden und nicht als rezeptiven Prozess beschreibt – Wirklichkeit entsteht in und durch die reflektierte Begegnung und Auseinandersetzung mit Phänomenen. *Sozialkonstruktivistisch* ist das Modell, da dieser kreative Prozess als ein kommunikativer Aushandlungsprozess begriffen wird – erst die kommunikative Anpassung, Bewährung und Sicherung individueller Konstruktionen von Welt werden als tragfähig angesehen und schaffen eine gemeinsame Wirklichkeit. Das Modell ist auf *Inklusion* ausgerichtet, weil es gerade die Bedeutung von individueller Unterschiedlichkeit und der daraus entstehenden Vielfalt als konstituierend für einen sozialen Konstruktionsprozess ansieht – Inklusion beginnt, wo individuelle Unterschiedlichkeit beim Lernen zu gemeinsamer Vielfalt und wo Teilhabe gemeinschaftsbildend und Wirklichkeit schaffend werden. Der individuelle und gemeinschaftliche Lernprozess führt schließlich zur Entwicklung der je eigenen Handlungspotenziale (Kompetenzen), die auf Verstehen gründen, welches im Sachunterricht eng verknüpft ist mit dem in Sprache gefassten *Be-greifen* (Begriffe bilden). Die Lerngemeinschaft und die Begegnungen im Lernprozess schließlich stiften über die individuelle Kompetenzentwicklung hinaus Sinn für eine gemeinsam zu gestaltende Welt.

»Immer im Wechselspiel zwischen außen und innen manifestieren sich Informationen (*wahrnehmen*) im fortschreitend zielgerichteten Verarbeitungsprozess (*erarbeiten*) zu individuellen Konstruktionen (»inneres« *Gestalten*), die sich über den Ausdruck (»äußeres« *Gestalten*) wiederum der Umwelt öffnen und sich so einer kritischen Reflexion und Prüfung stellen (*präsentieren*). Im Austausch über individuelle Wissenskonstruktionen (*kommunizieren*) erfahren diese Bestätigung oder Korrektur und können so zu tragfähigem und intersubjektivem Wissen werden, welches elaboriert und verfügbar gemacht werden kann (*üben*). Der Zirkelschluss wird deutlich, wenn man die Vorerfahrung bzw. das Vorwissen wiederum als wesentliches Steuerinstrument der Wahrnehmung begreift« (Gervé 2016).

Besonders schlüssig kann der sachunterrichtliche Lernprozess in diesem Modell gerade im Sinne der Begriffsbildung bei der Wahrnehmung von Phänomenen oben beginnend im Uhrzeigersinn gelesen werden, doch ist er nie als lineare Schrittfolge

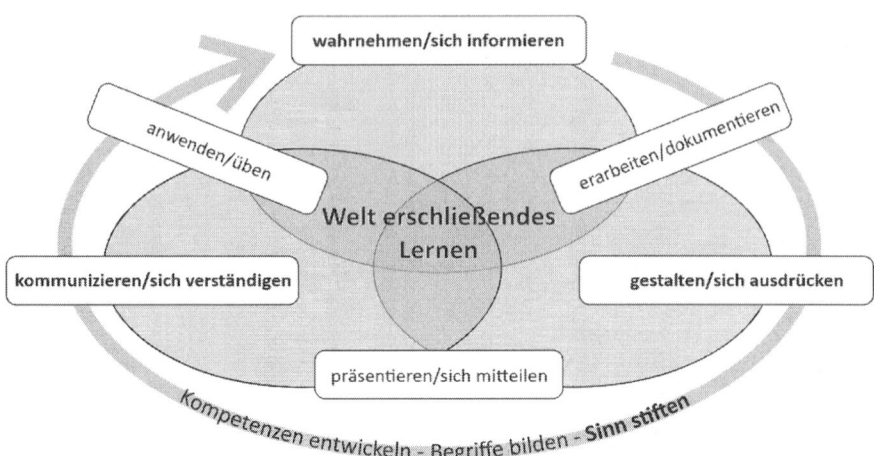

Abb. 4.1: Sozialkonstruktivistisches Modell welterschließenden Lernens (Gervé 2009/2016, erweitert)

Tab. 4.1: Komponenten welterschließenden Lernens

Wahrnehmen/ sich informieren	Phänomene mit allen Sinnen wahrnehmen, Informationen sammeln durch Zuschauen und Zuhören, durch Lesen, Befragen, Ausprobieren und Spielen
Erarbeiten/ Dokumentieren	Fragen stellen und Antworten suchen, Informationen, Gedanken und Ideen ordnen und strukturieren, Experimentieren, Schlussfolgern, Prüfen und Ergebnisse festhalten
Gestalten/ sich ausdrücken	Schlüsse ziehen, Zusammenhänge herstellen und darstellen, eine vorläufige Meinung bilden, eigene Erkenntnisse so aufbereiten, dass sie anderen mitgeteilt und für sie interessant werden können
Präsentieren/ sich mitteilen	Im Plenum oder in Gruppen vortragen, Plakate oder digitale Präsentationen erstellen, eigene »Bücher«, Ton- oder Filmdokumente gestalten (analog oder digital), Ausstellungen, Demonstrationen
Kommunizieren/ sich verständigen	Eigene Meinung bilden, vertreten und begründen, andere Positionen wahrnehmen und wertschätzen, Gespräche führen, nachfragen, Kompromisse finden, Entscheidungen fällen und umsetzen
Anwenden/ üben	Konsentierte Begriffe und Konzepte sichern, bei der Anwendung auf neue Situationen oder Aufgaben prüfen, Phänomene beschreiben und erklären, Verfügbarkeit von Wissen und Methoden üben

mit festem Anfang und Ende zu verstehen. Vielmehr ist es gerade mit Blick auf die Entwicklung, Gestaltung, Umsetzung und Analyse von Lernumgebungen, Aufgaben und Materialien im Sachunterricht wichtig, alle Elemente in ihrem wechselseitigen Zusammenspiel zu berücksichtigen und immer wieder explizit sinnstiftend zu verbinden.

Lehr-Lernprozesse, die diesem Modell folgen, können sich dabei über unterschiedlich große Zeiträume erstrecken, nicht jede Unterrichtsstunde, nicht jede Phase oder Aufgabe muss alle Teilaspekte adressieren, sie sind jedoch jeweils in den Kontext eines in diesem Sinne vollständigen Lernprozesses zu stellen und entsprechend zu verbinden. Individualisiertes Lernen durch adaptive Lernumgebungen ist explizit einzubinden in gemeinschaftliches Lernen an gemeinsamen Gegenständen und gemeinschaftliches Lernen muss so gestaltet werden, dass individuelle Weltwahrnehmungen und -deutungen dafür explizit und für alle wahrnehmbar Bedeutung bekommen. *Verstehen dürfen* als Grundlage für *handeln können* und *verantworten wollen* (Gervé 2020) ist zwar letztlich eine individuelle Leistung, die aber als Zieldimension eines auf grundlegende allgemeine Bildung (Klafki 1992) ausgerichteten Sachunterrichts ohne sozialen Raum weder Basis noch Sinn hat. Auch wenn dabei die originale Begegnung als unmittelbare Sinneswahrnehmung der Schülerinnen und Schüler mit den Sachen und den anderen von besonderer Bedeutung ist, so ergeben sich gerade auch durch einen inklusiven Kontext Chancen für ein »Lernen im Zwischenreich des Vermittelten« (Nießeler 2020, 79), ein Lernen durch mitgeteilte Erfahrungen anderer über Sprache(n) im weitesten Sinn. So können z. B. Menschen mit Sehbeeinträchtigung oder Blindheit ihre dadurch ganz besonderen (Sinnes-)Wahrnehmungen mit denen teilen, die sehen und umgekehrt. Ein inklusiver Kontext kann solche symbolisch vermittelten Erfahrungen gewissermaßen in der originalen Begegnung mit anderen Menschen zum kollektiven Lernprozess werden lassen. Medien spielen dabei eine wichtige Rolle, als unterstützende Werkzeuge für direkte Wahrnehmung und Kommunikation und dann, gewissermaßen auf einem Kontinuum der Abstraktion als Repräsentation immer weniger direkt zugänglicher Erfahrungen. Digitale Medien eröffnen hierfür Schülerinnen und Schülern mit Sehbeeinträchtigungen und Blindheit gerade durch Lupenfunktionen (Text- oder Bildzoom in Verbindung mit einer Kamera) und Audiounterstützung (für Vorlesefunktion, Audio-Beschreibung oder Tonaufnahme) erweiterte rezeptive, produktive und kommunikative Möglichkeiten.

4.4 Welterschließendes Lernen im Kontext von Blindheit und Sehbehinderung

Ein Verständnis von Sachunterricht im Sinne von »sich die Welt durch aktives Erkunden und Entdecken zu erschließen«, die darin enthaltenen methodischen und medialen Bedingungen, damit Zusammenhänge verstanden werden können und nicht zuletzt der daraus resultierende Aufbau von Handlungskompetenz, öffnen den Blick auf Entwicklungsaufgaben, die sich für alle Kinder im Laufe der Grundschulzeit stellen. Zwangsläufig ergibt sich hieraus die didaktische Notwendigkeit, individuelle Lernzugänge nicht nur zuzulassen, sondern konkret zu initiieren. Hierin drückt sich eine unabdingbare Voraussetzung für einen inklusiven, gemeinsamen Sachunterricht aus, der vielfältige Anschlussmöglichkeiten für spezifische sonderpädagogische Vorgehensweisen eröffnet.

Blinde und sehbehinderte Kinder benötigen für manche Entwicklungsschritte divergente Entwicklungswege (Brambring 2005; Heyl 2009; Warren 1994). Beispielsweise schafft die visuelle Wahrnehmung vielfältige Bewegungs- und Explorationsanreize und fördert maßgeblich die grob- und feinmotorische Entwicklung (Hecker 2004), wodurch letztlich der direkte Erfahrungsraum definiert wird. Sehen ermöglicht spontane Lernzugänge und wiederholte Lernerfahrungen und erleichtert das Erkennen von Zusammenhängen und Beziehungen. Darüber hinaus spielt das Beobachtungslernen bei sehenden Kindern eine ganz wesentliche Rolle für den Aufbau von Handlungswissen und Handlungskompetenz. Viele Lerninhalte – gerade im schulischen Kontext – werden visualisiert aufbereitet (z. B. in Schulbüchern). Fehlen diese Möglichkeiten bzw. sind diese Zugänge stark eingeschränkt, ist der Aufbau von Wissen und Handlungskompetenzen erschwert. Hinzu kommt, dass ein haptischer Informationszugang aufgrund einer stärkeren Sukzessivität deutlich mehr Zeit benötigt und höhere kognitive Anforderungen stellt als ein visuelles Vorgehen (Lang 2017b, 255). Auditive Lernzugänge sind weniger stabil und hinsichtlich des Erkennens von Ursache-Wirkungszusammenhängen weniger deutlich. Die grob- und feinmotorischen Fähigkeiten und Fertigkeiten sowie die zur Verfügung stehenden Wahrnehmungsmöglichkeiten bestimmen wesentlich, in welchem Umfang und in welcher Qualität Erfahrungen mit der sozialen und dinglichen Umwelt gesammelt werden können. Blinde und sehbehinderte Kinder besitzen oftmals weniger Umwelt- und Alltagserfahrungen als Kinder ohne Sehbeeinträchtigung.

Ein wichtiges Werkzeug für einen gelingenden Umgang mit Heterogenität, wie er für inklusive Lern-Settings unabdingbar ist, stellt auch für den Sachunterricht das »Universal Design for Learning« dar. Universal Design for Learning hat zum Ziel, auf umfassende Weise Zugang und Teilhabe an Lernaktivitäten unabhängig von individuellen Lernerschwernissen zu schaffen sowie Lernbarrieren, die durch Lehrmethoden, Lernmedien oder Curricula entstehen, zu erkennen und zu beseitigen (Schlüter et al. 2016; Fisseler 2015). Hierbei kommen drei Unterrichtsprinzipien zur Anwendung (vgl. Schlüter et al. 2016), die nachfolgend skizziert werden:

1. Flexible Zugänge zu Lerninhalten durch multiple Präsentationsformen schaffen:
    - individuelle Wahlmöglichkeiten des Informationszugangs (z. B. visuell, haptisch, auditiv) unter Zuhilfenahme von Hilfsmitteln
    - Unterstützung des Verständnisses von Informationen (z. B. Gliederungshilfen; klare Strukturierung von Aufgabenstellungen und Texten; Zugänglichkeit zu Hintergrundinformationen)
2. Multiple Optionen zur Verarbeitung von Information und zur Ergebnisdarstellung:
    - Individuelle Handlungen und Erarbeitungsformen ermöglichen (z. B. handlungsorientiertes und entdeckendes Lernen, Auswahl an Lernmaterialien und Hilfestellungen)
    - Unterstützung exekutiver Funktionen (z. B. individualisierte Lernzielsetzungen, Anleitungshilfen zu strukturiertem Arbeiten, Evaluation durch Formen kooperativen Lernens)

3. Multiple Hilfen zur Förderung von Lernengagement und Lernmotivation:
   - Variable Lernangebote zum Wecken von Lerninteresse (z. B. autonome Wahlangebote, authentische und positiv bewertete Aufgabenstellungen)
   - Hilfestellung für selbstreguliertes Lernen (z. B. Anbahnung individueller Arbeitsstrategien, Förderung der Selbstreflexion des Lernprozesses)

Welterschließendes Lernen umfasst mit der Begriffsbildung ein wesentliches Element der Blinden- und Sehbehindertenpädagogik, das durchaus als Unterrichtsprinzip bezeichnet werden kann (Lang 2017a, 220). Das Erfassen distinktiver Merkmale von Lebewesen, Objekten oder Tätigkeiten, das Kategorisieren zu Begriffsklassen und das Einordnen von Erfahrungswissen in Begriffshierarchien sind ›Werkzeuge‹ welterschließenden Lernens. Die Realbegegnung und die Erfahrung aus ›erster Hand‹ spielt hierbei gerade für blinde Schülerinnen und Schüler eine entscheidende Rolle. Allerdings ist ein Lernen am Realobjekt nicht immer möglich: manche Objekte sind zu klein oder zu groß, zu weit entfernt, zu gefährlich oder leicht zerbrechlich, so dass sie nicht unmittelbar tastend erfahrbar sind. In derartigen Situationen müssen geeignete Veranschaulichungsmedien in den Lernprozess einbezogen werden: Präparate von Tieren (z. B. ausgestopfte Tiere), dreidimensionale Modelle oder taktile Relief-Abbildungen können in Verbindung mit verbalen Erklärungen (z. B. hinsichtlich Farbmerkmale), Texten oder auch Rollenspielen Lernzugänge eröffnen. Empfehlungen zum Einsatz von Veranschaulichungsmedien lassen sich teilweise bis ins 19. Jahrhundert zurückverfolgen. Die Methode der »absteigenden Linie« (Heller 1886, 140 ff), d. h. ausgehend von der Realbegegnung werden die Veranschaulichungsmedien stufenweise abstrakter (z. B. folgende Reihe: Realbegegnung mit einem Tier, Stopfpräparat, Nachbildung Kunststoff etc., Reliefbild, taktile Umrisszeichnung), ist auch für die aktuelle Unterrichtsgestaltung von Bedeutung. Je nach Unterrichtsinhalt muss jedoch auch der umgekehrte Weg einer »Methode der aufsteigenden Linie« in Betracht gezogen werden, beispielsweise dann, wenn der Lerngegenstand sehr komplex ist und eine Vorstrukturierung erforderlich macht.

4.5 Handlungsfelder des welterschließenden Lernens und deren inklusives Potential

Nachfolgend werden die im Modell des welterschließenden Lernens (s. o.) ausgewiesenen Handlungsfelder hinsichtlich deren Anschlussmöglichkeiten für blinden- und sehbehindertenspezifische Unterrichtsmaßnahmen näher beleuchtet. Vorab gilt es festzuhalten, dass sich viele der für blinde und sehbehinderte Schülerinnen und Schüler vorgenommenen Adaptionen auch auf Lernprozesse von Kindern ohne Sehbeeinträchtigungen günstig auswirken können.

4.5.1 Wahrnehmen/sich informieren

Das Wahrnehmen von Phänomenen und die Aufnahme von Informationen sind wesentliche Bausteine eines welterschließenden Lernens im Sachunterricht. Hier sind alle Sinne gefragt und aktiviert, zunächst erscheint dieses Wahrnehmen spontan, offen und unsystematisch und regt zum Staunen und Fragen an. In diesem Sinne könnte man es als Beginn eines dann zielgerichteten Lernprozesses ansehen. Gleichzeit sind die Möglichkeiten der Wahrnehmung und Informationsaufnahme aber stark gebunden an Vorerfahrungen, an Vorwissen, an zur Verfügung stehende Begriffe und ›Lese‹-Kompetenzen im weitesten Sinne als Fähigkeit, Wahrgenommenes zur Verarbeitung Begriffen oder (Prä-)Konzepten zuzuordnen. Begriffe sind hier noch nicht zwingend als in Wörter gefasste Weltdeutungen zu verstehen, erlauben aber beispielsweise auch als Emotionen Sinneseindrücken Sinn zu verleihen, sind Ausdruck von bereits ›Begriffenem‹. Stehen keine passenden Begriffe oder (Prä-)Konzepte zur Verfügung, so kommt es entweder gar nicht zu einer Wahrnehmung als Sinn gebender (Information) oder Sinn suchender (Neugier/Frage) Reaktion auf Sinnesreize und so auch nicht zu einem daran angebundenen Lernprozess. Im konstruktivistischen Verständnis ist Lernen auf den Sachunterricht bezogen als Prozess der Konstruktion von Welt im Wechselspiel von Vorerfahrung (innere Wahrnehmung) und neuen Impulsen von außen (äußere Wahrnehmung) zu verstehen. Der Wahrnehmung von Wahrnehmbarem (begrifflich Anschlussfähigem) kommt so eine besondere Bedeutung zu. Wobei die Anschlussfähigkeit hier immer auch die Konfrontation von vermeintlich Begriffenem im Sinne von Präkonzepten mit Neuem meint, das die Tragfähigkeit dieser Konzepte auf die Probe stellt.

Als Teil eines umfassenden Lernprozesses sehen wir hier Kinder beim Wahrnehmen von Phänomenen mit allen Sinnen, beim Sammeln von Informationen durch Zuschauen, Zuhören, durch Lesen, Befragen, Ausprobieren oder Spielen, natürlich auch beim Kontakt mit anderen, also in der sozialen Interaktion.

Je nach Möglichkeiten oder auch Einschränkungen z. B. durch eine besondere Begabung, eine Beeinträchtigung oder einen persönlichen Erfahrungshintergrund werden sich Weltwahrnehmung, Informationszugänge und -aufnahme sowohl modal als auch inhaltlich individuell unterscheiden. Hier gilt es über geeignete Hilfen einerseits das Besondere zu stärken, andererseits auch Ausgleich im Sinne einer Teilhabemöglichkeit für alle zu schaffen. Zur Intensivierung, Ergänzung oder Erweiterung von Originalbegegnungen kommt den Medien hier als horizonterweiternden und Barriere reduzierenden Werkzeugen eine besondere Bedeutung zu (Gervé 2008). In diesem Sinne schaffen bezüglich des Lernens blinder und sehbehinderter Schülerinnen und Schüler medial unterstützte, multisensorische Lernangebote, die gezielt die Aufnahme haptischer und auditiver (und je nach Zugänglichkeit auch gustatorischer und olfaktorischer) Wahrnehmungsinformationen initiieren, inklusive Lernzugänge. Digital und multimedial vorliegende Lexika und Sachbücher, mit Beschreibungen versehene, komplexitätsreduzierte Abbildungen und Bilder oder Textausdrucke in adaptierter (z. B. vergrößerter) Schwarzschrift bzw. in Brailleschrift ermöglichen Lernzugänge, die teilweise gemeinsam mit Mitschülerinnen und Mitschülern ohne Sehbeeinträchtigungen genutzt werden können. Weitere Informationszugänge eröffnen sich über den gezielten Einsatz spezifischer Hilfsmittel wie beispielsweise Lupen, Lupenbrillen oder einem Bildschirmlesegerät. Die aufgeführten Beispiele machen deutlich, dass Lernumgebungen im Sachunterricht grundsätzlich so zu gestalten sind, dass allen Schülerinnen und Schülern je eigene Wahrnehmungen und Zugänge zu Informationen ermöglicht werden, die an Bekanntes anknüpfen und für Neues öffnen (Kahlert 2016, 25).

> **Beispiel 1**
>
> Visuelle und haptische Lernzugänge zum Unterrichtsinhalt »Spinnennetz« mittels eines Modells und eines Schwarzschrift- bzw. Brailletextes. Ergänzend kann eine Audiodatei für die auditive Informationsaufnahme z. B. über einen Vorlesestift zur Verfügung gestellt werden.
>
> Solche Zugänge ergänzen auf einem Differenzierungskontinuum nicht nur für blinde und sehbehinderte Schülerinnen und Schüler das Informations- und Wahrnehmungsangebot über Sachbücher, Sachfilme, Originale, Modelle und Expertendemonstrationen oder -berichte.
>
>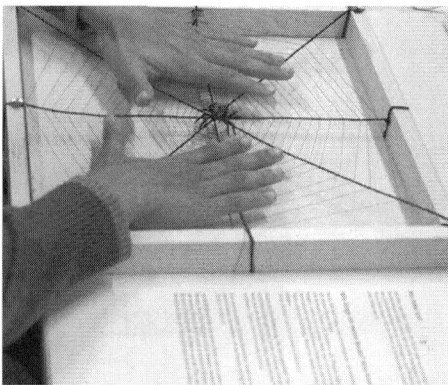
>
> Abb. 4.2: Beispiel 1

4.5.2 Erarbeiten/Dokumentieren

Das Bindeglied zwischen Wahrnehmen und Gestalten bildet in diesem Lernmodell das ›Erarbeiten‹, das heißt die zielgerichtete und handlungsorientierte (im Sinne von handelnd und auf die Entwicklung von Handlungskompetenzen ausgerichtete) Verarbeitung von Informationen und zunächst unstrukturierten Innen- und Außenwahrnehmungen. Das Erarbeiten und Dokumentieren unterstützen wir mit Aufgaben, Leitfäden, vorstrukturierten Materialien, aufbereiteten und fokussierten Lernumgebungen, Vorlagen oder Arbeitsblättern.

Schülerinnen und Schüler sehen wir nun beim gezielten Fragen und Antworten-Suchen, beim Ordnen und Strukturieren von Informationen, Gedanken und Ideen, beim Experimentieren, Prüfen und dabei, wie sie Beobachtetes festhalten.

Wie bereits erwähnt, eröffnen handlungsorientierte Zugänge zu Informationen speziell im Kontext von Blindheit und Sehbeeinträchtigung vielfältige Möglichkeiten für einen inklusiven Unterricht. Der Gedanke der Strukturierung spielt hierbei unter Umständen eine größere Rolle, da Strukturen am Arbeitsplatz (z. B. Anordnung von Lernmaterial) oder Strukturen in Handlungsabläufen (z. B. Sortierhandlungen) unter der Bedingung beeinträchtigten Sehens oder des Angewiesenseins auf haptische Wahrnehmungsstrategien schwieriger zu erkennen und auch schwieriger herstellbar sind, wodurch sich deutliche Erschwernisse im Lernprozess ergeben können. Nach freien Experimentierphasen sind in der Regel klare äußere Strukturierungshilfen sinnvoll und notwendig (z. B. Eingrenzung des Handlungsraums auf den Handtastraum, Strukturierungshilfen durch Sortierschälchen). Der Strukturierungsgedanke setzt sich bei Arbeitsmaterialien zur Ergebnisdokumentation fort (z. B. müssen Arbeitsblätter deutlich gegliedert sein), wobei die visuelle und haptische Kontrastierung grundlegend wichtig sind (z. B. Hervorhebungen durch Einsatz von Farbkontrasten und taktilen Markierungen). Individuell adaptierte Schwarzschrift (z. B. Großdruck) der Einsatz von vergrößernden Hilfsmitteln, die Verwendung von Brailleschrift oder auditiven Strategien (z. B. Arbeiten mit Sprachausgabe oder Aufnahmegeräten) können verschiedene, inklusive Erarbeitungs- und Dokumentationsmöglichkeiten sicherstellen.

> **Beispiel 2**
>
> Ein Schüler sortiert in Braille- und Schwarzschrift beschriftete Wortkärtchen auf einer deutlich strukturierten Kletttafel. Zusatzinformationen bekommt er auditiv über einen Vorlesestift.
>
> Auch hier wird deutlich, dass traditionelle Erarbeitungshilfen wie Ordnungsaufgaben mit unterschiedlich konkreten Materialien bis hin zu Arbeitsblättern, aber auch Versuche, gezielte und angeleitete Beobachtungen oder Befragungen und die Dokumentation der jeweiligen Ergebnisse auf einem Kontinuum erweitert werden können und müssen um Modi, die auch Schülerinnen und Schülern mit besonderen Potenzialen zugänglich und hilfreich sind.
>
>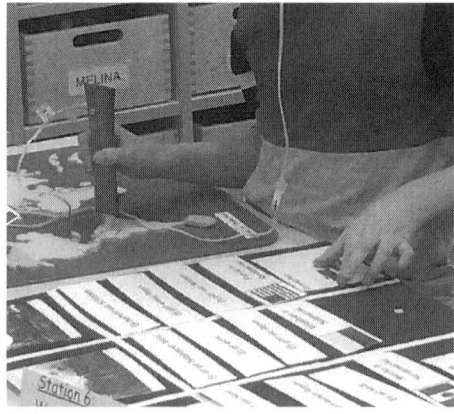
>
> **Abb. 4.3:** Beispiel 2

4.5.3 Gestalten/sich ausdrücken

Im Wechselspiel zwischen außen und innen manifestieren sich Informationen in einem fortschreitend zielgerichteten Verarbeitungsprozess zu individuellen Konstruktionen von Welt. Man kann sich das als eine Art inneren Gestaltungsprozess vorstellen. Könnten Wahrnehmungen noch eher flüchtig, zufällig und weiter nicht beachtet bleiben, kann der Lernprozess mit einem zweiten überlappenden Feld des Gestaltens davon unterschieden werden. Jetzt wird bewusster und zielgerichteter konstruiert, das Welterleben bekommt Gestalt. Dadurch wird es möglich, sich mit dem eigenen Konstrukt von Welt der Umwelt zu öffnen, sich auszudrücken, indem dem individuellen Weltkonstrukt gewissermaßen eine ›äußere‹ Gestalt gegeben wird.

Lernende Schülerinnen und Schüler sehen und unterstützen wir dabei, Schlüsse zu ziehen, Zusammenhänge herzustellen und darzustellen, eine vorläufige Meinung zu bilden, eigene Erkenntnisse so aufzubereiten, dass sie anderen mitgeteilt und für sie interessant werden können. Das ›Gestalten‹ umfasst dabei sowohl die Dokumentation von recherchierten Informationen als auch den freien Ausdruck in literarischen, künstlerischen, musikalischen oder auch szenischen Formen.

In einem inklusiven Unterricht mit blinden und sehbehinderten Schülerinnen und Schülern kann es für alle Kinder gewinnbringend sein, das Primat der Visualisierung kritisch zu hinterfragen. Visuelle Ausdrucksformen (z. B. Bilder oder Plakate) kommen bei komplexen und abstrakten Sachzusammenhängen an Grenzen (Lang 2019), so dass eine Ausweitung der Gestaltungsformen gleichermaßen Teilhabemöglichkeiten schafft und der Vielfalt an Weltkonstruktion gerecht wird.

Beispiel 3

Wie auch beim Informieren und Erarbeiten bieten digitale Medien als Werkzeuge beim Dokumentieren bzw. beim individuellen oder gemeinsamen Gestalten und Interpretieren von Erarbeitungsergebnissen besondere Chancen, da sie unterschiedliche Repräsentations- und Dokumentationsformen (Foto, Video, Ton, Bild, Zeichnung, Text) bereitstellen. So können z. B. am außerschulischen Lernort gezielt und spontan im Team von sehenden und blinden Schülerinnen und Schülern visuelle und auditive Aufnahmen gemacht und entsprechend kommentiert in einem elektronischen Buch für den Austausch oder eine Präsentation zusammengeführt werden.

Abb. 4.4: Beispiel 3

4.5.4 Präsentieren/sich mitteilen

Zwischen dem individuellen Gestalten und dem Kommunizieren gilt es sich mitzuteilen, seine Konstruktionen oder Ergebnisse zu präsentieren. Auch hierfür halten wir Methoden und Medien zur Unterstützung bereit.

Schülerinnen und Schüler sehen wir dabei, wie sie im Plenum oder in Gruppen vortragen, Plakate oder Präsentationen erstellen und zeigen, eigene analoge oder digitale ›Bücher‹, Ton- oder Filmdokumente gestalten und vorführen, Ausstellungen vorbereiten und begehen, Aufführungen machen oder gar eine Demonstration organisieren.

Die Chance für einen gelingenden gemeinsamen Unterricht liegt auch in diesem Bereich in der Vielfalt der Methoden und Medien. Für blinde und sehbehinderte Kinder können digitale Medien Teilhabebarrieren abbauen, wenn sich beispielsweise Schriftgröße und Kontrast anpassen lassen, Sprachausgabemöglichkeiten verfügbar sind oder Anschlussmöglichkeiten für Braillezeilen existieren. Analoge Medien können dual – sowohl visuell als auch haptisch – zugänglich sein.

Beispiel 4

Wenn ein blindes Kind seine spezifische Wahrnehmung einer Begegnung mit einem Tier im Zoo in Sprache gekleidet mit den sehenden Kindern der Klasse teilt und umgekehrt die sehenden das gemeinsam zugängliche Medium Sprache nutzen, um ihre visuellen Eindrücke mitzuteilen, dann wird jedes Kind wichtig und es besteht die Chance eine Gesprächskultur zu entwickeln, die weniger auf eine leistungs- oder vermeintlich wahrheitsorientierte Bewertung zielt, als vielmehr auf ein gemeinsames perspektivenerweiterndes Verstehen aus einer fragenden Grundhaltung heraus.

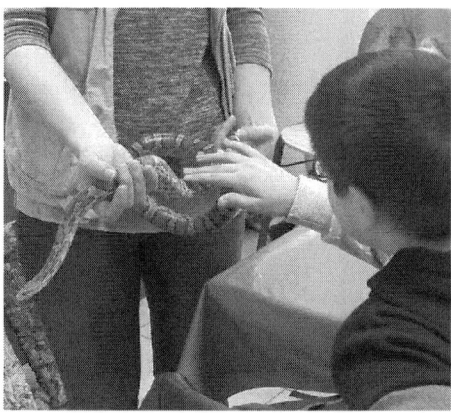

Abb. 4.5: Beispiel 4

4.5.5 Kommunizieren/sich verständigen

Zur notwendigen Verständigung über eine gemeinsame Welt und zur Prüfung der je eigenen Weltkonstruktionen auf ihre Tragefähigkeit und mögliche allgemeinere Gültigkeit hin, ist es unabdingbar, in Kommunikation zu treten. Erst im Austausch über individuelle Wissenskonstruktionen erfahren die Lernenden Bestätigung oder die Notwendigkeit einer Korrektur und können sich so über tragfähiges und intersubjektives Wissen, Können und Wollen verständigen und damit nachhaltige Handlungskompetenzen entwickeln. Im Aushandeln erleben sich die Lernenden aber auch als unverwechselbare Personen und gewinnen Identität.

Die Schülerinnen und Schüler sehen wir in regem Austausch, beim Argumentieren und Verhandeln. Sie vertreten und begründen eine eigene Meinung, sie stellen in Frage, nehmen andere Positionen wahr, schätzen sie, fragen nach, finden Kompromisse, fällen Entscheidungen und versichern sich ihrer Tragfähigkeit in der gemeinsamen Umsetzung.

Insbesondere kooperative Lernformen können in inklusiven Lernsettings dazu beitragen, die für gelingende Interaktionsprozesse notwendige Sozialkompetenz aufzubauen. Schülerinnen und Schüler mit sehr heterogenen Lernvoraussetzungen tauschen sich hierbei über einen Lerngegenstand aus, begegnen sich dabei aber auch auf der personalen Ebene und erfahren einander als wichtige und notwendige Teile des Ganzen (Borsch 2015). Mitunter können sich im gemeinsamen Unterricht mit blinden und sehbehinderten Schülerinnen und Schülern Anpassungen der Gesprächsregeln (z. B. Aufrufen mittels Namennennung statt durch Zeigen) ergeben, die jedoch leicht umsetzbar sind und keine Lerngruppe benachteiligen.

Beispiel 5

Drei Schülerinnen bzw. Schüler tauschen sich über erarbeitete Prinzipien einer artgerechten Tierhaltung aus und setzen diese gemeinsam an einem Modell zur Schweinehaltung konkret um. Auf der Grundlage zuvor auf unterschiedlichen Wegen erarbeiteter Informationen müssen die Schülerinnen und Schüler ihre daraus entwickelten Vorstellungen äußern und mit Blick auf das gemeinsame Ziel manifest abgleichen.

Abb. 4.6: Beispiel 5

4.5.6 Anwenden/üben

Und schließlich macht es Sinn, das, worauf man sich verständigt hat, was sich als tragfähig, als viabel herausgestellt hat, verfügbar zu machen und zu sichern. Dazu braucht es Übung und Anwendung. Kinder benutzen konsentierte Begriffe und sichern entwickelte Konzepte, prüfen sie bei der Anwendung auf neue Situationen oder Aufgaben, beschreiben und erklären Phänomene mit neuen Begriffen, erweitern damit ihre Wahrnehmungsmöglichkeiten, bestätigen ihre Weltdeutungen oder stellen sie erneut in Frage.

Unter Berücksichtigung der in den vorangegangenen Handlungsfeldern genannten inklusiven Perspektiven sehen wir Schülerinnen und Schüler mit und ohne Sehbeeinträchtigungen beim Üben mit Ordnungs-, Zuordnungs- oder Bezeichnungs- und Beschreibungsaufgaben und bei Versuchen, neue Phänomenimpulse einzuordnen und zu erklären, beim Anwenden von gewonnenen Erkenntnissen auf neue Aufgabenstellungen oder bei der Diskussion entsprechender Lösungsansätze.

Beispiel 6

Ein Schüler bearbeitet am Whiteboard ein Lernspiel zum Thema »Kornnatter«, bei dem er die zuvor an Lernstationen erworbenen Kenntnisse bei Zuordnungsaufgaben anwenden muss. Die Größe der visuellen Darstellung, unterstützt durch eine Vorlesefunktion der Textbestandteile, erlaubt es auch sehbehinderten Kindern diese Übung selbstständig durchzuführen, außerdem fordert das auffallende Medium zur Kooperation auf.

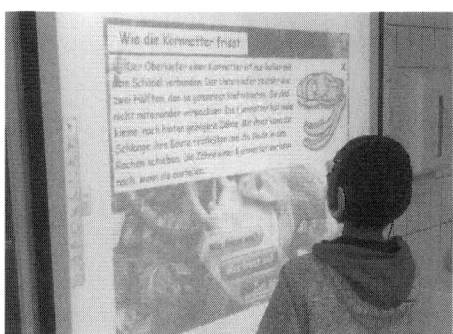

Abb. 4.7: Beispiel 6

4.6 Zur Funktion von Medien und Materialien im inklusiven Sachunterricht

4.6.1 Funktionen von Medien im sachunterrichtlichen Lehr-Lernprozess

Medien und Materialien haben im Sachunterricht verschiedene Funktionen, die sich wiederum entlang der Komponenten des sozialkonstruktivistischen Lernmodells beschreiben und unterscheiden lassen. Dies wurde schon in den Beispielen zur Illustration des Modells im letzten Abschnitt deutlich.

> »Medien sind »Mittler«, sie repräsentieren, verdeutlichen und transportieren gewissermaßen Sachverhalte und Meinungen. Im sachunterrichtlichen Kontext sind damit Gegenstände, Symbole oder »Sprachen«, Ausdrucks- und Kommunikationsmittel gemeint, die den Kindern helfen, ihre Welt zu verstehen (Medien erschließen Phänomene, verdeutlichen Zusammenhänge, machen Unzugängliches zugänglich) und zu gestalten (Medien helfen, Vorstellungen und Erkenntnisse auszudrücken, festzuhalten, mitzuteilen und zu diskutieren).« (Gervé 2013, 59)

Wir können über Medien *Wahrnehmungen* unterstützen (›Lupenfunktion‹) oder gar erst möglich machen, wenn ›Originale‹ nicht zugänglich oder direkte Begegnungen mit ihnen zu gefährlich sind. Sie werden einerseits als *Informationsquellen* (Schülerinnen und Schülermaterial) und andererseits als flexibel einzusetzende offene Impulse (eher Material für Lehrkräfte) eingesetzt. Sie haben hier eher Repräsentations- oder Werkzeugcharakter. Mit medial gestützten Aufgaben, Anleitungen und

Struktur gebenden Arbeitsmaterialien lassen sich Recherche-, Dokumentations- und Gestaltungsprozesse so unterstützen, dass sie von Schülerinnen und Schülern im Sinne eines entdeckenden oder forschenden Lernens selbstständiger durchgeführt werden können. Für das gezielte *Erarbeiten* können über Medien differenzierte Aufgaben, Lösungshilfen und strukturierte Anleitungen oder auch Tutorials in die Hand der Schülerinnen und Schüler gegeben werden. Medial gestützte Scaffolding-Impulse helfen Kindern auf ihren individuellen Lernwegen. Zur Unterstützung für das *Gestalten* wäre es möglich, entsprechende *Dokumentation*shilfen in Form von Vorlagen oder Mustern anzubieten (Material für Schülerinnen und Schüler) oder Beispiele für Ausdrucksformen bereitzustellen (ehe Material für Lehrkräfte). Schließlich können Medien genutzt werden, um Arbeitsergebnisse zu *präsentieren* und anderen damit zugänglich zu machen, was wiederum Voraussetzung für eine *kommunikative Auseinandersetzung* ist. Auch für diese lassen sich ggf. Medien einsetzen, um z. B. orts- und zeitunabhängige Formen zu realisieren.

4.6.2 Medien im Kontext von Sehbehinderung und Blindheit

Die Grundlegenden Funktionen von Medien gelten gleichermaßen auch für Lernprozesse blinder und sehbehinderter Schülerinnen und Schüler. An dieser Stelle soll auf Aspekte fokussiert werden, die insbesondere im Unterricht mit blinden und sehbehinderten Schülerinnen und Schülern wesentlich sind, damit Medien die genannten Funktionen tatsächlich erfüllen können. Einer dieser Faktoren betrifft beispielsweise den Zeitpunkt des Medieneinsatzes im Verlauf einer Unterrichtsthematik. Die Lehrkraft muss entscheiden, welche Informationen vorab notwendig sind oder welche (Strukturierungs-)Hilfen benötigt werden, damit der Umgang mit dem Medium gelingt und Gliederungsmerkmale oder Funktionsprinzipien erkennbar werden. Ein grundlegender Gelingensfaktor für einen sinnvollen Medieneinsatz liegt in Aspekten der Wahrnehmung. Zunächst muss das Medium taktil, optisch und gegebenenfalls akustisch so gestaltet sein, dass die relevanten Informationen durch die entsprechende haptische und visuelle Exploration bzw. über auditive Strategien wahrnehmbar sind. Beispielsweise müssen Mindestanforderungen hinsichtlich Farbkontrast, Objektgröße, Höhenunterschied und Abstand taktiler Linien oder texturaler Kontraste erfüllt sein (vgl. Lang 2017a, 213 ff). Die Informationsentnahme sollte so einfach und eindeutig wie möglich erfolgen können. Betont werden muss, dass die Informationsentnahme nicht nur von den Eigenschaften des Lehrmittels abhängt, sondern in ganz erheblichem Maße von den Wahrnehmungsfähigkeiten der Schülerin oder des Schülers. Verfügt sie oder er über die zur Informationsaufnahme notwendigen Explorationsstrategien (z. B. visuelle Suchstrategien oder für die haptische Exploration beidhändiges Umschließen und Umfahren, Konturen entlangtasten etc.)? Medium und Wahrnehmungsmöglichkeiten müssen demnach aufeinander abgestimmt sein. Die Wahrnehmungstätigkeit wiederum schließt kognitive Aspekte der Hypothesenbildung und der Interpretation unmittelbar mit ein. Diese sind unter Anderem abhängig von persönlichen Erfahrungen, von Intelligenz oder vom Zeitpunkt der Erblindung bzw. vom Vorhandensein visueller Vorerfahrungen. Diese wahrnehmungs- und kognitionspsychologischen Aspekte bedingen die Medienauswahl bzw. die Herstellung von Lehrmitteln.

4.6 Zur Funktion von Medien und Materialien im inklusiven Sachunterricht

Da sich systematische Explorationshandlungen und ein hypothesengeleitetes Erkunden von Objekten nicht von selbst entwickeln, sondern erlernt werden, müssen diese Aspekte insbesondere beim Einsatz von Veranschaulichungsmedien mit bedacht werden. Kinder und Jugendliche brauchen unter Umständen noch Hilfestellungen beim Erkunden, beispielsweise in Form von Hinweisen zum Einsatz beider Hände, um die Dimension eines Objektes erfassen zu können. Suchaufgaben nach zuvor konkret beschriebenen Einzelheiten und Merkmalen können die Wahrnehmungstätigkeiten ebenfalls systematisieren und hierdurch ein welterschließendes Lernen unterstützen.

Beispiel 7

Eine Schülerin ertastet ein am 3D-Drucker erstelltes Modell des Skeletts eines Schlangenkopfes und gelangt nach einer spontan explorativen Phase (*wahrnehmen*) über gezielte Fragestellungen und ergänzende Informationen im Text- und Audioformat über einen Lesestift (*erarbeiten*) zu Erkenntnissen über Nahrung, Jagdverhalten und Nahrungsaufnahme der Schlange.

Das Arbeitsergebnis kann auf einen Lesestift aufgesprochen (*dokumentieren*), sprachlich und ggf. mit Geräuschen illustriert (*gestalten*) und über einen Sticker neben einer tastbaren Reliefabbildung anderen z. B. im Rahmen eines ›Museumsrundgangs‹ durch unterschiedliche Ergebnisdarstellungen zugänglich (*präsentieren*) und damit auch ›verhandelbar‹ (*kommunizieren*) gemacht werden.

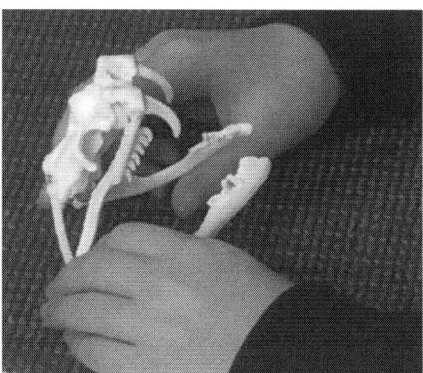

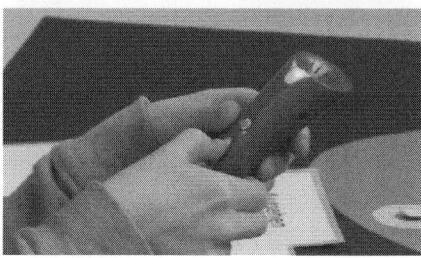

Abb. 4.8: Beispiel 7

4.6.3 Medien für einen inklusiven Sachunterricht

Für einen inklusiven Sachunterricht eröffnen Medien und Materialien Wege einer sehr breiten Inhalts-, Ziel- und Methodendifferenzierung, um Kindern mit ganz unterschiedlichen Voraussetzungen und Potenzialen einen je individuell angepassten Zugang zu den ›Sachen‹ zu ermöglichen. Dazu sind multimodale Repräsentationsformen zu nutzen und jeweils sprachsensibel zu gestalten, sowohl für die Informationspräsentation als auch für die individuelle und kommunikative Erkundung und Auseinandersetzung. Gerade die Kommunikationsprozesse sind dann aber der eigentliche Schlüssel zur Inklusion und bilden gleichzeitig die größten Herausforderungen für die Medienentwicklung. Medien für den inklusiven Sachunterricht müssen so gestaltet sein und eingesetzt werden, dass sie einerseits von den einzelnen Kindern in ihrer ganzen Unterschiedlichkeit und Einzigartigkeit genutzt werden können, ihnen Struktur geben und Offenheit für ihre Individualität schaffen, um sich die Welt möglichst eigenständig erschließen zu können. Andererseits sollten Medien Aufforderung und stützende Strukturen in sich tragen, die explizit auf Kommunikation und Vergemeinschaftung von Welterleben und Welterfahrung zielen. Inklusion meint immer beides, das Stärken individueller Weltzugänge und das gemeinschaftliche Gestalten einer vielfältigen Welt im Sinne des Diversitätsgedankens. Für den Sachunterricht heißt das, den Unterricht so zu gestalten, dass jede Schülerin und jeder Schüler teilhaben kann und Teil des gemeinschaftlichen Lernens wird.

Literatur

Borsch, F. (2015): *Kooperatives Lernen. Theorie – Anwendung – Wirksamkeit.* 2. überarbeitete und erweiterte Auflage. Stuttgart.
Brambring, M. (2005): Divergente Entwicklung blinder und sehender Kinder in vier Entwicklungsbereichen. *Zeitschrift für Entwicklungspsychologie und Pädagogische Psychologie 37,* 173–183.
Dewey, J. (1994): *Erziehung durch und für Erfahrung.* Stuttgart.
Fisseler, B. (2015): Universal Design im Kontext von Inklusion und Teilhabe – Internationale Eindrücke und Perspektiven. *Recht & Praxis der Rehabilitation 2/2015,* 45–51.
Fröhlich, A. (2018): Sein oder Haben. Eine Einführung. In: W. Lamers (Hrsg.): *Teilhabe von Menschen mit schwerer und mehrfacher Behinderung an Alltag, Arbeit, Kultur.* Oberhausen, 15–20.
Gervé, F. (2008): Lernen mit Medien – Lernen vor Ort. In: K. Burk, M. Rauterberg & G. Schönknecht (Hrsg.): *Schule außerhalb der Schule. Lehren und Lernen an außerschulischen Orten.* Frakfurt/M.
Gervé, F. (2009): Materialien für den Sachunterricht. *Die Grundschulzeitschrift 23,* Heft 230, 34–38.
Gervé, F. (2013): Medien im Sachunterricht. In: E. Gläser & G. Schönknecht (Hrsg.): *Sachunterricht in der Grundschule. entwickeln – gestalten – reflektieren.* Frankfurt/M., 58–77.
Gervé, F. (2014): Individualisiertes und gemeinschaftliches Lernen im Sachunterricht kompetenzorientiert gestalten. In: H.-J. Fischer, H.-J., Giest, H. & Peschel, M. (Hrsg.): *Förderliche Lernsituationen und kompetenzorientierte Aufgabenkultur.* Bad Heilbrunn, 45–52.

Gervé, F. (2016): ICT im Sachunterricht. Impulse für Forschung und Entwicklung. In: M. Peschel (Hrsg.): *Mediales Lernen. Beispiele für eine inklusive Mediendidaktik*. Baltmannsweiler, 35–51.

Gervé, F. (2020 im Druck): Verstehen dürfen – handeln können – verantworten wollen. In: T. Billion-Kramer (Hrsg): *Wirksamer Sachunterricht*. Baltmannsweiler.

GDSU (Gesellschaft für Didaktik des Sachunterrichts e.V.) (2013): *Perspektivrahmen Sachunterricht*. Bad Heilbrunn.

Hecker, W. (2004): Warum eine spezielle Frühförderung für sehgeschädigte Kinder? *blind-sehbehindert 124*, 3–13.

Heller, S. (1886): Das Prinzip der Wechselwirkung in der Blindenschule. In: Congress-Comité (Hrsg.): *Verhandlungen des V. Blindenlehrer-Congresses in Amsterdam, am 3, 4, 5, 6 und 7 August, 1885*. Amsterdam, 131–143.

Kahlert, J. (2016): *Der Sachunterricht und seine Didaktik*. 4. Auflage. Bad Heilbrunn.

Kaiser, A. & Seitz, S. (2017): *Inklusiver Sachunterricht. Theorie und Praxis. Basiswissen Grundschule Band 37*. Baltmannsweiler.

Klafki, W. (1992): Allgemeinbildung in der Grundschule und der Bildungsauftrag des Sachunterrichts. In: R. Lauterbach, W. Köhnlein, K. Spreckelsen & E. Klewitz (Hrsg.): *Brennpunkte des Sachunterrichts*. Kiel, 11–31.

Köhnlein, W. (2012): *Sachunterricht und Bildung*. Bad Heilbrunn.

Lang, M. (2019): Grenzen der Visualisierung. Das inklusive Potential des Atom-Begriffs. In: B. Drolshagen, M. Schnurnberger (Hrsg.): *Sehen in Kontexten. Perspektiven auf Wahrnehmung, Sehbeeinträchtigung und Blindheit. Festschrift für Renate Walthes*. Würzburg, 187–192.

Lang, M. (2017a): Inhaltsbereiche und konkrete Ausgestaltung einer spezifischen Didaktik des Unterrichts mit blinden und hochgradig sehbehinderten Schülerinnen und Schülern. In: M. Lang, U. Hofer & F. Beyer: *Didaktik des Unterrichts mit blinden und hochgradig sehbehinderten Schülerinnen und Schülern. Band 1: Grundlagen*. 2., überarbeitete Auflage. Stuttgart, 174–227.

Lang, M. (2017b): Wahrnehmungsförderung und Begriffsbildung als fächerübergreifende Prinzipien des Unterrichts mit blinden und hochgradig sehbehinderten Kindern und Jugendlichen. In: M. Lang, U. Hofer & F. Beyer: *Didaktik des Unterrichts mit blinden und hochgradig sehbehinderten Schülerinnen und Schülern. Band 1: Grundlagen*. 2., überarbeitete Auflage. Stuttgart, 228–275.

Montessori, M. (1952): *Kinder sind anders*. Stuttgart.

Nießeler, A. (2020): *Kulturen des Sachunterrichts. Bildungstheoretische Grundlagen und Perspektiven der Didaktik*. Baltmannsweiler.

Pech, D., Schomaker, C. & Simon, T. (Hrsg.) (2019): *Inklusion im Sachunterricht*. Bad Heilbrunn.

Schlüter, A.-K., Melle, I. & Wember, F. (2016): Unterrichtsgestaltung in Klassen des Gemeinsamen Lernens. Universal Design for Learning. *Sonderpädagogische Förderung heute 61*, 270–285.

Schulte, F., Kurnitzki, S, Lütje-Klose, B. & Miller, S. (2019): Mikroprozesse im inklusionsorientierten Sachunterricht. In: D. Pech, C. Schomaker & T. Simon (Hrsg.) (2019): *Inklusion im Sachunterricht*. Bad Heilbrunn, 21–35.

Wagenschein, M. (1980): *Naturphänomene sehen und verstehen*. Stuttgart.

Warren, D. H. (1994): *Blindness and children. An individual differences approach*. Cambridge.

5 Veranschaulichung in naturwissenschaftlichen Kontexten: Gestaltung konkret

Silvia Brüllhardt & Ursula Hofer

5.1 Taktile und visuelle Veranschaulichung

Wie können blinde und hochgradig sehbehinderte Menschen Objekte und Situationen ihrer Umwelt erkennen, wenn diese zu groß, zu weit entfernt oder aber zu klein und zu fragil sind, um sie taktil oder visuell wahrzunehmen? Ihren Wahrnehmungsbedingungen angepasste Veranschaulichungen ermöglichen es ihnen, sich ein Bild von einfachen wie von komplexen Objekten, Situationen und Räumlichkeiten zu machen. Handelt es sich beim Objekt um einen Apfel, ist dies sehr einfach: der Apfel lässt sich ertasten, riechen, schmecken. Dazu braucht es keine zusätzliche Veranschaulichung. Handelt es sich aber um den Apfelbaum oder um eine Apfelbaumplantage, können Veranschaulichungen ein umfassendes und differenziertes Erfassen unterstützen. Dabei kann es sich um ein Modell, ein per Vakuumtiefziehverfahren hergestelltes Relief oder eine Quellkopie handeln. Während das Modell dreidimensional und räumlich ist, sind Relief und Quellkopie tastbare Anpassungen einer Zeichnung oder Grafik. Beim Relief sind verschiedene Tasthöhen in unterschiedlicher Farbigkeit oder Textur darstellbar, bei der Quellkopie beschränkt sich dies auf einen Höhenunterschied in Schwarz-Weiß mit verschiedenen Texturen. Nachfolgend werden die genannten Veranschaulichungen vorgestellt, die Herstellung und das Material samt jeweiliger Vor- und Nachteile werden erläutert.

Sowohl das Relief als auch die Quellkopie beruhen auf einer visuellen Veranschaulichung. Dabei handelt es sich um eine Grafik, die als Grundlage der taktilen Anpassung erstellt wird. Die grafische Darstellung des Sachverhalts berücksichtigt Prinzipien, welche ebenfalls für visuelle Veranschaulichung gelten. In der Herstellung von visuellen wie von taktilen Veranschaulichungen gelten grundsätzlich vergleichbare Gestaltungsprinzipien. Dies wird nachfolgend erläutert.

5.1.1 Das Modell

Modelle eignen sich für die Vermittlung von komplexen Zusammenhängen, so zum Beispiel Formen und Dimensionen von Gebäuden und deren räumliche Anordnungen. Im Bahnhof lassen sich Anlage und Zugänge zu Gleisen und Bahnsteigen gut anhand eines Modells erklären. Dies gilt auch für ein Schulgelände, wo die verschiedenen Gebäude, Wege und Plätze in ihren räumlichen Anordnungen und Bezügen zueinander darstellbar sind.

Vorteile: Großräumige Anlagen lassen sich dimensional verkleinern, so dass eine taktile Erfassung des Ganzen möglich ist. Sehr kleine Dinge, wie z. B. ein Insekt oder der Bauplan einer Blüte werden in dimensionaler Vergrößerung wahrnehmbar und verstehbar.
Nachteile: Die Herstellung von Modellen ist aufwändig, zeit- und kostenintensiv.

Abb. 5.1: Holzmodell eines Schulgeländes

Ergänzend lassen sich einzelne Objekte aus Spielwarenangeboten als Modelle nutzen. Verschiedene Spielzeughersteller haben ein vielfältiges Sortiment vom Bauernhof über das Feuerwehrauto bis zur Tankstelle, welches sich zur Veranschaulichung verschiedenster Themen eignet. Anhand eines Puppenhauses lässt sich der Aufbau eines Hauses, seiner Räume sowie deren Funktionen und Zugänglichkeiten vermitteln. Aus Legosteinen lassen sich einfache Modelle wie auch komplexe Situationsmodelle, so z. B. eine Schulanlage darstellen.

5.1.2 3D-Druck

Mittels 3D-Druck lassen sich realitätsnahe, einfache wie auch komplexe Modelle zur Veranschaulichung von Objekten und Phänomenen herstellen. Mittels dieses relativ neuen Verfahrens kann zeitnah eine große Stückzahl von Objekten selbst hergestellt werden. So können mehrere Schülerinnen und Schüler gleichzeitig und individuell damit arbeiten. Da die Technik des 3D-Drucks preisgünstig und effizient ist, können damit hergestellte Modelle je nach Bedarf detailgerecht besonderen Unterrichtsthemen und Aufgabenstellungen entsprechen (Kalina 2015).

3D-Druck bietet viele Vorteile. Sind die Druckvorlagen bereit, ist die Herstellung von Modellen, einzeln oder seriell, einfach und preiswert. Zudem sind Vorlagen in großer Auswahl im Internet abrufbar. Die beim 3D-Druck verwendbaren Materialien – bisher meist Kunststoff – haben an Vielfalt gewonnen.

5.1.3 Das Relief

In traditioneller Produktionsart, wird ein Relieforiginal mittels unterschiedlichster Materialien erstellt. Von diesem Original lassen sich im Vakuumtiefziehverfahren unbegrenzt viele Plastikabzüge (sogenannte Tiefzüge) herstellen. Sind die Plastikabzüge aus durchsichtigem Material, lassen sich die farbigen Grafiken darunter montieren, was gleichzeitig visuelle wie taktile Erfassung ermöglicht.

Reliefs eignen sich für komplexe schematische Darstellungen wie zum Beispiel Landkarten.

Vorteile: Wie beim Modell lassen sich verschiedene Niveaus darstellen. Mittels Plastiktiefzug können Reliefs beliebig vervielfältigt werden.

Nachteile: Die Plastikabzüge sind als Tastmaterial nicht bei allen Nutzenden beliebt. Sie reduzieren die materielle Vielfalt des Originals auf ein einziges Material. Die Herstellung des Relieforiginals ist aufwändig und zeitintensiv.

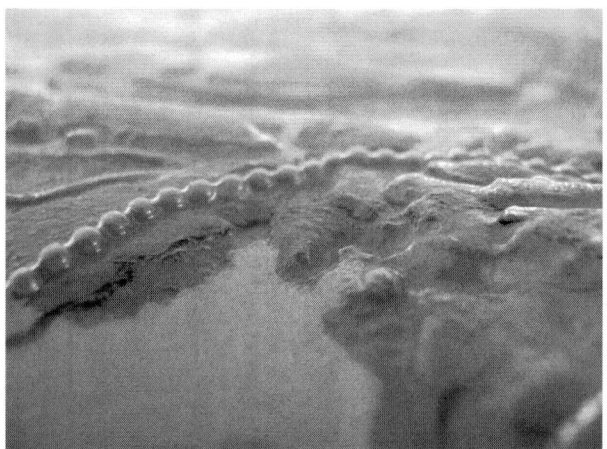

Abb. 5.2: Physikalisches Relief von Italien (Ausschnitt)

5.1.4 Die Quellkopie

Eine Quellkopie lässt sich mit in Hilfsmittelshops erhältlichem Quellpapier erstellen. Als Ausgangsdarstellung erforderlich ist eine Schwarz-Weiß-Grafik ohne Graustufen, welche mittels Laserdrucker auf das Quellpapier kopiert wird. Die Kopie wird mit einem speziellen Wärmegerät (Fuser) erhitzt, wodurch die schwarzen Teile der Grafik aufquellen und um ca. 1 mm erhöht werden.

Die Quellkopie eignet sich für einfache schematische Darstellungen. So könnte damit zum Beispiel der Kreislauf der Befruchtung des Apfelbaumes dargestellt werden.

Vorteile: Quellkopien sind einfach und schnell herstellbar und sie eignen sich gut für Schemata und Grafiken. Aufgrund ihrer handlichen Größe sind sie in Lernmate-

rialien integrierbar und lassen sich in Ordnern aufbewahren. Sie können als Verbrauchsmaterial abgegeben werden aufgrund ihrer preisgünstigen Herstellung.
Nachteil: Mit Quellkopien lassen sich nur zwei Höhenniveaus darstellen und sie sind beschränkt auf Schwarz-Weiß-Darstellungen. Quellkopien weisen rasch Gebrauchsspuren auf, weshalb sie nicht sehr langlebig sind (Aldrige & Bochsler 2019).

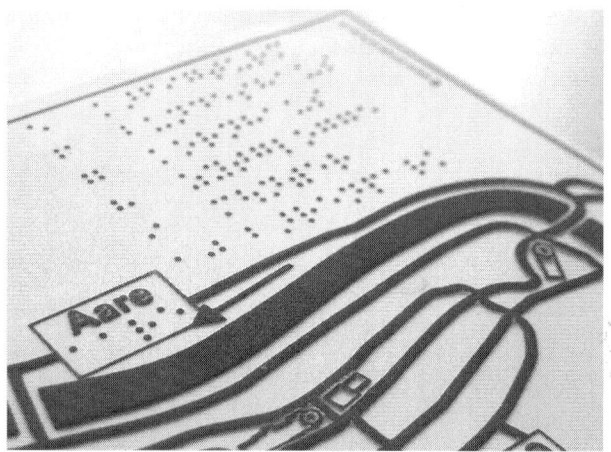

Abb. 5.3: Quellkopie Plan Altstadt von Bern

5.2 Gestaltungsprinzipien für visuelle und taktile Veranschaulichung

Die Vorlage für die taktile Veranschaulichung soll eine vereinfachende Zeichnung oder Grafik sein, keine Fotografie. Es ist darauf zu achten, dass die Darstellung nicht zu viele Einzelheiten enthält, weil diese zum Verlust des Überblicks führen können.

Für illustrierende Gestaltungen können prägnante Merkmale des Darzustellenden besonders betont, allenfalls sogar übertrieben dargestellt werden. Als Beispiel sei die Sonne mit dem Strahlenkranz genannt. Auch sehende Kinder erkennen eine solche Darstellung sofort als Sonne, weil diese ein Symbol der Sonne darstellt, ob visuell oder taktil wahrzunehmen.

Bei der Gestaltung und der Herstellung einer taktilen Veranschaulichung wie Modell, Relief und Quellkopie, müssen verschiedene Aspekte beachtet und gewisse Regeln eingehalten werden. Einerseits muss bereits bei der Gestaltung der Vorlage, das Augenmerk auf die spätere Umsetzung gelegt werden, andererseits müssen beim ›Bauen‹ des Reliefs ebenfalls verschiedene Gesichtspunkte berücksichtigt werden. Die Vorlagen für taktile Veranschaulichungen sind in vielen Belangen identisch mit denjenigen für visuelle. Nachfolgend werden Prinzipien aufgeführt, die bei visuellen und taktilen Umsetzungen zu beachten sind. Unterscheiden sie sich, wird speziell darauf hingewiesen.

Systematik und Komplexität

Die grafische Vorlage soll einen systematischen Aufbau aufweisen und sich auf das Wesentliche konzentrieren. Ist der Informationsgehalt einer Grafik zu hoch, stehen die Informationen in Konkurrenz zueinander, was das Verstehen erschwert. Komplexe Sachverhalte gilt es zu vereinfachen.

Abstand und Höhenunterschied

Die Abstände von Linien und Flächen zueinander sollten mindestens 2 mm betragen, damit sie taktil als getrennt wahrnehmbar sind. Für Höhenunterschiede in flächigen Darstellungen gilt als Minimum eine Differenz von 1 mm (Hohn 1982).
 Bei visuellen Umsetzungen sollten Flächen und Linien mindestens einen Abstand von 1 mm aufweisen. Je nach Darstellung ist es aber besser, die Abstände zu vergrößern, damit kein ›Zusammenfließen‹ von Objekten und Informationen erfolgt.

Fläche

Darstellungen von Objekten anhand von Umrisslinien sind visuell fassbar. Als vereinfachende Abstraktion können sie das Erkennen unterstützen. Tastend lassen sich jedoch in Objekterkundungen in aller Regel nicht Umrisslinien, sondern Flächen erfassen. In taktilen Veranschaulichungen konkreter Objekte (Baum, Auto, Tier) sind demzufolge primär flächige Darstellungen zu wählen. Linien können in Darstellungen mit hohem Abstraktionsgrad, wie z. B. bei geometrischen Flächen, Symbolen aber auch in politischen Landkarten genutzt werden. Bei gleichzeitiger Nutzung von Texturen ist deren Unterscheidbarkeit besonders zu beachten.
 In visuellen Veranschaulichungen kann eine, die Fläche begrenzende Kontur das Wahrnehmen unterstützen, so z. B. bei Darstellungen mit wenig ausgeprägten Farb- oder Helligkeitskontrasten.

Textur

Werden verschiedene Texturen eingesetzt, müssen diese taktil wie auch visuell gut unterscheidbar sein. Zur Darstellung von Formen und Objekten (Figur) sind grundsätzlich Texturen zu bevorzugen, während der umgebende Hintergrund als glatte Fläche zu gestalten ist.

Perspektive

Die Veranschaulichung von Objekten soll in möglichst typischer Ansicht erfolgen. Tiere sind besser im Profil erkennbar als aus der Frontalansicht. Perspektivische Darstellungen sind nicht geeignet für taktile Veranschaulichungen, weil Perspektiven sich nur in visueller Wahrnehmung ergeben. Die Ansicht einer Allee ist eine typische perspektivische Darstellung. Das visuell vertraute Phänomen der nach hinten sich verschmälernden Straße und der stetig kleiner werdenden Bäume ist in taktiler Wahrnehmung so nicht erkennbar.

Farbe

Farbige Abbildungen werden in taktilen Veranschaulichungen mit unterschiedlichen Texturen (s. oben) dargestellt. Erkennen und Unterscheiden von Farben beruht auf deren unterschiedlichen Farb- und Helligkeitswerten. Rot und gelb unterscheiden sich eindeutig aufgrund ihrer Farbwerte, können jedoch gleiche Helligkeitswerte aufweisen. Werden aufgrund einer funktionalen Sehbeeinträchtigung Farben nicht erkannt, lassen sie sich dennoch unterscheiden aufgrund ihrer Helligkeitswerte. Eine Überprüfung der Farbgebung anhand einer Schwarz-Weiß-Kopie zeigt an, ob und wie sich Helligkeitskontraste wahrnehmen lassen.

Grundsätzlich ist die Verwendung von Rot und Grün in der gleichen Abbildung, wenn möglich zu vermeiden, da deren Unterscheidbarkeit bei Farbenfehlsichtigkeit relativ oft beeinträchtigt ist. Generell sind komplementäre Farben – also Farben, die im Farbkreis vis-à-vis liegen – schwieriger zu unterscheiden, weil sich auch ein sogenannter Flimmereffekt ergibt. Komplementäre Farben sind Rot-Grün, Orange-Blau, Gelb-Violett, Pink-Hellgrün.

Format

Grundsätzlich sollte die taktile Darstellung nicht größer sein, als die Größe des Tastraumes. Der Tastraum liegt zwischen den angewinkelten und ausgebreiteten Armen. Das heißt, dass dieser Raum bei einem Kind (je nach Alter) kleiner ist, als bei einer erwachsenen Person, wo er ca. 80 x 60 cm beträgt. Die taktile Veranschaulichung soll erfasst werden können, ohne dass sich die Person räumlich verschieben muss (Hohn 1990).

Wird das Relief des Quartiers auf einen Rundgang mitgenommen, ist es praktisch, wenn es nicht größer ist als Format Din A3.

Ist die taktile Veranschaulichung für ein Buch bestimmt, bewährt sich die Normgröße von DIN A4. Die Karte Europas lässt sich allerdings kaum auf dieses Format herunterbrechen, weil die einzelnen Länder so zu klein würden.

Ob die Veranschaulichung im Hoch- oder Querformat aufgebaut ist, bestimmt grundsätzlich der Inhalt. So ist es sinnvoller, in der Darstellung eines Baumes das Hochformat zu verwenden. Allerdings kann der Wechsel innerhalb eines Buches von Quer- auf Hochformat und umgekehrt verwirren, weil er tastend nicht sofort erkannt werden kann.

Visuelle Veranschaulichungen sollten nicht größer als Format A3 sein, um das Überblicken möglichst zu gewährleisten.

Legende

Zum Lesen eines taktilen Stadtplans ist es am einfachsten, wenn Beschriftungen in Brailleschrift im Plan enthalten sind. Aus Platzgründen werden dafür meist Abkürzungen, Nummerierungen oder Symbole genutzt. Diese werden mit den zugehörigen Bezeichnungen als Legende links, ober- oder unterhalb des taktilen Planes eingefügt.

Bei der Beschriftung im Plan ist darauf zu achten, dass die Schrift genügend Abstand zu den Linien und Flächen aufweist, damit die Begrenzungen taktil nachvollziehbar bleiben (Aldrige 2019).
Gleiche Prinzipien gelten für die Beschriftung visueller Veranschaulichungen.

Aufbaurelief

Aufbaureliefs werden dann eingesetzt, wenn das Darzustellende sehr komplex und vielfältig ist, wie bei Landkarten, welche neben geografischen, topografischen und politischen Inhalten, auch die Darstellung von Verkehrsnetzen etc. enthalten. In diesem Fall werden die verschiedenen Inhalte auf mehrere Reliefs aufgeteilt und isoliert veranschaulicht, um den Überblick und die Erfassung der einzelnen Informationen zu gewährleisten. (Hohn, 1990).

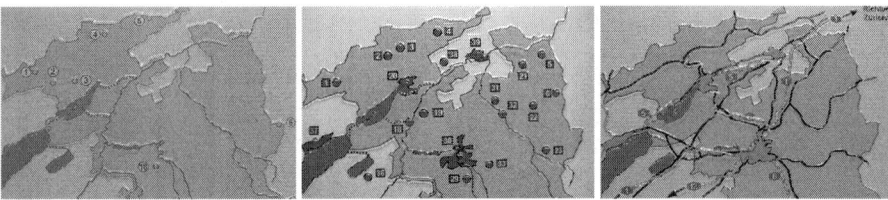

Abb. 5.4: Aufbaurelief Kanton Bern (Berge, Ortschaften, Verkehrsnetz)

5.3   Materialien für die taktile Veranschaulichung

Grundsätzlich wird unterschieden, ob es sich um eine taktile Darstellung handelt, die direkt verwendet wird, oder um ein Reliefibriginal, welches mittels Plastiktiefzug vervielfältigt wird. Ein Relief, welches direkt verwendet wird, kann zum Beispiel aus Holz sein. Die vervielfältigten Plastikreliefs sind monoton in ihrer taktilen Qualität, jedoch wesentlich strapazierfähiger als die Originale aus Karton, Stoff, Schnur und anderen Materialien.

5.3.1 Materialien für Relieforiginale

Die Wahl der Materialien für Relieforiginale wird wesentlich durch Fragen der Erhältlichkeit im Handel und durch ihre Kosten bestimmt.

Häufig genutzte Materialien sind:

- Karton als Träger oder als Material für einzelne Formen
- Flugzeugsperrholz (dünnes Sperrholz) als Träger und für Formen
- Holz als Träger oder als Material für einzelne Formen
- Schleifpapier und Sand für Texturen
- Gitternetze für Texturen
- Schnüre und Ketten für Linien
- Polsternägel für Symbole.

Abb. 5.5: Ausschnitt von Relieforiginal des Bahnhofs Bern (Karton, Holz, Schnur, Polsternägel, Schleifpapier, Draht)

5.3.2 Materialien für Reliefabzüge

Um gemeinsames Lernen und Arbeiten zu ermöglichen, werden taktile und visuelle Veranschaulichungen kombiniert angeboten.

Werden die Relieforiginale mit durchsichtiger Plastikfolie tiefgezogen, lassen sie sich über die farbige visuelle Version montieren. Als Alternative dazu lässt sich die weiße Tiefzugfolie mittels des Siebdrucks farbig bedrucken.

5.3.3 Materialien für Reliefunikate

Der Vorteil gegenüber Plastikreliefs besteht in den Reliefunikaten in der größeren materiellen Vielfalt. Insbesondere für jüngere Kinder bietet diese Variante vielfältige

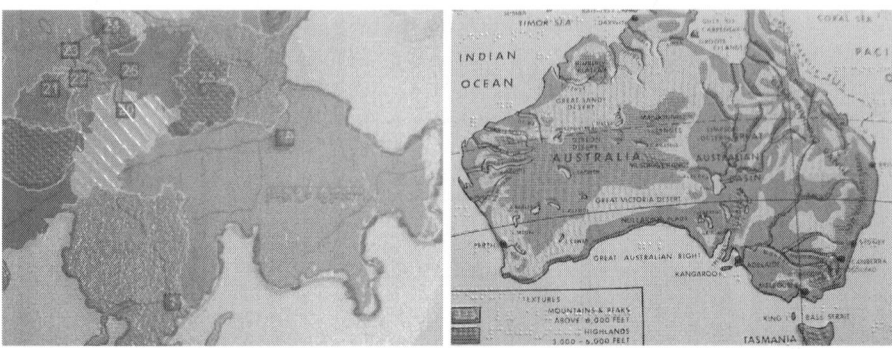

Abb. 5.6: Links: tiefgezogene Plastikfolie über der farbigen Version; rechts farbig bedruckte Tiefzugfolie (Detail)

Tastanreize. Taktile Kinderbücher werden deshalb oft als Unikate hergestellt. Grundsätzlich eignet sich jegliches Material wie Karton, Stoff, Filz, Schnur, Draht, Knöpfe, härtendes Knetmaterial, Konturenpaste, Kork usw. dafür. Ein wesentlicher Nachteil besteht allerdings im Preis: Unikate sind wesentlich teurer als Abzüge.

5.4 Veranschaulichungen für verschiedene naturwissenschaftliche Fachbereiche

Wann welche Art der Veranschaulichung gewählt wird, ist abhängig vom Fachbereich, vom Inhalt und dessen Komplexität, der verfügbaren Zeit, den fachlichen Voraussetzungen und der taststrategischen Sicherheit der Schülerinnen und Schüler. In Fächern wie Geografie, Biologie, Geschichte oder Mathematik können taktile Veranschaulichungen das Verstehen von Sachverhalten besonders unterstützen.

Die Inhalte in diesen Fächern werden je nach Lehrplänen und Lehrmitteln sehr unterschiedlich ausgewählt, angeboten und vernetzt. Oft sind sie zudem einem schnellen Wandel in ihrer Gewichtung unterworfen. Dennoch sind Veranschaulichungen gerade in diesen Fachbereichen bedeutsam. Quellkopien werden deshalb vielfach den in der Herstellung aufwändigen Reliefs vorgezogen. Quellkopien sind außerdem immer gleichzeitig taktil wie visuell nutzbar und sie lassen sich in Lernmedien integrieren – im Gegensatz zu Reliefs und Modellen.

5.4.1 Geografie und Geschichte

Relief und Modell-Darstellungen eignen sich für diesen Bereich besonders gut, da meistens relativ komplexe Inhalte zu vermitteln sind. Diese lassen sich in einer Quellkopie nur bedingt angemessen darstellen. Für geografische wie politische Karten bewähren sich Reliefs, weil sich darin verschiedene Ebenen und Strukturen problemlos darstellen lassen. Das nachfolgende Beispiel zeigt eine Europakarte als tastbares Relief, welches gleichzeitig die visuelle Zugänglichkeit gewährleistet.

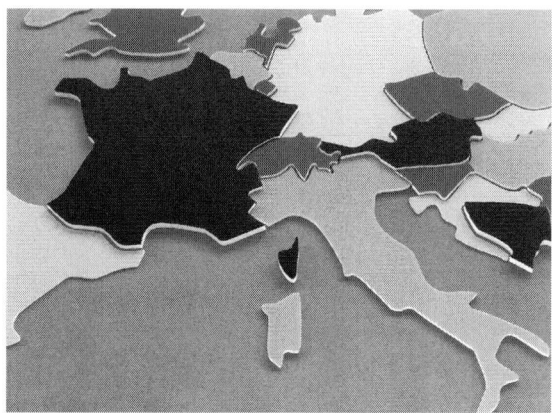

Abb. 5.7: Relief Europakarte (Detail)

5.4.2 Mathematik

In der Vermittlung mathematischer Inhalte kann der Aufbau von räumlichen und zahlenmäßigen Vorstellungen besonders anhand modellhafter Veranschaulichungen unterstützt werden. Beim Hunderterfeld wird das Verstehen durch Farbgebung und materielle Unterschiede unterstützt. Die Mengenelemente sind magnetisiert, damit sie beim Tasten nicht verrutschen. Unter dem Holzbrett klebt eine Antirutsch-Folie, damit sich das Brett beim Tasten nicht verschiebt.

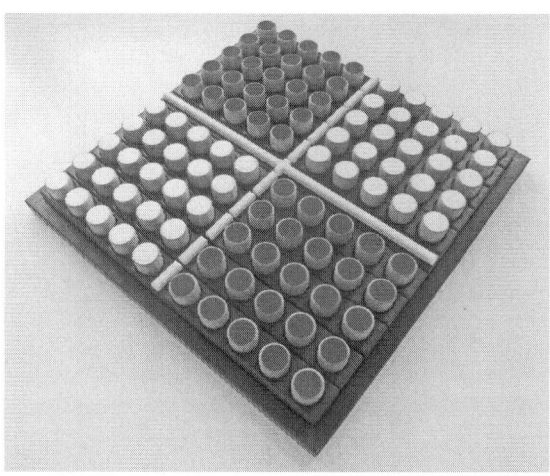

Abb. 5.8: Modell Hunderterfeld

5.5 Schlussfolgerung

Wie aufgezeigt wurde, gibt es viele unterschiedliche Arten von visuellen und taktilen Umsetzungen. Es gibt nicht die *eine* richtige Darstellungsform, sondern meistens mehrere Möglichkeiten. Vor der Herstellung der Veranschaulichungen ist zu klären, wie zeitnah sie zur Verfügung stehen sollten, wie und wie häufig sie zum Einsatz gelangen werden, ob sie zuhanden der Lernenden gedacht sind, das heißt, als Verbrauchsmaterial genutzt werden oder wiederholt im Unterricht den Lehrpersonen zur Verfügung stehen sollen.

Geplanter Einsatz wie auch die Voraussetzungen der Nutzenden gilt es bei Umsetzungsentscheidungen ebenso zu berücksichtigen, wie das erforderlicher Zeitbudget zur Herstellung.

Literatur

Aldridge, P. & Bochsler, M. (2019): Auf Fingers Rappen durch die Schweiz. *Dialog 34*, 8–9.
Hohn, F. (1982): *Mediale Aspekte der exemplarischen Anschauungsvermittlung im Unterricht mit blinden und sehbehinderten Schülern*. St. Gallen.
Hohn, F. (1990): *Verstehen lehren*. Zollikofen.
Kalina, U. (2015): Mit 3D-Druck die Welt begreifbar machen. *blind-sehbehindert 135*, 9–19.
Lang, M. (2003): *Haptische Wahrnehmungsförderung mit blinden Kindern*. Regensburg.
Laufenberg, W. L. (1995): *Taktile Medien*. Dresden.
Spitzer, K. L. (1988): *Tasten und Gestalten*. Hannover.

6 Musik

Martin Huwyler

Musik kann unterhalten, erfreuen, wehmütig machen, trösten und heilen, beruhigen oder aufrütteln. Sie kann Bilder und Vorstellungen wecken, auf Reisen mitnehmen, kann zum Bewegen und Gestalten animieren. Sie kann Orientierungspunkt im Raum sein, kann das Gedächtnis bilden, das Denken anregen und die Konzentration fördern. Sie kann Zeit vertreiben, kann allein oder zusammen mit anderen Menschen erlebt und ausgeübt werden.

6.1 Einleitung

In diesem Kapitel geht es um Musikunterricht (Klassen- und Instrumentalunterricht) mit blinden und hochgradig sehbehinderten Kindern und Jugendlichen. Exemplarisch dargestellt werden die Inhalte Singen und Bewegen zu Musik, Musik hören und Musik spielen mit oder ohne Noten. Musiktherapeutische Aspekte sind nicht Teil dieser Darstellungen.

6.1.1 Spezifische Voraussetzungen der Schülerinnen und Schüler für den Musikunterricht

Viele blinde Menschen interessieren sich grundsätzlich für die akustische Welt, welche ihnen uneingeschränkt zugänglich ist. So genießen sie Musik, sind offen für verschiedenste Musikstile oder musizieren und experimentieren mit Tönen und Klängen.

Oftmals fördert das Spielen eines Instruments ihr Interesse am Musikunterricht noch zusätzlich.

Musikalität

Durch den behinderungsbedingt intensiven Gebrauch des Gehörs können auditive Wahrnehmungsfähigkeit und auditives Gedächtnis besonders entwickelt werden. Dies ist eine gute Voraussetzung für musikalische Erziehung und Bildung. Musikalität umfasst aber auch kognitive und emotionale Verarbeitung der Wahrnehmung und vielfältige Formen musikalischen Ausdrucks. Hier sind blinde Menschen nicht grundsätzlich begabter als sehende.

Blinde Kinder mit zusätzlichen Beeinträchtigungen haben manchmal eine verblüffende und herausragende Begabung im Bereich der Musik, die, wenn gefördert, über viele schulische und persönliche Schwierigkeiten hinweghelfen kann.

Barrieren im Zugang zur Musik

Der Vorstellung, dass blinde Menschen die Musik als Ganzes uneingeschränkt erleben können, stehen behinderungsbedingte Erschwernisse gegenüber. So kann der Zugang zum Notenmaterial begrenzt sein, weil ein großer Teil davon in angepasster visueller oder taktiler Form nicht vorhanden ist, weil Webseiten oder Nachschlagewerke nicht barrierefrei zugänglich sind. Spielen vom Blatt ist entweder unmöglich oder die Orientierung im Notentext ist beeinträchtigt und verlangsamt.

Hochgradige Sehbehinderung oder Blindheit wirken sich aus auf motorische Fähigkeiten und Bewegungswahrnehmung, folglich auch auf die beim Tanzen erforderliche Bewegungskoordination und -gestaltung, auf Körperhaltungen beim Musizieren oder die notwendige körperliche Spannkraft beim Singen.

Eigenaktivität

Der Umgang mit blinden Kindern ist oft geprägt von besonderer Fürsorglichkeit. Sie werden als schutzbedürftig und gefährdet wahrgenommen. Als Folge davon besteht die Gefahr, dass sie in vielen Bereichen des Lebens eine abwartende, eher passive Haltung entwickeln. Diese kann sich auf die im Musikunterricht vorauszusetzende Bereitschaft zur Eigenaktivität als starke Zurückhaltung, allenfalls aber auch als kompensatorischen Drang, sich in geschütztem Rahmen zu betätigen, auswirken. Wenn es um selbständiges, beharrliches Üben geht, kämpfen auch blinde und sehbehinderte Lernende mit der Motivation, mit dem Setzen von Prioritäten oder der Organisation ihrer Tagesstruktur.

Musik als verbindendes Element

Die visuelle Welt (Aussehen, Mode, Reisen) ist prägend für die Lebensweise junger Menschen. Weil blinde und hochgradig sehbehinderte Menschen hier nur beschränkt teilhaben können, kann Musik als ebenfalls bedeutsames Thema ein verbindendes Element darstellen.

Viele Freizeitaktivitäten sind blinden und hochgradig sehbehinderten Kindern und Jugendlichen nur bedingt zugänglich. Musik, als barrierefreiere Aktivität, bietet dagegen die Chance zu vertiefter Auseinandersetzung, weshalb sie einen sehr großen Stellenwert erhalten kann.

6.2 Ziele – Inhalte, didaktische Prinzipien, Medien

Musik ist so umfassend und vielfältig, dass selbst bei unterschiedlichster Begabung und Motivation persönliche Ziele gesetzt und Kompetenzen erworben werden können. Dieses Kapitel verweist auf persönlichkeitsbildende, lebensbedeutsame Ziele für Gegenwart und Zukunft.

6.2.1 Bedeutsamkeit in Gegenwart und Zukunft

Vielseitige Förderung

Musik fördert die geistige, körperliche und seelische Entwicklung des Menschen.

Wirksamkeit und Kreativität

Musik kann Erfolgserlebnisse verschaffen, kann Lebensfreude vermitteln, das Selbstvertrauen stärken und kreative Eigentätigkeit ermöglichen.

- »Ich kann das Gelernte vorspielen und dadurch den Zuhörenden Freude bereiten.«
- »Ich kann so laut Schlagzeug spielen, dass alle mich hören.«
- »Im Tanz entdecke ich meinen Körper und dessen Ausdrucksmöglichkeiten.«
- »Mit meiner Stimme produziere ich die verschiedensten Geräusche, Klänge und Melodien.«

Ästhetische Bildung

Musik ermöglicht blinden und hochgradig sehbehinderten Kindern und Jugendlichen ästhetische Begegnungen, welche auf dem Gebiet der Architektur, der Raumgestaltung, der Malerei des Designs oder auch in der Mode nur schwer möglich sind. Musik enthält Formen, Bewegungen und Strukturen, Klangfarben, Spannung und Harmonie. Einerseits besteht ein kognitiver Zugang durch Musiktheorie, Formenlehre oder die Vermittlung von kultureller und stilistischer Vielfalt. Andererseits erfolgt Bildung über das emotionale Erleben der Musik. Musik ist zudem das Medium, welches vorwiegend visuell kommunizierte kulturelle Inhalte wie Filme oder Theater auch auditiv vermitteln kann.

- »Mir gefällt die Musik, weil ich mich mit ihr ausruhen und erholen kann.«
- »Das Musikstück ist phantastisch arrangiert. Die Klangfarben der Instrumente ergänzen sich.«
- »Ich kann den Film nicht sehen, kenne aber Geschichte und Filmmusik genau.«

Teilhabe

Musik kann inklusive resp. integrative Strukturen unterstützen. Am Unterricht können blinde oder hochgradig sehbehinderte Kinder und Jugendliche teilweise barrierefrei teilhaben. Das gemeinsame Erleben von Musik, das Musizieren in Gruppen kann ihnen auch besondere Erfolgserlebnisse verschaffen. In der Perkussionsgruppe können sie sich aufgehoben fühlen und sich gleichzeitig als aktiv mitgestaltend wahrnehmen.

Die große Heterogenität von Schulklassen und die dadurch notwendige Individualisierung kann im gemeinsamen Tun im Musikunterricht ein notwendiges Gegengewicht finden. Beim Singen und Musizieren können sich Lernende unterschiedlicher Begabungen und Entwicklungsniveaus in gleiche Themen einbringen und auf ein gemeinsames Ziel hinarbeiten. Sie singen mit im Chor, begleiten instrumental, unterstützen rhythmisch mit dem Schlagholz oder tragen einen Gongschlag bei: Teilhaben am Gelingen des Ganzen ist möglich.

6.2.2 Musik als Beruf oder Freizeitbeschäftigung

Schulen haben auch die Aufgabe, Grundlagen für eine positive Lebensgestaltung in Beruf und Freizeit zu schaffen. Die berufliche Integration von blinden und hochgradig sehbehinderten Menschen ist jedoch eine große Herausforderung. Der Arbeitsmarkt hält auch heute für sie nur begrenzte Möglichkeiten beruflicher Tätigkeiten bereit. Musikausübung könnte etwas zum Verdienen des Lebensunterhalts beitragen, reichen doch die Arbeitsfelder von Instrumentallehrpersonen und Unterhaltungsmusikerinnen und -musikern bis zu musikverwandten Tätigkeiten in der Tontechnik, im Instrumentenhandel, im Journalismus mit dem Schreiben von Musikkritiken und nicht zuletzt auch zum Stimmen von Klavieren. Deren Ausübung erfordert jedoch eine vielseitig angelegte Förderung. Ausbildungen an Musikhochschulen setzen neben großen musikalischen Fähigkeiten auch kognitive und soziale Kompetenzen in Bezug auf Selbständigkeit, Mobilität, Kooperationsbereitschaft und Durchsetzungsvermögen voraus. In angestrebten Arbeitsfeldern z. B. als Instrumentallehrperson, ist die Konkurrenz selbst unter sehenden Musikerinnen und Musikern groß und oft sind nur Teilzeitanstellungen möglich.

Musikausübung als nebenberufliche Tätigkeit oder Freizeitbeschäftigung bietet dagegen gute Chancen, wenn:

- ein eher kleines Repertoire in verschiedenen Situationen (z. B. als Organist bei kirchlichen Feiern) eingesetzt werden kann;
- das vorhandene Repertoire immer wieder gespielt werden kann, z. B. in einer Band;
- beim Proben die schnelle Orientierung auf dem Notentext nicht nötig ist, wie sie im Orchesterspiel unerlässlich ist;
- genügend Vorbereitungszeit zur Verfügung steht, weil das Auswendiglernen mit Hilfe der Noten oder des Gehörs mehr Zeit beansprucht;
- sehende Menschen für gewisse Unterstützung zur Verfügung stehen.

Musik kann Erholung, Entspannung und Ausgleich zum Berufsleben und Alltagsstress bieten. Sie bildet weiter und eröffnet neue Inhalte, was insbesondere auch als Bereicherung neben oftmals gleichförmigen Arbeiten, welche Menschen mit Behinderungen im geschützten Arbeitsmarkt ausüben, bedeutsam ist. Mangels beruflicher Perspektiven erhält befriedigende Freizeitgestaltung einen großen Stellenwert. Die Fähigkeit, in einem Chor mitzusingen eröffnet die Möglichkeit sozialer Integration am Wohnort. Instrumentalunterricht im Schulalter hat zudem eine wichtige Funktion, weil Unterstützungsmaßnahmen im Erwachsenenalter hauptsächlich auf die Finanzierung beruflicher und gesundheitlicher Aspekte beschränkt sind.

6.3 Inhalte

Der Musikunterricht ist mit seinen verschiedenen Teilbereichen ein umfassendes, ganzheitliches Fach welches neben singen, sich bewegen, musizieren, Musik hören, Musiklehre, Instrumentenkunde oder Musikgeschichte auch psychologische, soziologische und technische Aspekte enthalten kann. Wie kaum in einem anderen Fach wird jedoch erwartet, dass die Lerninhalte den Schülern und Schülerinnen gefallen. So können z. B. Konflikte entstehen, wenn klassische Musik statt Popmusik gehört wird. Letztere ist motivierend und wegen ihren musikalisch oft einfachen Strukturen als Unterrichtsinhalt sehr geeignet. Musikunterricht hat aber auch die Aufgabe, die Vielfalt der Musik zu vermitteln. Dies nicht zuletzt im Sinne eines Türöffners, weil sich im Laufe des Lebens Musikvorlieben und Hörgewohnheiten ändern können.

Das Lied kann ein verbindendes Element im Unterricht sein. Neben dem Anlass zum Singen enthält es Bewegungsanregungen in Tanzliedern, bietet Möglichkeiten zur Gehörschulung durch Nachspielen der Melodien oder durch das Erlernen von charakteristischen Begleitformen. Liedtexte können in fremde Räume und Kulturen führen.

Fächerübergreifende Aspekte

Auditive Wahrnehmungsförderung muss für blinde und hochgradig sehbehinderte Kinder und Jugendliche ein fachübergreifendes Prinzip darstellen.

Konkrete Musikthemen bieten sich z. B. in folgenden Fächern an:

- Im Geographieunterricht ermöglichen musikalische Landschaftsbeschreibungen auch emotionale Zugänge zu den Lerninhalten.
- Geschichtliche Epochen haben ihre je spezifische Musik, welche ein Abbild der zugehörigen Politik und Kultur sein kann.
- Vernetzungen von Mathematik und Musik ergeben sich im Vertonen von Graphiken, in der Akustik, der Mengenlehre (Schnittmenge vom C-Dur und A-Moll-Akkord) etc.

- Fremdsprachige Liedtexte oder ein Rap können im Sprachunterricht vertieft werden.
- Bewegungsfolgen im Sport können rhythmisch und melodisch begleitet werden.
- Mit verschiedenen Formen des Volkstanzes werden Orientierung und Mobilität geschult.
- Musikunterricht in der Klasse und Instrumentalunterricht können sich gegenseitig ergänzen. Die Instrumentallehrperson kann das blinde Kind in der Klasse unterstützen, kann mit ihm Liedbegleitungen für das Klassenmusizieren erarbeiten. Inhalte des Musikunterrichts können im Instrumentalunterricht vertieft werden.

6.3.1 Allgemeine didaktische Aspekte

Kommunikation

Weil schriftliche und visuelle Kommunikation erschwert sind, ist die Vermittlung korrekter Begriffe besonders wichtig. Notennamen und -werte, Tonleitern, Intervalle, Dreiklänge, etc. sind notwendige Basisbegriffe. Verbindungen von Klang, Begriff und Symbol können mit tastbaren Medien und bewegungsmäßigen Erlebnissen anschaulich vermittelt werden (Notenwerte sind z. B. durch entsprechend lange Stäbe darstellbar). Solche Veranschaulichungsmittel sollen jedoch nicht als System der Notenschrift verfestigt werden, weil sie keine sinnvolle und effiziente Alternative zur Punktnotenschrift darstellen.

Unterrichtsvorbereitende Unterstützung

Mit zu den Unterrichtsvorbereitungen gehören stets Überlegungen, wo blinde und sehbehinderte Lernende auf welche Barrieren stoßen könnten. Zusätzliche zu planende Förderangebote haben die Aufgabe, die Teilhabe am gemeinsamen Unterricht zu unterstützen und/oder vorzubereiten. So sollten im Unterricht zum Einsatz gelangende Instrumente nach Möglichkeit vorgängig erkundet werden können.

Üben

Üben ist der Schlüssel zu erfolgreichem Musizieren und muss im Tagesablauf eingeplant sein. Weil die schriftliche Gedächtnisstütze der Notenschrift oft wegfällt, braucht es Alternativen. Geeignete Aufnahmegeräte sollten im Unterricht und zum Üben verfügbar sein.

6.3.2 Medien und technische Hilfsmittel

Musik wird oft als ›mündliches‹ Fach angesehen, weshalb die Versorgung mit taktilen oder visuell angepassten Medien häufig nicht gewährleistet ist. Vergrößernde, Farbe und Kontrast anpassende Hilfsmittel sind zudem im Musikunterricht nur beschränkt einsetzbar und in den dafür vorgesehenen Räumen oftmals nicht vorhanden. Zu beachten ist, dass Lupen und Lupenbrillen eher unhandlich sind beim Singen oder Spielen. Insbesondere behindern sie die dazu notwendige entspannte Körperhaltung. Dagegen bieten sich Audio-Medien als unterstützende Arbeitsmittel besonders an. Es gibt im Internet eine Fülle an MIDI- oder XML-Dateien und YouTube-Filmen, die auditive Zugänge gewähren. Musik und Text können auf dem gleichen Informationsträger festgehalten werden. Die digitalen Dateien können gespeichert und jederzeit wieder abgerufen werden.

Als Ersatz für das lustvolle und motivierende Zusammenspielen in einer Gruppe bieten sich Playbacks oder Playalong-Versionen an.

Verschiedene technische Errungenschaften erleichtern das Üben und Analysieren von Musikstücken.

- Verlangsamen und Beschleunigen von Musikstücken ist ohne Tonhöhenveränderungen möglich.
- Mit der Loop-Funktion kann ein Musikausschnitt eingegrenzt und beliebig oft wiederholt werden.
- Bestimmte physikalische Wellenbereiche können hervorgehoben oder unterdrückt werden, damit z. B. Bässe besser hörbar werden.
- Einzelne Tonspuren können ausgeblendet werden, um z. B. die Begleitung isoliert anzuhören.
- Musikstücke können in für Lernende einfachere Tonarten transponiert werden.

Diese Features sind alle in der App *Anytune* enthalten.

Um diese technischen Hilfen nutzen zu können, braucht es Kenntnisse auf Computer und Tablet etc., weshalb die unterstützende Zusammenarbeit mit Informatikbeauftragten bedeutsam ist. Scheinbar leicht zu bedienende Programme müssen insbesondere mit blinden Anwendenden sorgfältig eingeführt und intensiv geübt werden.

Punktschrift

Punktschrift ermöglicht blinden Schülerinnen und Schülern einen von technischen und elektronischen Hilfsmitteln unabhängigen Zugang zu Liedtexten und Noten. Jedes in Punktschrift abgegebene Blatt stellt zudem eine Gelegenheit zum Lesen dar. Werden schriftliche Unterlagen verteilt, sind blinde und hochgradig sehbehinderte Lernende zuerst zu berücksichtigen, weil sie mehr Zeit brauchen, um sich im Text zu orientieren.

Klaviertastatur

Die Klaviertastatur bietet eine wichtige, taktil wie visuell zugängliche Veranschaulichung an. Viele theoretische Zusammenhänge sind mit ihr erklärbar. Außerdem lassen sich mit ihr wichtige Erfahrungen machen, z. B. zu hoch und tief oder ein- und mehrstimmig.

Eigene Tonaufnahmen

So wie sehende Menschen gerne fotografieren und filmen, macht es vielen blinden Menschen Spaß, akustische Ereignisse festzuhalten. Dazu gehören Erinnerungen an Menschen, an Konzerte ebenso wie alle Arten von Alltagsgeräuschen. Für viele blinde Kinder und Jugendliche kann die Möglichkeit, als Tonjäger auf die Pirsch zu gehen, einen wichtigen Bewegungsanreiz darstellen. Akustische Erinnerungen besitzen auch einen emotionalen Wert. Der Austausch eigens aufgenommener kleiner Audiodateien via Social Media Plattformen kann wichtige Kommunikationsmöglichkeiten bieten.

6.3.3 Übertragung von Noten und Texten in Brailleschrift

Die Braillenoten anbietenden Bibliotheken sind gut miteinander vernetzt. So findet man viele klassische Werke aus den vergangenen 300 Jahren für verschiedenste Instrumente. Liedersammlungen für den Unterricht und Musik aus den Bereichen Pop und Jazz sind im Vergleich zur großen Auswahl in Schwarzschrift in Punktschrift jedoch nur beschränkt verfügbar.

Neue Braillenoten können auf verschiedene Arten produziert werden:

- durch Blindenbibliotheken (z. B. SBS Zürich: www.sbs.ch, Zugriff am 21.10.2020);
- durch den Übertragungsservice des Musiknotenprojekts DaCapo des Deutschen Zentrums für barrierefreies Lesen (dzb lesen) in Leipzig (https://www.dzblesen.de/, Zugriff am 21.10.2020);
- Online-Braillenotenübertragung auf der deutschen Version einer japanischen Website: http://braillemuse.net/braille_music_score/de/index.html, Zugriff am 21.10.2020.
- durch käufliche Computerprogramme der Firma *Dancing dots* (www.dancingdots.com, Zugriff am 21.10.2020). Eingescannte oder in einem Notationsprogramm geschriebene Noten werden mit einem Übertragungsprogramm der Firma *Dancing dots* in eine korrekte Braillenotenschrift umgesetzt.

Neuübertragungen von Noten sind unter den Aspekten Qualität, Übertragungszeit, Kosten, und Medienart gut zu planen. In der folgenden Tabelle sind Vor- und Nachteile dargestellt (▶ Tab. 6.1).

6.3.4 Aufnahmegeräte

Die Bedienung der im Handel käuflichen Geräte ist wegen der Displayabhängigkeit, der Multifunktionalität der Knöpfe oder des Touchscreens für blinde und hochgradig sehbehinderte Menschen nicht immer barrierefrei. Zu empfehlen sind für sie

6.3 Inhalte

Tab. 6.1: Vergleich von Angeboten für Notenübertragungen

Produktionsort und -vorlagen	Qualität	Übertragungszeit	Kosten	Medienart
SBS*: alle Arten von Schwarzschriftvorlagen	sehr gut, dank detaillierter Korrektur	oft längere Fristen von der Bestellung bis zur Auslieferung	private Aufträge für neue Übertragungen teuer; bereits übertragene Noten zum Preis von Schwarzschriftnoten; Anschaffungsvorschläge möglich Anschaffungsvorschläge für den Bibliotheksbestand möglich	Einzelblätter, gebundene Bücher, digitale Dateien auf Brailezeile lesbar, Audiodateien auf Anfrage
DZB**: Notenservice DaCapo: Schwarzdruck-Originale in guter Qualität (z. B. ohne handschriftliche Eintragungen)	sehr gut, dank detaillierter Korrektur	nach Reihenfolge der Aufträge	günstig; Anschaffungsvorschläge für den Bibliotheksbestand möglich	Braille-Ausdrucke und Großdruck
DZB** MakeBraille-Schnellübersetzung: gute Schwarzschriftqualität, xml- oder Capella-Dateien	je nach Vorlage gut, keine detaillierte Korrektur	1 Woche	etwa € 1.50 pro Seite in Braille	digitale Braille-Datei per Mail
Japanische Website: xml- oder PDF-Vorlagen	Dienstleistung im Wandel; mit Online Computerprogramm selber ausprobieren	Sofortige Übertragung	kostenlos	digitale Dateien für Ausdrucke oder auf Braillezeile lesbar
Käufliche Software Goodfeel (dancing dots); selber einscannen; selber Noten schreiben mit Lime-Notationsprogramm; Import von xml-Dateien	sehr gut, abhängig von persönlichen Programmkenntnissen	sofortige Übertragung	Anschaffung des Programms	Braille-Ausdrucke mit eigenem Drucker; digitale Dateien auf Braillezeile lesbar, Audiodateien

* Schweizerische Bibliothek für Blinde, Seh- und Lesebehinderte, Zürich
** Deutsches Zentrum für barrierefreies Lesen (dzb lesen), Leipzig

speziell konzipierte portable Aufnahme- und Abspielgeräte, die mittels Audioführung gut bedienbar sind, wie zum Beispiel *Milestone*[8] oder *Plextalk pocket*.[9]

Um selber komplexere Songs zu produzieren, bieten sich Hardware- und Softwaresequenzer an. Sequenzer dienen zur Aufnahme und Wiedergabe von Events. Sie bieten ähnliche Funktionen wie Mehrspur-Tonbandgeräte. Sequenzer sind dabei allerdings in der Lage, Audio- und MIDI-Dateien aufzuzeichnen und bieten weitreichende Bearbeitungsfunktionen an. Diese kreativen Prozesse unterstützt z. B. das Programm *Logic Pro X*. Weil diese Programme meist eine sehr große Anzahl an Funktionen anbieten, gilt es mit blinden und hochgradig sehbehinderten Nutzenden die für sie relevanten festzulegen und Bearbeitungen damit zu üben.

6.3.5 Computer- und Tablet-Anwendungen

Dank Sprachausgaben wie JAWS oder VoiceOver, in der Kombination mit Tastenbefehlen und Gesten, lassen sich verschiedenste Anwendungen nutzen. Der kombinierte Einsatz mit der Braillezeile kann den sicheren Umgang erhöhen.

Beispiele:

CD rippen

Aus CDs können Audioformate generiert werden, die am Computer weiterverarbeitet werden können. Das kostenlose Programm *CDex* ist zum Beispiel barrierefrei nutzbar.

Musik aus dem Internet herunterladen

Diesbezügliche Angebote und Berechtigungen sind einem rasanten Wandel unterworfen. YouTube ist aktuell sehr beliebt; mit verschiedenen Konvertern kann man Dateien daraus herunterladen. Mit jedem Update muss jedoch die Barrierefreiheit neu geprüft werden.

Applemusic und Spotify sind zwei Streaming-Angebote, die mit dem iPhone nutzbar sind. Insbesondere Spotify ist sehr komplex und es braucht gute Anwenderkenntnisse, um eine gewisse Ordnungssystematik in der heruntergeladenen Musik zu erstellen.

Audioschnitt

Mit Audioschnittprogrammen können die eigenen Musikaufnahmen bearbeitet und verarbeitet werden. Zusammen mit Geräusch-, Interview, oder Theateraufnahmen können damit attraktive Dokumentationen oder Hörspiele geschaffen werden. Mit

---

[8] www.bones.ch, Zugriff am 21.10.2020
[9] www.plextalk.eu/en/, Zugriff am 21.10.2020

Audacity steht z. B. eine auch für blinde Menschen nutzbare App kostenlos zur Verfügung.

Digitale Hörbibliothek

Oft möchten Schülerinnen und Schüler das im Musikunterricht Gehörte (Musikstücke, Texte, Reportagen, Geräusche) selbst besitzen oder nochmals hören. Neben der üblichen CD- und Bücherbibliothek kann eine digitale Hörbibliothek auf einem gemeinsam nutzbaren Schulserver eingerichtet werden, welcher das Herunterladen von Audio-Dateien problemlos ermöglicht.

6.4 Singen

Singen ist eine zentrale Tätigkeit im Musikunterricht und gleichzeitig eine Bereicherung in anderen Fächern und Lebenssituationen. Singen ermöglicht Handeln, fördert Wahrnehmung und ist gleichzeitig von hoher sozialer Bedeutung. Singen enthält Dimensionen wie:

- Improvisierendes, freies Trällern;
- Spiel- und Bewegungslieder;
- Thematische Bezüge (Jahreszeiten, Feste, Kulturen, Epochen, Länder);
- Singen von Popliedern nach dem Gehör;
- Erleben unterschiedlicher Klangräume wie Schulzimmer, Korridore, Kirchen etc.

6.4.1 Atmung, Haltung, Stimme

Körperwahrnehmung

Es gilt, den eigenen Körper als Instrument wahrzunehmen, was durch angeleitetes Atmen, durch gymnastische Übungen und durch Bewusstmachen des ganzen Körpers unterstützt werden kann. Der Atemstrom lässt sich im körperlichen Empfinden (Dehnung, Streckung) oder als Volumenveränderungen (Brust, Bauch) erleben. Die eigene Stimme kann je nach auditiver Ausrichtung, durch teilweises Abdecken der Ohren qualitativ unterschiedlich erfahrbar sein.

Blinde und hochgradig sehbehinderte Kinder zeigen oft Schwierigkeiten, eine zum Singen angemessene Haltung einzunehmen. Sie wenden sich z. B. beim Singen im Chor oder allein nicht zum Publikum. Als Aufgabe könnten folgende Aussagen räumlich dargestellt werden: »Ich singe für mich. – Ich singe für dich. – Ich singe für euch. – Wir singen für ihn.« Diese Übung kann zudem auch im Fremdsprachenunterricht dienlich sein.

Die Stimme als Spiegel

Über die Wahrnehmung der eigenen Stimme lernt man sich selbst kennen; sie ist eine Art akustischer persönlicher Spiegel. Eine klare, gepflegte und angemessen eingesetzte Stimme kann spätere berufliche Integration allgemein oder ganz gezielt (z. B. Arbeit beim Radio oder in der Telekommunikation) unterstützen.

Zwei Beispiele für Erfahrungsräume:

- »Auf der Tonaufnahme klingt meine Stimme ganz anders. Ich spreche schnell.«
- »Ich möchte ganz allein in einem Raum mit einem Mikrophon und Lautsprechern meine Stimme ausprobieren. Ich höre mich dann von außen und kann die Intonation oder die Aussprache gezielt verändern.«

Die Wahrnehmung des Mitmenschen durch seine Stimme

Blinde Menschen nehmen die Mitmenschen oft nur über ihre Sprechstimme wahr, weil Körperkontakte in unserer Kultur nur in bestimmten persönlichen Beziehungen akzeptiert sind. So kann gemeinsames Singen eine zusätzliche emotionale Bedeutung haben:

- »Singst du mir etwas vor?«
- »Darf ich in der Mitte des singenden Kreises sitzen?«
- »Darf ich im Chor neben verschiedenen Sängerinnen oder Sängern stehen?«

Mehrstimmiges Singen ohne Noten

Blinde und hochgradig sehbehinderte Menschen haben bisweilen eine gute Intuition für mehrstimmiges Singen. Mit einfachen Liedern und akkordischer Begleitung kann diese Fähigkeit gefördert werden. Weil Begleitstimmen oft schwieriger auswendig zu lernen sind als die Hauptstimme, kann das spontane Erfinden von Begleitstimmen geübt werden:

- »Suche dir einen stimmlichen Weg durch diese harmonisch einfachen, häufig gebräuchlichen Akkordreihenfolgen: Am G F E; G D D G; C Am F G.«
- »Singe zu dieser Melodie eine zweite Stimme im Terz- oder Sextabstand.«
- »Singe zu diesem Popsong eine Oberstimme. Beginne mit deiner Begleitstimme hoch, bleibe auf dem gleichen Ton, bis es für dich falsch klingt und passe dich der neuen Harmonie an.«

6.4.2 Noten und Liedtexte lesen – auswendig singen

Selbst im Singen Ungeübte können der Notation in Schwarzschrift schnell wesentliche Informationen entnehmen (Aufwärts- oder Abwärtsbewegung der Melodie, Schnelligkeit etc.). Bei Noten in Brailleschrift dagegen ist eine überfliegende Informationsaufnahme sehr schwierig.

- In Schwarzschrift kann das Auge die Noten und den Text gleichzeitig erfassen. In Brailleschrift ist das fast nicht möglich. Das eine oder das andere muss auswendig gelernt werden.
- Ein Singbuch in Schwarzschrift besteht in seiner Umsetzung in Punktschrift oft aus mehreren Bänden. Gleichzeitig erschwert die Struktur der Punktschrift das schnelle Auffinden von Liedern. Ein Liederheft mit einzelnen oft gesungenen Liedern ist wesentlich handlicher.
- Auch wenn die Lehrperson die Punktschrift nicht umfassend beherrscht, sollte sie die markanten Zeichen kennen, welche beim Auffinden eines Liedes helfen (Gestaltung der Fußzeilen mit Schwarzschrift und Punktschrift-Seitenzahl/ Kenntnis des Punktschriftzeichens für Text (5 6 2 3) und Musik (6 3).

Durch das Übertragen von Melodien auf ein Instrument, (nach Gehör oder Noten) kann die Gedächtnisleistung verbessert werden. Auch verbale musiktheoretische Beschreibungen der Melodie können diese unterstützen. Der gesangliche Ausdruck eines Liedes kann der Lehrperson vermitteln, wie die Lernenden Tonvorstellungen verinnerlicht haben.

6.5 Bewegen und Tanzen

Das Erleben des eigenen Körpers durch Tanzen hat für viele Menschen eine positive emotionale Bedeutung. Tanzen kann wichtig sein in sozialen Beziehungen. Zusehen beim Tanzen kann ästhetische Erlebnisse vermitteln. Auch blinde Menschen möchten wissen, wie andere sich tanzend bewegen. Mit Paar- und Kreistänzen oder durch Abtasten von Tanzhaltungen können Gelegenheiten geschaffen werden, sich Vorstellungen darüber zu bilden.

6.5.1 Aufbau eines Bewegungsrepertoires

Auf Grund des nur beschränkt möglichen Lernens durch Imitation und der ihnen fehlenden visuellen Vergleiche haben blinde und hochgradig sehbehinderte Kinder und Jugendliche oftmals ein kleineres Bewegungsrepertoire als sehende. Bewegungshemmungen, sich beobachtet und ausgestellt fühlen, könnten Folgen dieser Einschränkungen sein. Im Musikunterricht kann das Repertoire erweitert und differenziert werden. Ganzkörperliche Bewegungsfolgen können ausgehend vom Hantieren mit Gegenständen gemacht, anschließend symbolisiert und stilisiert und zu einem Bewegungsablauf zusammengeführt werden. Im israelischen Volkstanz ›Hashual‹ z. B. gehen die Rebbauern in den Rebberg, um gemeinsam den Fuchs zu vertreiben.

6.5.2 Bewegungsvermittlung

Bewegungen werden durch visuelle Nachahmung weitaus am schnellsten gelernt. Blinden und hochgradig sehbehinderten Lernenden sollten vor dem gemeinsamen Tanzen die wichtigsten Tanzschritte und Bewegungsabfolgen in einer 1:1-Situation vermittelt werden.

Tanzbegriffe

In der Erarbeitung von Tanzbegriffen gelten die Grundregeln der Didaktik für Begriffsbildung: Bewegtes Handeln – Verbalisieren der Handlung mit zugehörigen Begriffen. Der Begriff ›Galoppieren‹ kann verschieden erarbeitet werden:

- Bewegen: Vom Laufen zum Hinken zum Galoppieren;
- Wahrnehmen: Bewegung erspüren anhand eines Tanzpuppenmodells;
- Beide Hände laufen, hinken, galoppieren über ein klanglich zweigeteiltes Instrument; dazu wird »Galopp« gesprochen (Auftaktiger Rhythmus: Notenbild mit Sechzehntel- und punktierter Achtelnote).

Bewegungseinsatz

Vielen Bewegungen geht eine auftaktige Bewegung voraus, die den Einsatz, das Tempo und die Dynamik vorgibt. Sie muss verbal vermittelt werden: »Und eins« statt »eins«; »Hände hoch« statt nur »hoch«.

Erarbeitung von Tanzelementen

Haltung: Eine tanzende Person stellt eine Statue dar. Durch die Partnerin/den Partner wird sie abgetastet und nachgebildet.

Schrittarten: Die Lehrperson nimmt die Hände des hochgradig sehbehinderten oder blinden Kindes und bildet damit auf einer geeigneten Fläche die Fußbewegungen nach. So können Seitwärts-, Kreuz-, Nachstell-, Pendelschritte oder Tupfer etc. erklärt werden.

Richtungen und Drehungen: Musik mit klaren Phrasen erleichtert das Verständnis für Richtungsänderungen. Geraden können der Wand entlang geübt werden. Berührungen von Merkmalen der Wand geben Hinweise auf Distanzen. Die Tanzenden können sich mit einer bestimmten Anzahl Schritte von der Wand weg und mit der gleichen Schrittzahl wieder zur Wand hinbewegen. Durch Berühren der Wand können sich die Tanzenden nach einer 180°- oder 360°-Drehung wieder orientieren.

6.5.3 Sicheres Bewegen im Raum

Orientierung und Mobilität können im Tanz auf spielerische Weise in einer sicheren Umgebung geübt werden. Ausreichende Raumerkundungen sind allein, paarweise oder in einer Polonaise zu ermöglichen. Neben der Lehrperson können auch Mitschülerinnen und -schüler Verantwortung für die Sicherheit der blinden oder hochgradig sehbehinderten Lernenden übernehmen. Vorab ist zu klären: Wie steht es mit der Reaktionsfähigkeit, um Zusammenstöße zu vermeiden? Welche Führhilfen sind notwendig? Wer übernimmt die Verantwortung?

Weitere angemessene methodische Unterstützung:

- Verbale Signale sind festzulegen (»Stopp« für sofortiges Anhalten; gedehntes »Halt« für langsames Anhalten).
- Richtungen werden mit Hilfe der Uhrzeit angegeben.
- Es wird festgelegt, was »langsam« oder »schnell« bedeutet.
- Wichtig sind Vorübungen im Kreis mit Handfassung; Halten an einem Seil (das mehr oder weniger gespannte Seil gibt Auskunft über Distanzen).
- Ein Glöckchen am rechten Fuß der vorangehenden Person vermittelt Informationen über Richtung, Tempo oder Dynamik.
- Der weiße Stock kann als Führhilfe, Rhythmusinstrument oder Spielgerät verwendet werden und verliert dadurch etwas von seiner »Etikettierungsfunktion«.

Taktile Aspekte der Raumgestaltung

Möblierungen stellen Hindernisse dar. Werden sie zum Tanzen zur Seite geschoben, können Wände als bedeutsame Fixpunkte in der Folge nicht genutzt werden. Sinnvollerweise wird alles auf eine Seite geschoben. Leere Turnhallen sind besonders geeignet zum Tanzen, wenn ihre Böden mit kontrastreichen visuellen und im idealen Fall auch mit taktilen Orientierungshilfen versehen sind. Als Ersatz können dünne Matten, Sportfliesen oder andere (temporäre) Bodenindikatoren gelegt werden.

Visuelle Aspekte der Raumgestaltung

Fensterfronten vermitteln Rauminformationen. Der Raum muss nicht gleichmäßig ausgeleuchtet sein. Helle oder dunklere Ecken sind ebenfalls Orientierungspunkte. Einzelne farbige Lampen oder kontrastreiche Bänder können als markante Punkte hilfreich sein.

Akustische Aspekte der Raumgestaltung

Klangquellen können gezielt eingesetzt werden. Ein im Kreiszentrum platziertes Abspielgerät vermittelt bessere Informationen als ein total beschallter Raum. Durch das Auf- oder Abdrehen eines Lautsprechers lässt sich der Raum ebenfalls akustisch gliedern. Hilfreich kann es sein, wenn in allen Raumecken ein Rhythmusinstrument erklingt.

6.6 Hören

Die auditive Wahrnehmungsschulung ist in der Sehbehinderten- und Blindenpädagogik ein zentrales Unterrichtsprinzip. Weil Musik vorwiegend auditiv wahrgenommen wird, trägt sie lustvoll und vielseitig dazu bei.

6.6.1 Auditive Wahrnehmung

Blinde Kinder können in der Regel viele akustische Informationen unterscheiden. Die Zuordnung zu den dazugehörigen Schallquellen muss jedoch besonders gelernt werden. Gehörtes soll mit anderen Sinneswahrnehmungen verknüpft und kognitiv verarbeitet werden. Während sehende Menschen auditive Eindrücke zugunsten visueller leichter ausblenden können, sind blinde und hochgradig sehbehinderte Menschen diesen stärker ausgesetzt. Problematisch ist es für sie, wenn es ihnen nicht gelingt, in einer Überflutung durch Umweltgeräusche und -hinweise, die zur Orientierung oder Sicherheit relevanten herauszufiltern. Es gibt unzählige akustische Informationen, die Hinweise auf die Umwelt geben können. Die nachfolgende Tabelle enthält einige davon.

Tab. 6.2: Beispiele für Umwelthinweise und deren mögliche Bedeutung

Erkenntnisse über	Auditive Wahrnehmung	Vermutung, Interpretation
Emotionen	Die Katze schnurrt.	Der Katze ist es wohl.
Raumgestaltung	Der Schall ist gedämpft.	Es hat einen Teppich; die Vorhänge sind gezogen.
Aussehen	Die Sprache klingt asiatisch.	Die Sprecherin hat mandelförmige Augen, eine eher kleine Nase…
Reaktion	Der Chorleiter atmet laut ein.	Jetzt beginnt der Chor zu singen.
Bewegung	Jeder Schritt erzeugt ein ›Nachklatschen‹ und ein rollendes Geräusch ist hörbar.	Da geht jemand mit Flip-Flops und zieht einen Koffer hinter sich her.
Physikalische Zusammenhänge	Beim Anschlagen klingt diese Flasche höher als die andere.	In dieser Flasche muss mehr Flüssigkeit sein.
Technische Geräte	Irgendwo surrt es hoch und leise.	Der Verstärker der Stereoanlage ist eingeschaltet.

Didaktische Hinweise und Anregungen

- Auf Horchwanderungen werden ›Hörenswürdigkeiten‹ aufgenommen, archiviert oder in Vorträge und kleine Hörspiele eingebaut.
- Geräusche-CDs und Internetseiten[10] können als Fundgrube für gezielte Geräuschsuche genutzt werden.
- Verschiedenste Materialien können als ›Instrumente‹ verwendet werden (Muscheln, Zeitungspapier, Plastikröhren, etc.).
- Durch Erzählen von Geräusch-Geschichten können Handlungsabläufe oder Wegabfolgen bewusst gemacht werden.
- Auf einem belebten Platz können auditive und visuelle Eindrücke verglichen werden (sich deckende oder ergänzende Wahrnehmungen).

6.6.2 Musik hören

Sehr differenzierte Fähigkeiten des Hörens werden als absolutes Hören bezeichnet. Ein absolutes Gehör ist ein Dauergedächtnis für die Qualität von Tönen oder Tonarten welches das mehr oder minder sichere Erkennen des Einzeltones oder -akkordes ohne Anhaltspunkte (Vergleichstöne) ermöglicht (Eggebrecht & Gurlitt 1967, 5). Diese Fähigkeit ist allerdings nicht grundsätzlich gekoppelt mit einer absoluten Intonation. Und nicht immer können alle Instrumente und Klangfarben gleich gut beurteilt werden (ebd.). Der Erwerb des absoluten Hörens wird wesentlich unterstützt durch frühzeitige musikalische Förderung. Ob auch erbliche Faktoren daran beteiligt sind, lässt sich wissenschaftlich nicht schlüssig belegen (Deutsch & Henthorn et al. 2004). Gestützt auf Erfahrungswerte wird oft vermutet, dass prozentual mehr blinde als sehende Menschen ein absolutes Gehör haben. Forschungsmäßig belegbar ist denn auch, dass dies bei rund der Hälfte blind geborener oder im Säuglingsalter erblindeter Kinder zutrifft (Sacks 2008, 148).

Während bei emotionalem Hören die Musik vor allem erlebt wird, werden beim kognitiven oder bewussten Hören Aspekte wie Formen, Melodien, Rhythmen, Harmonien oder Instrumentationen erfasst. Diese Analysen unterstützen das Gedächtnis, geben Ideen zur Improvisation oder regen zum Nachspielen an. Sie stellen in gewisser Weise eine Kompensation des für blinde und hochgradig sehbehinderte Menschen erschwerten Lesens von Musiknoten dar.

Musik hören kann durch Aktivitäten und andere Sinneseindrücke ergänzt werden.

- Im Snoezelen-Raum wird die sensitive Wahrnehmung verbessert, indem auditive, visuelle, kinästhetische und geruchliche Reize bewusst eingesetzt werden. Die vielfältigen Sinneseindrücke können auch zur Entspannung beitragen.
- Auf einem Spaziergang durch den Wald, kann bei einem Zwischenhalt ein Ausschnitt aus einem Musical angehört werden.

---

10 z. B. www.hoerspielbox.de, Zugriff am 21.10.2020

- Während des Musikhörens wird versucht, simultan mitzuspielen (einzelne Motive, die Basslinie, den letzten Ton einer Phrase).

Besondere Hörbeispiele

- Programmmusik kann einen Beitrag zur Entwicklung innerer Bilder leisten (Smetana: Moldau; Rossini: Tell-Ouvertüre; Mussorgsky: Bilder einer Ausstellung; Tschaikowsky: Nussknacker-Suite; Leopold Mozart: Musikalische Schlittenfahrt; Honegger: Pacific 231).
- Volksmusik kann mitnehmen auf Reisen in die Fremde, evtl. als kleiner Ersatz für das erschwerte Reisen blinder Menschen.
- Musik und Malerei: Die impressionistische Musik von Debussy kann eine Vorstellung impressionistischer Malerei (z. B. Monet) vermitteln.
- Eine Besonderheit ist das Hören von binauralen Tonaufnahmen (Kunstkopfstereophonie). Mit dieser speziellen Aufnahmetechnik kann beim Hören mit Kopfhörern ein 360 Grad Hörpanorama erzeugt werden, wodurch Hörende sich mitten im Geschehen befinden.
- Starke Stereoeffekte können die Musik transparent machen, wenn z. B. aus einem Lautsprecher die Solostimme besser hörbar ist (Instrumenten-Lern-CDs).

6.7 Vokal- und Instrumentalmusik

Ob Musik mit oder ohne Noten gespielt wird, ist abhängig von Kulturen und Musikstilen wie auch von musikalischer Bildung, von Ansprüchen und Vorlieben, Hör- und Gedächtnisleistungen oder von der Fantasie. Obwohl in unserer Kultur Musizieren nach Noten verbreiteter ist als das Spielen nach Gehör und das Improvisieren, sind letztere auch bedeutend, können sie doch eine Instrumentalkarriere inhaltlich und zeitlich vollständig ausfüllen. Verständlicherweise sind sie auch bei hochgradig sehbehinderten oder blinden Menschen besonders beliebt.

Wann und wie oder ob überhaupt Notenschrift, insbesondere Notenschrift als Punktschrift gelernt werden soll, ist oft gar nicht zu beantworten. Eher dagegen spricht, wenn das Spielen nach Gehör bereits gut beherrscht wird. Lernende sind dann nicht mehr ohne Weiteres bereit, anhand einfacher Musikstücke die Notenschrift zu lernen. Dies kann als musikalischer Rückschritt empfunden werden. Als mögliche Lösung kann die Notenschrift abgekoppelt vom Instrument erlernt werden, singend und verbunden mit der Vermittlung theoretischer Kenntnisse. Wenn das Spielen nach Noten als anstrengend und langsam erlebt wird, kann die Motivation zum Musizieren beeinträchtigt werden. Musikalische und instrumentale Grundlagen (Haltung, Tonbildungsübungen, Unabhängigkeit der Hände, Übertragung von bekannten Liedern auf das Instrument etc.) können ohne Noten gelernt werden. Weil blinde und hochgradig sehbehinderte Menschen in jedem Fall auswendig spielen müssen, ist es wichtig, dafür grundlegende Strategien aufzubauen:

- Bildung innerer Klangvorstellungen mittels Gehörschulung (Solfège) unterstützen;
- Überblick über Musikstücke mittels Formanalyse vermitteln;
- Gliederungen in geeignete Phrasen im Hinblick auf Harmonielehre und Tonsatz vornehmen;
- Bewusstsein für körperliche Abläufe entwickeln wie z. B. Fingersätze, Atembögen, Griffsätze oder Anblastechniken;
- Leistungsfähigkeit des auditiven Gedächtnisses erweitern und differenzieren;
- Gewonnene Erkenntnisse und Strukturen auf Audiodateien festhalten (verbale Erläuterungen verbunden mit den musikalischen Umsetzungen) als Gedächtnisstütze für späteres Spielen gelernter Musikstücke;
- Musikstücke in einen geeigneten Kontext stellen (z. B. Mitspiel-CDs einsetzen, welche die zu lernende Stimme, andere Stimmen oder harmonische Begleitungen enthalten).

Als Gedächtnisstütze in Verbindung mit dem Spielen nach Gehör kann selbst elementares Notenlesen sehr nützlich sein, wenn z. B. Akkordfolgen, wichtige Motive oder Melodien gelesen werden können.

6.7.1 Spielen ohne Noten

Nachspielen von Rhythmen, Melodien und Harmonien unterstützt die Bildung innerer Tonvorstellungen oder Vorstellungen von Melodieverläufen. Theoretisches Wissen unterstützt die auditive Wahrnehmung, weil Bekanntes anders gehört werden kann als Unbekanntes. Genaues Nachspielen von Kompositionen nach dem Gehör braucht jedoch Zeit und Geduld, weshalb Aspekte exemplarischer Auswahl hier besonders zu berücksichtigen sind. Beim Improvisieren dagegen können ohne ermüdendes Entziffern und aufwändiges Auswendiglernen sehr schnell Ergebnisse vorliegen, welche die Spielfreude anregen. Und gerade weil der Instrumentalunterricht bei sehenden Menschen vorwiegend an das Lesen von Noten gebunden ist, können blinde Musikerinnen und Musiker durch entwickelte Fähigkeiten zum Improvisieren und freien Spielen Anerkennung erlangen. Improvisierend kommen sie zudem auch geschriebenen Musikwerken näher, weil sie sich dadurch ein grundlegendes Wissen um musikalische Strukturen und Gesetzmäßigkeiten erarbeitet haben.

Didaktische Hinweise

- Improvisation beginnt mit genauem Hinhören ohne Zeitdruck. Improvisierende lernen dabei auch, einzelne Elemente des Musizierens (z. B. saubere und schöne lange Töne spielen) besonders zu pflegen.
- In einer musizierenden Gruppe kann auch ein kleiner Beitrag zum Gelingen des Ganzen beitragen. Spielende können angepasste Funktionen in einer Band übernehmen (Bass, Melodie, Harmonik oder Perkussion).
- Musizierende können gegenseitig Motive aufnehmen und damit ihr eigenes Repertoire erweitern.

- Zwei Schülerinnen oder Schüler können den gleichen Part übernehmen und sich dadurch als gegenseitige Gedächtnisstützen Sicherheit geben.
- Playbacks und persönliche Tonaufnahmen im Unterricht können die Lehrperson beim täglichen Üben zuhause ›ersetzen‹.

6.7.2 Spielen mit Noten

Obwohl das Spiel nach Gehör sehr befriedigend sein kann, eröffnet das Spiel mit Noten neue musikalische Möglichkeiten. Anspruchsvolle Kompositionen sind ohne Notenlesekenntnisse kaum zu Erlernen.

Schwarzschrift oder Brailleschrift

Der Entscheid, ob der Unterricht in Musiknotation in Schwarz- oder Brailleschrift erfolgen soll, ist bei hochgradig sehbehinderten Lernenden nicht einfach zu fällen. Kriterien wie Prognosen hinsichtlich Erhalts oder weiterer Reduktion der Sehfunktionen, Motivation, vorhandene Vorkenntnisse, musikalische Ziele etc. sind alle mitzuberücksichtigen.

Ebenfalls zu erfassen sind die allgemeinen Lesekompetenzen sowie Kenntnisse und Fähigkeiten in den verschiedenen Braillesystemen (▶ Kap. 1). Bei sowohl Schwarz- als auch Brailleschrift Nutzenden sind Schnelligkeit und Sicherheit aufgrund geringer Übung oft nur begrenzt vorhanden. Ein Grund dafür kann das Bestreben darstellen, möglichst schnell auswendig zu spielen und dadurch die Augen zu entlasten.

6.7.3 Merkmale der Notation in Schwarzschrift

Die Zweidimensionalität der Notenschrift, die feinen Linien, die leicht verwechselbaren Kreuze und Auflösungszeichen oder kleingeschriebenen Angaben zu Fingersätzen stellen hohe visuelle Ansprüche an Lesende. Ihre Voraussetzungen müssen in Bezug auf diese Gegebenheiten sowie die Spielweise des zu erlernenden Instruments erfasst werden.

Mehr oder weniger gute theoretische Kenntnisse, instrumentale Fertigkeiten, Schwierigkeitsgrade des Musikstücks oder der Musikstil haben ebenfalls Auswirkungen darauf, wie gut das visuelle Lesen trotz funktionaler Beeinträchtigung gelingen kann. Für die Erarbeitung eines neuen Stückes braucht es umfassendere visuelle Bedingungen, als wenn die Noten nur noch als Gedächtnisstütze dienen. Anfängerinnen und Anfänger im Notenlesen brauchen oft mehr Vergrößerung als Geübte.

Hilfsmittel und mediale Anpassungen

Es ist zu überlegen, welche Notenständer-Modelle den individuellen Bedürfnissen der Musizierenden am besten entsprechen. Traditionelle Klavier- oder Notenständerlampen genügen oft nicht, weil sie den Notentext ungleichmäßig ausleuchten. Musiknotation auf Glanzpapier erzeugt störende Reflexe. Um diese zu verhindern, können Kopien auf glanzfreies Papier gemacht werden. Kontrastreiche Kopien können außerdem die Lesbarkeit vergilbter oder schwachkontrastiger Notentexte erhöhen. In Partituren kann die eigene Stimme markiert oder farbig hervorgehoben werden.

Die enormen Entwicklungen von Hard- und Software zur digitalen Notendarstellung müssen laufend geprüft werden. Sie können gerade auch sehbehinderten Musikerinnen und Musikern neue Möglichkeiten eröffnen. Zu berücksichtigen ist indessen, dass bildbasierte Noten-PDFs durch die Zoomfunktionen eines Tablets zwar optisch optimiert werden, dass die Navigation im Notentext beim Gebrauch von Vergrößerungen auch ihre besonderen Tücken hat. Nur für das Blättern ganzer Notentextseiten, kann ein Fußpedal zum Einsatz kommen, wodurch die Hände zum Spielen frei sind.

Werden die Notentexte in einem Musiknotationsprogramm erfasst, ergeben sich bessere Navigationsmöglichkeiten, weil das Layout der Noten so bestimm- und anpassbar ist.

Ein Beispiel dafür ist die Software *Lime Lighter* von *Dancing Dots* (amerikanisches Unternehmen, welches eine Technologie zum Konvertieren von Notentexten in Braillenotation anbietet).[11]

Beim Einsatz von Lupenbrillen ergibt sich, je nach deren Vergrößerungskapazität, eine sehr geringe Distanz zum Notentext. Je stärker die Vergrößerung, desto begrenzter ist der beim Fixieren überschaubare Ausschnitt auf dem Notenblatt. Lupenbrillen sind demzufolge beim Musizieren nur bedingt einsetzbar. Tendenziell ist feststellbar, dass:

- Formatanpassungen der Nutzung von Lupenbrillen vorgezogen werden;
- horizontale Blickbewegungen als angenehmer empfunden werden als vertikale, was für querformatige Anpassungen spricht.

6.7.4 Braillenotenschrift

Die von Louis Braille bereits 1829 entwickelte Punktnotenschrift basiert auf dem gleichen 6-Punktesystem wie die literarische Punktschrift von Braille. Es gibt allerdings wenig Parallelen zwischen Musik- und Textzeichen. Weil die 64 möglichen Punktekombinationen nicht zur Darstellung aller schriftlichen Zeichen genügen, kann jedes Zeichen verschiedene Bedeutungen haben, je nachdem ob es in mathematischem, sprachlichem oder musikalischem Zusammenhang steht. Bei klarer Trennung der Systeme führt dies jedoch zu erstaunlich wenig Verwechslungen. Im Gegensatz zur Schwarznotenschrift kennt die Braillenotenschrift keine Graphik. Alle Zeichen werden hintereinander geschrieben.

In den nachfolgenden Abbildungen wird anhand des Liedbeispiels «Bruder Jakob» die Umsetzung der Schwarzschrift- in die Braillenotation dargestellt. Abbildung 6.1. enthält die Schwarzschriftversion und Abbildung 6.2 die Brailleversion. Anschließend werden exemplarisch einige Umsetzungsprinzipien erläutert.

---

11 http://www.dancingdots.com/limelighter/limelightermain.htm, Zugriff am 21.10.2020

Abb. 6.1: Das Lied »Bruder Jakob« in Schwarzschriftnotation

⠠⠀⠼⠙⠶
⠜⠌⠇⠀⠐⠹⠪⠩⠛⠀⠶⠀⠣⠜⠙⠨⠗⠝⠶⠀⠶⠀⠨⠋⠀⠸⠞⠑⠞⠚⠩⠛⠀⠨⠋⠀⠸⠞⠑⠞⠚⠩⠛⠀⠨⠋⠀⠨⠹⠞⠋⠀⠹⠞⠋⠚⠨⠇⠒

Abb. 6.2: Das Lied »Bruder Jakob« in Braillenotation

Braillenotation: Umsetzungsprinzipien

- Das Vorzeichen b und die Taktart (4/4) stehen auf einer separaten Zeile.
- Die Taktstriche werden als Leerschlag dargestellt. Das Lied enthält somit 8 Takte.
- In Takt 1 bilden die ersten drei Zeichen den Violinschlüssel ab, gefolgt von einem Oktavzeichen, damit Musizierende wissen, in welcher Oktave die nachfolgenden Viertelnoten zu spielen sind.
- Die Notenhöhe wird durch Kombinationen der Punkte 1,2,4,5 dargestellt, der Rhythmus durch die Punkte 3,6.
  So steht das Zeichen mit den Punkten 1,4,5,6 für eine Viertelnote c, weil der Punkt 6 dabei ist und das Zeichen mit den Punkten 1,4,5 für eine Achtelnote c.
- Das einzelne Zeichen in Takt 2 (Similezeichen) sagt, dass der vorherige Takt wiederholt werden muss.
- Der Takt 3 zeigt, dass die zweite Stimme linear als Intervall dargestellt wird.
- Die Takte 5-7 beginnen mit dem Wortzeichen. Dieses Zeichen kann einzelne Buchstaben, Abkürzungen, ganze Wörter und Wortgruppen ankündigen. Hier steht es vor den Buchstaben f , bzw. p, was forte und piano bedeutet.
- Der letzte Takt endet mit dem Doppelstrich in Form von zwei Braillezeichen. Davor steht die Note f mit Quart- und Sextzeichen, was einen F-Dur-Dreiklang ergibt.

Das gültige Regelwerk zur Braillenotenschrift ist das neue internationale Handbuch von Krolick (1998). Die digitale Version ist zu finden unter: http://www.braille.ch/musik/index.html.[12] Ausdrucke in Schwarz- und Punktschrift sind erhältlich bei der schweizerischen Bibliothek für Blinde, Seh- und Lesebehinderte (SBS) in Zürich.

Im Lehrmittel *Musik-Punkte* (Huwyler 1996) finden sich methodische und didaktische Hinweise zum Erlernen der Braillenotenschrift und viel Übungsmaterial.

---

12 Zugriff am 21.10.2020

Allgemeine didaktische Überlegungen

- Lernende der Braillenotenschrift müssen über Grundkenntnisse der Punktschrift verfügen. Im Unterschied zum literarischen Braille, wo sprachliches Wissen den Leseprozess kompensierend unterstützen kann, ist sinngemäßes Erlesen von Zeichen in der Braillenotenschrift nicht möglich.
- Das Erkennen der musikalischen Linie oder das Aufsuchen einzelner Takte oder Noten ist in der Notenschrift in Braille wesentlich schwieriger als in denjenigen in Schwarzschrift, selbst wenn durch Abschnitt- und Taktnummerierungen auch versucht wird, die lineare Zeichenfolge möglichst hilfreich zu strukturieren.
- Beim Erarbeiten eines Klavierstückes liest die eine Hand, während die andere spielt und umgekehrt. Beide Hände müssen somit Lesefertigkeiten und -strategien entwickelt haben.
- Weil das Spielen praktisch aller Instrumente beide Hände erfordert, müssen die Noten auswendig gelernt werden.
- Weil Braillenotenschrift Nutzende immer wieder auf unbekannte Zeichen stoßen und weil Brailleübertragungen eher Fehler enthalten als Schwarzschriftnotentexte, dienen Tonaufnahmen des zu lernenden Stückes zur auditiven Kontrolle: Diese sind außerdem für Lernende meist motivierend. Eine grobe auditive Analyse kann das Verstehen beim Lesen der Punktschrift sehr beschleunigen. Allerdings wächst damit die Versuchung, das Musikstück ausschließlich über das Gehör zu lernen. Es gilt somit immer wieder bewusst zu machen, welche Ziele mit dem Einsatz welcher Strategien erreicht werden sollen.
- Die Braillenotenschrift stellt große Anforderungen an Konzentration, Gedächtnis, Ausdauer und Vorstellungskraft. Je nach Ziel, Voraussetzungen und Motivation der Lernenden gibt es auch sinnvolle, einfachere Anwendungen: z. B. werden nur die Zeichen für die Tonhöhen benötigt, weil der Rhythmus bei Liedern durch den Liedtext erlernt werden kann. Im Schlagzeugunterricht dagegen wird nur die Rhythmusschrift gebraucht oder die Akkordsymbolschrift genügt für die Gitarrenbegleitung. Computer unterstützte Braillenotenübertragungen ermöglichen heutzutage verschiedene vereinfachende Ausdrucke, z. B. ohne Fingersätze, Dynamikzeichen, Phrasierungen, etc.

6.8 Instrumentalspiel

Das Instrumentalspiel eröffnet neue Ausdrucksformen, allein oder in der Gruppe. Es kann zum lebenslangen Begleiter werden, wenn es gelingt, mit Ausdauer und Konzentration ›dran‹ zu bleiben. Die Unterstützung der Eltern ist in diesem Bereich besonders wichtig und gewinnbringend.

6.8.1 Instrumentenwahl

Grundsätzlich sollte der Wunsch, ein bestimmtes Instrument spielen zu können, den Ausschlag geben für die Wahl desselben. Allerdings hat jedes Instrument seine spezifischen Anforderungen und Chancen bezüglich:

- Haltung, Krafteinsatz, ausdifferenzierter grob- und feinmotorischer Fähigkeiten und Orientierung auf dem Instrument;
- Gedächtnisleistungen sowie Kompetenzen im Noten lesen oder in der Analyse von Kompositionen;
- alleiniger Musikausübung oder zur Nutzung im Zusammenspiel in kleinen Ensembles, in einer Band oder einem Orchester.

Bei hörsehbehinderten Menschen gilt es die folgenden Fragen zu klären:

- Welche Frequenzbereiche sind bei welchem Instrument wie hörbar?
- Sind Frequenzen als Schwingungen am Instrument spürbar?
- Ist eine Klangverstärkung durch Lautsprecher oder Kopfhörer möglich und erwünscht?

Nebst den traditionell in unserer Kultur gebräuchlichen Instrumenten eröffnen alternative Instrumente wie Mundharmonika, Panflöten, Cajon, Maultrommel etc. neue Möglichkeiten, wovon beispielsweise gerade auch sehbeeinträchtigte Kinder und Jugendliche mit zusätzlichen Behinderungen profitieren können.

Blinde Menschen können beim Hören von Instrumentalmusik nicht selten den zugehörigen Instrumentennamen nennen, oftmals aber ohne genauere Kenntnisse über das Aussehen des Instruments zu haben. Die erfolgte Begriffsbildung basiert weitgehend auf gemachten auditiven Erfahrungen, sei es in Konzerten, beim Hören von CDs oder aufgrund bestimmter Klangeinstellungen auf einem Keyboard. Die taktile Erkundung des Instruments und die Möglichkeit, selbst darauf zu spielen, stellen wichtige Erfahrungserweiterungen dar, welche die Wahl eines Instruments beeinflussen können und müssen. Es lohnt sich deshalb, für den Unterricht eine Sammlung von Instrumenten anzulegen, welche zur differenzierten Kenntnis derselben und zum Ermöglichen ausreichender handelnder Erfahrungen genutzt werden können.

Bei Jugendlichen, welche bereits ein Instrument spielen, ist der Wunsch, ein zweites zu erlernen, oft groß. Eine solche Neuwahl beruht nicht grundsätzlich auf einem Fehlentscheid bei der Auswahl des ersten Instruments. Es ist auch nicht einfach davon auszugehen, dass das Spielen auf demselben an behinderungsbedingte Grenzen gestoßen wäre. Der Wunsch kann Ausdruck einer Neugier auf neue Klangwelten sein.

Blinde Kinder haben oft bereits früh den Wunsch, ein Instrument spielen zu lernen und nicht selten wird die Umsetzung dieses Wunsches auch von ihren Eltern sehr unterstützt. Allerdings können notwendige elementare Musikerfahrungen auch, und manchmal besser, in singenden oder tanzenden Gruppen aufgebaut werden. Ein allenfalls zu früher und evtl. misslingender Anfang im Instrumentalspiel kann negative Folgen für die Motivation zu weiterer musikalischer Betätigung nach sich ziehen, was unbedingt zu vermeiden ist.

Im Weiteren gilt es zu bedenken, dass bei blinden und hochgradig sehbehinderten Jugendlichen die zusätzlichen Belastungen durch das Spezifische Curriculum nicht selten zum Abbruch des Instrumentalspiels führen können.

6.8.2 Aspekte einzelner Instrumentenfamilien als Auswahlkriterien

Perkussionsinstrumente

Das bei blinden Menschen oft gut ausgebildete Sprachempfinden wirkt sich positiv auf die perkussive Tätigkeit aus. Diese fördert Körperwahrnehmung und Koordination in hohem Maße. Der repetitive Charakter von rhythmischen Begleitungen verlangt weniger einen analytischen Zugang als ein Gespür für den Puls, die Betonung und die Form. Vorstellungen vom Raum und von räumlichen Beziehungen werden z. B. auf dem Schlagzeug spielerisch trainiert. Der starke Aufforderungscharakter, welcher von der einfachen Erscheinungsform von Perkussionsinstrumenten ausgeht, regt vielfach besonders zum eigenen Tun, zum Experimentieren und Improvisieren an. Trommeln in Gruppen führt außerdem zu intensivem Erleben der Gemeinschaft und dem damit zumeist verbundenen psychischen Wohlbehagen. Beim Spielen kann der Drang zu körperlicher Aktivität sehr gut ausgelebt werden und allenfalls vorhandene aufgestaute aggressive Gefühle können gefahrlos abgebaut werden. Basale Stimulation über die Schwingungen von großen Trommeln, Resonanzplatten oder Klangschalengongs und Zimbeln stellen nicht nur für sehgeschädigt-mehrfachbehinderte Kinder wichtige Erlebnisse dar.

Tasteninstrumente

Sie stehen in vielen Haushalten als Klavier, Keyboard, Synthesizer oder als Spielzeuginstrument. Sie sind beliebt und geeignet zum Experimentieren. Mit ihnen können nebenbei wichtige Erfahrungen von Dimensionen wie hoch und tief, lang und kurz, einstimmig und mehrstimmig, konsonant und dissonant etc. gemacht werden. Ein Fingeranschlag genügt, um Töne zu erzeugen. Die anschauliche, tastbare und kontrastreiche Tastatur zeigt elementare theoretische Zusammenhänge wie Oktaveinteilungen oder Tonleitern. Vielen blinden oder hochgradig sehbehinderten Kindern und Jugendlichen macht es speziell Spaß, in die Klangvielfalt eines Synthesizers einzutauchen, welche besonders auch zu Klang-Improvisationen anregt. Anfängerinnen und Anfänger orientieren sich auf der Tastatur gerne durch akustisches Ausprobieren. Die Orientierung auf der Tastatur geschieht jedoch taktil mittels der schwarzen Tasten. Mögliche Übungen, um sich mit diesen vertraut zu machen, wären:

- Improvisationen mit der Pentatonik der schwarzen Tasten;
- Verbale Beschreibungen der Lage weißer Tasten in Bezug zu den schwarzen;

- Spielerische Vergleiche der jeweils drei schwarzen Tasten mit den drei, bzw. sechs Tasten der Punktschriftmaschine.

Bei der Wahl eines digitalen Tasteninstruments sollte auf die taktile Zugänglichkeit der Funktionseinstellungen und auf das Vermeiden von für blinde Nutzende unkontrollierbaren Multifunktionstasten geachtet werden. Nicht bei allen Instrumenten besteht die Möglichkeit, mit einem einfachen Knopfdruck in die Grundeinstellung zurückzukehren oder einer nach dem Abschalten automatischen Speicherung von Einstellungen (Reset-Funktion). Die Möglichkeiten des mehrspurigen Aufnehmens mit digitalen Tasteninstrumenten können bei der Notenerarbeitung eines Musikstückes, beim Arrangieren und Komponieren sehr hilfreich sein. Musizierende mit motorischen Beeinträchtigungen können ein Musikstück langsam einspielen und genießen es dann, wenn sie mittels Knopfdrucks das Stück im Originaltempo erklingen lassen können. In Verbindung mit Computerprogrammen wie *Logic Pro X* oder *Caketalking for SONAR* können professionelle Stücke entstehen.

Die Begleitautomatik und damit der alleinunterhaltende Charakter digitaler Instrumente besitzt für viele Schülerinnen und Schüler hohe Attraktivität.

Blech- und Holzblasinstrumente

Diese Instrumente verlangen wenig visuelle Kontrolle und so ergeben sich für blinde Bläserinnen und Bläser spieltechnisch keine Nachteile. Lediglich der Umgang mit den Rohrblättern bei Klarinette, Saxophon oder Oboe stellt eine besondere Herausforderung dar. Die Gemeinsamkeiten der Instrumentenfamilien (Lippen-, Zungenarbeit, gleiche oder ähnliche Ventil- und Grifftechniken) ermöglichen einen erleichterten Instrumentenumstieg. So kann man von den Blockflötengriffen für das Saxophonspiel profitieren, oder von der hohen Trompetenstimme zur Tuba umsteigen, wenn die Bässe plötzlich mehr Spaß machen. Dem Wunsch nach vielfältigen Klangerlebnissen kann so entsprochen werden.

Der speziell anspruchsvollen Tonbildung steht ein eher einfacher Umgang mit Noten gegenüber. Mit Blasinstrumenten bieten sich vielfältige Möglichkeiten zum Mitspielen in verschiedenen Gruppierungen, welche zum Teil auch auf Improvisation aufbauen: Dixiebands, Jazzbands, Bands für Fasnacht oder Fasching, Alphorngruppen, Tanz- oder Volksmusikformationen. Dabei sind allerdings besondere Vorsichtsmaßnahmen für das Spielen während des Gehens (Zähne, Lippen) erforderlich.

Saiteninstrumente

Das Drücken der Saiten kann Hornhaut erzeugen, die Sensibilität der Fingerkuppen vermindern und somit die Lesefähigkeit beim Braillelesen beeinträchtigen. Dies ist jedoch abhängig von der Spielintensität und der Art der Saiten, deren Material und Dicke. So hinterlassen die Saiten von Bassgitarren und Metallsaiten allgemein stärkere Eindrücke auf der Fingerkuppe als Darmsaiten. Unterstützend können auf der Gitarre visuelle oder taktile Punkte zur Orientierung auf den Bünden des Gitarrenhalses angebracht werden. Bei Streichinstrumenten muss der räumlichen Orientierung in Bezug auf die Bogenführung besondere Aufmerksamkeit geschenkt werden. Und falls der Wunsch zum Spielen der Harfe besteht, muss gut überprüft werden, ob ausreichende Fähigkeiten zur dabei wichtigen räumlich-visuellen Orientierung vorhanden sind.

Orff'sche Stabspiele: Xylophone, Metallophone, Glockenspiele

Für Musizierende mit Möglichkeiten zu visueller Orientierung können unterstützend große farbige Punkte auf der Mitte der einzelnen Stäbe angebracht werden (z. B. alle c = rot, d = weiß …). Dabei sollten alle Stabspiele mit dem gleichen Farbsystem versehen werden. Am körpernäheren Rand der Stäbe können für blinde Spielende Braillezeichen aufgeklebt werden. Die Orientierung kann mit der schlägellosen Hand darüber gleitend unterstützt werden. Mit tendenziell kürzeren Schlägeln ist die Auge-Hand-Koordination, oder Ohr-Hand-Koordination leichter als mit längeren. Das gilt speziell auch für Spielende mit eingeschränktem Gesichtsfeld. Als Vorübung kann in die eigene Handfläche, die hin- und herbewegt wird, geschlagen werden. Trotz dieser möglichen Anpassungen bleibt jedoch das Musizieren auf Stabspielen für blinde Schüler wegen der Treffunsicherheiten musikalisch oft unbefriedigend. Zur Schulung des räumlichen Vorstellungsvermögens kann es indessen hilfreich sein.

6.9 Blinde und sehbehinderte Musikerinnen und Musiker, die solistisch oder in Ensembles spielen

Die folgenden Beispiele von erfolgreichen blinden und sehbehinderten Musikausübenden könnten mit ihren Biografien und musikalischen Projekten motivieren für Schritte in bereichernde und weitgehend selbständige Lebensgestaltungen.

- Stevie Wonder:
  Stevie Wonder (* 13. Mai 1950) ist ein US-amerikanischer Soul- und Pop-Sänger, Komponist, Multi-Instrumentalist sowie Produzent.
- Nobuyuki Tsujii:
  Nobuyuki (* 13. September 1988) ist ein klassischer Pianist aus Japan.
- Joana Zimmer:
  Joana Zimmer ist eine Sängerin, die mit ihren Musikerfolgen und Talenten in ganz verschiedene neue Bereiche vorgestoßen ist (Buchautorin, Model, Marathon-Läuferin, Botschafterin für das Leben mit Blindheit).
- Al-Nour Wal Amal (Licht und Hoffnung):
  Al-Nour Wal Amal ein ist ein ägyptisches Sinfonieorchester, welches seit 1961 besteht und dessen Mitglieder ausschließlich blinde Frauen sind. Die Organisa-

tion setzt sich für die schulische und berufliche Entwicklung blinder und sehbehinderter Mädchen sowie deren gesellschaftliche Integration ein. Nebst verschiedenen Schulen und Werkstätten ist die Musikakademie, welche Mädchen mit einer besonderen musikalischen Begabung fördert, das wichtigste Aushängeschild der Vereinigung. Daraus entstand das weltweit einzigartige Orchester, bestehend aus rund 40 blinden Musikerinnen. Das Orchester spielt klassische, aber auch orientalische Musik und bereist mit einem vielfältigen Repertoire die ganze Welt.

- Blinde Musiker München:
Dieses Ensemble aus Deutschland spielt als Blaskapelle, Jazzband, Popband, Blockflötengruppe. Es besteht aus blinden Mitgliedern, die die Stücke vorwiegend ohne Braillenoten einstudieren. Die Gruppe ging aus einem Berufsbildungsprojekt für junge blinde Menschen hervor.

6.10 Schlussfolgerungen

Die musikalische Bildung mit all ihren Ausprägungen erfordert besondere didaktische Überlegungen, damit sich die Kraft der Musik für sehbehinderte und blinde Schülerinnen und Schüler entfalten kann.

Musik verbindet im gemeinsamen Unterricht auch fächerübergreifend und trägt so zu Inklusion und Teilhabe bei. Für die Zukunft erschließen sich den Kindern und Jugendlichen durch die Musik mannigfaltige Möglichkeiten, von der Entspannung, über die intellektuelle Auseinandersetzung bis hin zum eigenständigen professionellen Musizieren. Dank moderner Technologien und der Braillenotenschrift lässt sich auch die aufgeschriebene Musik zugänglich gestalten. Sehbehinderte und blinde Schülerinnen und Schüler sind in großem Maße offen dafür, die notwendigen Kompetenzen und Strategien zu erwerben und sich von der Musik begeistern zu lassen. Ihre begrenzten zeitlichen Ressourcen aufgrund der besonderen curricularen Anforderungen bei beeinträchtigtem oder fehlendem Sehen sind im Fach Musik in jeder Beziehung gut eingesetzt.

Literatur

Bally, J. (2009): Das Musiknotenprojekt DaCapo – Abschluss und Ausblick. *blind-sehbehindert* 129, 301–30.
Deutsch, D., Henthorn, T. & Dolson, M. (2004): Absolute pitch, speech and tone language: Some experiments and a proposed framework. *Music Perception 21*, 719–722.
Eggebrecht, H.W. & Gurlitt, W. (Hrsg.) (1967): *Riemann Musik Lexikon*. Sachteil. Mainz.

Huwyler, M. (1996): *Braillenoten-Lehrmittel: Musik-Punkte*. Schweizerische Bibliothek für Blinde, Seh- und Lesebehinderte SBS, Zürich.
Krolick, B. (1998): *Neues Internationales Handbuch der Braille-Notenschrift, aus dem Englischen übersetzt*. Schweizerische Bibliothek für Blinde, Seh- und Lesebehinderte SBS, Zürich.
Rüger, E., Platte, D. & Pöckler, M. (2008): Produzent statt Konsument – Audioschnitt mit blinden Schülern. *blind-sehbehindert 128*, 171–181.
Sacks, O. (2008): Der einarmige Pianist. Über Musik und das Gehör. Reinbek bei Hamburg.

7 Bewegungserziehung

Markus Lang

7.1 Didaktische Grundorientierung des Sportunterrichts

In der aktuellen Literatur zur Didaktik des Sportunterrichts zeigt sich eine zunehmende Differenzierung in verschiedene fachbezogene und überfachliche Ziel- und Kompetenzbereiche (Gissel 2019; Elflein 2019; Kleindienst-Cachey et al. 2016; Größing 2007). Der fachbezogene Kompetenzbereich umfasst beispielsweise konditionelle Fähigkeiten, koordinative Bewegungsfertigkeiten, grundlegende Körper- und Wahrnehmungserfahrungen oder Regelwissen und -umsetzung im Rahmen verschiedener Sportarten. Vom Sportunterricht ausgehend, aber weit darüberhinausgehend, reicht der überfachliche Kompetenzbereich von sozialen Kompetenzen (Kommunikation, Verhaltensregulation, Fairness, Empathie) bis hin zu Bereichen des körperlichen Gesundheitsbewusstsein oder der Anstrengungsbereitschaft. Diese intentionale Vielfalt unterstreicht die grundlegende Bedeutung des Unterrichtsfachs Sport und eröffnet gleichzeitig vielfältige Anknüpfungspunkte für einen inklusiven Sportunterricht, da differenzierte Zielformulierungen die Heterogenität der Lerngruppe widerspiegeln und den Blick für grundsätzlich notwendige Individualisierungsmaßnahmen schärfen. Dadurch ergeben sich konkrete Teilhabemöglichkeiten für blinde und sehbehinderte Kinder und Jugendliche. Ein demensprechend organisierter und umgesetzter Sportunterricht greift zumindest im Bereich der Grundschule zunehmend auf offene Bewegungsaufgaben bzw. auf Elemente der Psychomotorik (vgl. Kiphard 2001; Eggert 2008) zurück.

7.2 Die Bedeutung der Bewegungserziehung für blinde und hochgradig sehbehinderte Schülerinnen und Schüler und die Praxis des Schulsports

Die Folgen von Blindheit und hochgradiger Sehbehinderung sind individuell zu betrachten, da sie von endogenen Variablen (Zeitpunkt der Erblindung, Grad des verbliebenen Sehvermögens, zusätzliche Beeinträchtigungen etc.) und von exogenen

Variablen (Persönlichkeitsstruktur, Erziehungsgeschichte, soziale Umwelteinflüsse, materielle Milieubedingungen etc.) abhängen (vgl. Farrenkopf et al. 2017). Untersuchungsergebnisse legen nahe, dass ein Visus von 0,04 ausreicht, um sich visuell zu orientieren und um Bewegungen zu imitieren, was sich unterstützend für die motorische Entwicklung auswirkt (Hatton et al. 1997). Brambring (2005) weist folgerichtig darauf hin, dass blinde Kinder in denjenigen Entwicklungsbereichen große Verzögerungen im Vergleich zu Kindern ohne Sehbeeinträchtigung aufweisen, für deren Erwerb die visuelle Steuerung und Rückmeldung von zentraler Bedeutung ist. Dies trifft beispielsweise auf den fein- und grobmotorischen Bereich zu. Erschwerend wirkt sich hierbei aus, dass akustische oder taktile Bewegungsanreize im Säuglingsalter weniger Aufforderungscharakter besitzen als optische. Negative, d. h. häufig schmerzliche Bewegungserfahrungen können das Entstehen von Bewegungsängsten und -hemmungen ebenso wie ein überbehütendes Erziehungsverhalten der Bezugspersonen begünstigen. Insgesamt kann somit von Erschwernissen blinder Kinder im Bereich der motorischen Entwicklung gesprochen werden mit möglichen Auswirkungen auf die Bereiche Lokomotion, Lagewechsel, Bewegungskoordination, Körperhaltung und Feinmotorik.

Bewegung gilt als wesentlicher Faktor für die geistige und körperliche Entwicklung sowie für deren Gesunderhaltung. Der Bewegungsförderung kommt somit in der Blinden- und Sehbehindertenpädagogik eine große Bedeutsamkeit zu. Neben motorischen und körperlichen Aspekten werden hierbei unter Bezugnahme der oben genannten Grundorientierung der Sportdidaktik insbesondere sozial-integrative, sensorische, emotionale, kognitive und motivationale Zielstellungen betont (Farrenkopf et al. 2017; Thiele 2001) wie beispielsweise:

- Abbau von Verzögerungen der motorischen Entwicklung
- Entwicklung elementarer Bewegungsformen
- Haltungs- und Koordinationsschulung
- Abbau von Bewegungsängsten und -hemmungen
- Stärkung des Selbstbewusstseins
- Wahrnehmungsförderung und Förderung der Orientierungsfähigkeiten
- Freizeitgestaltung
- Integration (gemeinsame Sportaktivitäten mit Menschen ohne Sehbeeinträchtigung)
- Sozialerziehung
- …

Interessante Ergebnisse zur Bedeutung des Schulsports konnte eine Studie hervorbringen, bei der das Bewegungsverhalten von Jugendlichen einer Schule im »Förderschwerpunkt Sehen« (N=115; Durchschnittsalter 16.0 Jahre) per Schrittzähler aufgezeichnet und mit demjenigen sehender Jugendlicher aus allgemeinen Schulen (N=118; vergleichbares Durchschnittsalter) verglichen wurde (Teigland et al. 2015; Giese et al. 2014). Die Studie konnte u. a. klar belegen, dass sich Schülerinnen und Schüler ohne Sehbeeinträchtigung außerhalb des Schulsports deutlich mehr bewegen und Sport treiben als Schülerinnen und Schüler mit Blindheit oder Sehbehinderung. Allerdings bewegen sich blinde und sehbehinderte Kinder und Jugendliche innerhalb des Sportunterrichts an der Förderschule mehr als sehende im Sportunterricht der allgemeinen Schule. Beispielsweise kommen 34 % der Schülerinnen und Schüler ohne Sehbeeinträchtigung auf weniger als 500 Schritte im Sportunterricht, wohingegen alle Schülerinnen und Schüler der Förderschule diesen Wert übertreffen. Dies bedeutet, dass einem spezifisch an die Bedürfnisse blinder und sehbehinderter Kinder und Jugendlicher angepassten Sportunterricht, der vielfältige Bewegungsaktivitäten initiiert, eine große Bedeutung für das Sammeln von Bewegungserfahrungen und für das Ermöglichen motorischer Lernprozesse zukommt, weil der außerschulische motorische Erfahrungsbereich in geringerem Umfang genutzt wird bzw. genutzt werden kann.

Diese Aussagen zum Stellenwert des Sportunterrichts lassen sich ausdrücklich auch auf den Unterricht mit mehrfachbeeinträchtigten Kindern und Jugendlichen beziehen. Gerade hier ist ein attraktives Bewegungsangebot notwendig, das Eigenbewegungen initiiert, die motorischen Kompetenzen erweitert und das die Erfahrung körperlicher Anstrengung ermöglicht. Konkrete Umsetzungsmöglichkeiten für diese Zielgruppe umfassen beispielsweise das Fahren auf einem Tandem oder einem speziellen Therapierad, rhythmisch-musikalische Bewegungsaktivitäten, gemeinsames Rudern oder Reiten (vgl. Weichert 2010).

Zur konkreten Praxis des Sportunterrichts mit blinden und sehbehinderten Kindern und Jugendlichen liegen nur wenige Untersuchungsergebnisse vor. Aus Befragungen von Sportlehrpersonen an blinden- und sehbehindertenspezifischen Förderschulen und an allgemeinen Schulen, die von blinden oder sehbehinderten Schülerinnen und Schülern besucht werden, geht hervor, dass in allen Schulformen grundsätzlich ein sehr breites Spektrum an Sportaktivitäten angeboten wird (Horn 2016; Krauss 2018). Tendenziell fühlen sich Sportlehrkräfte an allgemeinen Schulen etwas unsicherer bei der Einschätzung geeigneter Sportaktivitäten für blinde und sehbehinderte Kinder und Jugendliche als Lehrkräfte der spezifischen Förderschule. Informationsbedarf gibt es offensichtlich bezüglich der Thematik Überprüfung und Eignung von Brillen für den Sportunterricht (Horn 2016). Generell gilt der Sportunterricht in inklusiven Schulkontexten als herausforderndes Unterrichtsfach (Lang & Heyl 2013; Thiele 2003) und es bleibt zu befürchten, dass blinden und sehbehinderten Schülerinnen und Schülern hier aufgrund von Unsicherheiten seitens der Lehrkräfte, mangelnder methodischer Anpassungen oder Schwerpunktsetzungen zugunsten anderer Fächer und Inhalte leider in vielen Fällen keine volle Teilhabe am Sportunterricht möglich ist (Farrenkopf et al. 2017).

7.3 Ophthalmologische Aspekte

Die grundsätzlich positiven Auswirkungen von Bewegungserziehung und Sportunterricht für Menschen mit Sehbeeinträchtigungen und Blindheit sind unstrittig. Zielperspektive muss deshalb die Ermöglichung einer breiten Aktivität der Schülerinnen und Schüler im Sportunterricht sein. Befürchtungen und Ängste, sportliche

Aktivitäten und Belastungsformen könnten zu einer Verschlechterung des Sehstatus führen, sind in der Regel unbegründet. In enger Abstimmung zwischen Sportophthalmologie und Pädagogik wurden unter Einbezug aktueller augenmedizinischer Erkenntnisse und sportpädagogischer Grundlagen Empfehlungen erarbeitet, die für blinde und sehbehinderte Kinder und Jugendliche nur wenige Einschränkungen zur Folge haben (Katlun et al. 2017). Dieses System umfasst insgesamt fünf Kategorien, die von augenärztlicher Seite festgelegt werden (▶ Tab. 7.1).

Tab. 7.1: Sportophthalmologische Richtlinien und Empfehlungen für den Sportunterricht

	Kategorie	Auswirkungen
1	Es liegt keine Einschränkung vor.	Die Ausübung aller Sportarten ist möglich.
2	Tragen einer Sportschutzbrille.	Insbesondere bei Schlagspielen und Kontaktsportarten oder bei voroperierten bzw. mehrfachoperierten Augen (z. B. Glaukomoperation, Netzhautablösung). Sport-(schutz-)brillen sind ebenfalls empfehlenswert, wenn eine Sehkorrektur im Alltag notwendig und die Sehhilfe nicht sporttauglich ist.
3	Verzicht auf Vollkontaktsportarten mit direkter Verletzungsgefahr des Auges.	Außer Vollkontaktsportarten wie z. B. Boxen und Karate sind alle Sportaktivitäten möglich.
4	Verbot von schnellen Bewegungen und Erschütterungen.	Diese Einschränkung gilt nur nach Linsenimplantationen oder Netzhautablösungen in den ersten vier Wochen nach der Operation.
5	Schutz vor Infektionen	Beispielsweise in den ersten Wochen nach operativen Eingriffen oder bei Entzündungen. Der Heilungsprozess hat Vorrang vor der sportlichen Betätigung. Zu vermeiden sind beispielsweise Reizungen der Augen, die durch Schwimmen oder Fremdkörper möglich sind.

Diese Richtlinien lösen die streng reglementierenden, umfänglichen, aber in der Praxis weder von Augenärzten noch von Sportlehrkräften sinnvoll handhabbaren Bestimmungen ab, die sportliche Belastungsformen (z. B. aerobe und anaerobe Belastungen, statische Belastungen, Belastungen mit Erschütterungen) bei Vorliegen bestimmter Augenerkrankungen pauschal erlauben oder ausschließen (Schnell & Bolsinger 2010). Die neuen Richtlinien fokussieren auf maximale sportliche Betätigung, ohne jedoch die notwendige augenärztliche Sicherheit außer Acht zu lassen. Ein Sportverbot kann es für Menschen mit Sehbeeinträchtigungen nur in absoluten und eng umschriebenen Ausnahmefällen geben. Vielmehr ist die volle Teilnahmefähigkeit blinder und sehbehinderter Schülerinnen und Schüler am Sportunterricht und darüber hinaus auch die uneingeschränkte

Teilnahme am Freizeitsport unter augenärztlicher Perspektive in den allermeisten Fällen völlig problemlos möglich.

7.4 Das Bewegungslernen von Kindern und Jugendlichen mit Blindheit und Sehbehinderung und didaktische Umsetzungen im Sportunterricht

Aufgrund des erschwerten Zugangs zu motorischen Lernvorgängen durch Nachahmung, müssen für das Bewegungslernen blinder und sehbehinderter Menschen alternative Zugänge und Vermittlungsformen gewählt werden. In der Fachliteratur werden diesbezüglich verschiedene Möglichkeiten diskutiert (vgl. Farrenkopf et al. 2017; Lieberman et al. 2013, 106 ff; Thiele 2001, 45 ff), wie beispielsweise:

- Geführte Bewegungen: Die Lehrkraft muss hierbei sensibel und zurückhaltend vorgehen. Die Bewegungsführung muss unbedingt vorher angekündigt werden. Selbstinitiierte, gewünschte Bewegungen der Schülerin oder des Schülers müssen möglich sein.
- Bewegungsdemonstration bzw. Haltungsdemonstration mit Abtasten des Bewegungsablaufs bzw. der Körperhaltung.
- Koaktive Bewegungen bzw. Parallelbewegungen: Bewegungen werden gemeinsam ausgeführt; mit Handhaltung oder seitlich nebeneinander mit Körperkontakt.
- Akustische Hilfen zur Bewegungssteuerung wie rhythmisches Mitsprechen, Klatschen etc. Wird hierbei Musik eingesetzt, ist große Sorgfalt auf die Musikauswahl zu legen.
- Betonung kinästhetischer Wahrnehmung: Hierbei muss die Eigenwahrnehmung z. B. hinsichtlich verschiedener Körperstellungen sensibilisiert werden.
- Verbalinformationen zum Bewegungsablauf: Diese sollten präzise und knapp ausfallen. Hilfreich kann auch die Verwendung von Bildbeschreibungen und Metaphern sein, um eine Bewegungsvorstellung zu erzeugen: z. B. »Als ob du nur kurz mit dem großen Zeh in eine Pfütze tauchen würdest« = Tapp beim Tanzen.
- Demonstration der Bewegung oder der Körperhaltung an Modellen, Gliederpuppen etc.
- Aufgliedern komplexer Bewegungsfolgen in Teilbewegungen: Dies ist nicht bei allen Bewegungen möglich z. B. bei einer Sprungphase.
- Transfer von bekannten Bewegungen, d. h. Weiterentwicklung bereits erlernter Bewegungsmuster.

Einige der aufgeführten Maßnahmen können jedoch leicht zu mechanistisch ausgeführten Bewegungskopien führen und stehen einem selbstinitiierten und eigenaktiven Bewegungslernen entgegen. Dies trifft verstärkt auf geführte Bewegungen und auf die Bewegungsdemonstration bzw. Haltungsdemonstration zu. Mehr Handlungsspielräume eröffnen Vorgehensweisen wie koaktive Bewegungen bzw. Parallelbewegungen und der Einsatz akustischer Hilfen zur Bewegungssteuerung. Einige Techniken erscheinen kognitiv höchst anspruchsvoll, da umfassende Transferleistungen bewältigt werden müssen.

Eine für den Sportunterricht äußerst geeignete und vielseitige didaktische Grundlage, die das Bewegungslernen theoretisch fundiert von vornherein einbezieht, stellt der »sinn- und erfahrungsorientierte Ansatz« dar (Giese 2009; Giese & Scherer 2010). Dieser wurde maßgeblich innerhalb der schulischen Blinden- und Sehbehindertenpädagogik entwickelt, gilt jedoch grundsätzlich auch für die allgemeine Sportdidaktik, so dass ihm ein generell inklusives Potential zukommt (Giese & Weigelt 2015). Statt von vorgegebenen, starren und in der Regel aus dem Leistungssport abgeleiteten Bewegungsmustern auszugehen und diese mehr oder weniger direktiv imitieren zu lassen, stellt der »sinn- und erfahrungsorientierte Ansatz« subjektiv bedeutsame und ergebnisoffene Bewegungsaufgaben in den Mittelpunkt sportdidaktischer Überlegungen. Diese sinnhaften und an den jeweiligen Vorerfahrungen anknüpfenden Bewegungsaufgaben fordern die Schülerinnen und Schüler auf der Suche nach Lösungsmöglichkeiten zu eigenen Bewegungshandlungen heraus. Grundlegende Prinzipien des Bewegungsablaufs erarbeiten sich die Schülerinnen und Schüler hierbei selbstständig, wobei sie durch aktives Probehandeln ihre Bewegungshandlungen weiterentwickeln und optimieren. Am Beispiel des Werfens, das einen besonders komplexen Bewegungsablauf darstellt, wird der sinn- und erfahrungsorientierte Ansatz anschaulich konkretisiert: durch eigene Versuche, eine möglichst große Distanz per Wurf zu überbrücken, wobei zumindest die Zieltreffer auditiv wahrnehmbar gemacht werden, erproben die Kinder und Jugendlichen selbsttätig verschiedene Wurftechniken (z. B. beidhändiges/einhändiges Werfen, Werfen aus der Sitzposition bzw. aus dem Stand oder mit Anlauf) und sammeln auf diese Weise grundlegende Wurferfahrungen und erarbeiten sich elementare Bewegungsprinzipien für eine erfolgreiche Wurftechnik (Giese & Scherer 2010).

7.5 Organisatorische Aspekte des Sportunterrichts

Aus hygienischen Gründen und zur Gefahrenreduktion ist das Tragen geeigneter Sportbekleidung für alle am Sportunterricht beteiligten Personen unerlässlich. Darüber hinaus stellt die Umkleidesituation für blinde und sehbehinderte Kinder und Jugendliche ein natürliches Übungsfeld für lebenspraktische Fähigkeiten dar. Bei schwerstbehinderten Schülerinnen und Schülern muss die Frage des Umkleidens unter Umständen differenzierter betrachtet werden. Aber auch hier ist auf die Funktionalität der Kleidung (keine Einengung der Bewegungsmöglichkeiten, Vermeidung von Überhitzung etc.) zu achten. Zusätzlich müssen für diese

Zielgruppe Bewegungsmöglichkeiten (z. B. durch Lagerungshilfen) organisatorisch geschaffen werden. Ein Sportunterricht, der ausschließlich im Rollstuhl absolviert wird, ermöglicht nur eine sehr begrenzte Bewegungserfahrung.

Spezielle organisatorische Aspekte betreffen darüber hinaus beispielsweise folgende Bereiche (vgl. Lieberman et al. 2013, 96 ff; Thiele 2001, 45 ff):

Kennenlernen des Raumes (Gute Raumkenntnisse gelten als Voraussetzung für angstfreies Bewegen):

- Beschreiben, Abgehen, Abtasten des Raumes (z. B. Wände entlang gehen, quer durch den Raum gehen etc.)
- Auf Orientierungspunkte hinweisen: Türen, Kletterwand etc.
- Auf mögliche Gefahren aufmerksam machen: Türen, Schränke, aufgebaute oder fest installierte Geräte etc.
- Bewegungsräume eventuell klar begrenzen: z. B. durch Matten; Schwimmbahnen durch Schwimmleinen markieren
- Gemeinsamer Geräteaufbau (nicht immer möglich)

Orientierungs- und Strukturierungshilfen:

- Blindenspezifische Sportanlagen: Taktile Bodenmarkierungen (z. B. Noppenbelag vor den Wänden) als Warnsignal
- Akustische Orientierungshilfen: Laufen auf Zuruf, Trittschall ausnutzen (Wände werden ›hörbar‹); Fremd- und Störgeräusche minimieren
- Optische Orientierungshilfen für hochgradig Sehbehinderte: kontrastreiche Feldmarkierungen, optimale und blendfreie Beleuchtung, auf Kontrastierung zwischen Spiel-/Übungsmaterial (z. B. Ball) und Untergrund achten etc.
- Abgrenzungen evtl. auch mit Absperrband (rot-weiß); zusätzlich akustische Signale anbringen (z. B. Glöckchen)
- Bewegungsparcours möglichst überschaubar anordnen: z. B. rechtwinklige Zuordnungen, Orientierung an Raumecken (keine Verschachtelungen); evtl. Matten oder kontrastreiche Teppichfließen als Laufwegmarkierung

Sicherheitsaspekte:

- Bei Wurf-, Stoß-, Sprung- und Laufdisziplinen sollen blinde und hochgradig sehbehinderte Schülerinnen und Schüler mit beiden Armen die Lauf- bzw. Wurfrichtung anzeigen
- Hindernisse müssen vor dem Unterricht beseitigt werden (z. B. nicht benötigte Tore).
- Rückwege müssen von Laufwegen getrennt werden: z. B. Weitsprung (sonst besteht die Gefahr des Zusammenstoßens)
- Für hochgradig sehbehinderte Schülerinnen und Schüler: Anlaufwege möglichst mit der Lichtquelle (z. B. Fenster) im Rücken, um Blendung zu vermeiden.

7.6 Psychomotorik, Rhythmik und Tanz

Die Psychomotorik verfolgt das Ziel, über motorische Lernprozesse eine umfassende Persönlichkeitsbildung zu ermöglichen. Diese Lernprozesse spielen sich außer im Motorischen auch im Kognitiven, Affektiven und Sozialen ab, so dass eine Stärkung der Ich-, Sach- und Sozialkompetenz bewirkt werden kann (Kiphard 2001). Ein psychomotorisch orientierter Sportunterricht versucht, Freude an der Bewegung zu wecken und hierüber die Handlungsfähigkeit in der Auseinandersetzung mit dinglichen und personalen Umweltgegebenheiten zu fördern. Entsprechende Übungsanregungen lassen sich gliedern in Übungen zur Wahrnehmung, zur Bewegung und zum emotional-sozialen Bereich (Kiphard 2001). Materialien und Geräte der Psychomotorik sind Schwungtücher, Pedalos, Rollbretter, Schaukeln etc.

Durch ihre Grundkonzeption erhält die Psychomotorik eine große Bedeutung für die Bewegungserziehung blinder und sehbeeinträchtigter Schülerinnen und Schüler im Grundschulalter v.a., wenn diese in sehr heterogenen Lerngruppen unterrichtet werden. Das Zurücktreten eines direkten Leistungsvergleichs zugunsten vielfältiger, kooperativer und das Selbstbewusstsein stärkender Bewegungserfahrungen schafft die Voraussetzungen für einen, den Bedürfnissen und Notwendigkeiten der Kinder und Jugendlicher angepassten Sportunterricht.

Thiele (2010, 45 f.) erkennt jedoch auch die Grenzen eines psychomotorisch orientierten Sportunterrichts, da sich entsprechende Umsetzungen in der Regel auf den Elementar- und Primarbereich beschränken. Darüber hinaus sollte der Sportunterricht auch attraktive Handlungs- und Sozialerfahrungen initiieren, die über die psychomotorischen Spiel- und Bewegungsangebote hinausreichen. Auch Wettkampfcharakter und Leistungsgedanke sollten aus dem Sportunterricht mit blinden und sehbehinderten Schülerinnen und Schülern nicht von vornherein ausgeschlossen werden.

Für den Unterricht mit sehbehinderten Schülerinnen und Schülern liegen psychomotorische Unterrichtskonzeptionen vor (vgl. Krug 2001, 49 ff). Für blinde und hochgradig sehbehinderte sowie mehrfachbehinderte Schülerinnen und Schüler können die Chancen durch Psychomotorik ebenso deutlich herausgearbeitet und auf die konkrete Handlungsebene übertragen werden (vgl. Kraus 2001; Zylka 1996). Dies wird durch die Betrachtung zentraler psychomotorischer Förderbereiche deutlich:

- Förderung der Wahrnehmung
  Wahrnehmungsförderung ist ein zentrales, fächerübergreifendes Prinzip für den Unterricht mit blinden und hochgradig sehbehinderten Schülerinnen und Schülern (vgl. Lang 2017) mit Schwerpunkten im visuellen (bei Kindern und Jugendlichen mit Sehvermögen), auditiven und haptischen Bereich. Als weitere wesentliche Komponente muss die Förderung der Eigenwahrnehmung als Grundlage der Ausdifferenzierung eines Körperschemas genannt werden, da hiervon sowohl die Bewegungskoordination als auch die Orientierungsfähigkeit abhängen. Übungsmöglichkeiten für diesen Bereich ergeben sich beispielsweise

durch Massagen (mit Igel- oder Tennisball) oder durch das Belegen von Körperteilen mit Materialien (z. B. Sandsäckchen).
- Förderung der Bewegung
  Im Mittelpunkt stehen die Schulung von Bewegungskontrolle, Bewegungskoordination, Körperhaltung und Körperbeweglichkeit. Sie können mittels Übungen mit Wackelbrettern, Skateboards etc. konkret umgesetzt werden.
- Übungen und Spiele zum emotional-sozialen Bereich
  In der Psychomotorik spielt die Kooperation mit einer Partnerin bzw. einem Partner oder innerhalb einer Gruppe eine zentrale Rolle. Darüber hinaus geht es in diesem Förderbereich um das Ausdrücken von Gefühlen durch Bewegung z. B. durch Übungen und Spiele aus der Pantomime oder dem Tanz.
  Für blinde und hochgradig sehbehinderte Kinder und Jugendliche bieten sich hier wesentliche Lernfelder, da viele soziale Prozesse unter Menschen ohne Sehbeeinträchtigung nonverbal z. B. über Blickkontakt gesteuert werden. Fällt dieser Wahrnehmungsbereich vollständig oder weitgehend aus, sind alternative Kommunikationsstrategien (z. B. verbale Absprachen, körpernahe Gebärden) notwendig. Für eine störungsfreie Kommunikation sind darüber hinaus Kenntnisse über die Ausdrucksmotorik (Kommunikationswirkung von Körperhaltung, Körperbewegungen etc.) von großer Bedeutung.

Die genannten Lernbereiche der Psychomotorik weisen eine große Schnittmenge zur Rhythmik auf. Unter Rhythmik versteht man ein pädagogisches Prinzip, das beabsichtigt, durch Bewegung in Verbindung mit Musik und Sprache Lern- und Entwicklungsprozesse in Gang zu setzen (Glathe, Krause-Wiechert 1989, XXV), wobei die Bereiche Motorik, Wahrnehmung, Kognition (z. B. Begriffsbildung), Kommunikation, Soziabilität und Emotionalität besondere Beachtung finden. Die musikalische Komponente der Rhythmik bewirkt einen basalen Bewegungsimpuls, der häufig auch schwerbehinderte Kinder und Jugendliche stark anspricht. Durch das exakte Hören und über das handelnde, bewegungsmäßige Umsetzen der Musik erfolgt implizit eine differenzierte Wahrnehmungsförderung im auditiven Bereich. Als einfache Übungsform eignen sich Musikstopp-Spiele (bei Musikstopp wird beispielsweise eine Bewegungsform abgesprochen, die bis zum nächsten Musikstopp umgesetzt wird) in besonderer Weise.

Die Übergänge zwischen Rhythmik und Tanz sind als fließend zu betrachten, wobei Tanzen verschiedene Formen, wie Individual-, Paar- und Gruppentanz, Improvisationstanz, Standardtanz, Gesellschaftstanz, Folkloretanz etc. umfassen kann.

Tanzen erscheint unter vielfältigen Gesichtspunkten als eine für blinde und sehbeeinträchtigte Menschen sehr förderliche Bewegungsaktivität (vgl. Thiele 2001). Tanzen

- kann Freude an der Bewegung schaffen und dazu beitragen, Bewegungshemmungen abzubauen (im freien Tanz gibt es kein ›richtig‹ und ›falsch‹),
- erfordert und fördert Bewegungskoordination und Bewegungssteuerung,
- ermöglicht elementare Raum- und Formerfahrungen (z. B. rechts, links, nah, fern, hoch, tief; Kreis, Gasse, Spirale etc.),
- unterstützt die Ausbildung von Körperbewusstsein und Körperschema,

- schafft und vermittelt körperliche Ausdrucksmöglichkeiten,
- erfordert eine aktive Kontrolle der Körperhaltung,
- kann das Selbstbewusstsein fördern,
- basiert auf Kommunikation und Kooperation,
- ermöglicht gemeinsame Aktivitäten mit sehenden Menschen und kann zur sozialen Integration beitragen,
- eröffnet Freizeit- und Kontaktmöglichkeiten,
- ...

Tanzen ermöglicht auch Menschen mit mehrfachen Beeinträchtigungen eine altersadäquate Teilhabe an freudvollen gemeinsamen Aktivitäten. Bei vielen Tänzen können Schülerinnen und Schüler im Rollstuhl einbezogen werden. Schließlich kann über den Rollstuhltanz, bei dem schwerbehinderte Kinder und Jugendliche von sehenden Partnerinnen und Partnern geschoben werden, eine ausdrucksstarke, künstlerische Tanzform realisiert werden, die sowohl für die Tänzerinnen und Tänzer als auch für Zuschauende erlebnisreich ausgestaltet werden kann (z. B. durch Einbezug von Materialien wie Bänder, Chiffontücher etc.).

Unter methodischen Aspekten ist darauf zu achten, dass die Musik- und Tanzauswahl schüler- und altersgemäß erfolgt. Für den Einstieg in das Tanzen können freie Tanzformen oder einfache Bewegungsabfolgen gewählt werden. Partner- und Gruppentänze bieten für blinde Menschen den Vorteil, dass durch Arm- oder Handhaltung der Bewegungsraum klar definiert ist, was die Orientierung, z. B. bei Drehungen, erleichtern kann.

7.7 Schwimmen

Das Schwimmbecken als Bewegungsraum bietet für blinde und sehbehinderte Kinder und Jugendliche eine ganze Reihe von Vorteilen. Abgesehen vom Beckenrand gibt es keine Hindernisse, die zu schmerzhaften Bewegungserfahrungen führen können. Hinzu kommt, dass das Element Wasser durch seinen Widerstand die Bewegungen grundsätzlich verlangsamt. Motorisch beeinträchtigte Menschen sind aufgrund des Wasserauftriebs und der damit zusammenhängenden Minderbelastung der Skelettmuskulatur und der Gelenke in der Lage, vielfältige und – im Vergleich zu ihren Bewegungsmöglichkeiten an Land – auch neue Bewegungsmuster zu zeigen. Für mehrfachbehinderte Schülerinnen und Schüler erhält das Sich-Bewegen und Bewegt-Werden im Wasser somit einen beachtlichen bewegungstherapeutischen Wert. Insgesamt kann das Schwimmbecken einen ungemein motivierenden und aktivierenden Bewegungsraum darstellen, der die Bewegungserfahrungen und Bewegungsmöglichkeiten grundlegend erweitern kann.

Die permanente Geräuschkulisse durch das Wasserrauschen und der starke Nachhall in der Schwimmhalle können allerdings erschwerende Bedingungen darstellen, da die Kommunikation (z. B. Anweisungen, Warnungen) und das Identifizieren von Umgebungsgeräuschen beeinträchtigt werden. Grundsätzlich sollte abgeklärt werden, ob von augenärztlicher Seite Bedenken gegenüber Chlorwasser, Sprüngen oder Tauchen bestehen bzw. ob Schutzmaßnahmen wie das Tragen einer Schwimmbrille notwendig sind.

Schülerinnen und Schüler, die das Schwimmen erlernen, beherrschen eine Sportart, die sie praktisch lebenslang (auch als sozial-integrative Freizeitbeschäftigung) ausführen können.

Damit der Bewegungsraum Schwimmbecken vom Kind oder Jugendlichen als positiv und aktivierend angenommen werden kann, kommen den individuell und spielerisch umzusetzenden Phasen der Wassergewöhnung und der Wasserbewältigung eine entscheidende Rolle zu (vgl. Steinberger 2010, 33 ff; Durlach 2007). Ziel hierbei ist, dem Entstehen von Ängsten gegenüber Nässe, Kälte, Wasserwiderstand, Wellenbildung etc. vorzubeugen bzw. bereits bestehende Ängste abzubauen sowie grundlegende Bewegungsmöglichkeiten im Wasser kennen zu lernen. Hinsichtlich möglicher Spielformen und Materialien unterscheidet sich die Wassergewöhnung bzw. Wasserbewältigung blinder und sehbehinderter Kinder nicht von der Vorgehensweise bei Kindern ohne Sehbeeinträchtigung. In der Anfangsphase sind der Körperkontakt zu einer Vertrauensperson und eine geringe Wassertiefe von großer Bedeutung. Bei schwer mehrfachbehinderten Kindern und Jugendlichen ist generell eine 1:1-Betreuung notwendig. Ideal ist ein Schwimmbecken, dessen Wassertiefe sich verändern lässt.

Hinsichtlich des Erlernens spezieller Schwimmtechniken (Brustschwimmen, Kraulschwimmen, Rückenschwimmen, Schmetterling) bestehen für blinde und sehbehinderte Menschen keine grundsätzlichen Einschränkungen. Das Kraulschwimmen kann die Gefahr des Aufschwimmens auf den Beckenrand vermindern, da beim Gleitzug immer ein Arm in der Vorlage ist und den Kopf in gewisser Weise schützt. Beim Brustschwimmen ist der Kopf in der Gleitphase ungeschützt weit vor den Armen, weshalb der Beckenrand bzw. die notwendige Wende von Helfern angezeigt werden muss. Diese geben ein entsprechendes verbales Signal oder tippen den Schwimmer mit der Hand oder mit einem an einem Stab befestigten Schaumstoffball rechtzeitig vor dem Beckenrand an (Lieberman 2013, 247 f.). Schwimmen kann für Menschen mit Blindheit und Sehbehinderung eine unabhängig durchführbare Sportart sein, da abgegrenzte Schwimmbahnen völlig selbstständig abgeschwommen werden können.

7.8 Leichtathletik

Die Leichtathletik gehört zum Standardinhalt des Schulsports. Für blinde und sehbehinderte Schülerinnen und Schüler gestaltet sich die Leichtathletik als vielfältiges sportliches Betätigungsfeld. Hierfür sind in den einzelnen Bereichen spezifische Anpassungen im Lernprozess und bei der Durchführung notwendig.

Angesichts der Vielzahl leichtathletischer Disziplinen wird an dieser Stelle nur hinsichtlich der Grundkategorien Lauf, Sprung und Wurf differenziert.

7.8.1 Lauf

Das freie, dynamische Laufen in den Raum hinein, kann insbesondere für geburtsblinde Kinder eine hohe Herausforderung darstellen und sich als schwer erlernbar erweisen. Verantwortlich für dieses Erschwernis können Unsicherheiten hinsichtlich der räumlichen Orientierung sein sowie die (begründete) Angst vor plötzlich auftretenden Veränderungen des Untergrundes und vor dem Zusammenstoß mit Hindernissen oder Personen. Schutzstrategien wie die Arme ausgestreckt vor dem Körper zu halten oder mit den Füßen einen möglichst kontinuierlichen Bodenkontakt zu halten, verhindern ein koordiniertes Bewegungsmuster. Dynamisches Laufen bedeutet für blinde Menschen ein ›Hineinrennen in ein Nichts‹. Der Abbau von Unsicherheiten und Ängsten ist somit die Grundvoraussetzung für ein freies und dynamisches Laufen. Dies kann gelingen, wenn die Kinder und Jugendlichen die Raumverhältnisse gut kennen (z. B. hindernisfreie, breite, ebene Laufbahn) und wenn sie wissen, dass sie sich auf die Lehrperson, die für einen hindernisfreien Laufweg sorgt und vor möglichen Gefahren rechtzeitig warnt, absolut verlassen können. Letzteres bedarf konkreter Absprachen über Warnrufe z. B. ›Halt‹ für ein langsames Abbremsen und ›Stopp‹ für ein abruptes Anhalten (Thiele 2001, 156).

Hildenbrandt und Scherer (1995, 50) schlagen zwei methodische Wege vor, wie blinde Kinder und Jugendliche die Bewegungsform des Laufens (Sprintens) erlernen können. Ein Weg führt über eine allmähliche Temposteigerung des Gehens hin zum Laufen, wobei die Unterschiede dieser Bewegungsformen zusätzlich bewusst gemacht werden müssen. Ein zweiter Weg beginnt mit der Anbahnung des Springens (zunächst beidbeiniges Hüpfen am Ort und vorwärts, später einbeiniges Hüpfen, einbeinige Wechselsprünge, Mehrfachsprünge und wechselseitige Laufsprünge) und dem damit zusammenhängenden Erfahren einer Flugphase. Hieraus kann über eine Temposteigerung das Laufen abgeleitet werden.

Die Raumorientierung beim Lauf kann über akustische Signale oder über eine Begleitung erfolgen. Beides muss intensiv vorbereitet und eingeübt werden.

Bei Kurzstreckenläufen laufen blinde und hochgradig sehbehinderte Menschen in der Regel im Einzellauf mit akustischer Begleitung. Zur Einübung dieser Möglichkeit sollten die Laufstrecken anfänglich gering (10-15 Meter) und das Lauftempo reduziert sein. Die Schülerin bzw. der Schüler läuft auf Zuruf der Lehrkraft, die am Ziel steht. Vor dem Start soll die Laufrichtung mit beiden Armen angezeigt werden. Nach dem Start übernimmt die Lehrkraft mit Zurufen (falls erforderlich über Megafon) die Führung. Weicht die Schülerin bzw. der Schüler während des Laufens von der Ideallinie ab, ruft die Lehrkraft Richtungskorrekturen aus der Schülersicht zu. Das Durchlaufen der Ziellinie wird ebenfalls angesagt. Für das Auslaufen muss nach der Ziellinie genügend Raum zur Verfügung stehen. Aus motivationalen Gründen kann es im Sportunterricht sinnvoll sein, dass ein leistungsstarker sehender Schüler auf einer Parallelbahn in ausreichendem Abstand mitläuft (Thiele 2001, 156). Sehr viel Übung bedarf der Tiefstart aus dem Startblock.

Mittel- und Langstrecken werden gewöhnlich mit sehender Begleitung durchgeführt, wobei als Verbindung ein 30–50 cm langes Seil oder Tuch dient. Diese Verbindung darf nicht gestrafft sein.

Neben den beschriebenen standardisierten Vorgehensweisen werden im Schulsport häufig spielerische Laufübungen durchgeführt wie beispielsweise Staffelläufe, die dann ebenfalls einer akustischen Führung bedürfen (durch Klatschen, Zurufe, Tamburin-Schläge etc.). Das Warmlaufen auf der Laufbahn oder in der Halle mit vorgegebener Laufrichtung hat für blinde und hochgradig sehbehinderte Schülerinnen und Schüler den Vorteil einer klaren räumlichen Struktur, wodurch die Gefahr von Kollisionen deutlich reduziert wird (vgl. Thiele 2001, 154).

7.8.2 Sprung

Ebenso wie das Laufen erfordert das Springen von blinden und hochgradig sehbehinderten Menschen ein hohes Maß an Bewegungskoordination, Orientierungsvermögen und Mut. Dies gilt vor allem dann, wenn der Sprung mit Anlauf erfolgt. Im Folgenden wird lediglich der Weitsprung thematisiert.

Der Weitsprung mit beidbeinigem Absprung aus dem Stand (vom Absprungbalken) erscheint für blinde und hochgradig sehbehinderte Schülerinnen und Schüler wenig problematisch zu sein und lässt sich mit Unterstützung durch den Armschwung Schritt für Schritt einführen (Lieberman 2013, 207 ff). Der Bewegungsablauf beim Weitsprung aus dem Lauf ist wesentlich komplexer, da sich die Bewegungsphasen (Anlauf, Absprung, Flug, Landung) und deren Übergänge dynamischer gestalten. Das Beherrschen des freien Laufens gilt als Voraussetzung. Aufgrund der geringen Sprungerfahrungen im Alltag, kann für blinde und hochgradig sehbehinderte Menschen der Übergang vom Laufen in den kraftvollen, einbeinigen Absprung eine Schwierigkeit darstellen. Folgende Übungsformen können mithelfen, den Bewegungsablauf in der Absprungphase zu vermitteln (vgl. Hildenbrandt & Scherer 1995, 51):

- Schrittsprünge aus dem Gehen und Laufen heraus
- Hopserlauf
- Übersteigen eines Hindernisses (z. B. Querbank): Sprungbein auf dem Hindernis, Übersteigen; später: Sprungbein auf dem Hindernis, kraftvolles Abdrücken, beidbeinige Landung hinter dem Hindernis
- Angehen (später Anlaufen) im Dreier-Rhythmus: Sprungbein - Schwungbein - Absprung mit dem Sprungbein - Landung auf dem Schwungbein); später: beidbeinige Landung (Anlauf im Fünfer- oder Siebener-Rhythmus)

Der Absprung an der Weitsprunganlage erfolgt innerhalb einer Absprungzone. Der Sprung in die Grube kann zunächst aus der Schrittstellung heraus (Sprungbein vorne) oder mit kurzem Anlauf (Dreierrhythmus) geübt werden (Lieberman 2013, 242 ff). Auf eine beidbeinige Landung sollte geachtet werden. Ein paralleles Springen von Lehrkraft und Schülerin bzw. Schüler mit Handhaltung und geringer Anlauflänge (Dreier- oder Fünferrhythmus) kann geeignet sein, um den Gesamtbewegungsablauf beim Weitsprung zu verdeutlichen und um Ängste vor dem Sprung abzubauen. Erst nach dem Beherrschen des Absprunges kann an der Körperhaltung während der Flug- und Landephase gearbeitet werden. Vor dem Sprung soll die Anlaufrichtung mit beiden Armen angezeigt werden.

Das selbstständige Springen erfolgt meist mit akustischer Begleitung. Die Lehrkraft steht hierbei hinter oder leicht seitlich versetzt in der Grube, so dass die Springerin bzw. der Springer auf sie zulaufen kann (vgl. Lieberman 2013, 243). Der Anlauf wird rhythmisch durch Rufen oder Klatschen begleitet. Besitzt die Springerin bzw. der Springer keinen konstanten, in Schrittanzahl festgelegten Anlauf (was bei den meisten Schülerinnen und Schülern der Fall ist), muss der nahende Absprung über ein Mitzählen (›3-2-1-Sprung‹) oder mittels Stimmmodulation (Steigerung der Stimmhöhe, je näher die Sprungzone kommt) und Sprungkommando von der Lehrkraft angezeigt werden. Die akustische Begleitung des Weitsprunges bedarf der intensiven Übung. Lehrkraft und Springerin bzw. Springer müssen optimal aufeinander abgestimmt sein, damit die Kommandos rechtzeitig erfolgen und ein verletzungsgefährliches Hineinlaufen in die Grube verhindert werden kann.

Für sehbehinderte Kinder und Jugendliche sollten die Anlaufstrecke und die Absprungzone optisch hervorgehoben werden.

7.8.3 Wurf

Blinde und hochgradig sehbehinderte Kinder und Jugendliche besitzen in der Regel wenig Wurferfahrung, da die Alltagsrelevanz meist gering ist. Während für Menschen ohne Sehbeeinträchtigung das zielgenaue Werfen oder das Weitwerfen eine hohe Motivation darstellt, bedeutet das Werfen für blinde Kinder in der Regel den Verlust des Gegenstandes und den Beginn eines schwierigen Suchprozesses. Um bei Kindern und Jugendlichen mit Blindheit eine Wurfmotivation aufzubauen, sind Maßnahmen geeignet, die das Wurfziel oder einen Wurftreffer akustisch markieren bzw. die Wurfdistanz zugänglich machen. Im Gegensatz zu nicht sehbeeinträchtigten Schülerinnen und Schülern müssen blinde und hochgradig sehbehinderte Kinder und Jugendliche (v. a. mit früh erworbener Sehschädigung) die Wurfbewegung grundlegend erlernen. Methodisch kann hierbei auf den sinn- und erfahrungsorientierten Ansatz verwiesen werden. Von grundlegender Bedeutung sind vielfältige Wurferfahrungen im Rahmen motivierender Übungen und Spiele (vgl. Plorin & Wörster 2010). Aus Sicherheitsgründen muss vor jedem Wurf die Wurfrichtung durch den ausgestreckten Arm angezeigt werden.

Beispielhaft sollen nachfolgend einige Übungsmöglichkeiten konkret aufgeführt werden (vgl. Lieberman 2013, 202 ff; Plorin & Wörster 2010):

- Wurfgegenstände erkunden und Wurfeigenschaften erfahren (gegen eine Wand werfen mit Klingelbällen, Medizinbällen, Schlagbällen, Stäben etc.); allmähliche Vergrößerung der Entfernung
- Wurftechniken erproben (beidhändiges, einhändiges Werfen, Überkopfwurf etc.)
- Wurfpositionen erproben: aus der Bauchlage, aus der Sitzposition, aus dem Stand, Schrittstellung, mit Anlauf etc.
- Schlagbewegung gegen einen Widerstand (z. B. in Schulterhöhe gespannte Zauberschnur)
- etc.

7.9 Sportspiele

Nachfolgend sollen anhand einiger Beispiele Sportspiele aufgezeigt werden, in denen blinde und sehbehinderte Schülerinnen und Schüler in vollem Umfang teilnehmen können.

7.9.1 Goalball und Torball

Goalball und Torball sind die blindenspezifischen Sportspiele schlechthin. Beide Spiele werden in der Halle gespielt und verfolgen dieselbe Spielidee: jeweils 3 Spielerinnen bzw. Spieler (zusätzlich: 3 Ersatzleute) bilden eine Mannschaft; jede Mannschaft versucht, einen Klingelball im gegnerischen Tor unterzubringen bzw. die Würfe des Gegners abzuwehren. Das Spielfeld ist klar strukturiert und markiert, der Spielablauf ist durch ein Regelwerk eindeutig festgelegt. Bei Wettkämpfen wird nach Damen- und Herrenmannschaften getrennt klassifiziert. Alle Mitspielerinnen und Mitspieler tragen eine lichtundurchlässige Brille bzw. bei Deutschen Meisterschaften und internationalen Wettkämpfen müssen die Augen mit Okklusionspflastern abgeklebt werden. Unterschiede zwischen Goalball und Torball bestehen hinsichtlich des Spielfeldes, des Spielgerätes und des Reglements. Darüber hinaus ist Goalball im Gegensatz zu Torball eine paralympische Disziplin.

Das international gültige Regelwerk des Goalball-Spiels wird von der ›International Blind Sports Federation‹ (IBSA) festgelegt und veröffentlicht.[13] Die nachfolgenden Informationen beziehen sich auf dieses Reglement, wobei nicht alle Regeln und Bestimmungen an dieser Stelle aufgeführt werden können.

- Das rechteckige Goalball-Spielfeld (▶ Abb. 7.1) teilt sich in zwei Spielhälften mit jeweils drei gleichgroßen Zonen. Die Tore (Höhe: 1,30 m) erstrecken sich über die gesamte Breite der Stirnseiten. Die Spielfeldmarkierungen müssen optisch und taktil wahrnehmbar sein und bestehen aus einem 5 cm breiten Kreppband, das mittig eine 3mm starke Schnur überklebt. In den Mannschaftszonen befinden sich zusätzlich Orientierungsmarkierungen, die die Positionierung der drei Spieler/innen erleichtern.
- Gespielt wird mit einem speziellen Klingelball aus Gummi (Gewicht: 1250 g; Umfang: 75,5–78,5 cm). Die Spielzeit beträgt bei Wettkämpfen 2 x 10 Minuten (ab 2011: 2 x 12 Minuten).
- Der Ball muss nach einem Wurf in der Mannschafts- oder Wurfzone sowie in der neutralen Zone mindestens einmal den Boden berühren. Berührt der Ball den Boden in der Mannschafts- oder Wurfzone nicht, spricht man von ›Highball‹, was mit einem ›persönlichen‹ Strafwurf (Penalty) bestraft wird. Hierbei bleibt die Verursacherin bzw. der Verursacher alleine in der eigenen Spielhälfte, um den Strafwurf einer Gegnerin oder eines Gegners abzuwehren.

---

13 https://www.goalball.de/download/ibsa-goalball-rules-and-regulations-2018-2020/, Zugriff: 21.2.2020

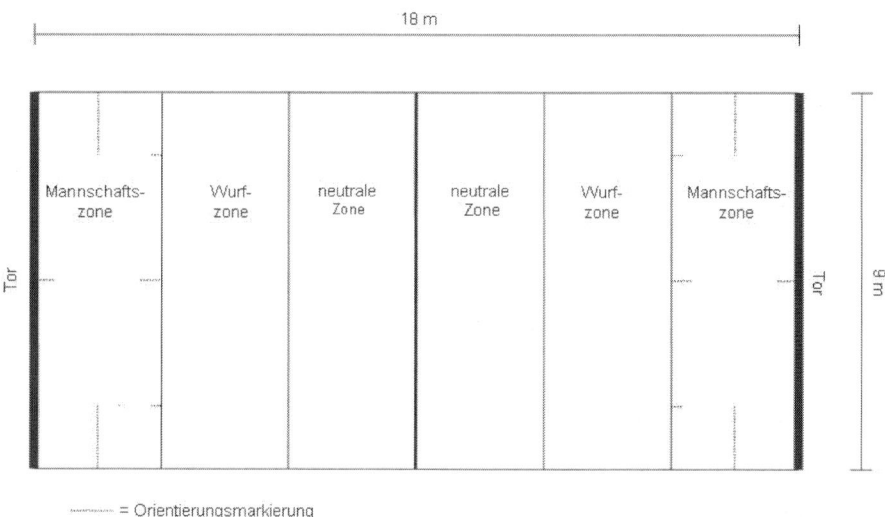

Abb. 7.1: Goalball-Spielfeld

- Findet bei einem Wurf kein Bodenkontakt in der neutralen Zone statt, wird dieser ›Longball‹ ebenfalls mit einem ›persönlichen‹ Penalty bestraft.
- Kommt der Ball nach einem Wurf vor Erreichen der Mannschaftszone der verteidigenden Mannschaft zum Stehen, folgt auf diesen ›Shortball‹ ein ›persönlicher‹ Penalty.
- Rollt der Ball nach der Abwehr zurück in die Hälfte der angreifenden Mannschaft, so bleiben diese in Ballbesitz (Schiedsrichterkommando: ›Ball durch‹).
- Der Ball kann innerhalb der Mannschaft gepasst werden, muss allerdings nach spätestens 10 Sekunden wieder auf das gegnerische Tor geworfen bzw. gerollt werden. Auf einen Zeitübertritt erfolgt ein ›Mannschaftspenalty‹. Hierbei muss die Spielerin bzw. der Spieler mit dem letzten regelgerechten Wurf abwehren.
- Eine Spielerin bzw. ein Spieler darf nur zweimal aufeinander folgend auf das gegnerische Tor werfen. Ein Regelverstoß wird mit einem ›persönlichen‹ Penalty geahndet.
- Der Ball kann mit jedem Körperteil abgewehrt werden, d. h. die Spieler/innen versuchen, sich ausgestreckt auf den Boden zu werfen, um den Ball vor dem Tor aufzuhalten. Bei der Abwehr muss die Spielerin bzw. der Spieler mit einem Körperteil in der Mannschaftszone sein.
- Ein Pass oder Wurf ins Aus bedeutet Ballverlust.
- Nach Spielunterbrechungen muss der Ball durch den Schiedsrichter frei gegeben werden.
- Weitere Bestimmungen regeln das Vorgehen bei Auswechslungen, Spielverzögerungen, unsportlichem Verhalten etc.

Goalball kann ein sehr schnelles und kraftvolles Mannschaftsspiel sein, das hervorragend gemeinsam mit sehenden Schülerinnen und Schülern gespielt werden kann.

Auch Kinder und Jugendliche mit Blindheit bzw. Sehbehinderung und zusätzlichen kognitiven Beeinträchtigungen, die die motorischen Anforderungen bewältigen können, entwickeln beim Goalballspiel häufig eine hohe Anstrengungsbereitschaft und Spielfreude. Im gesamten Schulbereich werden die internationalen Regeln oftmals leicht variiert. Beispielsweise wird in der Regel der leichtere Klingelball des Torballspiels (Gewicht: 500 g; Umfang: 66–69 cm) verwendet, so dass sowohl der Wurf als auch die Abwehr vereinfacht werden. Darüber hinaus können die im Torball (s. u.) eingesetzten Positionsmatten speziell im inklusiven Sportunterricht eine sehr sinnvolle Ergänzung sein (Lang & Thiele 2020, 63). Goalballtore, die an allgemeinen Schulen nicht vorhanden sind, können durch umgelegte Langbänke ersetzt werden. Grundsätzlich bedürfen das zielgenaue Werfen bzw. Rollen des Klingelballes und das Erhören der Rollrichtung für die Abwehr vielfältiger, vorbereitender Übungen (vgl. Günther 2010).

Torball unterscheidet sich von Goalball in folgenden Punkten:

- Torball wird auf einem etwas kleineren Spielfeld gespielt (7 x 16 m). Die Spieler/innen erhalten mittels dünner Teppiche oder Matten (ca. 2 x 1 m, Höhe ca. 1 cm) eine deutliche Positionierungshilfe. Die mittlere Matte befindet sich ca. 20 cm vor der Torlinie. Die äußeren, nach vorne versetzten Matten liegen an der jeweiligen Seitenlinie des Spielfeldes an. Die Wurfzone wird durch gespannte Schnüre in 40 cm Höhe begrenzt, die außerhalb des Spielfeldes mit Anglerglöckchen versehen sind, so dass Schnurberührungen hörbar werden. Die Torlinie muss taktil wahrnehmbar sein (s. Goalball). Die Höhe des Tores beträgt wie beim Goalball 1,30 m.
- Die Spielzeit beträgt 2 x 5 Minuten.
- Für Würfe kann die gesamte Wurfzone ausgenutzt werden.
- Der Ball darf keine der gespannten Schnüre berühren oder überspringen. Ein Berührverbot gilt auch für die Spielerinnen und Spieler. Ein Regelverstoß hat einen Freiwurf des Gegners zur Folge. Hierzu muss die verursachende Person das Feld verlassen. Die verbliebenen 2 Spielerinnen oder Spieler verteilen sich zur Abwehr auf die Gesamtbreite des Spielfeldes. Jeder dritte Freiwurf wird als ›Mannschaftspenalty‹ ausgeführt. Hier darf nur ein Spieler bzw. eine Spielerin abwehren.
- Eine Spielerin bzw. ein Spieler darf dreimal aufeinander folgend auf das gegnerische Tor werfen. Ein Regelverstoß wird mit Freiwurf geahndet (s. o.).
- Der Ball muss innerhalb von 8 Sekunden nach der Ballkontrolle abgeworfen werden. Innerhalb dieser Zeit darf er beliebig oft innerhalb der Mannschaft gepasst werden.

7.9.2 Blindenfußball

Fußball ist auch für blinde und hochgradig sehbehinderte Kinder und Jugendliche ein attraktives Spiel. Mit Hilfe eines speziellen Regelwerkes wird Fußball von blinden und sehbehinderten Menschen mittlerweile auf nationaler und internationaler Ebene (z. B. Paralympics) wettkampfmäßig betrieben (vgl. Müller 2008). Das Spielfeld ist 20 x 40 Meter groß und wird durch eine 1 bis 1,20 Meter hohe Bande begrenzt.

Eine Mannschaft besteht aus 5 Spielerinnen bzw. Spielern, wobei der Torwart über Sehvermögen verfügen darf. Alle anderen Spielerinnen und Spieler spielen mit Augenbinde. Zum Team gehören noch der Trainer und ein Rufer, der hinter dem gegnerischen Tor steht. Torwart, Trainer und Rufer dürfen Orientierungshilfen zurufen. Der Torwart darf aufgrund seines Sehvermögens den eigenen Strafraum nicht verlassen. Spielgerät ist ein Klingelball, so dass der bewegte Ball bzw. der oder die Ballführende lokalisiert werden kann. Wer sich zum Ball bewegt, ruft ein Kommando (›voy‹: spanisch ›ich komme‹), um Kollisionen zu vermeiden. Grundsätzlich wird das Tragen eines Kopfschutzes empfohlen. Das ausführliche Regelwerk wird von der ›International Blind Sports Federation‹ (IBSA) veröffentlicht[14]. Blindenfußball ist ein äußerst dynamisches Spiel, das komplexe koordinative, sensorische und konditionelle Anforderungen an die Spielerinnen und Spieler stellt. Insbesondere die Orientierung auf dem Spielfeld, das Passen und Schießen, die Dribblings sowie die Verteidigung bedürfen spezieller Techniken, die intensiv eingeführt und eingeübt werden sollten (vgl. Pfisterer 2009; Einloft & Gössmann 2010). Schumann und Krause (2015) empfehlen Blindenfußball aufgrund von positiven Erfahrungswerten als konkrete Teilhabemöglichkeit an einem leistungsbezogenen inklusiven Sportunterricht.

7.9.3 Weitere Ballspiele

Bälle haben für blinde und hochgradig sehbehinderte Kinder häufig nicht denselben Aufforderungscharakter wie für sehende. Selbst bei Klingelbällen ist die Flugphase in der Regel nicht hörbar, so dass das Fangen eines Balles eine große Schwierigkeit darstellt. Entsprechend schmerzhaft und frustrierend sind häufig die Vorerfahrungen blinder und sehbehinderter Kinder und Jugendlicher. Aufgrund der Dynamik vieler Ballspiele und der Komplexität der Anforderungen (z. B. schnelles Umschalten von Abwehr auf Angriff, Freilaufen, Fangen, zielgenaues Werfen) sind traditionelle Ballspiele ohne massive Regeländerungen meist nicht durchführbar. Die Frage bleibt offen, inwieweit dies dann sinnvoll und mit der jeweiligen Schülergruppe umsetzbar ist. Gottschalk und Schmidt (2010) beschreiben einige praxiserprobte Möglichkeiten für blinde und sehbeeinträchtigte Kinder und Jugendliche.

Für Ballspiele mit blinden Schülerinnen und Schülern sollten Klingelbälle verwendet werden. Für hochgradig sehbehinderte Kinder und Jugendliche spielt die Größe und Farbigkeit (Kontrast zum Untergrund) eine bedeutende Rolle, da hierdurch eine zusätzliche Wahrnehmungsmöglichkeit eröffnet werden kann. Geeignet erscheinen vor allem Spiele, in deren Verlauf die Bälle gerollt werden. Für einführende Fangübungen eignen sich große Luftballons, da hier die Flugphase deutlich verlangsamt abläuft und Verletzungen selbst bei Zuwurf-Übungen ausgeschlossen sind.

---

14 http://www.ibsasport.org/sports/files/960-Rules-IBSA-Blind-Football-(B1)-Rulebook-2017-2021.pdf, Zugriff: 21.2.2020

7.10 Lauf- und Fangspiele

Viele Lauf- und Fangspiele lassen sich problemlos mit blinden und sehbehinderten Schülerinnen und Schülern durchführen, wenn die Spiele als Paarspiele realisiert werden. Hierbei muss darauf geachtet werden, dass in jedem Paar eine oder einer der beiden über ein ausreichendes Sehvermögen verfügt. Kontakt zwischen den Partner/innen kann über Handhaltung bzw. über eine flexible (z. B. Tuch, Seil) oder eine starre Verbindung (z. B. Staffelstab, Gymnastikreifen etc.) hergestellt werden. Auf diese Weise lassen sich die Orientierungsprobleme lösen und die Kollisionsgefahr weitgehend ausschließen, so dass die blinden und hochgradig sehbehinderten Kinder und Jugendlichen trotz des hohen Geräuschpegels und des Durcheinanders angstfrei und sicher mitspielen können. Bei Fangspielen sollten die Fänger/innen mit Schellenbändern oder Glöckchen ausgestattet sein, damit sie akustisch zu orten sind. Darüber hinaus kann es sinnvoll sein, mit Zauberschnur ein Spielfeld abzugrenzen.

Thiele (2001, 79) weist zu Recht darauf hin, dass unter psychosozialen Gesichtspunkten nicht ausschließlich Spiele mit sehender Begleitung durchgeführt werden sollten, da sich das Bild des abhängigen und unselbstständigen blinden Menschen als Selbst- und Fremdbild verfestigen könnte.

7.11 Ausblick: Weitere Sportarten

Im Rahmen dieser Fachdidaktik zur Bewegungserziehung bzw. zum Sportunterricht blinder und hochgradig sehbehinderter Schülerinnen und Schülern können lediglich einige Inhaltsschwerpunkte beispielhaft skizziert werden. Auf eine Reihe von Sportarten, die ebenfalls vielfältige Möglichkeiten für blinde und sehbehinderte Kinder und Jugendliche beinhalten und die den Sportunterricht und auch die Freizeitgestaltung sehr sinnvoll bereichern können, soll an dieser Stelle abschließend explizit verwiesen werden:

- Turnen/Geräteparcours (vgl. Thiele 2001, 143 ff)
- Trampolinspringen (vgl. Herwig 2010a; Herwig 2001)
- Judo/Bodenkampf (vgl. Giese & Krowinn 2010; Lieberman 2013, 50 ff)
- Wassersport (Kanu/Kajak, Rudern) (vgl. Arnold & Jennemann 2010; Müller 2010; Lieberman 2013, 260 ff)
- Ski/Snowboard (vgl. Herwig 2010b; Sigrist 2001; Scherer 1990; Lieberman 2013, 292 ff)
- Klettern (vgl. Giese 2010; Giese 2007)
- Radsport (vgl. Lieberman 2013, 254 ff)
- Rhönrad (vgl. Müller & Brauner 1990)
- Reiten (vgl. Stern 1983)
- Tennis (vgl. Giese & Hasper, 2010)

- Bogenschießen (vgl. Steinberger & Beernaert 2010)
- Inlineskaten (vgl. Herwig 2010c)

Literatur

Arnold, G. & Jennemann, M. (2010): Wie Blinde zum Surfen finden. In: M. Giese (Hrsg.): *Sport- und Bewegungsunterricht mit Blinden und Sehbehinderten. Band 2: Praktische Handreichungen für den Sport- und Bewegungsunterricht mit Blinden und Sehbehinderten.* Aachen, 206–221.

Brambring, M. (2005): Divergente Entwicklung blinder und sehender Kinder in vier Entwicklungsbereichen. *Zeitschrift für Entwicklungspsychologie und Pädagogische Psychologie 37,* 173–183.

Durlach, F.-J. (2007): *Erlebniswelt Wasser. Spielen, Gestalten, Schwimmen.* 4. unveränderte Auflage. Schorndorf.

Eggert, D. (2008): *Theorie und Praxis der psychomotorischen Förderung. Textband.* 7. verbesserte Auflage. Dortmund.

Elflein, P. (2019): Sportdidaktische »Konzepte« seit 1970 und ihr Beitrag zum innovativen Sportunterricht in Zielrichtung allgemeiner und beruflicher Bildung. In: P. Elflein, W. Langer, H. Yoon-Sun & S. Kamp: *Didaktik innovativen Sportunterrichts. Grundlagen und Unterrichtsmodelle für Schulpraxis und Lehrerbildung.* Baltmannsweiler, 77–116.

Einloft, O. & Gössmann, P. (2010): Blindenfußball – Einstieg in eine neue Sportart. In: M. Giese (Hrsg.): *Sport- und Bewegungsunterricht mit Blinden und Sehbehinderten. Band 1: Theoretische Grundlagen, spezifische und adaptierte Sportarten.* Aachen, 189–203.

Farrenkopf, D., McGregor, D., Kapperman, G. & Kelly, S.M. (2017): Physical education and health. In: M.C. Holbrook, C. Kamei-Hannan & T. McCarthy (Eds.), *Foundations of education. Volume II: Instructional strategies for teaching children and youths with visual impairments.* Third edition. New York, 545–573.

Giese, M. (2010): Sicherungstechniken beim Toprope-Klettern. In: M. Giese (Hrsg.): *Sport- und Bewegungsunterricht mit Blinden und Sehbehinderten. Band 2: Praktische Handreichungen für den Unterricht.* Aachen, 222–230.

Giese, M. (2009): Theoretische Grundlagen eines erfahrungsorientierten und bildenden Sportunterrichts. In: M. Giese (Hrsg.): *Erfahrungsorientierter und bildender Sportunterricht. Ein theoriegeleitetes Praxisbuch.* Aachen, 13–53.

Giese, M. (2007): Klettern mit Blinden? Aber sicher! *blind-sehbehindert 127,* 191–196.

Giese, M. & Hasper, J. (2010): Tennis mit Blinden. In: M. Giese (Hrsg.): *Sport- und Bewegungsunterricht mit Blinden und Sehbehinderten. Band 1: Theoretische Grundlagen, spezifische und adaptierte Sportarten.* Aachen,161–170.

Giese, M. & Krowinn, Qu. (2010): Bodenkampf mit sehgeschädigten Schülern. In: M. Giese (Hrsg.): *Sport- und Bewegungsunterricht mit Blinden und Sehbehinderten. Band 2: Praktische Handreichungen für den Unterricht.* Aachen, 142–158.

Giese, M., Gießling, J. & Eichmann, B. (2014): Von der Leistungsfähigkeit eines blinden- und sehbehindertenspezifischen Sportunterrichts. *blind-sehbehindert 134,* 174–180.

Giese, M. & Weigelt, L. (2015): Konstituierende Elemente einer inklusiven Sportdidaktik. In: M. Giese & L. Weigelt (Hrsg.): *Inklusiver Sportunterricht in Theorie und Praxis.* Aachen, 10–52.

Gissel, N. (2019): *Kritisch-Konstruktive Sportpädagogik. Studien zur Bildungstheorie und Didaktik des Sports.* Baltmannsweiler.

Glathe, B. & Krause-Wiechert, H. (1989): *Rhythmik. Grundlagen und Praxis.* Mainz.

Gottschalk, F. & Schmidt, A. (2010): (Ball-)Spielen mit Blinden und Sehbehinderten. In: M. Giese (Hrsg.): *Sport- und Bewegungsunterricht mit Blinden und Sehbehinderten. Band 2: Praktische Handreichungen für den Unterricht.* Aachen, 128–141.

Größing, S. (2007): *Einführung in die Sportdidaktik.* 9., überarbeitete und erweiterte Auflage, Wiebelsheim.
Günther, J. (2010): Goalball – Ballsport für Blinde. In: M. Giese (Hrsg.): *Sport- und Bewegungsunterricht mit Blinden und Sehbehinderten. Band 1: Theoretische Grundlagen, spezifische und adaptierte Sportarten.* Aachen, 171–188.
Hatton, D. D., Bailey, D. B., Burchinal, M. R. & Ferrell, K. A. (1997): Developmental growth curves of preschool children with vision impairments. *Child Development 68* (5), 788–806.
Herwig, H. (2010a): Trampolinturnen mit blinden und sehbehinderten Schülern. In: M. Giese (Hrsg.): *Sport- und Bewegungsunterricht mit Blinden und Sehbehinderten. Band 2: Praktische Handreichungen für den Sport- und Bewegungsunterricht mit Blinden und Sehbehinderten.* Aachen, 24–32.
Herwig, H. (2010b): Wintersport mit blinden und sehbehinderten Schülern. In: M. Giese (Hrsg.): *Sport- und Bewegungsunterricht mit Blinden und Sehbehinderten. Band 2: Praktische Handreichungen für den Sport- und Bewegungsunterricht mit Blinden und Sehbehinderten.* Aachen, 174–189.
Herwig, H. (2010c): Sehgeschädigte er-fahren das Inlineskaten. In: M. Giese (Hrsg.): *Sport- und Bewegungsunterricht mit Blinden und Sehbehinderten. Band 2: Praktische Handreichungen für den Unterricht.* Aachen, 159–173.
Herwig, H. (2001): Das Tuch erfahren. Trampolinturnen mit blinden und sehbehinderten Schülern. *Sportpädagogik 25*, Heft 4, 29–32.
Horn, M. (2016): *Die Relevanz sportophthalmologischer Aspekte für den Sportunterricht an Blinden- und Sehbehindertenschulen in Deutschland.* Unveröffentlichte Examensarbeit. Heidelberg.
Hildenbrandt, E. & Scherer, H.-G. (1995): Wie Blinde zur Leichtathletik finden, was das für Sehende bedeutet. *Sportpädagogik 19*, 47–53.
Katlun, T., Lang, M., Bolsinger, A. & Giese, M. (2017): Angeborene und erworbene Erkrankungen des Auges und die damit verbundenen Möglichkeiten und Einschränkungen für unterschiedliche Sportformen. In: Verband für Blinden- und Sehbehindertenpädagogik e.V. (Hrsg.): *Perspektiven im Dialog. XXXVI. Kongress für Blinden- und Sehbehindertenpädagogik. 01.08. bis 05.08.2016 in Graz.* Kongressbericht (digital).
Kiphard, E.J. (2001): *Motopädagogik. Psychomotorische Entwicklungsförderung Band 1.* 9., verb. und akt. Auflage. Dortmund.
Kleindienst-Cachey, C., Frohn, J. & Kastrup, V. (2016): Bewegung, Spiel und Sport in der Grundschule – Aufgaben, Ziele, Strukturen. In: C. Kleindienst-Cachey, J. Frohn & V. Kastrup (Hrsg.): *Sportunterricht.* Baltmannsweiler, 5–34.
Krauss, J. (2018): *Herausforderungen im inklusiven Sportunterricht mit blinden und sehbehinderten Schülerinnen und Schülern.* Unveröffentlichte Examensarbeit. Heidelberg.
Kraus, U. (2001): *Im Schneckentempo. Psychomotorische Erfahrungen mit behinderten und taubblinden bzw. sehhörgeschädigten Kindern.* Dortmund.
Krug, F.-K. (2001): *Didaktik für den Unterricht mit sehbehinderten Schülern.* München.
Lang, M. (2017): Wahrnehmungsförderung und Begriffsbildung als fächerübergreifende Prinzipien des Unterrichts mit blinden und hochgradig sehbehinderten Kindern und Jugendlichen. In: M. Lang, U. Hofer & F. Beyer: *Didaktik des Unterrichts mit blinden und hochgradig sehbehinderten Schülerinnen und Schülern. Band 1: Grundlagen.* 2., überarbeitete Auflage. Stuttgart, 228–275.
Lang, M. & Heyl, V. (2013). Inklusion blinder und hochgradig sehbehinderter Schülerinnen und Schüler. In: Verband für Blinden- und Sehbehindertenpädagogik e.V. (Hrsg.): *Vielfalt und Qualität. Kongressbericht XXXV. Kongress für Blinden- und Sehbehindertenpädagogik.* Würzburg, 105–115.
Lang, M. & Thiele, M. (2020): *Schüler mit Sehbehinderung und Blindheit im inklusiven Unterricht. Praxistipps für Lehrkräfte.* 2., aktualisierte Auflage. München.
Lieberman, L.L., Ponchilla, P.E. & Ponchilla, S.V. (2013): *Physical education and sports for people with visual impairments and deafblindness: foundations of instruction.* New York.
Müller, H. (2010): Kanusport mit Blinden und Sehbehinderten. In: M. Giese (Hrsg.): *Sport- und Bewegungsunterricht mit Blinden und Sehbehinderten. Band 2: Praktische Handreichungen für den Sport- und Bewegungsunterricht mit Blinden und Sehbehinderten.* Aachen, 190–205.

Müller, I. & Brauner, B. (1990): *Stellt den Alltag auf den Kopf. Rhönradturnen mit Behinderten.* Würzburg.
Müller, S. (2008): »Ich will Tore sehen!« *Gegenwart 62*, Heft 7/8, 37–39.
Pfisterer, U. (2009): Blindenfußball. Ein didaktischer Leitfaden zur Vermittlung grundlegender Fähigkeiten im Blindenfußball. O.O. (http://www.blindenfussball.de/pdf/TrainerBuch_Blindenfussball.pdf, Zugriff am 6.8.2020)
Plorin, M. & Wörster, A.-Ch. (2010): »Ich finde den Ball nicht wieder!« – Werfen mit blinden und sehgeschädigten Schülern im Sportunterricht. In: M. Giese (Hrsg.): *Sport- und Bewegungsunterricht mit Blinden und Sehbehinderten. Band 2: Praktische Handreichungen für den Unterricht.* Aachen, 75–86.
Salisbury, R. (Ed.) (2008): *Teaching pupils with visual impairment. A guide to making the school curriculum accessible.* Abingdon.
Scherer, H.-G. (1990): *Schilauf mit blinden Schülern. Konstruktion und Evaluation eines Lernangebots.* Frankfurt a.M., Thun.
Schnell, D. (1997): *Das kann ins Auge gehen … Was Aktive und Betreuer zur Sehleistung wissen sollten.* Köln.
Schnell, A. & Bolsinger, C.A. (2010): Augenkrankheiten und organische Einschränkungen beim Sport- und Bewegungsunterricht mit Blinden und Sehbehinderten. In: M. Giese (Hrsg.): *Sport- und Bewegungsunterricht mit Blinden und Sehbehinderten. Band 1: Theoretische Grundlagen, spezifische und adaptierte Sportarten.* Aachen, 83–114.
Schumann, A. & Krause, M. (2015): Blindenfußball auch im inklusiven Sportunterricht!? In: M. Giese & L. Weigelt (Hrsg.): *Inklusiver Sportunterricht in Theorie und Praxis.* Aachen, 151–164.
Sigrist, T. (2001): *Skifahren mit blinden und sehbehinderten Menschen.* Wetzikon.
Steinberger, F. (2010): Schwimmunterricht mit Sehgeschädigten. In: M. Giese (Hrsg.): *Sport- und Bewegungsunterricht mit Blinden und Sehbehinderten. Band 2: Praktische Handreichungen für den Unterricht.* Aachen, 33–46.
Steinberger, F. & Beernaert, J. (2010): Bogenschießen mit Blinden und Sehbehinderten. In: M. Giese (Hrsg.): *Sport- und Bewegungsunterricht mit Blinden und Sehbehinderten. Band 1: Theoretische Grundlagen, spezifische und adaptierte Sportarten.* Aachen, 151–160.
Teigland, C., Eichmann, B., Gießing, J. & Giese, M. (2015): *Abschlussbericht MoBli-Studie. Ein Forschungsprojekt der Universität Koblenz-Landau zur Mobilität von sehbehinderten und blinden Schülerinnen und Schülern.* Marburg.
Thiele, M. (2010): Bescheidenheit ist eine Zier: Chancen, Grenzen und Perspektiven sozialer Lernprozesse im gemeinsamen Sportunterricht. In: M. Giese (Hrsg.): *Sport- und Bewegungsunterricht mit Blinden und Sehbehinderten. Band 1: Theoretische Grundlagen, spezifische und adaptierte Sportarten.* Aachen, 38–58.
Thiele, M. (2003). *Soziale Integration im Unterricht. Eine Untersuchung am Beispiel des Sportunterrichts von blinden und sehenden Schülerinnen und Schülern.* Würzburg.
Thiele, M. (2001): *Bewegung, Spiel und Sport im gemeinsamen Unterricht von sehgeschädigten und normalsichtigen Schülerinnen und Schülern.* Würzburg.
Weichert, W. (2010): Sport- und Bewegungsunterricht mit blinden Mehrfachbehinderten. In: M. Giese (Hrsg.): *Sport- und Bewegungsunterricht mit Blinden und Sehbehinderten. Band 1: Theoretische Grundlagen, spezifische und adaptierte Sportarten.* Aachen, 59–82.
Zylka, A. (1996): Psychomotorik mit Blinden: Methoden und Förderbeispiel. *Praxis der Psychomotorik 21*, 247–255.

8 Kunstunterricht mit blinden und taktil orientierten Schülerinnen und Schülern

Judith Schulz

Kunst gehört zu den traditionellen Unterrichtsfächern an allen Schulen. Im Sinne einer ästhetischen Bildung soll der Kunstunterricht zu einer ganzheitlichen Persönlichkeitsentwicklung aller Schülerinnen und Schüler beitragen und kreatives Handeln fördern. Im Zentrum des Kunstunterrichtes an allgemeinen Schulen steht in allen Lehrplänen der unterschiedlichen Schulstufen die »visuelle Kultur« (Höxter 2013, 1). Entsprechend wird die Vermittlung einer ›Bildkompetenz‹ als zentrales Anliegen des Kunstunterrichts gesehen. Für blinde oder taktil orientierte Schülerinnen und Schüler sollte dies kein Hinderungsgrund sein, am Unterricht teilzunehmen. Ähnlich wie in den naturwissenschaftlichen Fächern muss der Unterricht gut vorbereitet und geplant werden und unterliegt besonderen didaktischen und methodischen Anforderungen.

8.1 Problemfach Kunst?

Kunstunterricht mit blinden oder hochgradig sehbehinderten Schülerinnen und Schülern, die taktil orientiert sind, stellt für viele Regelschulen eine große Herausforderung dar: Wie sollen diese Kinder am Kunstunterricht teilnehmen? Wie sollen Bildanalysen und Bildbetrachtungen funktionieren? Fachinhalte, die rein visuell orientiert sind, sollen nun taktil erlebt werden – in manchen Augen unmöglich! Kunstwerke zeigen außerdem oft Dinge, die sich dem Tastraum völlig entziehen, surreal sind oder einzig durch ihre Farben bestechen. Und nicht zuletzt: Wie kann ein blinder Mensch visuelle Ästhetik nachempfinden? Gibt es überhaupt einen taktilen Zugang zu visueller Ästhetik?

Aber auch den Förderschullehrkräften treibt es bei dem Gedanken an den Kunstunterricht den Schweiß auf die Stirn. Zu viele Techniken und Anforderungen kommen gleichzeitig zusammen und müssen von den Schülerinnen und Schülern angewandt und beherrscht werden:

- Techniken im Schneiden, Reißen und Kleben,
- Taststrategien und systematisches Erkunden von Dingen,
- Raum-Lage-Beziehungen,
- die Frage nach der Perspektive im Raum und in der Ebene,

- Kenntnisse über die Umwelt,
- eine entsprechende Begriffsbildung.

Die Summe der Probleme scheint kein Ende zu nehmen und so ist es nicht überraschend, dass sich in der Fachliteratur der Blindenpädagogik nur wenig Literatur zum Thema Kunstunterricht finden lässt.

Die oben aufgeführten Techniken und Anforderungen erweisen sich bei näherer Betrachtung größtenteils als allgemeine Grundvoraussetzungen und stellen durchgehende, fächerübergreifende Prinzipien dar, die nicht nur für den Kunstunterricht relevant sind. Der Annahme, dass ohne die Beherrschung der genannten Techniken oder das Betrachten von Bildern quasi per se keine oder zumindest nur eine eingeschränkte Teilnahme am Kunstunterricht möglich ist, sollen Beispiele und Ideen aus der Praxis entgegengesetzt werden. Außerdem zeigt ein Blick in die allgemeine Kunstpädagogik, dass dort bereits vielfältige Ansätze für einen inklusiven Kunstunterricht bestehen, der sich an den persönlichen ästhetischen Ausdrucksformen orientiert und das Erleben von Kunst mit allen Sinnen in den Mittelpunkt stellt.

Da sich die Methoden und didaktischen Überlegungen für einen Kunstunterricht mit blinden oder überwiegend taktil orientierten Schülerinnen und Schülern sehr von der Planung für sehbehinderte Kinder und Jugendliche unterscheidet, wird nachfolgend der Schwerpunkt auf die erste Gruppe gesetzt. Dabei gilt es, die Bereiche Inhalt, Methode, Medien und Raumgestaltung auf eine spezifische Didaktik hin zu untersuchen.

8.2 Fachübergreifende und unterrichtsimmanente Ziele des Kunstunterrichts

Wahrnehmungsförderung (sowohl visuell als auch haptisch) und Begriffsbildung haben für alle sehbeeinträchtigten Schülerinnen und Schüler eine grundsätzliche und übergeordnete Bedeutung, die nicht nur für den Kunstunterricht wichtig ist. Die Förderung dieser fächerübergreifenden Prinzipien beginnt in der Regel bereits lange vor Schulbeginn. Eine ausführliche Darstellung zur Wahrnehmungsförderung und Begriffsbildung findet sich u. a. bei Lang (2017) im ersten Band der Didaktik des Unterrichts mit blinden und hochgradig sehbehinderten Schülerinnen und Schülern.

Bei der Deutung, Analyse und Auseinandersetzung mit Kunst bildet die gemeinsame Kommunikation eine wichtige Basis. Dafür müssen alle Schülerinnen und Schüler ihre Fähigkeiten für eine Reflexion üben und erweitern, um im gemeinsamen Austausch ihre subjektiven Empfindungen zu benennen, in ihre Lebenswelt einzuordnen und ihre persönlichen Vorstellungen von Ästhetik zu entwickeln. Erst in der kritischen Auseinandersetzung mit Anderen bildet sich ein eigenes »Profil« heraus und individuelle Standpunkte können entstehen.

Für blinde oder taktil orientierte Kinder und Jugendliche ist eine differenzierte Begriffsbildung für die Kommunikation eine wichtige Grundlage. In der Auseinandersetzung mit der Umwelt schulen die Schülerinnen und Schüler ihre haptische bzw. visuelle Wahrnehmung für die Verknüpfung von Objekten und Begriffen. Dem Zusammenspiel von Sprache, Motorik und Kognition kommt dabei eine besondere Bedeutung zu (vgl. Lang 2017, 250 ff).

Hudelmayer (1985) weist darauf hin, dass zum Tasten systematische Strategien erlernt werden müssen. Tasten erfordert mehr Zeit und Anstrengung, da die Gegenstände meist isoliert und nicht in räumlichen Zusammenhängen wahrgenommen werden. Die auditive Wahrnehmung ist zur Begriffsbildung nur begrenzt nutzbar, da Eindrücke meist kurz und wenig prägnant sind. Zudem fehlt oft der Zusammenhang zwischen der Geräuschquelle und dem Geräusch, da diese eine visuelle oder verbale Erläuterung benötigt.

Die Förderung der Begriffsbildung beinhaltet deshalb vielfältige Lernerfahrungen auf einer angeleiteten Handlungsebene, um den Tastsinn zu schulen und so charakteristische Merkmale an Objekten zu erlernen. Diese Erfahrungen sind für die Schülerinnen und Schüler im Kunstunterricht ein wichtiges Instrument zur Bildbetrachtung und zur eigenen Bildgestaltung. Je mehr Tast- und Materialerfahrung eine Schülerin oder ein Schüler hat, desto genauer können Ideen und Wünsche bei der Auswahl von Materialien zur Bildgestaltung berücksichtigt werden.

Ein weiteres wesentliches Element in der Begriffsbildung ist der Kontextbezug. Bei der Begriffsbildung wird zunächst prototypisch gelernt, d. h. anhand eines konkreten Gegenstandes werden Eigenschaften abgeleitet, die für weitere Repräsentanten stehen und so in die individuell bestehenden Konzepte eingefügt werden. Begriffe sind dabei in *begriffliche Netzwerke* einzuordnen: bei der Kategorisierung werden Querverbindungen gezogen wie beispielsweise *besteht aus* oder *sieht aus wie*. Zusätzlich werden Kontextfaktoren abgespeichert. So kann ein Gefäß beispielsweise je nach Verwendung ein Glas zum Trinken, eine Vase für Blumen oder ein Stifthalter sein. Begriffsbildung hängt von Lebens- und Kulturformen ab und nicht zuletzt von der persönlichen Bedeutung (Beispiel Vorhängeschloss – als Liebesbeweis an Kölner Eisenbahnbrücke). Die Bildung eines solchen begrifflichen Netzwerkes ist gerade für blinde Schülerinnen und Schüler besonders wichtig, da über solche Querverbindungen Dinge miteinander in Beziehung gebracht und Sinnzusammenhänge hergestellt werden können. Über das Anlegen eines ›Wortspeicher-Tagebuchs‹ können über die gesamte Schulzeit Dinge gesammelt und aufgeschrieben werden. Der Wortspeicher kann für die Bildbetrachtung wertvolle Anregungen bieten, wenn er zusätzlich um das sogenannten ›Bedeutungswissen‹ und um die Symbolhaftigkeit der Dinge ergänzt wird. Gerade bei der Bildanalyse ist das symbolhafte Zusammenspiel von Gegenständen, Personen und Farben wichtig, da sich oft Inhalte erst darüber erschließen.

8.3 Didaktische Überlegungen zu den Unterrichtszielen und Inhalten – Was ist Kunst?

»Kunst ist Kunst. Alles andere ist alles andere.« (Ad Reinhardt)

Das Wort *Kunst* bezeichnet seit der Aufklärung als Oberbegriff die Gattungen der Bildenden Kunst (Malerei, Grafik, Bildhauerei und Architektur), der Darstellenden Kunst (Theater, Tanz und Film), der Musik und der Literatur. Auch in verschiedenen Lehrplänen wird eine Zusammenfassung der Fächer Kunst, Musik und Darstellen/Gestalten vorgenommen und von einem erweiterten Kunstbegriff ausgegangen.

In der Kunst werden mittlerweile alle zur Verfügung stehenden Materialien, Medien oder Handlungsmöglichkeiten eingesetzt (vgl. Peez 2018). Über neue und vielfältige Ausdrucksformen regt Kunst in sozialen, gesellschaftlichen und alltäglichen Bereichen zur Diskussion und Auseinandersetzung an.

Kunstwerke – egal welcher Art – zeigen neben ästhetischen Aspekten aber auch Geschichte und Geisteshaltungen von Menschen zu unterschiedlichen Zeiten. Bilder und Skulpturen geben einen Einblick in fremde Kulturen und präsentieren die Vielfalt und Entwicklung, Werte und Lebensbilder der Menschen. Kunst hat deshalb einen hohen allgemeinbildenden Stellenwert. Der Zugänglichkeit zu diesen Aspekten kommt von daher auch für blinde oder taktil orientierte Schülerinnen und Schüler eine große Bedeutung zu.

8.3.1 Entwicklung und Bedeutung des Kunstunterrichtes in der Blindenpädagogik

In der Geschichte der Blindenpädagogik stand das fehlende Sehvermögen und die besondere Schulung der verbleibenden ›Restsinne‹ lange Zeit im Vordergrund. Ganze Generationen von Blindenlehrerinnen und -lehrern beschäftigten sich mit diesbezüglichen Theorien bis hin zu der Frage nach einem Hör- oder Tastraum (vgl. Pluhar & Rath 1985, 250). In seiner praktischen Konsequenz spielte der Kunstunterricht, im Vergleich zu anderen Unterrichtsfächern, nur eine geringe Rolle. Forschungen zum Tastsinn bezogen sich in erster Linie auf das Erlernen der Punktschrift oder das Lesen von tastbaren Karten. Dem eigenen kreativen Gestalten, als einen wichtigen Beitrag zur Entwicklung der Persönlichkeit, wurde zunächst wenig Bedeutung zugewiesen, Konzepte zur Gestaltung des Kunstunterrichts wurden erst relativ spät entwickelt (ebd., 245 ff).

In der Anfangsphase der Blindenbildung vollzog sich der Kunstunterricht in erster Linie als Handarbeitsunterricht bzw. als Vorbereitung auf ein zu erlernendes Handwerk (z. B. Bürstenmacher). Vereinzelt fand ein Zeichenunterricht statt, der zur Unterstützung des Geometrieunterrichts durchgeführt wurde. Der Einsatz von tastbaren Bildern zur Veranschaulichung war zunächst umstritten. Nachdem mit der 1880 von Martin Kunz erfundenen Vervielfältigungsmethode große Auflagen von Atlanten, Bildern und Halbreliefs aus stabiler Pappe für den Unterricht angefertigt wurden, entstand unter den Blindenpädagogen ein regelrechter ›Bilderstreit‹, der erst 1895 auf dem Münchener Blindenlehrerkongress beigelegt werden konnte. Während die ›Bilderfreunde‹ möglichst viele Bilder im Unterricht einsetzen wollten, sahen die ›Bilderfeinde‹ keinen Wert, sondern eher eine Gefahr darin. Ihrer Auffassung nach beeinflusste die beim Ertasten angeregte Fantasie die Auffassung der Wirklichkeit negativ. Um einer solchen Gefahr zu begegnen, mussten die Lehrkräfte um klare, vollständige Vermittlung von Dingen bemüht sein »und alles vermeiden, was die Herrschaft der freien Einbildungskraft begünstigt« (Matthies zit. nach Pluhar & Rath 1985, 239).

Der Wechsel vom Anschauungsmaterial zum eigenen kreativen Schaffen der blinden Schülerinnen und Schüler entwickelte sich erst gegen Ende des 19. Jahrhunderts. 1888 wurde auf dem Blindenlehrerkongress im Zuge der Diskussion um Bilder und Modelle, die Förderung des Modellier- und Zeichenunterrichts beschlossen.

Die Kunsterzieherbewegung der allgemeinen Pädagogik, die sich für einen Kunstunterricht zur Entwicklung der Auffassungs- und Ausdrucksfähigkeit aussprach, hatte zunächst nur geringe Auswirkungen auf den Unterricht an Blindenschulen. Zwar belegten Viktor Löwenfeld (1923, Tonarbeiten) und Wilhelm Voss (1926, Zeichnungen) eindrucksvoll mit ihren Arbeiten die Möglichkeiten des freien Gestaltens von blinden Schülerinnen und Schülern und deren künstlerischen Wert, die Resonanz unter den Lehrkräften an Blindenschulen war jedoch gering.

1938 erschien das Werk *Die Formenwelt des Tastsinns* des Psychologieprofessors Géza Revesz. Seine Erkenntnisse wurden fortan an den Hochschulen als Grundlage für den Kunstunterricht mit blinden Kindern gelehrt (vgl. Pluhar & Rath 1985, 245). Revesz setzte sich in seiner Arbeit mit den Grundproblemen der Raumpsychologie und der Haptik auseinander und kam zu dem Schluss, dass der blinde Mensch zwar die Struktur von Gegenständen taktil erfassen könne, die Gesamtform ihm jedoch aufgrund des sukzessiven Tastens verschlossen bliebe. Daraus folgerte Revesz, dass bei blinden Menschen kein ästhetisches Erlebnis bei der Betrachtung von Kunstwerken oder beim eigenen Schaffen möglich sei. Der »Gesichtssinn« war für ihn zum ästhetischen Genuss eines Kunstwerkes unentbehrlich. Revesz Überzeugung, dass es im Haptischen keine Formwahrnehmung gibt, wurde lange Zeit nicht bezweifelt. Erst durch die Erkenntnisse der modernen Wahrnehmungspsychologie bot sich eine Grundlage, um diese Negativeinstellung zu ändern. Unter der Leitung von Margarete Lange, Klaus Spitzer und Max Kobbert begann die Blindenpädagogik sich 1977 auf der Tagung *Bilder für Blinde und Sehende* wieder intensiv mit dem Kunstunterricht auseinanderzusetzen. Eine Vielzahl von Anregungen zur Beschäftigung mit Bildender Kunst bei blinden Menschen wurden daraufhin umgesetzt und erprobt (beispielsweise Kunstausstellungen). Das Konzept der ästhetischen Erziehung (vgl. Pluhar & Rath 1985), das in der allgemeinen fachdidaktischen Diskussion seit Mitte der 70er Jahre Anerkennung fand, lieferte mit seinen Forderungen nach einer »Kultivierung der Sinne« einen wichtigen Beitrag zur Reform des Kunstunterrichts an Blindenschulen. Die blinden Schülerinnen und Schüler wurden nun nicht mehr auf ihre Behinderung reduziert, sondern als Ganzes in ihrem sozialen Umfeld betrachtet. Ästhetisches Empfinden musste demnach nicht visuell geprägt sein, sondern wurde als Prozess angesehen, an dem alle Sinne beteiligt waren und der sich aus unterschiedlichen Wahrnehmungsmöglichkeiten zusammensetzte.

8.3.2 Ziele des Kunstunterrichts – Lehrplanbezug

Eine wesentliche Grundlage für die Planung des Unterrichts bildet die Zielsetzung durch die Lehrpläne. Da sich in den Empfehlungen der Kultusministerkonferenz zum Förderschwerpunkt Sehen (1998) für das Fach Kunst keine konkreten Hinweise zur besonderen Unterrichtsgestaltung, Methodik oder Didaktik finden, gelten die Lehrpläne der Bundesländer für den jeweils besuchten Bildungsgang (z. B. Grundschule oder Gymnasium). In vielen Bundesländern wurden die Lehrpläne in den letzten Jahren konzeptionell überarbeitet. So werden die Bildungsstandards mittlerweile in Form von Kompetenzerwartungen beschrieben (vgl. z. B. Kerncurriculum NRW, Hessen oder Bayern), die konsequent durch individuelle Förderung, aber auch durch kooperative Lernformen Anwendung finden. Diese Neuausrichtung ist sicherlich auch den wachsenden Herausforderungen von Heterogenität in den Schulen im Zuge von Inklusion oder Migration geschuldet. Sie bietet für die Unterrichtsgestaltung vielfältige Möglichkeiten, bei denen sich auch die besonderen Bedürfnisse blinder oder taktil orientierter Schülerinnen und Schüler wiederfinden können.

Für das Fach Kunst hat der Fachverband für Kunstpädagogik (Bund Deutscher Kunsterzieher e.V.) bereits 2008 Bildungsstandards als prozessbezogene Kompetenzen erarbeitet, die in den Lehrplänen der Bundesländer berücksichtigt wurden.

So orientieren sich die Kompetenzerwartungen der Grundschulen im Wesentlichen an vier Punkten (vgl. beispielsweise Bayerisches Staatsministerium für Bildung und Kultus, Wissenschaft und Kunst o.J.):

- der Erwerb einer Bildkompetenz zur Orientierung in einer bildgeprägten und visuell orientierten Welt,
- ästhetische Erfahrungen in der Auseinandersetzung mit Bildern,
- Persönlichkeitsbildung durch Kreativität,
- kulturelle Teilhabe durch die Begegnung mit Kunst jeglicher Art in Museen, Galerien oder im öffentlichen Raum.

Der Erwerb der Kompetenzen vollzieht sich dabei prozesshaft und findet in verschiedenen Lernbereichen (z. B. Erfahrungswelten, gestaltende Umwelt usw.) seine Konkretisierung.

Bei der Konkretisierung orientieren sich die Grundschulen meist am Bereich ›Gestalten‹ und stellen das Erproben verschiedener Materialien, Techniken und Werkzeuge in den Vordergrund. Eine Teilnahme lässt sich für blinde und taktil orientierte Schülerinnen und Schüler leicht herstellen, da in der Regel sehr anschaulich und materialbezogen gearbeitet wird. Bei Mal- oder Bastelaufgaben finden sich schnell Alternativen, die von allen Kindern der Klasse ausprobiert werden können.

An den weiterführenden Schulen unterteilen sich die Kompetenzbereiche in der Regel in die Inhaltsfelder Malerei, Grafik, Plastik und Skulptur, Aktion, Medienkunst, Architektur und Raum. Zusätzlich kommen kunsttheoretische und kunsthistorische Aspekte hinzu. Den unterschiedlichen Inhaltsfeldern werden für die einzelnen Klassenstufen konkrete Schwerpunkte und Aufgaben zugeordnet.

Abb. 8.1: Stern zu Weihnachten aus Eisstielen, Knöpfen und Aufklebern

Als zentrales Bildungsziel findet sich in allen Lehrplänen der Bundesländer die Auseinandersetzung mit Bildern (Bildkompetenz), die von der Bildgestaltung (Produktion) bis zur Bildbetrachtung (Rezeption) variiert. Sowohl über die Produktion als auch über die Rezeption soll anschließend im Unterricht eine gemeinsame Reflexion erfolgen, die wiederum zu weiteren Rezeptionen führt.

»Bilder« werden hier als »umfassender Begriff für zwei- und dreidimensionale Objekte, Artefakte, visuell geprägte Informationen, Prozesse und Situationen visueller Erfahrung« verstanden (Kultusministerkonferenz 2005, 4). In der Begegnung mit Bildern soll ein Beitrag zur Wahrnehmungsschulung und zur Persönlichkeitsförderung geleistet werden (s. Ministerium für Schule und Weiterbildung des Landes Nordrhein-Westfalen 2011), die Schülerinnen und Schüler sollen ihr Vorstellungsvermögen erweitern, Einblicke in fremde Welten bekommen und so ihre ästhetischen Ausdrucksformen entwickeln. Damit steht die ›Bildkompetenz‹ als Ziel neben der ›ästhetischen Erfahrung‹.

In der aktuellen Diskussion der allgemeinen Kunstpädagogik wird die Bildkompetenz in sechs Teilkompetenzen (Dimensionen) differenziert (Peez 2018, 29 f), die von der Bildstruktur, dem Bildinhalt, der biografischen Dimension bis hin zur bildgeschichtlichen Dimension reichen. Dabei wird deutlich, dass die Bildkompetenz zwar laut Lehrplan als übergeordnetes Ziel zu betrachten ist, im Unterricht selbst aber nur einen Teilbereich darstellen kann, da gerade ästhetische Erfahrungen im persönlichen Umgang mit Materialien gemacht und erfasst werden müssen. Für die sprach- und gestaltungsorientierte Kunstrezeption finden sich bei Joachim Penzel (2017) interessante Ideen und Umsetzungsvorschläge.

Allen Schulen – egal ob Grundschule oder weiterführende Schule – sind bei der Erstellung der schulinternen Curricula größere Gestaltungsräume gegeben, die Interessen und Neigungen der Klassen, aber auch schulspezifische Besonderheiten berücksichtigen können. In inklusiven Klassen bietet sich über diesen Gestaltungsraum die Möglichkeit, beispielsweise Aspekte der haptischen Wahrnehmung gezielt miteinfließen zu lassen und für den Erwerb der Bildkompetenz zu berücksichtigen.

8.3.3 Konsequenzen für die Planung des Kunstunterrichtes und der Unterrichtsziele

Während in der allgemeinen Kunstpädagogik seit den 80er Jahren weiter über den Begriff der ästhetischen Erziehung, dem erweiterten Kunstbegriff oder der Idee einer *Ästhetischen Forschung* diskutiert wird, hat sich im Bereich der Blinden- und Sehbehindertenpädagogik wenig getan. Nach wie vor wird der Kunstunterricht hier oftmals vom sehenden Kind aus geplant und für die blinden und taktil arbeitenden Schülerinnen und Schüler übertragen. Die zu erreichenden Ziele stellen dabei oft eine 1:1-Übertragung dar und beachten zu wenig die individuellen ästhetischen Ausdrucksformen. Im Sinne der zu erfüllenden Kompetenzen muss der Unterricht aber individuell geplant werden. So kann beispielsweise die Kompetenz ›Entwürfe als Vorplanung einer Gestaltung skizzieren und in einer Zeichnung realisieren‹ aus dem Inhaltsfeld ›Bildgestaltung‹ (siehe Lehrplan für das Fach Kunst an Gesamtschulen in NRW, Klasse 5 und 6, 2012) für blinde oder taktil orientierte Schülerinnen und Schüler durchaus erreicht werden. Der Weg zur Erreichung der Kompetenz unterscheidet sich aber deutlich von dem der sehenden Schülerinnen und Schüler. So bietet sich für eine Umsetzung beispielsweise die Planung des Materials, eine entsprechende Sammlung zur Gestaltung, evtl. eine schriftliche Überlegung zum Bildaufbau oder ein erstes Arrangement der Dinge mit Hilfe von Sprühkleber oder Power Strips an. Die Kompetenz ›Vorplanung‹ ist damit erreicht worden.

Ein weiteres Beispiel ist die Porträtzeichnung, die sich in allen Lehrplänen mit unterschiedlichen Schwerpunkten findet. In einer 9. Klasse eines Gymnasiums sollte über die Auseinandersetzung mit dem eigenen Gesicht ein Selbstporträt erstellt werden. Eine blinde Schülerin setzte die Aufgabe so um, dass sie zu jedem Teil ihres Gesichts ein Foto erstellen ließ und es mit einem passenden Text beschrieb.

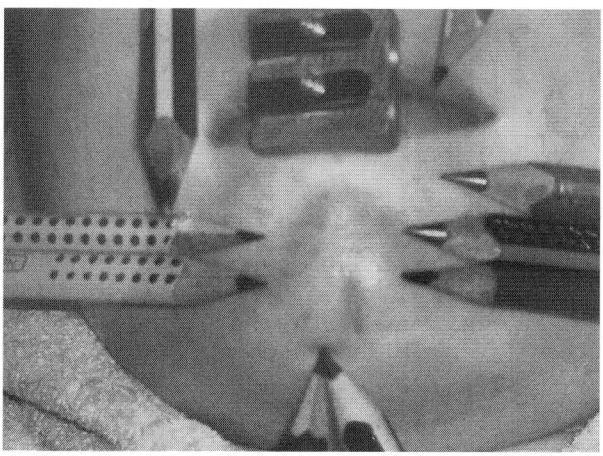

Abb. 8.2: ›Ein spitzes Kinn‹

Ein wesentlicher Faktor bei der Planung und Umsetzung der Unterrichtsziele ist demnach *das Denken von den blinden Schülerinnen und Schülern aus*. Es geht nicht darum, die Ziele der sehenden Schülerinnen und Schüler ›taktil‹ anzupassen oder zu übertragen, sondern neu zu überlegen und zu planen, wie die geforderte Kompetenz erreicht werden kann.

Wird der gegenwärtig in der Kunstpädagogik diskutierte Begriff der *Ästhetischen Forschung* betrachtet, so finden sich dort Ansätze die alle »zur Verfügung stehenden Verfahren, Handlungsweisen und Erkenntnismöglichkeiten aus den Bereichen der Alltagserfahrung, der Kunst und der Wissenschaft [berücksichtigen]« (Peez 2018, 80). Darüber hinaus findet eine enge Verknüpfung zu der Biografie der Person statt. Nach Blohm (Blohm zit. nach Peez 2018, 81) findet ästhetische Praxis nie ohne biografische Anteile statt.

Ein weiterer interessanter Ansatz findet sich u. a. bei Bockemühl, der bewusst das Sehen in der Kunst in Frage stellt und deutlich macht, dass beim Betrachten dem Kunstwerk letztendlich immer ein Sinn geben wird, der auf eigenen Erfahrungen, Interessen, Erlebnisse und Bedürfnissen beruht.

Aber auch der in den 80er Jahren von Joseph Beuys geprägte Begriff der *Erweiterten Kunst* bietet für die Fachdidaktik der Blinden- und Sehbehindertenpädagogik interessante Ansätze. Im *Erweiterten Kunstbegriff* werden Kommunikation und Wahrnehmung im Zusammenspiel mit neuen Kunstformen verbunden. So wird eine Performance, Aktionen oder eine Installation nun auch als Kunstwerk betrachtet. Beuys hinterfragt zudem kritisch die bis dato geführte Analyse und Interpretation von Kunst (vgl. Aktion »Wie man dem toten Hasen die Bilder erklärt« am 26.11.1965 in Düsseldorf).

Für den Kunstunterricht mit blinden oder taktil orientierten Schülerinnen und Schülern gilt es, die Kompetenzerwartungen der Lehrpläne zu erfüllen. Der viel diskutierte Begriff der *Bildkompetenz* steht dabei als zentrales Ziel in allen Lehrplänen. Die Fülle an Bildern in der medial bestimmten Welt legt einen grundlegenden Bedarf einer Bildkompetenz nahe. Dies gilt in gleichem Maße für blinde oder taktil orientierte Schülerinnen und Schüler. Die Grundlage dafür kann jedoch nicht eine direkte Übertragung der Vorgehensweise der sehenden Mitschülerinnen und Mitschüler sein, sondern – im Sinne der aktuellen Diskussion der Kunstpädagogik – eine Förderung der individuellen ästhetischen Ausdrucksformen auf dem Hintergrund der eigenen Biografie. Zugleich sollen die Schülerinnen und Schüler ein Wissen über Kunst und Bilder bekommen, dass ihnen hilft, ihre Umwelt zu verstehen und einzuordnen. Kunst zeigt nicht nur im geschichtlichen Kontext Geisteshaltungen, sondern auch in der Gegenwart.

8.4 Methodische Überlegungen zum Kunstunterricht

Im Kunstunterricht sollen entsprechend der Lehrpläne fachspezifische Kompetenzen im Kernbereich Produktion und Rezeption vermittelt werden, die die sogenannten Schlüsselkompetenzen Wahrnehmen und Beobachten, Beschreiben und Analysieren, Empfinden, Deuten und Werten beinhalten. Diese können über unterschiedliche Methoden im Unterricht umgesetzt werden. Nach Penzel (2017) lassen sich dabei die sprachorientierte und die gestaltungsorientierte Kunstrezeption unterscheiden. Je nach Intention sind beide Formate im Unterricht einzusetzen, erfordern für die blinden und taktil orientierten Schülerinnen und Schülern aber bestimmte Planungskriterien.

8.4.1 Unterrichtsstruktur

Bei der Planung und Strukturierung des Unterrichts müssen die haptischen bzw. auditiven Besonderheiten des Lernens von blinden oder taktil orientierten Schülerinnen und Schülern berücksichtigt werden. Dadurch können sowohl ein größerer zeitlicher Vorlauf beim Ertasten eines Objektes als auch zusätzliche Informationen notwendig sein. Die Lehrkraft muss sich daher überlegen, wie sie diesen evtl. benötigten Zeitfaktor einplanen kann. Teilweise lassen sich zusätzliche Informationen über auditive Medien geben, die die Schülerin oder der Schüler mittels Kopfhörer abhören kann.

Je nach Unterrichtsinhalt benötigen die Schülerinnen und Schüler wie bereits dargestellt gezielte Lernsituationen zum Herausarbeiten besonderer Merkmale. Während einer Unterrichtsstunde kann dies beispielsweise durch eine Doppelbesetzung gewährleistet werden. Auch offene Unterrichtsformen ermöglichen der Lehrkraft, sich gezielt zu einer Schülerin oder einem Schüler zu setzen, um spezifische Inhalte zu erarbeiten. Viele blinde Schülerinnen und Schüler haben eine Schulbegleitung (Assistenzkraft), die nach entsprechender Einweisung durch die Lehrkraft ebenfalls unterstützend im Kunstunterricht eingesetzt werden kann.

Beispiel aus der Praxis

Im Kunstunterricht einer 4. Klasse wurde das Bild *Der Kuss* (1898) von Peter Behrens behandelt.

Abb. 8.3: Peter Behrens: Der Kuss (1898)

In Einzelförderstunden wurde mithilfe von zwei Puppen vorab ein Kuss wie in der Abbildung nachgestellt. Anschließend wurde mit der Schülerin erarbeitet, wie aus den dreidimensionalen Köpfen eine zweidimensionale Abbildung entstehen kann. Am Ende der zweistündigen Einheit konnte die Schülerin mit zwei ausgeschnittenen Pappköpfen in Profilansicht verschiedene Darstellungen (schauen sich an – schauen voneinander weg – küssen sich) legen. Nach dieser zeitaufwendigen Vorbereitung konnte die blinde Schülerin an der Kunstbetrachtung im Unterricht gleichberechtigt teilnehmen.

Abb. 8.4: Tastbare Umsetzung des Bildes *Der Kuss*

8.4.2 Methoden der Kunstrezeption

Die Auseinandersetzung mit Kunst im Unterricht kann auf vielfältige Weise erfolgen und bietet grundsätzlich die Chance, über Lebensentwürfe und Leitbilder von Künstlerinnen und Künstlern die eigene Lebenswelt zu hinterfragen oder zu deuten.

Nachfolgend soll ein möglicher Ablauf für eine Bildrezeption im inklusiven Unterrichtssetting dargestellt werden. Das gewählte Kunstwerk wird dabei allen Schülerinnen und Schülern gleichzeitig präsentiert. Dies kann für die sehenden Schülerinnen und Schüler in Form eines Großdruckes oder mittels Einzelkopien, für die blinden oder taktil orientierten Schülerinnen und Schüler in Form einer möglichst einfachen und gut strukturierten übertragenen, tastbaren Abbildung erfolgen (vgl. Lang 2017, 212 ff, Praxisbeispiele finden sich in ▶ Kap. 5.3).

Die Rezeption beginnt mit einer Phase des Wahrnehmens und Beobachtens. Diese Phase erfolgt still und richtet sich zeitlich nach dem Bedarf der taktil orientierten Schülerin bzw. des taktil orientierten Schülers. Im Anschluss daran erfolgt die Stufe der Beschreibung (»Was siehst du?«) und der formalen Analyse (»Wie sind die Dinge auf dem Bild zueinander angeordnet?«). Die Klasse kann sich über Objekte, Formen, Farben und die Komposition des Werkes austauschen und auseinandersetzen. Wichtig ist dabei, dass es keine richtigen oder falschen Aussagen gibt. In der Abschlussphase der Rezeption äußern die Schülerinnen und Schüler ihre Empfindungen und können das Werk bewerten (»Das Werk gefällt mir/gefällt mir nicht, weil …«) und Vermutungen über einen Titel äußern. Die Annäherung an das Kunstwerk erfolgt im ersten Schritt über die eigene ästhetische Wahrnehmung und deren Verbalisierung. Im zweiten Schritt werden beispielsweise durch die Lehrkraft oder einen Schüler Informationen zum Künstler gegeben und ein bildnerisches Mittel oder künstlerisches Verfahren herausgearbeitet. Dieses wird von allen Schülerinnen und Schülern anschließend an eigenen Werken erarbeitet. Bei der Auswahl des künstlerischen Verfahrens sollte beachtet werden, dass auch die blinden oder taktil orientierten Schülerinnen und Schüler möglichst selbstständig und ohne eine unterstützende Person arbeiten können (vgl. Simpson 2008). Ziel ist auch hier, eine eigene kreative und fantasievolle Umsetzung zu fördern, die in ihrer Gestaltung dem ästhetischen Empfinden der Schülerin resp. des Schülers entspricht. Manchmal entstehen so unbeabsichtigt und durch »Zufall« interessante Kunstwerke. Die ästhetischen Vorstellungen blinder Menschen müssen dabei nicht denen von sehenden Menschen entsprechen.

8.4.3 Einsatz technischer Hilfsmittel

Neben der Wahrnehmung, dem Erleben und Empfinden von Kunst gehört auch der Bereich der Wissensaktivierung zum Aneignungsprozess eines Kunstwerkes (vgl. Penzel 2017). Um eine gezielte Analyse eines Werkes zu vermitteln, können beispielsweise Internetrecherchen über die Künstlerin oder den Künstler, Quellenkunde oder auch eine Symbol- und Kontextanalyse durchgeführt werden. Teilweise finden sich auch auditive Bildbeschreibungen im Internet[15] oder können für bestimmte Kunstwerke über eine App geladen werden (zum Beispiel: Berlinerische Galerie - an inclusive Guide). Der Einsatz technischer Hilfsmittel beschränkt sich dabei nicht auf die sehbeeinträchtigten Schülerinnen und Schüler, sondern kann in der ganzen Klasse im Sinne kooperativer Lernformen genutzt werden.

Technische Hilfsmittel können aber auch zur Bildgestaltung eingesetzt werden. So könnte ein Werkauftrag zu Bildern von Franz Marc (»Wie sehen Tiere ihre Umgebung?«) um die Fragestellung »Wie hören Tiere ihre Umgebung?« erweitert und durch eigene Musikaufnahmen gestaltet werden.

8.4.4 Museumsbesuche

Der Besuch von außerschulischen Lernorten mit blinden oder auch sehbeeinträchtigten Schülerinnen und Schülern erfordert grundsätzlich eine gute und langfristige Planung. Viele Museen und Kunstgalerien haben mittlerweile spezielle Angebote für sehbeeinträchtigte Menschen und bieten auch Aktionen für Schulklassen an. Trotzdem lohnt sich ein Besuch des Museums vorab, um sich zu informieren und eine Führung passend zur Lerngruppe zu organisieren. Oft gibt es tastbare Modelle, Bildbeschreibungen in Brailleschrift (oder Großdruck) oder Audioguides, die zu-

---

15 (z. B. https://artbeyondsight.wordpress.com/, Zugriff am 31.03.2020)

sätzliche Information, Musik oder Alltagsgeräusche passend zu den Kunstwerken liefern. Wenn möglich sollten solche Höraufnahmen vorher von der Lehrkraft abgehört werden, um selbst informiert zu sein und der Schülerin oder dem Schüler ggf. Hilfen zu geben. Für Schülerinnen und Schüler der Grundschule sind die Texte nicht immer geeignet, da sie teilweise sprachlich sehr anspruchsvoll sind. Hier bietet es sich an, selbst eine Aufnahme vorzubereiten.

Für den Museumsbesuch kann es außerdem notwendig sein, mit den Schülerinnen und Schülern vorab bestimmte Inhalte zu erarbeiten, um beim Besuch selbst keinen Zeitdruck entstehen zu lassen. Eine entsprechende Auswahl an Exponaten, die für die Schülerinnen und Schüler geeignet sind, sorgt für Struktur und schützt vor Überforderung. Wichtig ist eine 1:1-Begleitung, die die blinde Schülerin oder den Schüler während der Zeit unterstützt. Um schnell Notizen im Museum zu machen, hat sich die Mitnahme eines Aufnahmegerätes (Diktiergerät oder Diktierfunktion des Smartphones) bewährt. Hierüber können erste Eindrücke (Wie riecht es dort? Wie klingt es im Museum?) unkompliziert festgehalten werden. Auch Fragen, die sich im Laufe des Besuchs ergeben, können so notiert und später geklärt werden. Manche Museen bieten auf Nachfrage die Möglichkeit an, Exponate im Original ertasten zu können. Für diesen Fall müssen in der Regel einfache, dünne Baumwollhandschuhe mitgenommen werden, die das Kunstwerk vor der direkten Berührung schützen, den Tasteindruck aber nicht stören.

8.5 Umsetzung im Unterricht

8.5.1 Rolle der Lehrperson

Der Kunstunterricht kann Kreativität und Fantasie, Wahrnehmungsfähigkeit und anschauliches Denken fördern und damit einen wesentlichen Beitrag zur Persönlichkeitsbildung leisten. Gerade für blinde oder taktil orientierte Schülerinnen und Schüler stellt dabei der Aspekt der Zugänglichkeit zu Kunst einen wesentlichen Faktor dar, den es im Unterricht zu berücksichtigen gilt. Der Rolle der Lehrkraft kommt damit eine besondere Bedeutung zu, da sie bei der Planung des Unterrichts sicherstellen sollte, dass eine Form der Zugänglichkeit zu Kunst jeglicher Art und eine damit verbundene Partizipation erreicht werden kann. McNear und Brusegaard unterscheiden dafür zwei wesentliche Aspekte (McNear & Brusegaard 2017, 512 ff):

1) Zugang und Teilhabe am Kunstunterricht und an Literatur durch entsprechende Materialien, Werkzeuge und technische Mittel, die möglichst selbstständig von den Schülerinnen und Schülern genutzt werden können.
2) Authentische und bedeutungsvolle Partizipation für Kunst und Kultur über das eigene kreative Gestalten und Präsentieren von Kunst, aber auch durch die Teilnahme an Ausstellungen.

Zugänglichkeit zu Kunst jeder Art erfordert von der Lehrperson eigene Kreativität und Spaß an der Umsetzung von Kunstwerken. Eine Plattform zum Kauf oder zur Ausleihe für taktil übertragende Kunstwerke gibt es kaum. Zudem sind viele Medien eine 1:1-Übertragung und entsprechen nicht den Anforderungen an taktile Abbildungen. So können beispielsweise über die britische Bibliothek *Living Paintings* taktile Abbildungen von Kunstwerken (▶ Abb. 8.5) bestellt werden, die zwar eine detailgetreue Abbildung zeigen, von blinden oder taktil orientierten Schülerinnen und Schülern aber nicht selbstständig und unabhängig erfasst werden können. Zudem bleibt fraglich, ob durch das Erkunden einer tiefgezogenen Abbildung ein ästhetisches Empfinden entstehen kann.

Eine gute Zusammenstellung von Kriterien zur Herstellung taktiler Abbildungen findet sich bei Hudelmayer (1983) oder bei Spitzer (1988).

Abb. 8.5: Beispiel aus der Library von »Living Paintings« (www.living.paintings.org, Zugriff am 31.03.2020) Album 4: Impressionist and PreRaphaelite Paintings, Renoir: Regenschirme (1880)

8.5.2 Material und Organisation im Klassenraum

Im Kunstunterricht sollten der kreativen Ausdrucksform der Klasse möglichst wenig Grenzen gesetzt sein, was eine gut strukturierte Umgebung und eine umfassende Materialauswahl voraussetzen. Zu den ästhetischen Ausdrucksformen gehören sowohl taktile wie auch auditive Möglichkeiten. Die Bereitstellung von entsprechenden Materialien ist daher ein wesentlicher Aspekt für die Unterrichtsvorbereitung (Beispiele s. unten).

Ziel sollte es sein, ein Bewusstsein für eine solche Materialsammlung bei allen Schülerinnen und Schülern zu schaffen. Im Idealfall bringen die Schülerinnen und Schüler selbst Dinge für die Sammlung mit, haben bei Gegenständen bereits eine kreative Idee oder diese regen ihre Fantasie an. Spaß an der Kreativität fängt oft bereits beim Material und der Materialauswahl an.

Je nach Interesse können dabei alle Schülerinnen und Schüler (auch die Sehenden) der Klasse auf die gesammelten Materialien zurückgreifen. In der Praxis hat sich gezeigt, dass alle Kinder und Jugendlichen gerne *echte* Objekte in ihre Bilder einbauen und darüber ein Austausch mit blinden oder taktil orientierten Kindern möglich ist. Im Sinne der angestrebten Reflexion wäre so ein gemeinsames Gespräch über die entstandenen Werke auch in inklusiven Settings möglich. Ein entsprechender zeitlicher Vorlauf zum Ertasten der Werke muss dabei eingeplant werden.

Für den Kunstunterricht können Kisten mit Materialien mit den Schülerinnen und Schülern gemeinsam angelegt werden. Dafür eignen sich beispielsweise Sortierkästen für Schrauben aus dem Baumarkt. Sortierkästen sind handlich, gut zu stapeln und überschaubar. Je nach Inhalt sind Kästen mit kleinen Schubläden oder mit Fächern zu bevorzugen.

Für den Bereich der auditiven Materialien ist ein Aufnahmegerät zu empfehlen. Dies kann sowohl ein einfaches Diktiergerät als auch ein Smartphone sein. Eine Materialsammlung mit Dingen die Geräusche erzeugen ist ebenfalls sinnvoll. In Sortierkästen können Glocken und Schellen in unterschiedlichen Größen, Musikdosen jeglicher Art oder auch ein Knack-Frosch gesammelt werden. Außerdem sollten verschiedene Papiere, die rascheln (z. B. von Bonbons) oder kleine Dosen, die mit Reis oder Erbsen gefüllt sind, nicht fehlen.

Für die taktile Materialsammlung können die Fächer beispielsweise mit Perlen, Steinen, Muscheln, Knöpfen, verschiedene Papiersorten, Figuren aus Überraschungseiern, Spielsachen aus der Puppenstube, tastbaren Aufklebern, ausgestanzten Moosgummifiguren usw. gefüllt werden. Für größere Sammlungen können ›Themenkartons‹ angelegt werden, die beispielsweise Material zum Thema *Strand* (Sand, Muscheln, Steine, Strandgut), *Essen* (Nudeln, kleine Gabeln oder Eislöffel, Nüsse, usw.) oder *Wald* (Zapfen, Kastanien, kleine Zweige, usw.) enthalten. Für die weiterführende Schule kann eine Themenkiste aber auch zu Bereichen wie *Grafik* erstellt werden. Hier könnten verschiedene Materialien mit grafischen Strukturen (z. B. Wellpappe aber auch Blätter) gesammelt werden oder Dinge, mit denen sich grafische Strukturen erstellen lassen, wie beispielsweise Nägel, Paketband oder unterschiedliche Klebepunkte. Grafische Strukturen lassen sich mit einem alten Kugelschreiber in die Innenseite von Milchtüten zeichnen oder mit einer Häkelnadel in eine feinporige Styroporplatte drücken. Ist so eine Themenkiste vorhanden, können Schülerinnen und Schüler entsprechend der zu erwartenden Kompetenz Material auswählen und kreativ werden.

Wichtig ist es, mit den Schülerinnen und Schülern gemeinsam ein für sie geeignetes Ordnungssystem zu finden. Die Sortierkästen oder Themenkartons werden entsprechend beschriftet und in einem Regal oder Schrank aufbewahrt.

In verschließbaren Gläsern können Knete oder auch Farben aufbewahrt werden. Nach Absprache können diese mit verschiedenen Materialien wie beispielsweise Sand, Katzenstreu oder auch Duftöl vermischt werden und so zu interessanten Tasteindrücken beitragen. Duftöle sollten dabei immer sehr sparsam verwendet werden, da der Geruch dauerhaft sehr penetrant sein kann.

Zum Bauen und Gestalten eignet sich auch *Play-Mais* (▸ Abb. 8.6) sehr gut. Die kleinen bunten Quader werden leicht angefeuchtet (über ein nasses Küchentuch) und können dann aneinandergeklebt werden.

Abb. 8.6: Play-Mais

Eine Mappe mit verschieden farbigem Fotokarton dient als ›Malpapier‹. So ist bereits ein farbiger Hintergrund gegeben und muss nicht erst gestaltet werden. Das feste Papier eignet sich außerdem besser zum Bekleben mit Gegenständen. Um zusätzlich verschiedene Untergründe für Taststrukturen herzustellen, eignet sich eine Sammlung mit Taschentüchern, Seidenpapier oder Schnüren (Paketband etc.). Mit Hilfe von Kleister kann relativ einfach ein kreativer Untergrund geschaffen werden.

Bewährt haben sich auch leere Kartons, die je nach Wunsch mit Hilfe von Vogelsand in eine Landschaft umgewandelt werden können. Eine kleine Auswahl an Playmobilfiguren oder Schleichtieren ermöglicht die Gestaltung.

Für den Kunstunterricht ist ein guter Kleber wichtig. Kleister, eine Heißklebepistole, Holzleim und ein Klebestift sollten immer vorhanden sein. Wird angerührter Kleister bei Raumtemperatur aufbewahrt, empfinden viele Schülerinnen und Schüler die Tastqualität weniger unangenehm und benutzen ihn direkt mit den Fingern. Andernfalls kann Kleister mit einer dicken Spritze (in der Apotheke erhältlich), einem Sahnespritzbeutel oder einem Pinsel aufgetragen werden. Gut geeignet sind außerdem Sprühkleber oder Power Strips, da Objekte darüber leicht wieder abgenommen und an anderer Stelle neu befestigt werden können.

Weitere vielfältige Anregungen zur Arbeitsplatzgestaltung und zu Materialsammlungen finden sich bei Lokatis-Dasecke und Wolter (2008).

Bei aller Kreativität und trotz guter Materialsammlung kann es vorkommen, dass gerade blinde Schülerinnen und Schüler eine große Tasthemmung haben. Über ein vorsichtiges Heranführen, eine gemeinsame Auswahl der Materialien und Hilfestellungen beim Befestigen kann die Freude am Gestalten nach und nach in den Vordergrund treten.

8.5.3 Bildbetrachtung im Kunstunterricht

Die Rezeption von Bildern beinhaltet mehr als das Wahrnehmen, Verstehen und Deuten von Kunst (vgl. Uhlig 2005, 97 ff). In der Auseinandersetzung mit einem Bild ergeben sich nach Uhlig sowohl kontextabhängige als auch vom Betrachter und seinen persönlichen Erfahrungen abhängige Ideen und Interpretationen zu einem Bild. »Insofern gibt es kein richtiges oder falsches Verstehen, sondern lediglich ein mehr oder weniger tiefgreifendes, polymorphes, komplexes Verstehen, das zwar intersubjektiv Gültigkeit beanspruchen kann, jedoch immer mit dem subjektiven Rezeptionsprozess verbunden bleibt« (ebd., 99).

Die klassische Frage *Was will der Künstler damit sagen?* ist für den Unterricht damit ungültig.

Die Auseinandersetzung mit Kunst muss daher neben der persönlichen, empathischen und emotionalen Deutung und der geforderten Reflexion als sozialen Prozess auch Komponenten wie Bildgestaltung, Einordnung in die Zeit (ggf. historischer Kontext) und Lebensbilder des Künstlers beinhalten. Schoppe (2011) spricht deshalb von »Bildzugängen« als Methode für den Kunstunterricht.

Diese sehr offene Ausgangslage bei der Bildrezeption ermöglicht es blinden und taktil orientierten Schülerinnen und Schülern die geforderten Ziele und Kompetenzen im Unterricht zu erreichen. Ein rein haptischer Zugang kann in der geforderten Auseinandersetzung interessante Aspekte in die Reflexion einbringen und sich darüber hinaus gewinnbringend für alle Schülerinnen und Schüler auswirken.

Exkurs: Haptische Wahrnehmung

Tasten zählt zu den neurophysiologischen Wahrnehmungsmechanismen und unterliegt damit bestimmten allgemeinen Gesetzmäßigkeiten wie beispielsweise der Gegenstandsbezogenheit oder der Sinnerfüllung (vgl. Lehmann 1990). Das Tasten erfasst dabei – wie auch das Sehen – Gegenstandsqualitäten wie Form (Kontur), Größe, Richtung, Körperlichkeit sowie Lage und Stellung im Hand- und Armbereich. Nach Lang (2003) verläuft der haptische Wahrnehmungsprozess in drei Phasen:

1. Zugriff: Erlebnis einer unbestimmten Ganzheit
2. Umschließendes Tasten: Materialerkenntnis und Deutungsversuch
3. Bewegungstasten: je nach Taststrategie unterschiedlich exaktes Erfassen der Gesamtgestalt.

Kobbert (1982) geht davon aus, dass der Prozess der haptischen Formwahrnehmung analog zum Visuellen verläuft. Schon vor der Berührung mit einem Objekt haben blinde Menschen aufgrund des Titels oder der Einführung eine bestimmte Vorstellung. Beim Tastvorgang wird diese Vorstellung anhand der verschiedenen Tasteindrücke ausdifferenziert. So ergeben erste Tastbewegungen Auskunft über die Material- und Oberflächenbeschaffenheit. Beim anschließenden Erkunden der Gesamtgröße des Objekts werden grobe Formmerkmale und ihre räumliche Beziehung erfasst. Die Objekterkundung ist dabei von Erwartungen und teilweise unwillkürlichen Ergänzungen gesteuert. Auch Lang stellt fest, dass »Wahrnehmung ... ein sinn- bzw. hypothesengeleiteter Suchprozess [ist]« (Lang 2017, 240), der motivations- und konzentrationsabhängig ist.

Für Kobbert (1982, 26) geht daraus hervor, dass »sich die haptische Wahrnehmung demnach nicht als additiver Vorgang beschreiben lässt, in dem Fragment an Fragment gestückt wird, sondern dass sie von vornherein auf die Gesamtgestalt ausgerichtet ist«.

Werden Bilder im Unterricht verwendet, müssen sie in der Regel durch die Lehrperson oder andere Personen für die blinden oder taktil orientierten Schülerinnen und Schüler zur Verfügung gestellt werden. Bei der Herstellung eines Tastobjektes sind die besonderen Erfordernisse der haptischen Wahrnehmung zu berücksichtigen. Das Tastobjekt sollte daher nicht zu groß, nicht zu komplex und detailliert gearbeitet sein und aus unterschiedlichen Materialien aufgebaut sein, um klare Tasteindrücke zu vermitteln. Außerdem sollte bei der Materialwahl bedacht werden, dass Tasteindrücke Ekel oder Abscheu hervorrufen können. Je genauer die Lehrperson die Schülerin oder den Schüler kennt, desto eher wird sie wissen, welche Materialien bevorzugt werden.

Beispiel 1:

Abb. 8.7: Vorlage: Georges Braque: Der Vogel im Blattwerk (1961), Lithografie

8 Kunstunterricht mit blinden und taktil orientierten Schülerinnen und Schülern

Möglichkeit der Adaptation des Bildes:

Für die taktile Übertragung wurde Zeitungspapier in mehreren Schichten so auf eine Unterlage geklebt, dass es nach allen Seiten hin aufklappbar ist. In die Mitte wird eine kleine Musikdose ›Vogelgezwitscher‹ als akustisches Signal geklebt (▶ Abb. 8.8). Die blinden oder taktil orientierten Schülerinnen und Schüler können über die aktive Suche im ›Blätterwerk‹ zum Signalknopf kommen und über das Drücken ein Vogelzwitschern auslösen.

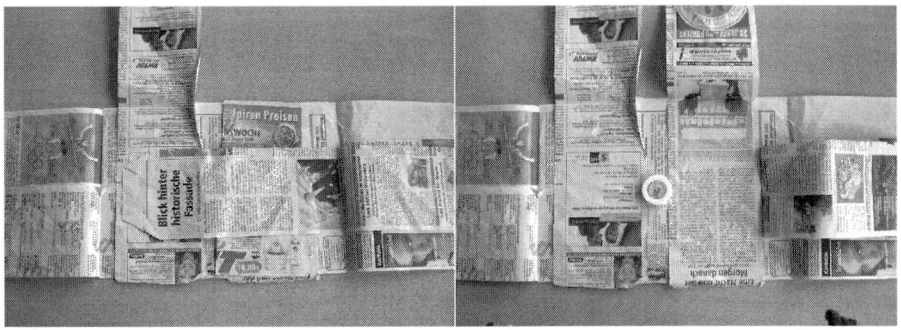

Abb. 8.8: Tastbare Umsetzung des Bildes *Der Vogel im Blattwerk* (1961)

Beispiel 2:

Abb. 8.9: Paul Klee: Die Legende vom Nil (1937)

8.5 Umsetzung im Unterricht

Möglichkeit der Adaptation des Bildes:

Für die taktile Umsetzung wurde ein dicker blauer Pappkarton mit Frischhaltefolie beklebt. Diese Folie stellt in Absprache mit der blinden Schülerin in allen taktilen Abbildungen Wasser dar. Verschiedene Symbole des Bildes wurden aus schwarzer Pappe ausgeschnitten und mit einem wieder ablösbaren Sprühkleber fixiert. Durch den Sprühkleber lassen sich die Symbole zum Ertasten abnehmen und wieder ankleben.

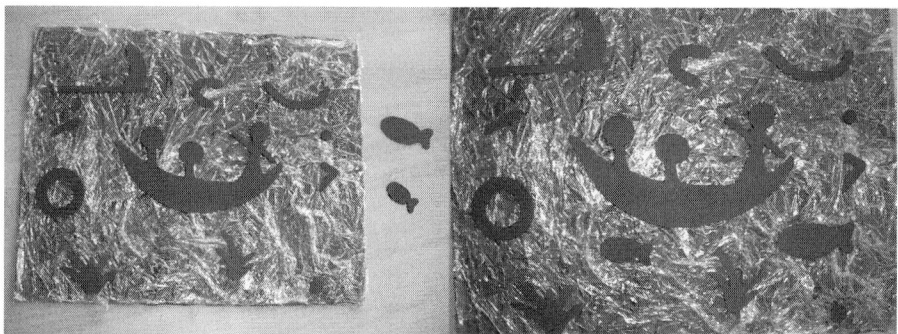

Abb. 8.10: Tastbare Umsetzung des Bildes *Die Legende vom Nil* (1937)

Beispiel 3

Abb. 8.11: Meret Oppenheim: Die Pelztasse (Déjeuner en fourrure, 1936)

Möglichkeit der Adaption des Bildes:

Für die taktile Übertragung wurde eine echte Tasse mit Fell überzogen. Dabei wurde bewusst auf ein sehr weiches Material geachtet, dass dabei trotzdem die markante Form der Tasse nicht verfälscht.

Problematisch und sicherlich in Frage zu stellen ist die Übertragung eines Bildes in eine taktile Vorlage, da sie auf der Grundlage der persönlichen, individuell

Abb. 8.12: Tastbare Umsetzung der »Pelztasse« (1936)

geprägten Vorstellung der Lehrperson entsteht. Theoretisch bedarf es einer Rückkoppelung mit dem Künstler selbst, die aber – außer es handelt sich um Gegenwartskunst – nicht möglich ist. Über eine ausführliche Auseinandersetzung mit dem Kunstwerk, dem Künstler, der Entstehungszeit und dem verwendeten Material, kann sicherlich eine sinnstiftende Übertragung durch die Lehrperson gelingen.

Trotzdem lassen sich nicht alle Bilder taktil darstellen. Gerade bei den ›alten Meistern‹ wie beispielsweise Rembrandt ist eine taktile Übertragung unmöglich. Gleichzeitig ist zu hinterfragen, welche Bedeutung ein Bild wie z. B. die *Nachtwache* heute für Schülerinnen und Schüler hat. Als Rembrandt 1642 das riesige Bild (359 x 438 cm) fertigstellte, war das Spiel von Licht und Schatten und die Bewegung, die die Personen zeigen, eine sensationelle Neuerung. Aus heutiger Sicht ist es erst einmal ein großes Bild, das mehrere Männer in Militärkleidung zeigt. Die Bedeutung des Bildes für die Kunstgeschichte erschließt sich den Schülerinnen und Schülern also erst durch ein entsprechendes Hintergrundwissen und eine Einordnung in die Geschichte. Eine mögliche Form der Übertragung könnte hier über das Nachspielen bzw. Darstellen des Bildes gegeben sein. Passende Kleidung findet sich evtl. in einem Theaterfundus. Die Anzahl der Personen auf dem Bild ist auch aus heutiger Sicht interessant.

Für die Bildbetrachtung kommen deshalb nicht nur taktile Abbildungen in Frage, sondern auch szenische Darstellungen (ggf. mit Spielfiguren) oder zusätzliche auditive Möglichkeiten. Diese bieten sich beispielsweise bei Landschaftsbildern als Ergänzung zur taktilen Übertragung an.

An der weiterführenden Schule bzw. in der gymnasialen Oberstufe wird neben der gestaltungsorientierten Bildrezeption oft die überwiegend sprachorientierte Kunstrezeption unterrichtet. Der fachsprachlichen und emotionalen Ausdrucksfähigkeit kommt aber bereits deutlich früher im Unterricht eine größere Bedeutung zu. Wahrnehmung von Kunst – egal ob haptisch oder visuell – ist immer selektiv und interpretierend und führt nahezu simultan zu Gefühlen, Erinnerungen oder Fantasien (vgl. Penzel 2017). Die schwierige Aufgabe, persönliche Gefühle und Empfindungen beim Betrachten von Kunst sprachlich auszudrücken, sollte deshalb schon in der Grundschule geübt und durch Fachbegriffe ergänzt werden. Eine differenzierte Sprache und Ausdrucksform kommt allen Schülerinnen und Schülern der Klasse zugute und unterstützt den ästhetischen Reflexionsprozess.

Als Unterrichtsform lässt sich die sprachorientierte Bildrezeption über vielfältige Aufgaben fördern. So können beispielsweise Geschichten geschrieben werden, eine fiktive Reise in das Bild unternommen oder ein Interview mit den Künstlerinnen und Künstlern durchgeführt und gefilmt werden (ebd.).

8.5.4 Vermittlung von Bedeutungswissen

Im Kunstunterricht gibt es in allen Schulstufen Bereiche, die für blinde und taktil orientierte Schülerinnen und Schüler kontrovers diskutiert werden. Hierzu zählt neben der Vermittlung von Perspektiven auch die Farbenlehre. Beide Punkte haben aber durchaus ihre Berechtigung im Unterricht, im Sinne eines Bedeutungswissens.

Bei der Vermittlung von Farben finden sich unterschiedliche Vorgehensweisen in der Literatur und der Unterrichtspraxis. So hat beispielsweise Detlef Hagge 1995 mit blinden Schülerinnen und Schülern die Idee der synästhetischen Wahrnehmung im Unterricht umgesetzt (vgl. Hagge 1995). Unter synästhetischer Wahrnehmung wird die gleichzeitige Wahrnehmung zweier oder mehrerer sinnlicher Eindrücke verstanden. So werden beispielsweise beim Betrachten von Farben Töne oder Musik gehört. Für die Kunst hat die Synästhesie im Sinne der Idee eines Gesamtkunstwerkes immer eine wichtige Rolle gespielt. Künstler wie beispielsweise Kandinsky gingen von der Synästhesie aus und ordneten Farben unterschiedliche Eigenschaften zu. Diese Idee kann für den Kunstunterricht genutzt werden, indem Schülerinnen und Schüler gezielt zu solchen zusätzlichen Sinneseindrücken befragt werden. Über die entstandenen Assoziationen und Vergleiche (blau ist das Wasser, grün ist das Gras) kann gemeinsam entsprechendes Tastmaterial zu einzelnen Farben zusammengestellt und eine »Farbmaterialsammlung« angelegt werden (vgl. auch Lokatis-Dasecke, Wolter 2008). Mithilfe dieser Materialien können Farben in tastbaren Abbildungen zumindest in Ansätzen wiedergegeben werden bzw. von der Schülerin oder dem Schüler selbst dargestellt werden. Wichtig ist dabei aber, dass solche Materialsammlungen immer als individuelle Lösung zu sehen sind und nicht universelle Gültigkeit haben. Eine Schülerin oder ein Schüler aus dem Bergland verbindet mit der Farbe Blau unter Umständen eher den blauen Enzian mit seinem typischen Geruch und der Glockenform als das Meer. Auch bei den Künstlerinnen und Künstlern in den unterschiedlichen Epochen gab es nicht nur Übereinstimmungen bezüglich der Eigenschaften von Farben.

2013 wurde von dem portugiesischen Grafikdesigner Miguel Neiva ein System aus Strichen und Dreiecken als Farbcodierung entwickelt (ColorADD®), das sich taktil übertragen lässt. Zur Markierung von Kleidung, Spielkarten oder bei Sortierkästen lässt es sich für blinde oder taktil orientierte Schülerinnen und Schüler nutzen. Eine Anwendung bei der Erstellung von Kunstwerken erscheint insofern problematisch, als die Zeichen in etwa der Größe eines Braillezeichens entsprechen. Werden sie zur

Kennzeichnung von Farbflächen benutzt, entstehen *leere* Flächen mit einem Zeichen. Kunstwerke wären in diesem Fall eher eine Art Relief. Ob und in welchem Maße über diese Darstellung ein ästhetisches Erlebnis möglich ist, ist unklar.

Eine weitere Möglichkeit zur Farbwahrnehmung ist die Nutzung von Farberkennungsgeräten oder entsprechenden Apps. In Kombination mit einem synästhetischen Ansatz könnten so Kunstwerke von Josef Albers oder Piet Mondrian nach ihrem Farbaufbau analysiert werden (vgl. Hagge 1995).

Ebenfalls kontrovers diskutiert wird die Vermittlung von Perspektiven als bildkompositorisches Mittel.

Sehen ist ein Fernsinn und ermöglicht damit, Dinge aus einer großen Distanz zu betrachten. Das dadurch entstandene Bild wird perspektivisch wahrgenommen: Gegenstände in der Nähe erscheinen im Vergleich zu Gegenständen in der Ferne größer, sie können von anderen Dingen teilweise oder ganz verdeckt werden. Manche Künstler arbeiten gezielt mit bestimmten Perspektiven oder verzerren diese (vgl. zum Beispiel Bilder von M.C. Escher). Tasten ist dagegen ein Nahsinn und erfordert den unmittelbaren Kontakt mit dem Gegenstand. Tasten geschieht meist aus der ›Vogelperspektive‹ heraus und verändert sich nur, wenn das zu ertastende Objekt größer als die Person ist oder in Augenhöhe angeboten wird. Das Wissen um weitere Möglichkeiten des Betrachtens von Gegenständen in Form unterschiedlicher Perspektiven sollte im Sinne eines Bedeutungswissens vermittelt werden. Neben der sprachlichen Erklärung, die eine kognitive Vorstellungskraft erfordert, können Modelle im Unterricht eingesetzt werden. Mit Hilfe einer Legoplatte, auf die eine Spielfigur und beispielsweise Bäume oder Häuser gestellt werden, kann durch das Spannen von Gummibändern gezeigt werden, was ein ›Blickwinkel‹ ist. Dieser Blickwinkel wird im Folgenden um Dinge erweitert, die hinter anderen Sachen für das Auge *verschwinden*. Hilfreich ist es, wenn zur Verdeutlichung das Tastobjekt nicht wie sonst üblich auf dem Tisch präsentiert wird, sondern auf Augenhöhe (beispielsweise auf einem Regalbrett). So wird die Legoplatte entsprechend des sehenden Blickes ertastet.

Untersuchungen haben gezeigt, dass es durchaus blinde Menschen gibt, die trotz ihrer Geburtsblindheit perspektivisch zeichnen (vgl. Kennedy 1997). Ob und – wenn ja – wie blinde oder taktil orientierte Schülerinnen und Schüler perspektivische Darstellungen in ihren eigenen Bildern berücksichtigen möchten, ist individuell zu klären und beansprucht sicherlich keine Allgemeingültigkeit. Für das Verstehen einer Bildkomposition kann es aber ein wichtiges Element sein.

8.6 Zusammenfassung und Ausblick

In einer immer stärker geprägten visuellen Welt benötigen alle Schülerinnen und Schüler Strategien und Hilfen bei der Entwicklung eines individuellen Ästhetikbegriffes. Die Aufgabe und das Ziel des Kunstunterrichtes ist es, zu einer ganzheitlichen Persönlichkeitsentwicklung beizutragen, die sowohl das eigene kreative Gestalten als auch das Wissen über Kunst beinhaltet. Über eine gut strukturierte und teilweise sicherlich zeitaufwendige Planung ist eine solche Zielvorgabe auch im Unterricht mit blinden und taktil orientierten Schülerinnen und Schülern umsetzbar. Damit kann der Kunstunterricht nicht nur zur Persönlichkeitsentwicklung beitragen, sondern auch einen wertvollen Beitrag zur Freizeitgestaltung liefern.

Die Neuorientierung der Lehrpläne in Kompetenzerwartungen kann für den inklusiven Unterricht aller Schülerinnen und Schüler eine Chance bieten. Die konkrete Umsetzung innerhalb der schulinternen Lehrpläne lässt sich differenziert aufbauen und könnte mithilfe sonderpädagogischer Expertise individuelle Bedürfnisse und daran gekoppelte Bewertungskriterien berücksichtigen. Erste Ansätze und Ideen finden sich bereits in der Praxis (vgl. Penzel 2017 oder Blohm et al. 2018). In diesem Zusammenhang stellt sich nochmals die Frage nach einer taktilen Ästhetik: Wie können wir uns ein ästhetisches Empfinden blinder Menschen vorstellen? Untersuchungen und Befragungen könnten einen wertvollen Beitrag zur Unterrichtsplanung und -gestaltung liefern.

Literatur

Bayerisches Staatsministerium für Bildung und Kultus, Wissenschaft und Kunst (o.J.): *LehrplanPLUS Grundschule. Lehrplan für die bayerische Grundschule.* Online verfügbar unter: https://www.lehrplanplus.bayern.de/schulart/grundschule/fach/kunst, Zugriff am 01.04.2020.

Blohm, M., Brenne, A. & Hornäk, S. (Hrsg.) (2018): *Irgendwie anders. Inklusionsaspekte in den künstlerischen Fächern und der ästhetischen Bildung.* 2. erweiterte Auflage. Hannover.

Bockemühl, M. (o. J.): *Das Wie am Was. Beratung und Kunst.* Professor Dr. Michael Bockemühl – Kunstkonzept der Droege Group. YouTube-Video. Online verfügbar unter: https://www.youtube.com/watch?v=VqGNie6EoI8&index=3&list=PL-jJnmYmnozuOutINmyGbn87DK9bq7Qgy, Zugriff am 31.3.2020.

Bund Deutscher Kunsterzieher e.V. (2008): Bildungsstandards im Fach Kunst für den mittleren Schulabschluss. Verabschiedet von der Hauptversammlung des BDK Fachverband für Kunstpädagogik im April 2008 in Erfurt. *Fachzeitschrift des BDK Fachverbandes für Kunstpädagogik, BDK Mitteilungen,* 3/08. Online Hinweis unter: https://www.bdk-online.info/blog/2008/03/23/bdk-mitteilungen-heft-32008/ , Zugriff am 01.04.2020.

Hagge, D. (1995): *20 Jahre Blinden-Kunst.* Hamburg.

Höxter, C. (2013): Das Schulfach Kunst. Dossier 1: Die künstlerischen Schulfächer: Das Schulfach Kunst. 07.11.2013. In: Der deutsche Kulturrat (Hrsg.): *Kultur bildet. Das Portal für kulturelle Bildung.* Online verfügbar unter: http://www.kultur-bildet.de/dossier/die-kuenstlerischen-schulfaecher, Zugriff am 31.3.2020.

Hudelmayer, D. (1985): Förderung der Wahrnehmung. In: W. Rath & D. Hudelmayer: *Pädagogik der Blinden und Sehbehinderten.* Berlin, 149–178.

Hudelmayer, D. (1983): Taktile Bilder als Hilfen zur Veranschaulichung. In: Verband der Blinden- und Sehbehindertenpädagogen e.V. (Hrsg.): *Standortbestimmung und Neuorientierung. Kongressbericht XXIX. Kongress für Sehgeschädigtenpädagogik in Würzburg.* Hannover-Kirchrode, 192–196.

Kennedy, J. M. (1997): Wie Blinde zeichnen. *Spektrum der Wissenschaft* 3/1997, 84–89.

Kobbert, M.J. (1982): Psychologische Grundlagen haptischer Formwahrnehmung und haptomorpher Formgestaltung. In: K. Spitzer & M. Lange (Hrsg.): *Tasten und Gestalten. Kunst und Kunsterziehung bei Blinden.* Hannover, 18–38.

Kultusministerkonferenz (2005): *Einheitliche Prüfungsanforderungen in der Abiturprüfung. Bildende Kunst. Beschluss der Kultusministerkonferenz vom 01.12.1989 i. d. F. vom 10.02.2005.* Online verfügbar unter: https://www.kmk.org/fileadmin/veroeffentlichungen_beschluesse/1989/1989_12_01-EPA-Kunst.pdf, Zugriff am 31.3.2020.

Lang, M. (2003): *Haptische Wahrnehmungsförderung bei blinden Kindern. Möglichkeiten der Hinführung zur Brailleschrift.* Regensburg.

Lang, M. (2017): Wahrnehmungsförderung und Begriffsbildung als fächerübergreifende Prinzipien des Unterrichts mit blinden und hochgradig sehbehinderten Kindern und Jugendlichen. In: M. Lang, U. Hofer & F. Beyer: *Didaktik des Unterrichts mit blinden und hochgradig sehbehinderten Schülerinnen und Schülern. Band 1: Grundlagen.* 2., überarbeitete Auflage. Stuttgart, 228–275.

Lehmann, K. (1990): *Handbuch des taktilen Kartenbaus. Forschungsbericht 196.* Hamburg.

Lokatis-Dasecke, S. & Wolter, B. (2008): *Gemeinsam kreativ. Integrativer Kunstunterricht mit blinden Schülerinnen und Schülern.* Würzburg.

Ministerium für Schule und Weiterbildung des Landes Nordrhein-Westfalen (Hrsg.) (2011): *Kernlehrplan für das Gymnasium – Sekundarstufe I in Nordrhein-Westfalen Kunst.* Heft 3405. Düsseldorf.

Ministerium für Schule und Weiterbildung des Landes Nordrhein-Westfalen (Hrsg.) (2012): *Kernlehrplan für die Gesamtschule in Nordrheinwestfalen. Kunst.* Heft 3104. Düsseldorf.

McNear, D. & Brusegaard, C.M. (2017): Arts Education. In: C. Holbrook, C. Kamei-Hannan & T. McCarthy (Eds.): *Foundations of Education. Volume II: Instructional Strategies for Teaching Children and Youth with Visual Impairments.* Third Edition. New York, 510–544.

Peez, G. (2018): *Einführung in die Kunstpädagogik.* 5., aktualisierte Auflage. Stuttgart.

Penzel, J. (2017): Theoretische Grundlagen der gestaltungspraktischen Kunstrezeption. In: J. Penzel (Hrsg.): *Hands on: Kunstgeschichte. Methodik und Unterrichtsbeispiele der gestaltungspraktischen Kunstrezeption.* München.

Pluhar, Chr. (1988): Bilder im Unterricht an Blindenschulen. In: K. Spitzer & M. Lange (Hrsg.): *Tasten und Gestalten. Kunst und Kunsterziehung bei Blinden.* Hannover, 506–522.

Pluhar, Chr. & Rath, W. (1985): Ästhetische Erziehung. In: W. Rath & D. Hudelmayer: *Pädagogik der Blinden und Sehbehinderten.* Berlin, 236–255.

Salisbury, R. (Ed.) (2008): *Teaching Pupils with Visual Impairment. A guide to making the school curriculum accessible.* Abingdon.

Schoppe, A. (2011): *Bildzugänge. Methodische Impulse für den Unterricht in der Primar- und Sekundarstufe.* Hannover.

Sekretariat der Ständigen Konferenz der Kultusminister der Länder in der Bundesrepublik Deutschland (1998): Empfehlungen zum Förderschwerpunkt Sehen. In: W. Drave, F. Rumpler & P. Wachtel (Hrsg.) (2000): *Empfehlungen zur sonderpädagogischen Förderung. Allgemeine Grundlagen und Förderschwerpunkte (KMK).* Edition Bentheim: Würzburg.

Simpson, M. (2008): Art and design. In: R. Salisbury (Ed.): *Teaching Pupils with Visual Impairment. A guide to making the school curriculum accessible.* Abingdon, 47–54.

Spitzer, K. (1982): Gegenständliche Tastbilder. Gestaltproblematik und Bedeutung. In: K. Spitzer & M. Lange (Hrsg.): *Tasten und Gestalten. Kunst und Kunsterziehung bei Blinden.* Hannover, 490–505.

Uhlig, B. (2005): *Kunstrezeption in der Grundschule.* München.

9 Informationstechnologie (IT)

Ulrich Kalina

9.1 IT-Systeme in der sonderpädagogischen Förderung

Informations- und kommunikationstechnische Systeme besitzen in der sonderpädagogischen Förderung einen hohen Stellenwert. Dies gilt ganz besonders auch für den gemeinsamen Unterricht bei Schülerinnen und Schülern mit und ohne Behinderung. Hier erfüllen die IT-Systeme für sehbeeinträchtigte und blinde Lernende die Funktion einer Kommunikationsbrücke zu den sehenden Personen in ihrem Lernumfeld. Blinde Menschen können mit dem Computer Texte erstellen, die – ausgedruckt oder auf dem Bildschirm dargestellt – von Menschen ohne Sehbeeinträchtigung gelesen werden können und umgekehrt können blinde Menschen mit Hilfe spezieller Ausgabemedien (elektronische Punktschriftzeile, Sprachausgabe) alle Textinformationen lesen, die in digitaler Form bereit gestellt werden.

Ein mit assistiver Technologie ausgestatteter Computer kann gleich mehrere Arbeitsmittel und Medien ersetzen, die Sehende normalerweise für ihre tägliche Arbeit benötigen, die aber für blinde und hochgradig sehbehinderte Menschen gar nicht oder nur sehr eingeschränkt nutzbar sind. Assistive Technologie ersetzt beispielsweise

- den Schreibstift und das Schulheft durch Textverarbeitungssoftware,
- Literatur und Lexika auf Papier durch digitale Dokumente,
- Zeitschriften und aktuelle gedruckte Informationsmedien durch den Zugang zum Internet,
- den Taschenrechner durch eine entsprechende Software.

9.2 Assistive Technologie

9.2.1 Braillezeile

Auf einer Braillezeile sind je nach Ausführung in der Regel 40 oder 80 so genannte Braillemodule nebeneinander angeordnet. Jedes Modul kann genau ein Computerzeichen im so genannten Computer-Braille-Code (Euro-Braille) darstellen. Ein

Braillemodul besteht aus 8 elektronisch ansteuerbaren Stiften, die in zwei Spalten zu je vier Stiften angeordnet sind. Die Stifte sind einzeln heb- und senkbar, so dass ihre Kuppen im angehobenen Zustand die fühlbaren Punkte eines Punktschriftzeichens darstellen können.

Jedes Braillemodul verfügt außerdem über eine so genannte Routing-Taste. Durch das Betätigen dieser Taste kann z. B. die Schreibmarke in einem Schreibfeld oder der Mauszeiger an die aktuelle Leseposition geholt werden.

Die Darstellung der Computerzeichen erfolgt in der Regel im 8-Punkt-Computerbraille-Code, der in gewisser Weise eine Erweiterung der klassischen 6-Punkte-Brailleschrift darstellt. Grundsätzlich kann ein Braillemodul jede beliebige Punktkombination darstellen und damit auch alle Schriftzeichen der traditionellen Brailleschriftsysteme wie Kurzschrift, Musik- oder Mathematikschrift. Im Unterschied zu diesen speziellen Brailleschriftsystemen gibt es beim Computerbraille keine Kürzungen und keine Ankündigungszeichen - etwa für die Großschreibung oder für eine Zahl – und keinerlei Kürzungen – wie z. B. für Lautgruppen oder Silben. Auf diese Weise wird beim Computerbraille im Prinzip jedes Zeichen auf dem Bildschirm 1:1 durch genau ein Zeichen auf der Braillezeile dargestellt.

9.2.2 Sprachausgabe

Für die synthetische Sprachausgabe wird heute in der Regel eine handelsübliche Soundkarte verwendet. Allerdings muss diese noch um eine »Text-to-Speech«-Software (TTS) ergänzt werden. Diese wandelt die als Zeichenketten gespeicherten Wörter in gesprochene und damit hörbare Sprache um. Die Text-to-Speech-Komponente erhält die Information, welche Wörter gerade gesprochen werden sollen, von der so genannten Screenreader-Software.

9.2.3 Screenreader

Der Screenreader (auch »Brückensoftware«) stellt fest, welche Objekte auf dem Bildschirm dargestellt werden (z. B. Icons, Schalter, Menüs, Ausklapplisten, Bilder oder Textfelder) und in welcher strukturellen Beziehung sie zu einander stehen. Diese Informationen werden vom Screenreader intern in einer Art Datenbank in Textform gespeichert. Dies funktioniert heute bei vielen Anwendungsprogrammen recht gut – nicht zuletzt auch deshalb, weil die Betriebssysteme mittlerweile entsprechende Schnittstellen zur Unterstützung der Screenreader bereitstellen.

Da sich allerdings die Hersteller von Anwendungssoftware nicht immer an diese Schnittstellen-Spezifikationen halten, kommt es auch heute noch immer wieder vor, dass die Screenreader den Bildschirminhalt teilweise oder im Ganzen nicht korrekt wiedergeben können. Blinde Computeranwenderinnen und -anwender müssen daher lernen, mit solchen Unzulänglichkeiten umzugehen. Bei Apple-Geräten (MAC, iPad, iPhone) ist der Screenreader VoiceOver bereits ins Betriebssystem integriert.

Der Screenreader stellt außerdem Funktionen zur Bildschirmnavigation bereit, mit denen die Nutzerinnen und Nutzer auswählen und steuern können, welche

Bildschirminformationen in welcher Form auf den Ausgabemedien Soundkarte bzw. Braillezeile dargestellt werden sollen. Hierfür stellt der Screenreader zahlreiche Kommandos zur Verfügung.

Die Navigationsbefehle können über die Computertastatur, aber auch über spezielle Funktionstasten auf der Braillezeile eingegeben werden. Mausfunktionen können ebenfalls über Tastaturbefehle simuliert werden, wobei diese Form der Interaktion für blinde und auch für sehbehinderte Menschen in der Regel weniger geeignet ist und daher nur dann angewendet werden sollte, wenn die tastenorientierte Bedienung einmal nicht möglich ist. Bei Geräten mit berührungsempfindlichem Display ist auch eine Steuerung über Gesten möglich.

Bei der Fülle der Informationen, die auf dem Bildschirm dargestellt werden können, ist es wichtig, dass den Screenreader-Nutzenden möglichst nur diejenigen Informationen quasi automatisch präsentiert werden, die in der aktuellen Arbeitssituation gerade relevant sind, während weniger wichtige zwar auf Wunsch abrufbar bleiben, sich aber nicht unaufgefordert »aufdrängen«. Ein wichtiges Leistungsmerkmal eines Screenreaders besteht daher in der Fähigkeit, den Hilfsmittel-Fokus, d. h. den vom Hilfsmittel aktuell dargestellten Bildschirmausschnitt, möglichst einfach dorthin zu positionieren, wo es gerade am sinnvollsten ist.

9.2.4 Vergrößerungssoftware

Vergrößerungs- oder auch Zoom-Programme sorgen dafür, dass ein einfacher Bildpunkt (Pixel) des Monitors in senkrechter und waagerechter Richtung vervielfacht wird, also als eine größere Rechteckfläche dargestellt wird. Natürlich passt dann nicht mehr der gesamte ursprüngliche Bildschirminhalt auf den Monitor, weswegen auch hier Navigationsmechanismen bereitgestellt werden, mit denen der jeweils gewünschte Bildschirmausschnitt ausgewählt werden kann. Die Navigation ist bei Vergrößerungsprogrammen zwar grundsätzlich auch mit der Computermaus möglich, in vielen Fällen sind aber auch hier Tastaturkommandos sicherer und schneller.

Bei einer hohen Vergrößerungsstufe führt der beschriebene einfache »Pixelzoom« zu »Treppeneffekten«, die z. B. die Lesbarkeit von Schriftzeichen beeinträchtigen können. Daher bieten die Vergrößerungsprogramme eine so genannte »Kantenglättung« an, die diesem Effekt entgegenwirkt.

Eine weitere wichtige Option der Vergrößerungssoftware ist die Umschaltung der Farben (Farbinvertierung), mit welcher blendempfindliche Computernutzerinnen und -nutzer z. B. dunkle Schrift auf hellem Hintergrund in umgekehrter Darstellung, also als helle Schrift auf dunklem Hintergrund anzeigen lassen können.

Die Qualität der Darstellung kann manchmal auch durch die Kombination von Vergrößerungsprogrammen mit den Windows-internen Funktionen zur Bildschirmeinstellung optimiert werden.

In den meisten Vergrößerungsprogrammen ist außerdem auch eine »Text-to-Speech«-Komponente integriert, mit welcher der vergrößerte Text zusätzlich auch gesprochen werden kann.

9.2.5 Weitere Assistive Technologien für Menschen mit Blindheit und Sehbehinderung

Assistive Technologien im weiteren Sinne sind u. a. auch Scanner und OCR-Software bzw. Vorlesesysteme, Punktschriftdrucker, Bildschirm-Lesegeräte, Tafelkameras und elektronische Lupen, die z. T. auch mit einem Computer kombiniert werden.

Smartphones und Tablets können für blinde und sehbehinderte Nutzerinnen und Nutzer ebenfalls zahlreiche Hilfsmittelfunktionen übernehmen. In der Regel verfügen entsprechende Endgeräte standardmäßig über Möglichkeiten der Sprachein- und -ausgabe sowie über Vergrößerungsoptionen. Smartphones und Tablets lassen sich häufig mit Braillezeilen koppeln. Je nach Fabrikat und Betriebssystem gehört – ganz im Sinne eines »Universal Designs« – eine leistungsfähige Bedienungshilfe mit integriertem Screenreader bereits zur Grundausstattung. Spezielle Apps unterstützen beispielsweise die Orientierung (z. B. mittels GPS-gestützter Orientierungshilfe) oder erleichtern die Bewältigung des Alltags (z. B. durch Bilderkennung, Scannen von Texten, Vorlesefunktionen, Farberkennung, QR- und Barcodescanner). Die Zuverlässigkeit von Spracheingabesystemen ist mittlerweile hoch, sodass diese zunehmend zur Textproduktion eingesetzt werden. Nicht zuletzt ermöglichen mobile Endgeräte in großem Umfang die Teilhabe an sozialen Netzwerken und weiteren Online-Aktivitäten (z. B. Einholen von Informationen zum öffentlichen Nah- und Fernverkehr, Online-Handel und -Banking). Die Internetseite www.augenbit.de[16] informiert aktuell über die Entwicklungen, Chancen und Grenzen speziell der Produkte iPad und iPhone für die Nutzung durch Menschen mit Blindheit und Sehbeeinträchtigung.

9.2.6 Produkte, Anbieter, Informationsquellen

Assistive Technologien werden von verschiedenen Hilfsmittelfirmen angeboten. Dabei können verschiedene Screenreader mit unterschiedlichen Braillezeilen zusammenarbeiten. Wie der gesamte IT-Bereich, so sind auch die assitiven Technologien einem raschen technologischen Wandel unterworfen. Aktuelle Informationen erhält man auf regelmäßig stattfindenden Fachmessen wie z. B. der SightCity oder auf den Internet-Seiten der Hilfsmittelfirmen.

Einige Anbieter von Screenreadern und Vergrößerungsprogrammen stellen auf ihrer Homepage auch Demo-Versionen der Programme zum Download bereit.

Neben den Hilfsmittelfirmen gibt es außerdem firmenunabhängige Beratungsstellen, die eine neutrale Hilfsmittelberatung anbieten – bei Menschen mit Sehbehinderungen häufig auch in Verbindung mit einer Low Vision-Beratung.

---

16 Zugriff am 2.10.2020

9.3 Methodische Aspekte

9.3.1 Notwendigkeit eines speziellen Windows-Zugangs

Dank der assistiven Technologien sind blinde und sehbeeinträchtigte Menschen zwar in der Lage, mit Standardprogrammen wie z. B. mit MS Word für Windows zu arbeiten; ihre Bedienstrategien unterscheiden sich jedoch eben wegen dieser zusätzlichen Komponenten teilweise erheblich von der Art und Weise, wie Menschen ohne Sehbeeinträchtigung mit dem Computer umgehen. Hierfür seien beispielhaft einige Gründe genannt:

- Die Hilfsmittel können immer nur einen kleinen Teilausschnitt des gesamten Bildschirms darstellen. Dadurch wird der Überblick deutlich eingeschränkt, der Bedienaufwand dagegen erhöht, der durch die Steuerung des Ausschnitts entsteht.
- Der Screenreader filtert mit seiner automatischen Fokussierung bestimmte Elemente aus der Fülle aller sichtbaren Bildschirminformationen heraus. Dies ist im Prinzip nützlich, muss bei Bedarf aber von den Anwendenden auch durchbrochen werden können.
- Die übliche Bedienung der Programme mit der Maus ist sehr visuell ausgerichtet und erfordert eine gute Auge-Hand-Koordination, die bei Menschen mit Sehbeeinträchtigungen oft nicht gegeben ist.
- Die blindenspezifischen Hilfsmittel, Braillezeile und Sprachausgabe, können grundsätzlich keine Bilder und Grafiken darstellen, sondern sind rein textorientierte Ausgabemedien.
- Die optische Gestaltung und Symbolik graphischer Programmoberflächen zielt auf eine möglichst intuitive Bedienbarkeit der Programme ab. Dieses Moment entfällt weitgehend, wenn der visuelle Zugang nur eingeschränkt oder gar nicht vorhanden ist.
- Screenreader können häufig, aber eben nicht immer eine korrekte Wiedergabe des graphischen Bildschirminhalts gewährleisten.

Die genannten Aspekte machen die Entwicklung und Anwendung spezieller Schulungsmethoden und -materialien erforderlich, die darauf ausgerichtet sind, blinde und sehbehinderte Computerbenutzerinnen und -benutzer zu befähigen, zielsicher und effektiv mit graphischen Oberflächen zu arbeiten, indem die genannten Einschränkungen durch alternative Bedienkonzepte kompensiert werden.

9.3.2 Objekt-orientierte Navigation in Windows – »ohne Maus«

Ein wichtiger methodischer Grundgedanke besteht darin, die Einschränkungen im visuellen Zugang zur graphischen Oberfläche durch ein verstärktes Hintergrundwissen zu kompensieren, das die programminternen Strukturen und Zusammenhänge offenlegt, die sich unter dieser (grafischen) Oberfläche verbergen. Von zentraler Bedeutung ist in diesem Zusammenhang der Begriff des Objekts, da grafische Oberflächen und Anwendungen nach dem Prinzip der ›Objekt-orientierten Programmierung‹ erstellt werden.

Alle sichtbaren Elemente auf einer grafischen Oberfläche repräsentieren Objekte: Kleine Bildsymbole (Icons) auf dem Desktop repräsentieren z. B. Programme, Dateien, Ordner oder Geräte wie Drucker. Aber auch Anwendungsfenster sind Objekte, die wiederum andere Objekte wie Schalter, Menüs, Listen usw. enthalten. Objekte besitzen Eigenschaften, die ihren jeweils aktuellen Zustand bestimmen und sie stellen Methoden bereit, mit denen man die Objekte als Ganzes oder einige ihrer Eigenschaften manipulieren kann.

Ein Word-Dokument ist z. B. ein Datei-Objekt, das u. a. die Eigenschaften *Dateigröße*, *Erstellungsdatum*, *Schreibschutz*, usw. besitzt. Ein Drucker hat die Eigenschaften *Druckstatus*, *Druckgeschwindigkeit*, *Maximale Auflösung* usw.

Für die Aktionen, die mit dem Word-Dokument durchgeführt werden können, gibt es Methoden wie *Öffnen*, *Versenden*, *Drucken*, *Umbenennen*, *Löschen*, usw. Ein Drucker als Objekt hingegen besitzt Methoden wie *Im Netz freigeben*, *Anhalten*, usw.

Alle Objekte eines Computersystems sind in eine – weitgehend – hierarchische Struktur eingebunden. Manche Objekte sind Teile von umfassenderen Objekten. So sind z. B. die Titelleiste und die Menüleiste Teilobjekte eines Anwendungsfenster-Objekts.

9.3.3 Kontextmenü

Aktionen wie z. B. Befehle können häufig mit der Maus in einer intuitiven Weise ausgeführt werden. Um z. B. ein Word-Dokument zu drucken, kann man auf dem Desktop das Symbol des Word-Dokumentes mit der linken Maus-Taste anklicken, mit gedrückter Maustaste über den Bildschirm ziehen und über dem Drucker-Symbol *loslassen*. Da diese mausorientierte Bedienung wegen der erforderlichen Auge-Hand-Koordination für blinde und hochgradig sehbehinderte Menschen ungeeignet ist, müssen diese alternative Bedienstrategien nutzen. Wichtig in diesem Zusammenhang ist das so genannte Kontextmenü, über das in der Regel sowohl die Eigenschaften als auch die Methoden eines Objektes gut zugänglich sind. Nachdem man ein Objekt markiert hat, kann man sein Kontext-Menü mit der speziellen Kontext-Taste öffnen, die sich auf einer Standard-Windows-Tastatur rechts neben der rechten Windows-Taste befindet. Mit der Maus wird das Kontext-Menü über einen rechten Mausklick geöffnet.

9.3.4 Tastatur statt Maus

Viele Windows-Funktionen können sowohl mit Tastaturkommandos als auch über Mausklicks ausgelöst werden. Vor dem Hintergrund der beschriebenen Rahmenbedingungen ist es offensichtlich, dass für Menschen mit Blindheit und Sehbeeinträchtigung die Bedienung per Tastatur erhebliche Vorteile mit sich bringt. Zugleich wird aber auch deutlich, dass hier die sehr gute Beherrschung der Tastatur eine unabdingbare Grundvoraussetzung für ein effektives Arbeiten am Computer ist.

9.3.5 Anwählen, Markieren, Aktivieren

Ein häufig wiederkehrendes und daher für den systematischen Umgang mit Windows sehr wichtiges Handlungsschema besteht in dem Dreischritt *Anwählen, Markieren, Aktivieren*. Das Anwählen entspricht bei der Mausbedienung dem bloßen *Zeigen* auf ein Objekt, indem der Mauszeiger auf dieses positioniert wird. Bei der Tastaturbedienung entspricht dem Mauszeiger der sogenannte *Windows-Fokus*, der häufig durch eine dünne, gestrichelte Rahmenlinie um die Objektbeschriftung herum dargestellt wird. Es können zwar mehrere Objekte gleichzeitig auf dem Bildschirm sichtbar sein, aber es kann immer nur eines davon den Fokus besitzen – es sei denn, mehrere Objekte wurden zuvor zu einem Gruppenobjekt zusammengefasst. Das Anwählen eines Objektes, d. h. das Bewegen des Fokus von einem Objekt zum nächsten, geschieht häufig mit den Pfeil-Tasten oder mit der Tabulator-Taste.

Mit der Leertaste kann ein angewähltes (fokussiertes) Objekt markiert werden. Optisch wird die Markierung häufig durch eine Farbänderung der Objektbeschriftung angezeigt. Es können auch mehrere Objekte gleichzeitig markiert sein (z. B. Dateinamen in einer Liste des Windows-Explorers). Sobald ein Objekt oder eine Objektgruppe markiert ist, bezieht Windows bestimmte weitergehende Tastaturkommandos ausschließlich auf dieses Objekt bzw. diese Gruppe. So öffnet z. B. die Kontext-Taste das Kontext-Menü des markierten Objektes.

Mit der Eingabetaste kann ein markiertes Objekt aktiviert werden. Das bedeutet z. B. für ein Anwendungsprogramm, dass es gestartet wird, oder für ein Dokument, dass es innerhalb der zu ihm passenden Anwendung geöffnet wird.

9.3.6 Menüs vor Kurztasten

Viele Windowsfunktionen können sowohl über Menüs als auch direkt über Kurztasten ausgelöst werden. Die Bedienung über Menüs bringt besonders für Anfängerinnen und Anfänger einige Vorteile mit sich: Es ist ein systematischer Zugang und entlastet vom Auswendiglernen unzähliger Tastenkombinationen. Dabei ist die Menübedienung per Tastatur nicht wesentlich langsamer und man lernt beim ›Durchwandern‹ der Menüeinträge nebenbei die Vielfalt der Optionen eines Programmes kennen, die Menschen ohne Sehbeeinträchtigung praktisch ›mit einem Blick‹ erfassen können.

In Microsoft Office-Programmen ab 2007 werden so genannte Menübänder eingesetzt. Diese stellen eine größere Anzahl von Bedienoptionen in kontextbezogenen Gruppen gleichzeitig auf dem Bildschirm dar und schaffen dadurch eine ›flachere‹ Bedienhierarchie. Für Menschen ohne Sehbeeinträchtigung ist das vorteilhaft, da sie den Bildschirm im Ganzen überblicken können und durch weniger ›Klicks‹ zum Ziel kommen. Für Nutzende mit Sehbeeinträchtigungen, denen diese Übersicht ›auf einen Blick‹ fehlt, wird die Bedienung dagegen eher unkomfortabler, weil sie sich nun durch längere lineare Listen ›hangeln‹ müssen, um zur gewünschten Funktion zu gelangen.

9.3.7 Windowsfunktionen vor Screenreader-Funktionen

Einige Aktionen können sowohl über Windows-Kommandos als auch über Screenreader-Kommandos ausgelöst werden. Hier sind die Windows-Kommandos in der Regel vorzuziehen, weil sie ›allgemeingültiger‹ sind. Außerdem bleiben sie auch bei einem Screenreader-Wechsel oder einer neueren Version des Screenreaders gültig.

9.3.8 Klare Begrifflichkeit

Je mehr die bildlich-symbolische Kommunikationsebene im Umgang mit dem Computer entfällt oder in den Hintergrund tritt, umso wichtiger wird auf der sprachlichen Ebene eine eindeutige und präzise Begrifflichkeit. Dies betrifft sowohl die Benennung der verschiedenen Objekt-Typen als auch ihrer Eigenschaften und Methoden.

Typische Dialog-Elemente einer graphischen Oberfläche sind z. B.:

Auswahlschalter (Optionsfelder, runde ›Radio‹-Schalter), Kontrollfelder (›Ankreuz-Kästchen‹), Listenfelder, einzeilige Listenfelder (›Ausklapplisten‹), Listenfelder mit Eingabefeld, Eingabefelder, Drehfelder (nummerische Eingabe oder Listenfelder), Schaltflächen, Schieberegler, Vorschaufelder.

Leider ist die Bezeichnungsweise für diese Elemente in der Windows-Welt nicht einheitlich. Eine Orientierung bieten die Windows-Hilfe bzw. die Online-Hilfe und das Handbuch des verwendeten Screenreaders.

9.4 Informationstechnische Bildung – für alle!

Die Kultusministerkonferenz (KMK) der deutschen Bundesländer hat im Jahr 2016 ein Strategiepapier zur »Bildung in der digitalen Welt« veröffentlicht, das einen Rahmen für die informationstechnische Bildung aller Schülerinnen und Schüler formuliert:

> »Mit der Verabschiedung der Strategie am 8. Dezember 2016 haben sich die Länder auf einen verbindlichen Rahmen für die gesellschaftlich so bedeutsame »Bildung in der digitalen Welt« verständigt. Kompetenzen für ein Leben in der digitalen Welt werden zur zentralen Voraussetzung für soziale Teilhabe, denn sie sind zwingend erforderlich für einen erfolgreichen Bildungs- und Berufsweg. Das Lernen im Kontext der zunehmenden Digitalisierung und das kritische Reflektieren werden künftig integrale Bestandteile dieses Bildungsauftrages sein.« (KMK 2016)

In diesem Strategiepapier wird ein Kompetenzrahmen beschrieben, der wiederum u. a. auf dem von der EU-Kommission in Auftrag gegebenen und vom Institute for Prospective Technological Studies, JRC-IPTS, in umfangreichen Studien entwickelten Kompetenzmodell *DigComp 1* basiert.

Dieser Kompetenzrahmen der KMK umfasst die folgenden Kompetenzbereiche, die in dem Strategiepapier inhaltlich noch weiter ausdifferenziert werden:

1. Suchen, Verarbeiten und Aufbewahren
2. Kommunizieren und Kooperieren
3. Produzieren und Präsentieren
4. Schützen und sicher Agieren
5. Problemlösen und Handeln
6. Analysieren und Reflektieren

Mit diesem Kompetenzrahmen werden insbesondere zwei zentrale Ziele abgedeckt:

- das handwerkliche *Umgehen-Können* mit Hard- und Software, um Informationen zu gewinnen und eigene digitale Produkte erstellen, aufbewahren und weitergeben zu können
- ein verantwortungsbewusster und mit den allgemeinen Bildungszielen kohärenter Umgang mit digitalen Medien und Netzwerken

Im Sinne eines inklusiven Bildungsverständnisses gelten diese Ziele gleichermaßen für alle Schülerinnen und Schüler. Mit dieser Prämisse verbunden sind allerdings zugleich auch besondere Anforderungen an die Qualifikation der unterrichtenden Lehrkräfte.

Im Strategiepapier der KMK wird betont, wie wichtig es sei, dass auch die unterrichtenden Lehrkräfte die notwendigen IT-Kenntnisse erwerben:

»Für die Förderung von Medienkompetenz und fachlicher Kompetenz unter Nutzung digitaler Medien ist es unabdingbar, dass Lehrende in der ersten Ausbildungsphase sowie Ausbildende der zweiten Phase der Lehrerbildung selbst über die dafür notwendigen Kenntnisse, Fähigkeiten und Fertigkeiten verfügen. Die Sicherung eines hinreichenden Kompetenzniveaus dieser Personengruppen durch die Bereitstellung entsprechender Fortbildungsangebote hat deshalb eine hohe Priorität.« (KMK 2016)

Die Forderung nach einer umfassenden Qualifizierung der Lehrkräfte schließt zugleich auch die Anforderung ein, dass sie nicht nur die allgemeinen IT-Kompetenzen selbst beherrschen, sondern auch die arbeitstechnischen Besonderheiten der von ihnen unterrichteten Schülerinnen und Schüler mit Sinnes- und Lernbeeinträchtigungen kennen und in den Lehr- und Lernprozess einbeziehen können.

9.4.1 ECDL und Ilvesheimer Kompetenzraster

Der so genannte ECDL (Europäischer Computerführerschein) ist ein international anerkanntes Zertifikat zum Nachweis von Kenntnissen und Fertigkeiten im Bereich der Computeranwendungen. Mit seinem Lernzielkatalog bietet er ein sehr differenziertes Kompetenzraster, das laufend den neusten Hard- und Softwareentwicklungen angepasst wird. Der ECDL-Lernzielkatalog besteht aus mehreren Modulen zu Themen wie »Grundlagen der Informationstechnologie«, »Online-Grundlagen«, »Textverarbeitung«, »Tabellenkalkulation«, »Datenbanken«, »Präsentation« usw.

Durch seine konsequent kompetenzorientierte Formulierung von Lernzielen in Form kleinschrittiger Items gibt der ECDL – wie auch das Strategiepapier der KMK – lediglich vor, *was* erreicht werden soll, aber nicht, *wie* dies zu geschehen hat. Dadurch lässt er Raum für die besonderen Anwendungsstrategien, auf die Anwendende angewiesen sind, die mit assistiven Technologien arbeiten.

Zuständig für die Weiterentwicklung des ECDL-Lehrplans, die Verbreitung des ECDLs und die Überwachung der Prüfungen ist die DLGI (Dienstleistungsgesellschaft für Informatik mbH). Die ECDL-Prüfungen werden als Online-Prüfungen angeboten und sind nach Angabe des Anbieters barrierefrei gestaltet.

Da weder der ECDL selbst noch die dafür verfügbaren gängigen Unterrichtsmaterialien Hinweise dazu geben, wie die in den einzelnen Items formulierten Ziele bei der Nutzung assistiver Technologien zu erreichen sind, bedarf es zusätzlicher Lehrmaterialien, um diese Lücke zu schließen.

Ein vorbildliches Beispiel hierfür ist das an der Schlossschule Ilvesheim entwickelte IT-Kompetenzraster. Es eignet sich sowohl als Diagnostik-Instrument, mit dem die IT-Kompetenzen systematisch und differenziert überprüft werden können, als auch als Leitfaden für Lehrkräfte, in welchem praxisnah die wichtigsten Bedienstrategien, Kurztasten-Befehle und Hinweise zur Screenreader-Nutzung zusammengefasst sind. Details findet man auf der Seite der VBS-AG Informationstechnologie.[17]

9.5 Digitale Lehr- und Lernmittel

Durch die zunehmende Verwendung von IT-Systemen im Unterricht mit blinden und sehbeeinträchtigten Lernenden kommen hier naturgemäß auch vermehrt Lehr- und Lernmitteln in digitaler Form zum Einsatz.

9.5.1 Problempunkt Barrierefreiheit

Dabei handelt es sich zum einen um Produkte, die auf dem allgemeinen Softwaremarkt angeboten werden – wie z. B. elektronische Nachschlagewerke oder Lernprogramme. Diese sollten jedoch vor dem Einsatz unbedingt auf ihre Zugänglichkeit (Barrierefreiheit) überprüft werden. Gerade Lernsoftware-Produkte sind häufig wegen ihrer *jugend- und kindgerechten* graphischen Gestaltung sehr visuell ausgerichtet und dadurch mit Screenreadern nicht bedienbar. Auch manche Online-Lernangebote im Internet sind teilweise nicht barrierefrei, weil sie zu stark auf Bildern aufbauen oder gar die zu lernenden Arbeitsschritte als Bildschirmanimationen, quasi wie in einem Film, vorführen.

---

17 https://sites.google.com/a/augenbit.de/augenbit/home/digitales-1x1/text/effektives-arbeiten/diagnostikinstrument-e-buchstandard (**Zugriff am 2.10.2020**)

9.5.2 Literatur in digitaler Form

An die Seite der klassischen Buch- und Textübertragung in Punktschrift auf dem Papier ist inzwischen mehr und mehr die Bereitstellung der entsprechenden Bücher und Texte in digitaler Form getreten. Hier stellt sich die Frage, in welchem Format diese elektronischen Dokumente erstellt werden sollten. Eine Expertengruppe hat hierzu im Auftrag der Lehr- und Lernmittelkommission unter Federführung der Arbeitsgemeinschaft der Medienzentren an Blinden- und Sehbehindertenbildungseinrichtungen einen so genannten *E-Buch-Standard* erarbeitet, um eine sonderpädagogisch optimierte und bundesweit einheitliche Gestaltung der speziell für blinde und sehbehinderte Schülerinnen und Schüler aufbereiteten elektronischen Lehr- und Lernmittel zu erreichen.

Dieser E-Buch-Standard ist dokumentiert auf der Seite der VBS-AG Informationstechnologie[18]

Während der E-Buch-Standard die Zugänglichkeit von Word-Dokumenten sicherstellt, müssen auch bei anderen Textformaten (z. B. beim ›Portable Document Format‹ PDF) Mindeststandards der Barrierefreiheit eingehalten werden wie z. B. ausgeschalteter Dokumentenschutz, Strukturierung von Inhalten mit Hilfe von formatierten Überschriften, Alternativtexte für Bilder, Beachtung der Lesereihenfolge, regelbares Kontrastverhältnis etc.

9.5.3 DAISY

Die Abkürzung DAISY steht für *Digital Accessible Information SYstem* und bezeichnet Standards und Technologien, welche von den Blindenbüchereien weltweit für eine neue digitale Hörbuchgeneration entwickelt wurden. Gegenüber einfachen Audio-Cassetten oder CDs bietet das DAISY-Format die Möglichkeit, ein Hörbuch hierarchisch zu strukturieren und in dieser Struktur auch zu navigieren. So kann man z. B. vom Inhaltsverzeichnis aus direkt zu einem bestimmten Kapitel, Unterkapitel oder Abschnitt springen oder man kann – wie in einem klassischen Printmedium – von Seite zu Seite ›blättern‹. Zum Abspielen von DAISY-Büchern gibt es eigene Geräte (DAISY-Player), aber auch eine kostenfreie Software-Version, die auf jedem Windows-PC läuft. Nähere Informationen zu DAISY findet man u. a. auf der Homepage des Deutschen Zentrums für barrierefreies Lesen (DZB).[19]

---

18 www.augenbit.de (Zugriff am 3.10.2020)
19 www.dzb.de (Zugriff am 2.10.2020)

Weiterführende Literatur/Informationsquellen im Internet

KMK 2016 Strategie der Kultusministerkonferenz »Bildung in der digitalen Welt«, Beschluss der Kultusministerkonferenz vom 08.12.2016 in der Fassung vom 07.12.2017.
https://www.kmk.org/fileadmin/Dateien/pdf/PresseUndAktuelles/2018/Digitalstrategie_2017_mit_Weiterbildung.pdf (Zugriff am 2.10.2020)
Schwede (2000): »*Windows ohne Maus – aber mit Verstand*« – *Abschlussbericht zum Projekt EBSGO (Erarbeitung eines blindengerechten Schulungskonzeptes für graphische Oberflächen)*. Marburg.
https://www.augenbit.de (Zugriff am 2.10.2020) Wiki-Seite der AG IT im Verband für Blinden- und Sehbehindertenpädagogik (VBS)
https://sites.google.com/a/augenbit.de/augenbit/ (Zugriff am 2.10.2020) Ergänzungsseite zum Augenbit-Wiki
https://www.isar-projekt.de/ (Zugriff am 2.10.2020) ISaR Projekt: Virtuelles Kompetenzzentrum zur Unterstützung von Schülerinnen und Schülern mit einer Sehbeeinträchtigung
https://www.dbsv.org/hilfsmittelberater.html (Zugriff am 2.10.2020) Hilfsmittelberatung des DBSV (Deutscher Blinden- und Sehbehindertenverband e.V.)
https://www.dbsv.org/computer-smartphone-internet.html (Zugriff am 2.10.2020) Webseite des DBSV rund um Computer, Smartphone und Internet

10 Förderung sozialer Kompetenzen

Ursula Hofer

Soziale und interaktive Kompetenzen finden sich in Lehrplänen dargestellt als transversale Inhalte und somit als fachübergreifende Voraussetzungen für den Erwerb fachlicher Kompetenzen. Dieses Kapitel enthält zentrale Aspekte sozialer Kompetenzen und exemplarisch ausgewählte Förderansätze. Soziale Kompetenz beruht in wesentlichen Teilen auch auf kommunikativen Fähigkeiten. Deren Inhalte sowie exemplarisch ausgewählte Förderkonzepte dazu werden im folgenden Kapitel dargestellt, erweitert durch einen kurzen Überblick zur Unterstützten Kommunikation, welche insbesondere für blinde und sehbehinderte Menschen mit zusätzlichen Beeinträchtigungen bedeutsam ist.

Soziale und kommunikative Kompetenzen stellen wesentliche Voraussetzungen für eine selbstbestimmte und möglichst autonome Lebensgestaltung dar (vgl. Wagner 2003; Strittmatter 1999; Hudelmayer 1997a).

10.1 Definitionen, Inhalte und Voraussetzungen sozialer Kompetenz

Förderung der Sozialkompetenz unterstützt den Erwerb von Fähigkeiten, mit welchen es gelingen soll, sich der Mitwelt gegenüber kompetent zu verhalten und sie aktiv mitzugestalten. Das Individuum soll Fähigkeiten zu sozialer Anpassung wie zur Durchsetzung persönlicher Bedürfnisse ausgewogen entwickeln und nutzen können. Hudelmayer bezeichnet soziale Kompetenz als »Fähigkeit und Bereitschaft, eine soziale Situation oder Aufgabe zu bewältigen, sie positiv zu meistern« (1997b, 8). Primäre Voraussetzung dazu ist die Kenntnis sozialer Regeln einer Kultur oder Gesellschaft, welche vielfach informeller Art sind.

Als soziale Kompetenzen werden übergeordnete Strategien bezeichnet, während sozial kompetentes Verhalten oder »social skills« sich auf je situativ verfügbare Verhaltensweisen beziehen (vgl. Sacks 2014; Nestler, Goldbeck 2009; Wagner 2003). Soziale Kompetenz wird grundsätzlich nicht als Persönlichkeitsmerkmal, sondern als Ressource zum Meistern von Anforderungen in verschiedensten zwischenmenschlichen Situationen dargestellt: »Unter sozialer Kompetenz verstehen wir die Verfügbarkeit und Anwendung von kognitiven, emotionalen und motorischen Verhaltensweisen, die in bestimmten sozialen Situationen zu einem langfristig günstigen Verhältnis von positiven und negativen Konsequenzen für den Handelnden führen« (Hinsch & Pfingsten 2007, 5). Vorerst bezogen auf soziale Situationen im engeren Sinne erscheint das Modell sozialer Kompetenz von Kanning (2003) und Nestler, Goldbeck (2009) umfassend:

Tab. 10.1: Modell sozialer Kompetenz nach Kanning, Nestler und Goldbeck

Perzeptiv-kognitiver Bereich		Motivational-emotionaler Bereich
• Selbstaufmerksamkeit • Personenwahrnehmung • Perspektivenübernahme	• Kontrollüberzeugung • Entscheidungsfähigkeit • Wissen	• emotionale Stabilität • Prosozialität • Wertepluralismus
Behavioraler Bereich		
• Extraversion • Durchsetzungsfähigkeit • Handlungsflexibilität	• Kommunikationsstil • Konfliktverhalten • Selbststeuerung	

Diese in allgemeinpädagogischen Konzepten bewährte Dreiteilung wird grundsätzliche auch für die Blinden- und Sehbehindertenpädagogik übernommen (vgl. Hudelmayer 1997a und b):

- Kognitive Dimension (Wahrnehmen, Verstehen; Einsicht in soziale Zusammenhänge);
- Emotionale und normative Dimension (Motivation; emotionale Kontrolle; Werteorientierung) und
- Handlungsdimension (Beherrschung und Einsatz angemessener Fertigkeiten).

Strittmatter (1999) betont, dass den Ich-nahen emotionalen Aspekten von Sozialkompetenz, so der Wahrnehmung emotionaler Befindlichkeit, dem Selbstkonzept, der Selbstsicherheit und Selbstwirksamkeit, besondere Bedeutung zukomme (vgl. z. B. Eggert et al. 2003; Schöne et al. 2002). Sacks (2014) ergänzt, dass für Menschen mit Blindheit oder beeinträchtigtem Sehen zusätzlich zum Erwerb und zur Sicherung selbstbezogenen Wissens die Förderung angemessener körpersprachlicher und verbaler Ausdrucksformen und Konversationsmuster besonders zu beachten sei.

10.1.1 Individuelle Voraussetzungen

Soziale Kompetenzen und Fertigkeiten erfordern eine differenzierte soziale Wahrnehmung, eine komplexe Urteilsfähigkeit sowie ein umfassendes Repertoire an sozialen Handlungsweisen (Jugert et al. 2011). Diese werden zumeist in informellen Situationen durch bewusste Imitation, durch Experimentieren aber auch durch zufallsbedingtes Lernen und weniger in eigens dafür gestalteter Unterrichtung erworben. Folgendes gilt es jedoch zu berücksichtigen:

- *Lernen am Modell*: Die Grundlagen zu angemessenem sozialem Verhalten werden größtenteils auf Grund von Beobachtung und Nachahmung erworben,
- *Überblick*: Hochgradig sehbehinderte Kinder sind in der visuellen Wahrnehmung sozialer Situationen beeinträchtigt, blinden Kindern ist sie nicht möglich. Auditiv und taktil sind nur Bruchteile derselben erfass- und verstehbar,
- *Ausdrucksgestaltung*: Erworben zu eigener Ausdrucksgestaltung werden Körperhaltung, Mimik und Gestik dadurch, dass sie bei anderen gesehen und imitiert werden. Gesteuert wird die Umsetzung mittels visuomotorischer Koordination,
- *Nonverbale Kommunikation*: Sie ist ein wichtiger Aspekt sozialen Verhaltens. Sie übermittelt vor allem emotionale und beziehungsmäßige Botschaften. Die nonverbale, körpersprachliche Übermittlung erfolgt wesentlich schneller als die verbale, ist aber zum großen Teil nur visuell wahrnehmbar.

Aufgrund der visuellen Beeinträchtigungen ist die Förderung sozialer Kompetenz für blinde und hochgradig sehbehinderte Kinder und Jugendliche wichtig. Deren beeinträchtigungsspezifische interaktive Voraussetzungen können sich insbesondere in sozial gemischten Situationen mit sehenden Peers auswirken. Unsicherheiten darüber, welches Verhalten angemessenen ist und gängigen Normen entspricht, können Stress erzeugen. Sozialer Rückzug trägt zwar bei zur Stressreduktion, reduziert allerdings gleichzeitig auch die im sozialen Kontext enthaltenen Gelegenheiten zum Üben eben dieser Kompetenzen.

10.1.2 Angebote zur Förderung sozialer Kompetenzen

Die Blinden- und Sehbehindertenpädagogik wurde in den letzten Jahrzehnten geprägt durch Differenzierung und Etablierung rehabilitativer Angebote wie Lebenspraktische Fähigkeiten (LPF) oder Orientierung und Mobilität (O&M) sowie zunehmende schulische Inklusion. Der im Rahmen dieser Differenzierungen besonders gewichteten Förderung sozialer Kompetenzen kommt im Hinblick auf soziale, gesellschaftliche und berufliche Teilhabe große Bedeutung zu. Sozialkompetenz beinhaltet insbesondere auch das Erkennen persönlicher Stärken und Schwächen, welche in Bezug zu setzen sind zu gesellschaftlichen und sozialen Normen und Erwartungen. Für umfassende Teilhabe scheint es wichtig, gesetzten Standards auch in »Benimm-Fragen« genügen zu können (Wagner 2003; Strittmatter 1999; Röder, Severin 1997).

Weil in Bildungsangeboten jedoch dem Umsetzen fachlicher Curricula meist eine hohe Priorität zukommt, stellt Weinläder (2006) »Randständigkeit« sozial-integrativer Förderangebote fest. Gleichzeitig fragt sie, wie soziale Kompetenzen im Idealfall lernbar seien. Sind sie besser in einem integrativen Setting oder aber einem speziell gestalteten, allenfalls übersichtlicheren sozialen Gefüge einer Sonder-, resp. Förderschule für blinde oder sehbehinderte Schülerinnen und Schüler zu lernen und dann zu übertragen in verschiedenste gesellschaftliche Gefüge und Situationen? Weinläder plädiert für individuell und differenzierend zu fällende Entscheide in der Auswahl angemessener Bildungsangebote (ebd.). Soziale Sicherheiten wie Unsicherheiten werden denn auch von Absolvierenden der Sonder- resp. Förderschulen wie von inklusiv Beschulten gleichermaßen genannt (vgl. Hofer & Wohlgensinger

2009; Wagner 2003). Nicht zuletzt aus diesem Grund werden im Folgenden insbesondere allgemeinpädagogische Förderkonzepte dargestellt, deren methodische Umsetzungen grundsätzlich inklusiv und kooperativ angelegt sind. Entsprechend der besonderen Voraussetzungen von Lernenden mit Blindheit oder hochgradiger Sehbehinderung sind sie angemessen zu erweitern und/oder schwerpunktmäßig besonders zu differenzieren.

10.2 Inhalte von Förderangeboten zum Erwerb sozialer Kompetenzen

In aktuellen Förderkonzepten sind, mit jeweils etwas unterschiedlichen Schwerpunktsetzungen und Abfolgen grundsätzlich die fünf folgenden Themenkreise erkennbar: Selbsterkenntnis, soziales Bewusstsein, Selbstmanagement, Beziehungsfertigkeiten sowie verantwortungsvolle Handlungsentscheide. Die entsprechenden Voraussetzungen und Aufgabenstellungen zum Erwerb dafür notwendiger Fähigkeiten werden im Folgenden dargestellt (vgl. Sacks 2014; Petermann et al. 2012; Haep et al. 2012; Jugert et al. 2011; Nestler & Goldbeck 2009;).

Selbsterkenntnis:

- Wissen um persönliche Emotionen (Emotionen erkennen, benennen, unterscheiden);
- Wahrnehmung des eigenen Körpers (körperliche Anspannung und Entspannung, Körper- und Kopfhaltung, Körpersprache als Gestik und Mimik);
- Selbstwahrnehmung und -darstellung (Wie ich mich selbst sehe und darstelle).

Soziales Bewusstsein:

- Andere Menschen wahrnehmen (meine Gefühle – deine Gefühle);
- Wahrnehmen und Bewerten von sozialen Situationen (Was ist da los?);
- Wissen um Unterschiede zwischen einzelnen Menschen und Kulturen;
- Verständnis für Gefühle und Gedanken anderer (Umgehen können mit Verschiedenheit).

Selbstmanagement:

- Umgang mit eigenen Emotionen (belastende Emotionen und deren Ursachen frühzeitig erkennen);
- Emotionsregulation (angemessene und unangemessene Regulationsstrategien kennen und benennen);
- Belastende Emotionen mit persönlich passenden Strategien positiv bewältigen.

Beziehungsfertigkeiten:

- Aufbau und Erhalt von Beziehungen (Beziehungen aktiv gestalten, Forderungen einbringen, auf Forderungen eingehen können, unerwünschte Kontakte beenden);
- Miteinander reden (gebräuchliche Konversationsmuster kennen, Gespräche beginnen, aufrechterhalten und beenden);
- Freundlichkeit und Respekt (um einen Gefallen bitten, ein Kompliment akzeptieren, auf Kritik angemessen reagieren, Schwächen eingestehen und verstehen, Nein sagen können);
- Soziale Regeln und Normen (sich bedanken, sich entschuldigen, warten können, Unterstützung annehmen und geben, unangemessene oder ungewünschte Unterstützung zurückweisen, körpersprachliche Signale situativ angemessen einsetzen, vertraut sein mit Benimmregeln in Essenssituationen);
- Konfliktlösefähigkeiten (Widerspruch angemessen formulieren, nach Lösungen suchen ohne »klein beizugeben« oder sich aggressiv durchzusetzen);
- Kooperative Fähigkeiten (zusammen arbeiten mit Einzelnen und in Gruppen).

Verantwortungsvolle Handlungsentscheide:

- Handlungsflexibilität;
- Handlungsentscheide treffen unter Abschätzung von Auswirkungen (respektvoller Umgang mit Anderen, einschätzen von Handlungsfolgen, Bewusstsein für die eigene Verantwortung).

10.3 Didaktische Umsetzungen der Förderung sozialer Kompetenzen

Kinder und Jugendliche entwickeln sozial-emotionale Fähigkeiten je nach personalen und umweltlichen Voraussetzungen auf unterschiedliche Weise und in unterschiedlichsten Ausprägungen. Zur Erfassung derselben kann ein einfaches diagnostisches Verfahren hilfreich sein. Der Fragebogen zur Erhebung der Emotionsregulation bei Kindern und Jugendlichen im Alter von 10 bis 20 Jahren (FEEL-KJ) erfasst Regulationsstrategien für die Emotionen Angst, Trauer und Wut. Es werden sowohl adaptive Strategien (problemorientiertes Handeln, Zerstreuung, Stimmung anheben, Akzeptieren, Vergessen, Umbewerten und kognitives Problemlösen) als auch maladaptive Strategien (Aufgeben, aggressives Verhalten, Rückzug, Selbstabwertung und Perseveration) erfasst (Grob & Smolenski 2009). FEEL-KJ ist ohne Adaptationen durchführbar mit blinden und hochgradig sehbehinderten Kindern und Jugendlichen.

Programmgestaltungsansätze

Programme zum Erlernen sozialer Kompetenzen für Jugendliche stellen vielfach modularisierte Trainingseinheiten dar, basierend auf den Grundprinzipien sozial-emotionaler sowie sozial-kognitiver Förderung auf lerntheoretischer Grundlage. Sie setzen ein mit der Eigenwahrnehmung und der Wahrnehmung Anderer in konkreten sozialen Situationen und führen weiter zu möglicher Regulation negativer Emotionen. Es folgen Interpretation und Bewerten vorliegender konkreter Situationen, worauf Entscheidungen für verantwortungsvolles Handeln beruhen sollen. In allen Etappen ist Erweiterung von Selbst- und Fremdwahrnehmung von besonderer Bedeutung, weshalb sich diese Programme mittels kleiner spezifischer Adaptationen gut eignen für Jugendliche mit Blindheit oder hochgradiger Sehbehinderung.

Programme für jüngere Kinder sind oft als fachübergreifende Förderkonzepte im Unterrichtsalltag integrierbar. So liefert »Lubo aus dem All!« ein wissenschaftlich evaluiertes Programm zur Förderung sozial-emotionaler Kompetenzen, insbesondere zum Erkennen und Verstehen von Emotionen sowie zur Emotions- und Verhaltensregulation (Hillenbrand & Hennemann et al. 2015). »Lubo aus dem All!« ist erhältlich als Förderangebot für die Vorschule (2017) sowie die ersten beiden Klassen der Grundschule (2015). Es ist eingebettet in eine Rahmenhandlung, die von Lubo und seinen Erlebnissen erzählt. Lubo (dargestellt als Handpuppe), ist ein Außerirdischer, der auf die Erde kommt. Er will von den Kindern lernen, wie man hier gut miteinander umgeht und gemeinsam zurechtkommt. Die Welt der Gefühle ist auf seinem Planeten unbekannt.

Der Problemlösekreislauf gelangt im Förderprogramm Lubo oft zum Einsatz (ebd.):

- *Was ist passiert?* (Aufmerksamkeit und Wahrnehmung);
- *Wie fühle ich mich? Und du?* (Wahrnehmen, Erkennen und Verstehen von Emotionen bei sich und anderen);
- *Was kann ich tun?* (Emotionsregulation: Strategien zum angemessenen Umgang mit Gefühlen in belastenden Situationen);
- *Was kann ich tun?* (Verhaltensregulation: Strategien für angemessenes Verhalten in belastenden sozialen Situationen).

«Lubo aus dem All!» hat sich – mit kleinen Adaptationen – bereits auch gut bewährt im Einsatz mit blinden und sehbehinderten Kindern in der Grundschule.

Methodische Konzepte

Als wesentliche methodische Ansätze in Kompetenztrainings erkennbar sind Modelllernen, strukturierte thematische Rollenspiele, Verhaltensrückmeldungen im Sinne sozialer Verstärkung sowie unterstützende Übungen zum Transfer des Erlernten in den Alltag. Zumeist werden Maßnahmen mit kombinierten Ansätzen vorgeschlagen (Petermann et al. 2012; Jugert et al. 2011). Beim Modelllernen können anhand von Video- oder Audioaufnahmen komplexe, sozial kompetent ausgeführte

Verhaltensweisen als zu kopierende Modelle präsentiert werden. Diese Form des Lernens wird oft erweitert durch den Einsatz von Rollenspielen, welche das Ausführen und Einüben alltagsnaher neuer oder differenzierter Verhaltensweisen im Schutzraum des Trainings ermöglichen (Jugert et al. 2011).

10.3.1 Modelllernen: Ausführungs- oder Anregungsmodell

Diese Methode kann genutzt werden zur Umsetzung verschiedenster Leitthemen. Als Ausführungsmodell können Lehrpersonen oder Peers durch ihr Vorbild-Handeln reflektierendes Bewerten und Abwägen initiieren. Das Modell zeigt vor, wie es an eine Aufgabe oder ein Problem herangeht und nach Lösungen sucht. Dabei denkt es laut. Wichtig ist die Verbindung von lautem Denken und Handeln (Jugert et al. 2011; Guldimann 1996). Das laute Denken kann sich beispielsweise auf Folgendes beziehen:

- Mit dem neuen Bildschirmlesegerät kann ich diesen Lesetext beliebig vergrößern, kann Farben und Kontraste anpassen. So kann ich besser mithalten mit dem Lesetempo in der Klasse als mit dem großen Papierausdruck.
- Diese großen Papierausdrucke sind mir manchmal sehr peinlich. Zudem muss ich mit dem Kopf ganz nahe herangehen beim Lesen.
- Wenn jemand in der Gruppe eine doofe Bemerkung darüber macht, werde ich schrecklich wütend.
- Aber ich weiß jetzt, was ich tun kann, damit ich nicht ausraste. Ich…

Lernende beobachten das Ausführungsmodell. Durch dessen lautes Denken und Formulieren begleitender Gedanken werden sonst nicht zugängliche Regulationsprozesse und damit verbundene Strategien erkennbar. Die Beobachtenden lernen andere Strategien kennen. Vergleich, Beurteilung und Bewertung verschiedener Strategien kann zur Erweiterung der eigenen führen.

Im Gegensatz zur herkömmlichen didaktischen Lehr-Lernform des »Vorzeigens und Nachmachens« geht es beim Ausführungsmodell resp. Anregungsmodell nicht um das Imitieren oder Kopieren einer möglichst idealen oder »richtigen« Vorgehensweise. Bedeutsam sind vielmehr Ausbau und Ausdifferenzierung des eigenen Strategierepertoires (Guldimann 1996).

Metakognition – Prozessevaluation
Metakognition bezeichnet die Fähigkeit, zurückzutreten und sich selber als handelnde Person in einer Situation zu betrachten und dabei die Angemessenheit des eigenen Handelns kritisch einzuschätzen (Lutz 2008). In der Förderung sozialer Kompetenzen geht es somit auch darum, mit sehbehinderten und blinden Jugendlichen in schwierigen Situationen zu reflektieren, welche Bewältigungsstrategien sie einsetzen, welche Wirkungen diese entfalten könnten und welche Alternativen sich anbieten würden. Der Erfolg genutzter Strategien ist zu begutachten und gemeinsam nach möglichen Alternativen zu suchen. Dabei gilt es nicht nur zu lösende, sondern auch bereits gelöste Probleme zu reflektieren.

10.3.2 Rollenspiel

Die didaktische Nutzung des Rollenspiels ist nahezu unbegrenzt und demzufolge lässt sich diese Methode allen Inhaltsbereichen sozialer Kompetenzen zuordnen. Im Rollenspiel kann Verhalten für reale Situation geübt werden, ohne dass allfällig unliebsame Konsequenzen folgen. Die komplexe Realität erfährt im Rollenspiel eine Reduktion auf bestimmte ausgewählte Modellsituationen. Spielende können darin Rollen erforschen, mit ihnen experimentieren und gleichzeitig die Rollen der Anderen wahrnehmen. Rollenspiele können wiederholt gespielt werden, das eigene Verhalten kann so differenziert und erweitert werden.

Werden Rollenspiele in inklusiven Settings durchgeführt, in Gruppen von Teilnehmenden mit oder ohne Beeinträchtigungen des Sehens, so entfällt einerseits der oftmals in gewissem Sinne schützende Raum der gemeinsam geteilten Problematik (der Sehbehinderung oder Blindheit). Andererseits bieten sich dabei unzählige Gelegenheiten des Perspektivenwechsels, sind doch die sozialen Interaktionen der sehenden Teilnehmenden ebenso geprägt durch Unsicherheiten in Fragen zur angemessenen Gestaltung von Begegnungen. Soziales Lernen kann so zu einem inklusiven Lernen werden.

Voraussetzungen zur Rollenübernahme

Strittmatter weist darauf hin, dass jüngere Schüler noch keine eigentliche Rollenübernahme vornehmen können, sieht aber trotzdem auch bereits in der Unterstufe die Durchführung von Rollenspielen als sinnvoll an: «Der von Kindern gern gespielte Rollentausch, z. B. Vater/Mutter/Kind oder Lehrer/Schüler usw. machen deutlich, dass eine Differenzierung zwar möglich ist und die jeweilige Rollenübernahme auch spielerisch ausgefüllt werden kann, dass sie aber noch nicht bewusst verstanden wird. Schon in früher Kindheit können (müssen!) auch sehbehinderte Kinder erfahren, dass sie sich teilweise von anderen Kindern unterscheiden und »anders« sind. ... Von daher entsteht in vielen Fällen recht bald das Bedürfnis, eine andere Rolle einzunehmen (»aus der Rolle fallen – aus der Rolle schlüpfen«), die ihm das Ansehen seiner Mitmenschen einbringen soll – dies sind bekannte Bedürfnisse, die auch von Kindern gewünscht und ausgesprochen werden« (Strittmatter 1999, 176).

Einführende Rollenspielübungen für jüngere Kinder: PIP (Petermann et al. 2007)

Es ist hilfreich, eine Sammlung typischer altersgemäßer Konflikte oder Probleme aus dem Schulalltag als Problemkartei anzulegen aus welcher jeweils einzelne Problemkarten ausgewählt werden können. Die Probleme und Konflikte werden von einer Gruppe der Kinder als Rollenspiel vorgespielt. Die anderen sollen das darin enthaltene Problem erkennen.

- **Problem verstehen:** Was ist passiert? Worum geht es?

- **I**deen finden: Was kann man tun oder sagen, um das Problem zu lösen?
- **P**roblem lösen: Welcher Lösungsvorschlag ist am besten/am gerechtesten für alle?

Sammeln von Rollenspielsituationen

Eine Sammlung von Rollenspielsituationen anzulegen ist auch in der Arbeit mit Jugendlichen sinnvoll. Werden die Rollenspiele in Gruppen mit blinden oder sehbehinderten Teilnehmenden durchgeführt, kann ein wichtiger Themenbereich deren Interaktionen mit sehenden Menschen betreffen. Bereits das Sammeln dieser Erfahrungen hat eine wichtige Funktion, weil Jugendliche dabei erleben können, dass sie mit ihren Problemen nicht allein sind, dass andere sich mit gleichen oder ähnlichen Schwierigkeiten konfrontiert sehen. Damit erhalten Probleme einerseits eine gewisse »Normalität« und andererseits kann bereits das Sammeln und Besprechen derselben als unterstützend wahrgenommen werden.

Fazzi (2014) schlägt vor, eine Sammlung spezifisch sich ergebender Situationen in O&M (Orientierung und Mobilität) anzulegen. Dabei könnte es sich beispielsweise um situative Herausforderungen zu den folgenden Themenkreisen handeln:

- Wege zu bestimmten Destinationen oder Informationen zum aktuellen Standort erfragen;
- Unterstützung erbitten in der Nutzung des öffentlichen Verkehrs (Abfahrtsorte oder -zeiten, Routen);
- Umgang mit ungewünschter oder unangemessener Unterstützung;
- Gruß- und Verabschiedungsrituale mit unbekannten Personen etc.

Rollenspielstrukturen

Rollenspiele sind geeignet zum gezielten Ausprobieren, Verbessern und Einüben sozialer Fertigkeiten (Petermann et al. 2012).

Eine idealtypische Struktur für Rollenspiele beruht gemäß der Theorie der sozial-kognitiven Informationsverarbeitung auf einem nach Schwierigkeit der zu erwerbenden Fertigkeit gestuftes Vorgehen. Es vermittelt präzise Spielvorgaben (Material, Instruktion und Modellverhalten), enthält den gezielten Einsatz von Feedbacks und eine gelenkte Auswertung. Abschließend wird der Transfer der im Spiel erworbenen Fertigkeit anhand der Planung des übenden Einsatzes besprochen (ebd.). Die von Petermann vorgeschlagenen Ablaufstrukturen sind gut kompatibel mit dem nachfolgenden Vorschlag von Strittmatter (1999, 179). Das Ablaufschema, bei Strittmatter für Gruppen sehbehinderter Schülerinnen und Schüler gedacht, kann ebenso in inklusiven Settings genutzt werden.

Ein idealtypischer Ablauf des Rollenspiels im Überblick

- Schilderung des Problems in der Gruppe / Klasse,
- Erarbeiten einer spielbaren Situation,
- Durchführen des Rollenspiels und

- Rückmeldungen der Darstellenden und der Zuschauenden (dazu evtl. als Unterstützung eine Ton- oder Videoaufnahme beiziehen).

Nach der Durchführung eines ersten Rollenspiels muss den Spielenden die Möglichkeit zur Selbstreflexion gegeben werden. Sie schildern, wie sie sich in der Spielsituation gefühlt haben, was ihnen gut oder weniger gut gelungen ist. Diese Selbstreflexion wird ergänzt durch das Feedback der Gruppe, allenfalls auch durch Tonband- oder Videoaufzeichnungen. Wichtig ist, dass abschließend Veränderungsvorschläge ausgearbeitet werden, welche die Spielenden vor der zweiten Spielrunde noch einmal formulieren (ebd.).

Im Zweitspiel wird die Situation unverändert noch einmal gespielt. Das zweite Spiel darf nicht schwieriger werden als das erste, weil sonst das Bemühen der Spielenden um Veränderungen nicht erlebbar wird. In der zweiten Feedbackphase wird jeder Ansatz zu kompetenterem Verhalten erwähnt und gewürdigt.

- Anbieten, Besprechen und Auswählen von Verhaltensalternativen durch die Gruppe,
- zweites Rollenspiel durchführen,
- erneute Rückmeldungen, Bekräftigen gewagter Verhaltensänderungen,
- Situationen besprechen, in denen das erworbene Verhalten umgesetzt werden kann und
- konkrete Aufträge für Realsituationen in oder außerhalb des Unterrichts festlegen.

Eine nächste Trainingssequenz wird eingeleitet durch Berichterstattung und gemeinsame Reflexion erfolgter Umsetzung der Aufträge (ebd.).

Körpersprachliches, nonverbales und paraverbales Lernen im Rollenspiel (vgl. auch 3.5)

Das Verstehen und bis zu einem gewissen Grad auch Einüben körpersprachlicher und nonverbaler Kommunikation ist aufgrund fehlender visueller Informationen für blinde und hochgradig sehbehinderte Schülerinnen und Schüler von besonderer Bedeutung.

Im Rollenspiel soll deshalb grundsätzlich auch Wert auf nonverbale, körperliche Kommunikationssignale und die Erläuterung ihrer Wirkung gelegt werden. Augenkontakt, resp. Ausrichten der Blickrichtung, die Zuwendung des Gesichts, Mimik und Gestik, Händedruck, Kopf und Körperhaltung beim Stehen und Sitzen, aber auch der Einsatz paraverbaler, d. h. stimmlicher Ausdrucksweisen wie Modulation, Tonfall oder Sprechtempo sind zu thematisieren und beim Spielen übend einzusetzen.

Ein besonderes Gewicht gilt es auf den Einsatz der Stimme sowie auf Körperhaltungen zu legen, da diese eine wichtige Kompensationsmöglichkeit für die von vielen Menschen mit Blindheit zurückhaltend genutzte Mimik und Gestik darstellen.

Beim Üben im Rollenspiel soll es indessen nicht um ein isoliertes Training kommunikativer Fertigkeiten gehen, sondern um eine authentische Darstellung seiner selbst in bestimmten Situationen.

10.4 Feedback

»Durch Feedbackprozesse werden die Selbst- und Fremdwahrnehmung geschult und Unterschiede zwischen der Selbst- und Fremdwahrnehmung deutlich. Dies hat zur Folge, dass die Person, die Feedback erhält, lernt, sich genauer einzuschätzen« (Jugert et al. 2011, 66).

Ein Feedback soll Verhalten beschreiben und nicht interpretieren. Es soll sich auf eine konkrete Situation und nicht auf allgemeines Verhalten beziehen und es soll möglichst unmittelbar nach der Situation, in welcher es beobachtbar war, erfolgen.

Beim Empfangen von Feedback, ist es wichtig, bis zum Schluss zuzuhören, Gesagtes stehenzulassen, sich nicht zu verteidigen und bei nicht Verstandenem nachzufragen (ebd.).

Ein Feedback soll über Trainingsfortschritte informieren und motivieren für weiteren Kompetenzerwerb (Petermann et al. 2012).

Feedback beim Rollenspiel

Feedbackregeln für Trainer: Feedbacks sind klar und konkret. Sie sind umsetzbar, das heißt, sie beziehen sich auf Handlungsweisen, welche die betreffenden Lernenden ändern können. Handlungskorrekturen werden am besten als Wünsche oder Verbesserungsvorschläge angebracht.

Feedbackregeln für Mitschülerinnen und Mitschüler: Zuerst dürfen die sprechen, die das Rollenspiel gespielt haben, dann die anderen. Diese beschreiben zuerst, was ihnen gefallen hat. Feedbacks beschreiben Gehörtes und Gesehenes so genau wie möglich in der Ich-Form. Freundlich bleiben wird dabei geübt (Petermann et al. 2012; Nestler & Goldbeck 2009).

10.4.1 Transfer

Die Übertragung gelernter Zielverhaltensweisen in alltägliche Situationen kann durch »Hausaufgaben« erfolgen. Unbedingt notwendig ist die anschließende gemeinsame Besprechung gemachter Erfahrungen beim Lösen der Aufgaben.

Im Unterricht selber können die erlernten Verhaltensweisen fachübergreifend in verschiedensten realen Situationen umgesetzt werden. Konkrete Aufträge für kooperatives Arbeiten und Lernen in Tandems oder in verschiedenen Teams, Informationsbeschaffung innerhalb oder außerhalb der Schule, Kontaktaufnahmen auf dem Weg zu Informationsquellen, Fragen um Auskünfte oder Bitten um Hilfestellung gehören dazu. Bestellungen oder Einkäufe in Institutionen der Öffentlichkeit bieten sich an für den Erwerb vielfältiger Fähigkeiten zur kompetenten Gestaltung interaktiver Situationen.

Rodney (2016) fordert Lehrpersonen auf, ihren Unterricht stets wieder nach dessen Voraussetzungen für den Erwerb gegenwärtig und zukünftig erforderlicher sozialer Fähigkeiten kritisch zu hinterfragen:

- Fördert meine Unterrichtsgestaltung das soziale Miteinander aller Lernenden?
- Fördert mein Unterricht die Bereitschaft aller Lernenden, Verantwortung für sich und andere zu übernehmen als Vorbereitung für ihre spätere berufliche Teilhabe?

Und Sacks (2014) verortet die Verantwortung für den Erwerb sozialer Kompetenzen der Kinder und Jugendlichen in einer partnerschaftlichen Zusammenarbeit zwischen professionellen Bezugspersonen und Familien.

10.5 Körpersprache als Selbstinszenierung

Obwohl die Tendenz zur Selbstinszenierung und die starke Gewichtung der äußeren Erscheinung als oberflächliche Zeiterscheinung gelten könnte, ist unbestritten, dass in sozialen Interaktionen erste Einschätzungen zu großen Teilen aufgrund des äußerlichen Erscheinungsbildes erfolgen. Ein schnelles Urteil über andere Menschen erfolgt über sinnliche Informationen wie deren Aussehen, Kleidung, Haltung und Bewegung, Mimik und Gestik; durch Informationen also, welche weitgehend nur visuell zugänglich sind. Diese nonverbalen Signale dienen der Identitätsdarstellung der Aussendenden wie auch der Identitätszuweisung von Seiten der Empfangenden (Vogel & Gleich 2018; Maack 2003). Menschen mit Beeinträchtigungen des Sehens müssen sich dabei auf Informationen stützen, welche bei Weitem nicht so umfassend sind wie die visuellen.

Bewegter Unterricht

Aus Gründen der Wichtigkeit von Bewegungsfähigkeit und körperlicher Ausdrucksgestaltung ist die Forderung nach bewegtem Unterricht sinnvoll. Ideale Möglichkeiten enthält ein angemessen gestalteter Sportunterricht. Voraussetzung dazu ist, dass sichere und klar strukturierte Situationen geschaffen werden, welche Bewegungsanreize enthalten, deren Charakter vor allem spielerischer und weniger leistungsbezogener Art ist (vgl. dazu Kap. 7, Bewegungserziehung). Weitere Bewegungsanlässe bietet Musikunterricht mit rhythmischen und tänzerischen Elementen (▶ Kap. 6).

Erst wenn Bewegen lustvoll und angstfrei erlebt und die Ausdrucksfähigkeit des eigenen Körpers wahrgenommen werden kann, können Rückmeldungen zu gezeigten Bewegungsmustern Ansätze zu Veränderung und Weiterentwicklung bieten.

10.5.1 Stereotypien: Bewegung, Sprache, Stimme

Stereotype Verhaltensweisen, welche nicht selten bei Menschen mit Autismus oder besonderem Förderbedarf in der geistigen Entwicklung erkennbar sind, können bisweilen auch bei Menschen mit Blindheit oder Sehbehinderung beobachtet werden.

Gemäß Definition von Seiten der Psychopathologie (Scharfetter 1976) handelt es sich dabei um auffällig gleichförmige, wenig bis gar nicht variierte Gesten, Mienen, Haltungen oder Bewegungen, die überdauernd beibehalten und meist ohne erkennbaren Situationsbezug wiederholt werden. Bei blinden oder hochgradig sehbehinderten Menschen sind häufig auch verbale oder vokale, Geräusche nachahmende oder musikalische Stereotypien erkennbar.

Aus der Außensicht können sie befremdlich wirken durch ihre offenkundige Normabweichung. Sie können irritieren aufgrund eines damit offenbar verbundenen sozialen Rückzugs aus der Interaktionssituation (vgl. Häussler 2008; Gahbler 2006 oder 1996).

Formen von Stereotypien können sein:

- rhythmische Körperbewegungen wie Schaukeln, Beugen, Wippen oder Zappeln;
- Dreh- oder andere Bewegungen des Kopfes, Haare drehen;
- Klatsch-, Wedel-, Schüttel-, Reib- oder Zupfbewegungen mit Fingern und Händen;
- Standortveränderungen an Ort wie Schritte vor oder zurück;
- Bohren in Augen, Ohren oder Nase;
- gleichförmiges Manipulieren von Gegenständen;
- verbale oder stimmliche Äußerungen mit repetitivem Charakter, Verharren in Themen;
- Gegenstände in gleichförmige Bewegung bringen (zwirbeln, drehen, jonglieren) (ebd.).

Als mögliche Funktionen stereotyper Verhaltensweisen für Ausführende nennen dieselben Autorinnen:

- Entspannung oder Sicherheit und Geborgenheit;
- Zentrierung auf sich selbst: Selbstbezogenheit und Verlust des Außenbezugs;
- Gefühle von Kontrolle und Selbstwirksamkeit;
- Ersetzung fehlender Reize resp. Erhöhung der sensorischen Stimulation;
- Ausleben des Bewegungsdranges in sicherem Rahmen;
- Versuch, sich aus Stress erzeugenden Situationen zurückzuziehen;
- Ersatz für mangelnde oder gescheiterte soziale Kontakte.

Stereotype Bewegungsmuster werden von pädagogisch-therapeutischer Seite entweder als zu eliminierende Störfaktoren oder aber als zu akzeptierende, individuell sinnbringende Verhaltensweisen eingestuft. Hier soll nicht diese Diskussion im Vordergrund stehen. Stattdessen wird ein lerntheoretisch basierter Ansatz zur Förderung des Selbstmanagements von Kindern und Jugendlichen dargestellt.

Wichtige Voraussetzungen eines Trainings im Umgang mit Bewegungsstereotypien sind:

- Förderung der Selbst- und insbesondere der Körperwahrnehmung;
- Unterstützung von und Anleitung zur Bewegungskontrolle und Steuermöglichkeiten des Ausdrucksverhaltens;
- Erweiterung des persönlichen körperlichen Ausdrucksspektrums;
- Modifikation der Bewegungen durch die Entwicklung sozial verträglicher Alternativen (Gahbler 2006 und 1998).

Diskriminations-Training

- In welchen Situationen tritt das stereotype Verhalten auf?
- Wie nehme ich es bewusst wahr?

Wichtig dabei ist zudem eine Selbsteinschätzung der Auftretenshäufigkeit des Verhaltens, für welches ein Änderungswunsch besteht (ebd.).

Alternativverhalten

Nachdem ein differenzierendes Bewusstsein für die stereotypen Verhaltensweisen erlangt ist, folgt das Einüben eines Alternativverhaltens, welches sozial akzeptabel sein sollte. Es handelt sich dabei idealerweise um eine leicht ausführbare und möglichst unauffällige Bewegung oder Haltung. Die Alternative muss so gewählt sein, dass ein gleichzeitiges Ausüben der Stereotypie nicht möglich ist. Primär muss sie jedoch als Alternativangebot akzeptiert und umgesetzt werden können.

- Anstatt des Körperschaukelns zum Beispiel eine kleine Gewichtsverlagerung mit eingestemmten Armen »Grashalm im Wind«;
- Anstatt Kopfdrehen ein »Ei auf dem Hinterkopf« (geringe Vor- und Rückbewegung des Kopfes);
- Die »Denkerpose« (ein Arm in der Taille angewinkelt, den anderen darauf stützen und so den Kopf fixieren) ist eine Alternative für stereotype Kopfbewegungen, welche sich besonders auch als Ersatz für Augenbohren eignet (ebd.).

Hausaufgaben

Tägliches Üben der Alternative und Überprüfen der Häufigkeit, Intensität und Dauer auftretender Stereotypien ist unabdingbar, um das Alternativverhalten als Ersatz intuitiv verfügbar zu machen.

Als den Trainingserfolg beeinflussende Faktoren gelten Reflexionsvermögen, Motivation und Übungsaufwand der Trainierenden, neben der Kreativität der beratenden Person im Anbieten angepasster Alternativverhalten (ebd.)

10.6 Interaktionsspiele

Bei Interaktionsspielen, einer Methode der Interaktionspädagogik, steht weniger das Spiel im Vordergrund als das gemeinsame Lösen einer Aufgabe. Interaktionsspiele legen den Schwerpunkt auf das soziale Verhalten in vielfältiger Gruppenaktion. In spielerischen, handlungs- und bewegungsorientierten Herausforderungen und Problemstellungen, deren Umsetzung und der abschließenden Evaluation gefundener Lösungen werden individueller wie kooperativer Einsatz gleichermaßen erlebt und reflektiert. Da in den meisten Interaktionsspielen gezielte Bewegungsplanung im Raum erforderlich ist, werden gleichzeitig Kompetenzen in Orientierung und Mobilität besonders gefördert.

Interaktionsspiele ermöglichen Erfolge, welche erlebtem Engagement direkt zugeschrieben werden können. Damit verbundene Erfahrung gemeinsamer Handlungsplanung, -steuerung und Problembewältigung erfordert und fördert soziale Kompetenzen. Die Fähigkeiten zu sachbezogener Kommunikation werden durch Auswertungs- und Feedbackrunden unterstützt (Hedinger 2009).

Unterrichtssequenzen mit Interaktionsspielen bieten vielfältige Lernmöglichkeiten im Aufbau sozialer Kompetenzen (vgl. Hedinger 2009; Deubzger & Feige 2004):

- Erfahrungen eigener Wirksamkeit und Teilhabe an erfolgreicher Problemlösung;
- Erfahrungen gemeinsamer Wirksamkeit;
- Erfahrung persönlicher Ressourcen und Grenzen;
- Üben kommunikativer Kompetenzen;
- Entwicklung von Empathie und Toleranz;
- Erweiterung von Handlungskompetenzen;
- Erweiterung von Orientierungs- und Bewegungsfähigkeiten;
- Kooperation im Team;
- Umgang mit Misserfolgen;
- Umgang mit Konflikten.

Vielfältige handlungs- und bewegungsorientierte spielerische Übungen zum Training sozialer Kompetenzen, insbesondere zur Kooperation und zum miteinander reden, bieten Schatz und Bräutigam (2012) in «Locker Bleiben» für Jugendliche mit Förderbedarf geistige Entwicklung. Die praxisorientierten Übungen sind so gewählt, dass sie für Jugendliche mit und ohne Behinderungen gleichermaßen attraktiv sind. Eine Mehrheit der Übungen eignet sich, teilweise mit kleinen materiellen Adaptationen oder Anpassungen der Spielregeln, auch für Jugendliche mit Blindheit oder hochgradiger Sehbehinderung. So bietet das Buch viele Anregungen für das Training im gemeinsamen Unterricht.

Da die Themenbereiche in der Förderung sozialinteraktiver und kommunikativer Kompetenzen kaum voneinander getrennt betrachtet werden können, finden einige der hier vorgestellten Ansätze weiterführende Fortsetzungen und Ergänzungen im anschließenden Kapitel 11 »Förderung kommunikativer Kompetenzen.«

Literatur

Deubzer, B. & Feige, K. (2004): *Praxishandbuch Citybound. Erlebnisorientiertes soziales Lernen in der Stadt.* Augsburg.
Eggert, D., Reichenbach, Ch. & Bode, S. (2003): *Das Selbstkonzept Inventar (SKI) für Kinder im Vorschul- und Grundschulalter. Theorie und Möglichkeiten der Diagnostik.* Dortmund.
Fazzi, D. L. (2014): Orientation and Mobility. In: C.B. Allman & S. Lewis (Eds.): *ECC Essentials – Teaching the Expanded Core Curriculum to Students with Visual Impairments.* New York, 248–274.
Gahbler, M. (1998): Bewegungsstereotypien: Erklärungen, Erfahrungen, Ideen. In: Verein zur Förderung der Blindenbildung (Hrsg.): *Lebensperspektiven. Kongressbericht. XXXII. Kongress der Blinden- und Sehbehindertenpädagogen. 3.8.-7.8.1998 Nürnberg.* Würzburg, 930–933.
Gahbler, M. (2006): Bewegungsstereotypien – sinnvolle Auffälligkeiten. In: Arbeitsgemeinschaft Frühförderung sehgeschädigter Kinder (Hrsg.): *Frühförderung im Spannungsfeld zwischen Entfalten lassen und Lenken. Referate der 20. Fortbildungstagung in Klink/Müritz 2005.* Würzburg, 178–182.
Grob, A. & Smolenski, C. (2009): *FEEL-KJ Fragebogen zur Erhebung der Emotionsregulation bei Kindern und Jugendlichen.* 2., aktualisierte und ergänzte Auflage. Göttingen.
Guldimann, T. (1996): *Eigenständiges Lernen durch metakognitive Bewusstheit und Erweiterung des kognitiven und metakognitiven Strategienrepertoires.* Bern.
Häussler, A. (2008): *Der TEACCH Ansatz zur Förderung von Menschen mit Autismus. Einführung in Theorie und Praxis.* Dortmund.
Haep, A., Steins, G. & Wilde, J. (2012): *Soziales Lernen in der Sekundarstufe I.* Donauwörth.
Hedinger, D. (2009): *Einfluss von Interaktionsspielen auf die Klassengemeinschaft und die Sozialkompetenz von Jugendlichen mit besonderem Förderbedarf.* Unveröffentlichte Arbeit zur Unterrichtsentwicklung. Zürich.
Hofer, U. & Wohlgensinger, C. (2009): Bewältigen statt überwältigt werden: Jugendliche und junge Erwachsene mit einer Sehbehinderung bei den Übergängen in Ausbildungs- und Erwerbsleben. blind-sehbehindert 129, 248–259.
Hinsch, R. & Pfingsten, U. (2007): *Gruppentraining sozialer Kompetenzen GSK.* Weinheim.
Hillenbrand, C., Hennemann, T. & Schell, A. (2017): *Lubo aus dem All! – Vorschulalter. Programm zur Förderung sozial-emotionaler Kompetenzen.* 2., überarbeitete Auflage. München.
Hillenbrand, C., Hennemann, T., Hens, S. & Hövel, D. (2015): *Lubo aus dem All! – 1. und 2. Klasse. Programm zur Förderung sozial-emotionaler Kompetenzen.* 3., überarbeitete Auflage. München.
Hudelmayer, D. (1997a): Soziale Kompetenz. blind-sehbehindert Beilage zu Heft 117, 6–16.
Hudelmayer, D. (1997b): Soziale Kompetenz. In: VBS/AG Lebenspraktische Fertigkeiten (Hrsg.): *Tagungsbericht 17.–19. September 1997.* Würzburg, 1–11.
Jugert, G., Rehder, A., Notz, P. & Petermann, F. (2011): *Soziale Kompetenz für Jugendliche. Grundlagen und Training.* Weinheim und München.
Kanning, U.P. (2003): *Diagnostik sozialer Kompetenzen.* Göttingen.
Lutz, Th. (2008): Aktiv und selbstgesteuert lernen. Schüler entdecken ihre Lernstrategien. *Pädagogik* 6/2008, 36–39.
Maack, D. (2003): Warum blinde Hühner beim Theaterspielen Goldkörner finden können. In: M. Sassmannshausen & K. Winkelsträter (Hrsg.): *... blindlings auf die Bühne!? Theaterarbeit mit Blinden und Sehbehinderten. Konzepte, Theorien, Erfahrungen und Perspektiven. Ein Werkstattbuch zum Ersten Internationalen Theatertreffen mit blinden und sehbehinderten Jugendlichen »PunktSpiele« in Marburg im November 2002.* Marburg, 10–14.
Nestler J. & Goldbeck, L. (2009): *Soziale Kompetenz. Training für lernbehinderte Jugendliche SOKO.* Weinheim und Basel.
Petermann, F., Jugert, G., Tänzer, U. & Verbeek, D. (2012): *Sozialtraining in der Schule.* Weinheim und Basel.
Petermann, F., Koglin, O., Natzke, H. & von Marées, N. (2007): *Verhaltenstraining in der Grundschule. Ein Präventionsprogramm zur Förderung emotionaler und sozialer Kompetenzen.* Göttingen, Bern und Wien.

Röder, K. & Severin, D. (1997): Nonverbale Kommunikation und Körpersprache. Aspekte der sozialen Kompetenz sehgeschädigter Jugendlicher. *Beilage zu blind-sehbehindert Heft 117*, 17–29.

Rodney, P. (2016): Individuelle und soziale Voraussetzungen für die Inklusion blinder und sehbehinderter Schülerinnen und Schüler. *blind-sehbehindert 136*, 87–92.

Sacks, S. Z. (2014): Social Interaction. In: C.B. Allman & S. Lewis (Eds.): *ECC Essentials – Teaching the Expanded Core Curriculum to Students with Visual Impairments*. New York, 324–359.

Scharfetter, C. (1976): *Allgemeine Psychopathologie*. Stuttgart.

Schatz, H. & Bräutigam, D. (2012): *Locker Bleiben. Sozialtraining für Schüler mit sonderpädagogischem Förderbedarf. Handlungsorientierte Methoden zum Sozialen Lernen und zur Gewaltprävention*. Dortmund.

Schöne, C., Dickhäuser, O., Spinath, B. & Stiensmeier-Pelster, J. (2002): *Skalen zur Erfassung des schulischen Selbstkonzepts (SESSKO)*. Manual. Göttingen.

Strittmatter, R. (1999): Soziales Lernen: ein Förderkonzept für sehbehinderte Schüler. Frankfurt am Main, Berlin, Basel.

Vogel, I. C. & Gleich, U. (2018): Non- und paraverbale Kommunikation. In: I.C. Vogel (Hrsg.): *Kommunikation in der Schule*. 2. Auflage. Bad Heilbrunn, 31–52.

Wagner, E. (2003): *Sehbehinderung und Soziale Kompetenz*. Frankfurt am Main, Berlin, Basel.

Wagner E. (2004): Sehbehinderung und soziale Kompetenz. Aufbau und Erprobung eines Konzepts. In: Verband der Blinden- und Sehbehindertenpädagogen und -pädagoginnen e.V. (Hrsg.): *»Qualitäten« Rehabilitation und Pädagogik bei Blindheit und Sehbehinderung. Kongressbericht. XXXIII. Kongress vom 4.–8. Juli 2003 in Dortmund (CD)*. Würzburg.

Weinläder, H.G. (2006): Psychologische Fragestellungen mit Bezug auf blinde und sehbehinderte Menschen. In: W. Drave & H. Mehls (Hrsg.): *200 Jahre Blindenbildung in Deutschland (1806-2006)*. Würzburg, 211–224.

11 Förderung kommunikativer Kompetenzen

Ursula Hofer

In diesem Kapitel werden, ergänzend zum Kapitel 10, allgemeine Voraussetzungen kommunikativer Kompetenzen sowie Ansätze zur Förderung derselben vorgestellt. Anschließend folgt eine Übersicht über zentrale Inhalte und Konzepte Unterstützter Kommunikation.

Das Ziel der Förderung kommunikativer Kompetenzen, als wesentlichem Aspekt sozialer Kompetenz, besteht in der Teilhabe hochgradig sehbehinderter und blinder Menschen an allen für sie bedeutsamen Lebensbereichen. Kommunizieren können ist zentral für den Aufbau und die Pflege sozialer Kontakte. Zu beachten ist, dass prägnante Hilfsmittel wie Signalstock, Langstock, aber auch ein Führhund, soziale Kontaktaufnahmen beeinflussen können. Dies geschieht nicht selten in Form einer zumindest primären Verunsicherung sehender Gesprächspartner.

Zum gemeinsamen Kommunizieren gehören Initiieren und angemessenes Führen von Gesprächen. Neben den verbalen Inhalten enthalten diese einen großen Anteil an non- und paraverbalen Botschaften. Sprechen miteinander beruht auf gegenseitigen persönlichen und thematischen Abstimmungen, auf wechselseitigem Verstehen, wozu auch das Berücksichtigen des Informations- und Wissensstandes des Gegenübers gehört. Gespräche sind zudem zu gestalten mittels des Einsatzes gebräuchlicher Konversationsmuster, dem Einhalten gesellschaftlicher Regeln, einem angemessenen Wechsel von Reden und Zuhören und letztlich einem gemeinsam festzulegenden Gesprächsende (vgl. McLetchie & Riggio 2009).

11.1 Voraussetzungen und Inhalte kommunikativer Kompetenzen

Neben formalsprachlichen, syntaktischen Sprachkompetenzen, welche für blinde und hochgradig sehbehinderte Lernende im Schulalter grundsätzlich keine besonderen Schwierigkeiten darstellen, gilt es insbesondere pragmatische Sprachkompetenzen zu beachten, da diese zu großen Teilen aus visuellen Informationen bestehen.

So können kommunikative Probleme auf dem nicht Erkennen visueller Informationen zur Abstimmung des Gesprächsverlaufs beruhen, auf dem Verpassen sozialer Signale des Gegenübers sowie dem Verstehen oder nicht Verstehen des Bezugs sprachlicher Äußerungen zum situativen Kontext. Ebenso dazu gehört der Einsatz nonverbaler und paraverbaler Kommunikationsmittel, so das Herstellen von Blickkontakt, der angemessene Einsatz von Mimik und Gestik oder das räumliche Verhalten in Form von Nähe und Distanz der Kommunizierenden. Als Folge des Fehlens visueller Informationen kann der kommunikative Austausch blinder und hochgradig sehbehinderter Kinder und Jugendlicher in vielen Belangen auf verschiedene Weisen beeinträchtigt sein (Hofer 2019; Hofer et al. 2019; Trefz & Sarimski 2012). Zu berücksichtigen ist zudem, dass die grundsätzliche Flüchtigkeit und stets nur für einen kurzen Moment verfügbare mündliche Kommunikation bei fehlender Zugänglichkeit visuell fassbarer begleitender nonverbaler Informationen noch verstärkt wird. Die Förderung kommunikativer Voraussetzungen ist deshalb bedeutsam.

11.1.1 Non- und paraverbale Kommunikation

Es lässt sich annehmen, dass die nicht-verbalen Anteile in der Kommunikation wesentlich höher sind, als gemeinhin angenommen. Es könnten durchaus zwei Drittel davon nicht-verbaler und lediglich ein Drittel verbaler Art sein (Heidemann 2007). Für die besonderen kommunikativen Anforderungen blinder und hochgradig sehbehinderter Menschen gilt es zu berücksichtigen, dass die nonverbalen Gesprächsanteile sich aufteilen in vokales Verhalten wie Sprech- und Pausendauer, Stimmqualität, Tonfall, Tempo oder Lautstärke, welches auditiv wahrnehmbar ist und nonvokales Verhalten, welches vor allem visuell fassbar ist (Vogel & Gleich 2018).

Wichtige Funktionen nonverbaler Kommunikationssignale sind z. B. das Illustrieren im Sinne des Verdeutlichens oder Untermalens von Aussagen, allenfalls auch eine Erregungsdarstellung oder -regulation wie Strahlen, Stirnrunzeln, Handbewegungen oder das Signalisieren von Interesse mittels Blickkontakt, Nicken, Kopfhaltung oder Annäherung. Nonverbale Kommunikation unterstützt somit verbale Botschaften, schafft Aufmerksamkeit und liefert Kontextinformationen. Weil nonverbale Signale schneller gesendet werden können als verbale, sind sie besonders prägend für die erste gegenseitige Wahrnehmung. Bedeutsam im weiteren Gesprächsverlauf ist zudem das Distanzverhalten der Sprechenden, wobei Berührungen entweder als unterstützend und Gemeinsamkeit herstellend oder aber als Eindringen in die persönliche Sphäre gelten können. Besondere Knacknüsse bei fehlendem visuellem Wahrnehmen stellen zudem inkongruente Nachrichten dar, in welchen nonverbales und verbales Verhalten in einem Widerspruch stehen, was das Verstehen der Botschaft äußerst erschwert (Vogel & Gleich 2018; Sacks 2014).

11.1.2 Kommunikationsgestaltung

Zur Gestaltung von Kommunikation lassen sich zahlreiche bedingende, mehr oder weniger zentrale Elemente ausmachen, welche in der Förderung kommunikativer Fähigkeiten zu berücksichtigen sind. In der nachfolgenden Tabelle sind sie insbesondere auf die Besonderheiten der Kommunikation bei beeinträchtigtem Sehen ausgerichtet.

Mit den in der Tabelle 11.1 dargestellten Fertigkeiten und Strategien werden äußerst differenzierte und vielseitige Kompetenzen aufgeführt. Deren umfassender Erwerb ist sehr ambitiös, weshalb es wichtig ist, sie in ihrer richtungsweisenden Funktion zu betrachten.

11 Förderung kommunikativer Kompetenzen

Tab. 11.1: Elemente der Kommunikationsgestaltung

Elemente	Teil-Aspekte von kommunikativen Fähigkeiten
Kommunikationsgestaltung *Struktur*	• Vorstellen und Begrüßen: Wer ist da? Wie kann ich diese Person erkennen und wie stelle ich mich dar? • Beginn, Verlauf und Ende eines Gesprächs
Kommunikationsgestaltung *Empfangen*	• Wissen über nonverbale Kommunikationsmöglichkeiten • Konzentration auf das, was wahrnehmbar ist • Offenheit für die Signale des Gegenübers: Wirkt die Person interessiert, gelangweilt, verärgert?
Kommunikationsgestaltung *Sehbehinderung*	• Umgang mit wahrnehmbarer Befangenheit und Unsicherheit des Gegenübers aufgrund der Sehbehinderung/Blindheit • Eingehen auf dadurch mögliche Hemmungen des Gesprächs • Entscheidung treffen, welche Informationen wie zu vermitteln sind: Was ist relevant für diese Situation und was nicht?
Kommunikationsgestaltung *Themen*	• Beim Thema bleiben: Worum geht es? • Nachfragen bei Unklarheiten (z. B. aufgrund nicht erkennbarer situativer thematischer Auslöser oder Bezüge des Gesprächs)
Kommunikationsgestaltung *Einfühlungsvermögen*	»Um die Folgen meine Tuns abschätzen zu können, ist es hilfreich, wenn ich die mögliche Reaktion meines Gegenübers, in mein weiteres Handeln einbeziehe. Das heißt, ich benötige ein gewisses Maß an Empathie, an Einfühlungsvermögen. Ich muss in der Lage sein, mich in mein Gegenüber hinein zu versetzen. Ich muss jedoch nicht nur die Gefühle, Absichten und Einstellungen meines Gegenübers wahrnehmen, sondern zuallererst auch meine eigenen. Was will ich? Welche Meinung habe ich? (Rullof 1998, 731)«.
Kommunikationsgestaltung *Gegenseitig Raum geben*	Gesprächsverhalten reflektieren: Hat mein Gegenüber die Möglichkeit, sich zu äußern oder spreche vor allem ich?
Kommunikationsgestaltung *Verbal*	• Klarheit von Botschaften und Informationen • Sender-Empfänger-Wechsel einhalten • Begriffe und Bezeichnungen evtl. abgleichen, erläutern, worauf sie sich beziehen
Kommunikationsgestaltung *Vokal*	Akzentuierung des Gesprochenen durch Stimme, Tempo und Lautstärke
Kommunikationsgestaltung *Nonvokal*	Wissen um zentrale körperliche Gestaltungsmerkmale von Gesprächen wie z. B. Zuwendung zum Gesicht des Gesprächspartners, Kopf- und Körperhaltung, Gestik
Kommunikationsgestaltung *Körperkontakt*	• Körperkontakte im Gesprächsverlauf kennen: Begrüßungsrituale, Händeschütteln, Angemessenheit welcher Berührungen?

Tab. 11.1: Elemente der Kommunikationsgestaltung – Fortsetzung

Elemente	Teil-Aspekte von kommunikativen Fähigkeiten
Kommunikationsgestaltung *Perspektivenwechsel*	• Abstand: Wie viel Nähe oder Distanz ist in welchen Gesprächen angemessen und mit wem? • Kenntnis haben von möglicherweise abweichender Selbsteinschätzung von der Einschätzung durch das Gegenüber (von z. B. etikettierenden Vorstellungen von Menschen mit Sehbeeinträchtigungen) • Wissen um kommunikative Normen und gesellschaftliche Erwartungen kann Menschen mit Blindheit/Sehbehinderung zu ›Fachpersonen‹ von Kommunikation werden lassen
Kommunikationsgestaltung *Umgang mit Konflikten*	• Kennen oft genutzter Strategien in kommunikativen Konfliktsituationen (vermeiden, verharmlosen, ablenken, sich bedroht fühlen, beleidigt sein, angreifen, sich zurückziehen) • Konflikte als Möglichkeiten zur Klärung von Standpunkten erfahren • Fähigkeiten zum aktiven Zuhören, zum Verfassen von Ich-Botschaften, zum Abgeben von Feedbacks aufbauen

11.2 Didaktische Umsetzungen: Exemplarische Auswahl

Wie in der Förderung sozialer Kompetenzen ist auch hier davon auszugehen, dass die Umsetzung von Förderkonzepten grundsätzlich inklusiv und kooperativ erfolgen sollte. Alle Lernenden müssen ihre individuellen kommunikativen Kompetenzen weiterentwickeln. Analog zur Förderung sozialer Kompetenzen gilt es, einzelne kommunikative Fertigkeiten nicht isoliert, sondern als Teil des Curriculums im Kontext realer schulischer Gesprächssituationen zu üben. Aufgrund der besonderen Voraussetzungen von Kindern und Jugendlichen mit Blindheit oder hochgradiger Sehbehinderung und angesichts stets hoher nonverbaler Gesprächsanteile (▶ Kap. 11.1.1), sind Inhalte, die den besonderen Förderbedarf *Sehen* fokussieren primär zu berücksichtigen in Entscheiden zur Setzung von Förderzielen.

11.2.1 Körpersprache gestalten: Theaterarbeit

Röder und Severin (1997) plädieren zu Recht für eine ressourcenorientierte Förderung der Verbalsprache und das Üben ihres situationsangemessenen Einsatzes. Ergänzend lassen sich jedoch aus theaterpädagogischen Ansätzen sehr sinnvolle Möglichkeiten zur Erweiterung der Körpersprache blinder und sehbehinderter Kinder und Jugendlicher ableiten.

»Behinderungsbedingt sind unsere eigenen Bewegungsmuster oft starr und rigide und unsere Körperhaltung ist mehr oder weniger stereotyp. Dies gilt in zunehmendem Masse, je länger wir bereits blind sind. Wenn wir geburtsblind oder früh erblindet sind, fehlt uns zudem häufig ein erfahrungsgestütztes Wissen über die Ausdruckskraft des menschlichen Körpers. Insgesamt haben wir wenig Vergleichsmöglichkeiten und damit keinen Bezugsrahmen für die Einschätzung unserer eigenen Bewegungsmuster« (Maack 2003, 12).

Im Darstellenden Spiel können blinde Kinder und Jugendliche ihr oft beachtliches Repertoire an verbalen und stimmlichen Ausdrucksmöglichkeiten zeigen. Dagegen werden körpersprachliche Ausgestaltungen, nicht nur aufgrund unmittelbar einleuchtender Bewegungsängste, sondern auch in Folge begrenzter gespeicherter Rollenvorbilder eher zurückhaltend eingesetzt. Theaterarbeit mit sehbehinderten und blinden Kindern und Jugendlichen kann deren Repertoire an mimischer und gestischer Selbstdarstellung erweitern.

Methodische Umsetzungen (vgl. auch Elbl 2008; Maack 2003):

- Eigen- und Fremdwahrnehmung, Neugier wecken: Wie kann ich mich bewegen (Turnhalle, Disco, Modeschau)? Eigenen Körper in bewegtem Ausdruck, in raumgreifenden Gesten erleben und *spiegeln* lassen von sehenden Spielerinnen und Spielern,
- körpersprachliche *Rituale* sehender Spielerinnen und Spieler erleben lassen durch Bewegungsaufgaben mit direktem Körperkontakt,
- innere Bilder von Bewegungen verbalisieren und umsetzen,
- Materialerfahrungen ermöglichen: Gehen auf verschiedenen Bodenstrukturen mit unterschiedlichen Schuhen, Kleidern, Accessoires; Tragen von Objekten unterschiedlicher Größe und Form allein oder zu zweit; Übergeben von Gegenständen,
- *Skulpturen gestalten* aus Menschengruppen zu bestimmten Themen,
- Bewegungsqualitäten mit Geräuschen illustrieren lassen,
- Musik in Bewegung umsetzen,
- Sprache in Bewegung umsetzen (von zentraler Bedeutung auch für die Begriffsbildung),
- sich begrüßen oder verabschieden in verschiedensten Situationen (Spieler vor Torballturnier, Wartezimmer beim Tierarzt, Bewerbungsgespräch für Praktikumsplatz),
- Gruppeninteraktionen und zugehörige Gefühle im Spiel ausdrücken (Wut, Argwohn, Macht) und Wirkungen gegen innen und außen reflektieren,
- theatrale *Übertreibung* von Gefühlsregungen wagen und Wirkungen diskutieren.

Die exemplarisch aufgeführten Ansätze lassen sich beliebig ergänzen. In diesem Sinne gestaltete Theaterarbeit lässt sich gut im gemeinsamen Unterricht mit sehenden Schülerinnen und Schülern umsetzen.

11.2.2 Verbale Kommunikation: Sprechkompetenzen

Da kommunikative Ressourcen blinder und hochgradig sehbehinderter Menschen insbesondere in verbalen und vokalen Gesprächsanteilen erkennbar sind, ist es sinnvoll hier einen Schwerpunkt der Förderung zu setzen. Dies gilt umso mehr, als gestische und mimische Gesprächsanteile mit Unsicherheiten bezüglich situativer Angemessenheit und Wirkung belastet sein können. »Um die Unsicherheit im Kontakt mit den körpersprachlich versierten Normalsehenden nicht gegen die Unsicherheit über die richtige Verwendung »antrainierter Gesten« zu tauschen, sollte im Zweifelsfall nach anderen Ressourcen gesucht werden, die nicht im Bereich Mimik/Gestik liegen« (Röder & Severin 1997, 25). Ressourcenorientierung besteht demzufolge darin, blinde und hochgradig sehbehinderte Menschen in ihren verbalen Kommunikationskompetenzen zu fördern.

Dazu gehören:

- *Stimmliche Gestaltung (Prosodie)*: Akzentsetzung, Intonation, Lautstärke, Sprechmelodie, Dynamik, Tempo, Pausen,
- *Gesprächsgestaltung*: Höflichkeitsformeln wie Grüßen, Verabschieden, Bedanken, Gratulieren, Komplimente machen etc.); Wechsel von Sprechen und Zuhören; aufmerksam zuhören (durch Zuwendung, Lautäußerung oder Nicken zeigen); sich selbst angemessen darstellen und das Gegenüber wahrnehmen; eigene Wirkungen einschätzen,
- *Inhaltliche Gestaltung*: dem Gesprächsverlauf folgen und beim Thema bleiben; Wortwahl der Situation und dem Gegenüber anpassen; eigene Standpunkte begründen,
- *Metakommunikation*: sich austauschen und sprechen über Kommunikation, insbesondere auch über Unsicherheiten aufgrund des fehlenden visuellen Überblicks; analysieren durchgeführter Gespräche und Erkennen von Entwicklungspotenzialen (vgl. Eriksson-Hotz 2017; Wachsmuth 2015; Röder & Severin 1997).

Kommunikative Förderung gilt es stets als allgemeine pädagogische Zielsetzung für alle Lernenden mit oder ohne besonderen Förderbedarf zu realisieren. Mündliche Sprachkompetenzen sind bedeutsam für die Zukunft in allen beruflichen, öffentlichen und privaten Lebensbereichen. Ebenso zentral sind sie indessen für die Gegenwart, für erfolgreiches Lernen im schulischen Alltag mit seinen formellen wie informellen kommunikativen Anforderungen. Im Unterricht bieten sich auf allen Stufen und in allen Fächern ausreichend Gelegenheiten zur Förderung des Sprechens und Miteinander-Redens (Eriksson-Hotz 2017).

Zu zentralen, täglich genutzten Formen des Sprechens gehört das Erzählen und das Argumentieren. Dazu kommen in sozialer Interaktion besondere Sprechanforderungen wie z. B. Bitten, sich beschweren, sich entschuldigen, sich vorstellen (Kleedorfer 2017).

Argumentieren

Der folgende Fördervorschlag eignet sich für Kinder und Jugendliche verschiedenen Alters. Ausgehend von der Thematik *Allein auf einer einsamen Insel* bringen alle einen Gegenstand in die Schule, welcher ihnen persönlich dafür wichtig erscheint. Die getroffene Wahl ist argumentativ klar und verständlich zu begründen. An einem Beispiel ist darzulegen, warum der Gegenstand wichtig dafür ist (ebd.).

Ein weiteres geeignetes reales Thema zum Üben des Argumentierens stellt die Auswahl eines Schulausflugs dar. Dabei zu übende Gesprächsfähigkeiten sind:

- Darstellen und Begründen der eigenen Wahl,
- Andere von der eigenen Wahl zu überzeugen versuchen, sachlich argumentieren,
- Meinungen, Gedanken und Gefühle in das Gespräch einbringen, austauschen und gegeneinander abwägen (Merz-Grötsch 2017)

Wie bei der Darstellung des strukturierten Rollenspiel in Kapitel 10 (▶ Kap. 10.3.2) kann mit dem Einbezug des eigenen Feedbacks und dem Feedback aus der Gruppe/Klasse sowie dem nochmaligen Durchführen des Sprechauftrags gearbeitet werden.

Selbstbeobachtung und Peer-Feedback können beispielsweise durch folgende Leitfragen gestaltet werden:

- Wie wirke ich (freundlich, entspannt, höflich, verschlossen)?
- Wie gehe ich auf Fragen ein?
- Welche stimmlichen Gestaltungsmöglichkeiten nutze ich oft?
- Welche körpersprachlichen Signale (Mimik, Gestik, Kopf- oder Körperhaltung sind erkennbar bei mir?
- Welche stimmlichen und körpersprachlichen Ausdrucksformen sollte ich unbedingt behalten? Welche sollte ich besser weglassen?

Mit Fragen wie den Folgenden lassen sich Peer-Rückmeldungen zur Einschätzung von gehaltenen Vorträgen inhaltlich und formal klar trennen.

Thema und Inhalte:

- Gehört alles Vorgetragene zum Thema?
- Ist die gewählte Abfolge der vorgetragenen Inhalte logisch?
- Ist das Vorgetragene richtig?
- Ist das Thema wichtig? Warum?

Beim Rückmelden wird hier gleichzeitig auch das Argumentieren weitergeübt.

Verbaler und vokaler Ausdruck:

- Die Lautstärke war immer angemessen – nicht zu laut und nicht zu leise.
- Das Sprechtempo war immer passend.
- Beim Vortragen wurde deutlich gesprochen.
- Die Wortwahl war passend – einfach aber präzise.

Hier kann für die Rückmeldung eine Skalierung 1–4 erfolgen (1: trifft gar nicht zu/4: trifft sehr zu). Gilt es diese anschließend zu begründen, kann wiederum das Argumentieren geübt werden.

In theaterpädagogischen Ansätzen kann z. B. im Rahmen des Improvisationstheater auch auf verbaler Ebene an individueller Repertoireerweiterung gearbeitet werden. Der flexible Einsatz einzelner Fertigkeiten kann in verschiedensten Situationen erprobt werden. Und analog zu den dort dargestellten Übungsansätzen im Erwerb sozialer Kompetenzen gilt auch für die Kommunikation, dass übend umgesetzte Gesprächssituationen mittels Feedbacks zu reflektieren sind, dass wiederholte Übungsgelegenheiten angeboten sowie der Transfer des Gelernten in alltägliche Situationen eingeplant und gemeinsam besprochen werden.

11.2.3 Hörkompetenzen: Hörverstehen

Ebenso wie Sprechkompetenzen stellen differenzierte und flexible Hörfähigkeiten eine zentrale Voraussetzung schulischen Lernens dar. Jeder Unterricht enthält einen wesentlichen Anteil an Anweisungen, Hinweisen und Vermittlungen von Inhalten, welche auditiv aufzunehmen und zu verstehen sind. Für Lernende mit Blindheit oder hochgradiger Sehbehinderung ist der auditive Anteil besonders hoch. Hörverstehen ist für sie von herausragender Bedeutung. Einerseits sind sie in Gesprächen und in allen interaktiven Situationen als Zuhörende aufgrund ihres beeinträchtigten Zugangs zu körpersprachlichen Botschaften auf eine differenzierte Aufnahme der verbalen und vokalen Gesprächsanteile besonders angewiesen. Andererseits ist für ihren ergänzenden auditiven Zugang zu schriftlicher Kommunikation mittels Sprachausgabe ein geübtes Hörverstehen ebenso wichtig. Eine gezielte Förderung des Hörverstehens kann gleichzeitig die inhaltliche Konzentration unterstützen, welche vielfach im visuellen oder taktilen Lesen als zuverlässiger eingestuft wird als im Hören. Solchen Unterschieden mögen individuelle Wahrnehmungspräferenzen wie auch ungleich gewichtete Förderschwerpunktsetzungen zugrunde liegen (vgl. Hofer et al 2019).

Hören von Texten bietet außerdem den einzigen Zugang zur schriftlichen Sprache, wenn das Lesen aufgrund beeinträchtigter kognitiv-sprachlicher Voraussetzungen erschwert oder verunmöglicht ist.

In jedem Fall kommt dem Hörverstehen eine zentrale Bedeutung zu. Effizientes und effektives Hören ist deshalb als Kompetenz gezielt zu fördern. In Bezug auf den Textzugang mittels Sprachausgabe gehört zur Förderung gleichzeitig auch das Training im Umgang mit den dazu notwendigen assistiven Technologien. Sorgfältige und zielgerichtete Planung der elektronischen Ausstattung sowie die Vermittlung sicherer Nutzungsstrategien sind unerlässlich. Bereits die Fähigkeit, die frei wählbare Hörgeschwindigkeit bewusst und flexibel den textlichen Anforderungen und Schwierigkeitsstufen anzupassen, erfordert entsprechende Hilfsmittelkompetenzen (ebd.). Ebenfalls zu beachten ist, dass die vokalen Besonderheiten der in der Sprachausgabe verfügbaren Vorlesestimmen blinde Kinder und Jugendliche allenfalls so zu faszinieren vermögen, dass die vermittelten Inhalte in den Hintergrund treten können.

Hörverstehen beinhaltet drei zentrale Fähigkeiten:

- *Globales Hörverstehen* ermöglicht das Herausfiltern von Grundinformationen über ein Thema und dessen Strukturen (Orte, Personen, etc.).

- *Detailliertes Hörverstehen* fokussiert Ablauf und Logik von Aussagen, Ursachen und Wirkungen oder Folgen, Begriffe und deren Bedeutung sowie grammatikalische Strukturen.
- *Selektives Hören* ermöglicht je aufgabenbezogenes Unterscheiden von Wichtigem und Unwichtigem (vgl. Loeliger 2010; Zingg Stamm et al. 2014).

Die Internetseite www.hoerspielbox.de[20], enthält ein umfangreiches und gut strukturiertes Soundarchiv mit Geräuschen, Klängen, auditiven Atmosphären und alltäglichen Szenen zum kostenlosen Herunterladen. Damit lässt sich insbesondere das globale Hörverstehen üben.

Eine große Fülle an Übungen zu zielbezogener Förderung aller Fähigkeitsbereiche des Hörverstehens findet sich, modular aufgebaut in »ohrwärts« (Zingg Stamm et al. 2014). Eine gezielte individualisierende Förder- und Unterrichtsplanung ermöglicht das darin enthaltene Instrument zur Kompetenzerhebung im Sinne einer Lernstandbestimmung. Übungsaufgaben unterschiedlicher Schwierigkeitsgrade mit besonderer Ausrichtung auf das inhaltliche Verstehen von Texten bietet Schmitt (2019) mit einem Arbeitsheft zur Förderung des Hörverstehens für die Grundschule. Ausgerichtet auf die gleiche Schulstufe, ebenfalls mit Fokus auf inhaltliches Verstehen ist das differenzierte Förderangebot von Willmeroth (2015). Es enthält Übungen zu verschiedenen Kompetenzstufen des Hörverstehens. Ansteigende Schwierigkeitsgrade der Texte sowie die Zunahme der Anzahl sprechender Personen ermöglichen einen schrittweisen Ausbau der Kompetenzen im verstehenden Zuhören.

11.3 Unterstützte Kommunikation

Zur Unterstützten Kommunikation gehören pädagogische und therapeutische Maßnahmen zum Ergänzen oder Ersetzen der Lautsprache. Nachdem sich in den 1970er Jahren in den USA der Fachbereich »Augmentative and Alternative Communication« (AAC) etabliert hatte, wurden im deutschsprachigen Raum etwa 10 Jahre später analoge Förderansätze, bezeichnet als »Unterstützte Kommunikation« (UK), erprobt. Dazu gehören Gegenstände als Bezugsobjekte, Gebärden, visuelle und/oder taktile Symbole mit Grafik oder Schrift, Fotos sowie elektronische Hilfsmittel, welche die Nutzung der Sprachausgabe ermöglichen (Wilken 2018).

11.3.1 Zielsetzungen und Voraussetzungen

Ursprünglich bestand die Bezugsgruppe für Unterstützte Kommunikation aus Menschen mit starken (mund-)motorischen Beeinträchtigungen, aber ausreichend kognitiven Voraussetzungen, um das Symbolsystem der Sprache zu verstehen. Später

---

20 Zugriff am 30.03.2020

richtete sich der Fokus zunehmend auch auf Menschen mit Förderbedarf Geistige Entwicklung oder mehrfachen Beeinträchtigungen. Zu ihnen gehören auch sehbehinderte, blinde, hörsehbehinderte oder taubblinde Menschen mit zusätzlichem Förderbedarf. Untersuchungsbefunde aus dem Jahr 2013 belegen, dass Methoden der Unterstützten Kommunikation in Frühförderstellen bei ca. 30 % der blinden Kinder und bei etwa 20 % der sehbehinderten Kinder genutzt werden (Mächtel & Sarimski 2013).

Weil mittels Kommunikation soziale Nähe hergestellt und aufrechterhalten wird, ist deren Unterstützung ein äußerst bedeutsamer inklusiver Faktor (Wachsmuth 2006).

Soziale Verankerung von Unterstützter Kommunikation

Das anthropologische Fundament zu kommunikativer Förderung findet sich in der Dialogik Martin Bubers. Gemäß Buber haben Menschen ein angeborenes Bedürfnis nach Begegnungen mit dem Anderen. Das »Ich-Du« ist Basis des zwischenmenschlichen Dialogs. Ebenso machen Menschen sich die Umwelt im »Ich-Es-Bezug« verfügbar. Die Dinge ringsum werden betrachtet, gezählt, gemessen und es wird nach Ursachen und Wirkungen gefragt. Für Beides ist eine gemeinsame Sprache erforderlich (vgl. Wachsmuth 2006).

Bedeutsam für Unterstützte Kommunikation ist, dass sie sich immer auch auf das soziale Umfeld beziehen muss. Die bei kleinen Kindern oft feststellbaren »Privatsprachen« mit engsten Bezugspersonen haben zwar eine positive Funktion in diesem kleinen sozialen Kreis. Sie können aber Abhängigkeiten und unzureichende kommunikative Teilhabe in weiteren Kreisen hervorrufen (ebd., 174). Personen des engeren und weiteren Umfelds müssen also befähigt werden zum Einsatz der gewählten Kommunikationsformen für das betreffende Kind.

Besonderheiten von Unterstützter Kommunikation

Entwickelte kommunikative Strategien können in einem starken Gegensatz zu Methoden der Unterstützten Kommunikation stehen. Dennoch müssen sie akzeptiert und weiterhin genutzt werden können. Wieczorek (2006) merkt kritisch an, dass durch den Einsatz von elektronischen Hilfsmitteln (»Sag es mit dem Talker«) die selbst gewählten Kommunikationsmittel von Kindern oft nicht mehr ausreichend anerkannt würden. Dadurch erleben diese, dass sie mit ihren eigenen Kommunikationsstrategien nichts bewirken, sobald sie in den Gebrauch von Geräten eingeführt werden, was die Lernmotivation beeinträchtigen kann.

- Anders als in der regulären Sprachentwicklung ist das Kind im Aufbau seiner Sprache mittels Zeichen und Formen von Unterstützter Kommunikation nicht von eben dieser zu erlernenden Sprache umgeben. Die meisten Menschen ringsum kommunizieren anders. Bezugspersonen im Umkreis des Kindes müssten also Unterstützte Kommunikation ebenfalls nutzen, um als Modelle dienen zu können.

- Diese Kommunikationsformen sind auch ungewohnt, weil stark verlangsamt und durch lange Gesprächspausen geprägt. Sie sind zudem asymmetrisch, weil die sprechenden Gesprächsteilnehmenden besonders große Gesprächsanteile einbringen (Hömberg 2018; Weid-Goldschmidt 2015). In Lautsprache werden durchschnittlich 120-180 Wörter pro Minute kommuniziert. Unterstützte Kommunikation beschränkt diesen Umfang auf ca. 2-26 Wörter (Braun 2008). Oft wird auf längere Pausen mit dem Stellen weiterer Fragen reagiert, was die Kommunikation zusätzlich erschweren kann.
- Die Kommunikationsgeschwindigkeit wird aufgrund begrenzten Überblicks bei einer Sehbehinderung durch länger dauernde taktile oder auditive Auswahl von Aussagen zusätzlich reduziert. So kann es nötig sein, den überdauernden persönlichen Kontakt während der Kommunikationspausen durch Berührung zu signalisieren und die Gestaltung von Beginn und Ende einer Interaktionssequenz besonders zu berücksichtigen (Hartmann 2007, 77).

11.3.2 Individuelle Voraussetzungen

Unterstützte Kommunikation setzt die Fähigkeit voraus, die Muttersprache wie auch die gewählte Kommunikationsform zu verstehen und sich damit ausdrücken zu können. Die operationale Kompetenz besteht aus der Fähigkeit, die gewählte Kommunikationsform technisch zu bewältigen. Zur Aufrechterhaltung der Motivation sollten technischer Aufwand und kommunikativer Ertrag in einem angemessenen Verhältnis stehen. Ebenso erforderlich sind ganz basale kognitiv-sprachliche Voraussetzungen wie die Ja-Nein-Unterscheidung oder Ursache-Wirkungs-Prinzipien.

Ja – Nein

Gemäß Wieczorek (2006, 81) geht in der kindlichen Entwicklung das Nein dem Ja voraus. Unterstützend für klar erkennbare Ja-Nein-Unterscheidungen ist die »generelle Akzeptanz von Abneigungsäußerungen im Alltag, damit Kinder lernen können, dass ihre Äußerungen beachtet werden« (ebd.). Weiterführend kann mit Kommunikationsspielen (z. B. Fragespiele, deren Antworten nur aus »Ja« oder »Nein« bestehen) diese Unterscheidung geübt werden. Unterscheiden können zwischen Ja und Nein stellt ein Grundprinzip in der Nutzung elektronischer Kommunikationshilfen dar, seien diese gesteuert durch die Sprachausgabe oder durch Symbole. Im Spielwarenhandel gibt es eine große Auswahl an Umweltsteuerungsgeräten, bei welchen durch Berühren, Ziehen etc. verschiedene Geräusch- oder Lichteffekte ausgelöst, angehalten und erneut aktiviert werden können. Damit können z. B. aus einem bestehenden Angebot passende Melodien, Geräusche oder Geschichten ausgewählt werden. Ein- und Ausschalten, Wiederholen, Auswählen und Entscheiden sind basale Voraussetzungen für deren Nutzung.

Ursache – Wirkung

Interaktion mit der umgebenden Welt wird angeregt dadurch, dass die eigene Aktion eine Wirkung erzeugt. Blinde Kinder oder Kinder mit motorischen Beeinträchtigungen erfahren aufgrund der ungesicherten Verfügbarkeit der Umgebung oft weniger vielfältige Resonanz auf ihr Verhalten oder können dieses nicht beliebig in verschiedenen Situationen üben und Wirkungen wiederholen. Deshalb sind für sie vielfältige Ursache-Wirkungserfahrungen wichtig (z. B. batteriebetriebenes Spielzeugauto oder -tier mit Bewegung und/oder Geräuschen durch Ansteuerung über Taster laufen lassen, evtl. zwei Tiere um die Wette laufen lassen).

Fragen verstehen und beantworten

Kein Dialog ist auf Dauer aufrecht zu erhalten, wenn keine Fragen gestellt werden. Wie beim Gebrauch von Ja und Nein geht es darum, erleben zu lassen, dass Fragen verstanden und beantwortet werden. Wichtige Voraussetzung dazu kann ein gut dokumentierter Kommunikationspass oder ein Ich-Journal (s. unten) sein. Offene Fragen haben eine wichtige Funktion, weil sie einfaches Antworten wie »Ja« oder »Nein« oder »Etwas anderes« ermöglichen (Hömberg 2018).

Tasten – Kommunikationshilfen nutzen

Der Umgang mit Tasten zum Ein- und Ausschalten eines elektronischen Geräts setzt das Begreifen des Ursache-Wirkung-Prinzips voraus. Mit *Talking Buddy*, einer sprechenden Taste, (vgl. Angebote im Internet), kann zum Beispiel ein zuvor eingesprochener Text oder ein Lied wiedergegeben werden. Bedürfnisangepasste Möglichkeiten zum An- und Ausschalten und wieder Anschalten ergeben sich bei fast allen elektronischen Geräten, welche im Alltag, im Haushalt, in der Freizeit oder zum Spielen genutzt werden und mittels Batterie oder Adapter bedienbar sind (Hallbauer 2009).

Ergänzend zu den Erfahrungen mit Dingen geht es besonders auch um den Einbezug von Kommunikationspartnern. Auf sprechenden Tasten oder anderen einfachen Kommunikationshilfen wie *Go Talk*, die mit visuellen oder taktil gut fassbaren Symbolen versehen sind, können Aufforderungen wie »Kitzel mich mal am Fuß!«; »Lass uns mal zusammen in die Hände klatschen!«… gesprochen werden (ebd.).

Wenn basale kommunikative Fähigkeiten vorhanden sind, kann ein *Talker* (Sprachausgabegerät) eingesetzt werden. Der robuste *Go Talk Pocket* ist ein einfach bedienbares und leichtes Gerät (200g) mit Sprachausgabe.[21] Mittels sechs Tasten auf fünf Ebenen lassen sich damit 30 Nachrichten speichern. Ergänzend dazu bietet das Zeichnungsprogramm *Boardmarker* Schablonen und Symbole zum Erstellen und Teilen von Kommunikationstafeln.

---

21 https://active-education.ch/index.php/de/kommunikation, Zugriff am 30.03.2020

11.3.3 Kontext: Kommunikationsvoraussetzungen der Bezugspersonen

Auch Bezugspersonen müssen unterstützende Kompetenzen in ihrem Kommunikationsverhalten erwerben und konsequent umsetzen lernen. Primär einmal ist es ihre Aufgabe, sich darum zu bemühen, in vorurteilsfreier Haltung die kommunikativen Angebote des Gegenübers verstehen zu lernen. Im Weiteren sollen sie durch ihre Unterstützung Kommunikation anregen und andauern lassen. Dazu einige grundlegende Prinzipien (vgl. Weid-Goldschmidt 2015; Heim et. al. 2008):

- Strukturieren der Umgebung (Alle eventuellen Kommunikationshilfsmittel für die Nutzenden erreichbar machen),
- Ritualisieren des Alltags (Anfangs- und Abschlusssituationen, Pause, Essen etc.) unterstützen die Orientierung; durch die zeitlichen Strukturen ergeben sich vielfältige Kommunikationsanlässe,
- Führung übergeben (auf das reagieren, womit das betreffende Kind sich beschäftigt),
- Reaktionen initiieren (Begrüßen, Fragen, Interesse an Kommunikation ausdrücken, Angebote machen zum Auswählen),
- Tempo regulieren (Kommunikationsgeschwindigkeit dem Gegenüber anpassen (z. B. auf 10 zählen vor erneutem Versuch, eine Reaktion hervorzurufen),
- Modellieren der Kommunikationsformen eines Kindes (seine Formen wie Gesten, Symbole, Bezugsobjekte etc. einsetzen für die eigene Kommunikation),
- Anpassung von Objekten und Symbolen an das Sprachniveau des Gegenübers,
- Belohnung aller Kommunikationsversuche (d. h. nicht alle Bitten erfüllen, aber alle kommunikativen Ansätze ernst nehmen und darauf reagieren).

11.4 Körpereigene Kommunikationsformen

Körpereigene Kommunikationsformen bestehen aus Mimik, Gesten oder den vielfältigen konventionellen Zeichen der Gebärdensprache, woraus in Unterstützter Kommunikation einzelne prägnante Gebärden, je nach individuellen Voraussetzungen, genutzt werden können. Ist die visuelle Wahrnehmung beeinträchtigt, werden körpernahe oder taktile Gebärden eingesetzt. Dabei wird vor allem von bereits in Ansätzen bestehenden individuellen Kommunikationsformen und situativ sich entwickelnden persönlichen Gebärden ausgegangen. »Entsteht der Bedarf nach der Einführung einer Gebärde, so kann diese über reale Handlungszusammenhänge erfolgen, aus denen sich dann die Körperbewegungen ableiten lassen. Es ist hierbei möglich, als Angebot an das Kind, mit den eigenen Händen unter die Hände des Kindes zu gleiten und die Bewegung vorzuschlagen« (Hartmann 2007, 76). Es gilt in diesem Falle jedoch zu berücksichtigen, dass eine zentrale Voraussetzung zur Kommunikation mit verschiedenen Menschen, ein gemeinsam geteiltes Repertoire an Gebärden, hiermit nicht gegeben ist. Andererseits können mehrfachbehinderte Kinder ›antrainierte‹ Gebärde selten umfassend nutzen, weil sie diese vielleicht entweder nur verstehen oder aber nur anwenden können. Dennoch gilt es zu bedenken, dass bei ausschließlicher Verwendung individueller Bewegungen und Gebärden die Abhängigkeit von wenigen Personen, welche diese kennen und nutzen können, sehr groß sein kann (Weid-Goldschmidt 2015).

Körpereigene Kommunikationsformen für Nutzende mit Sehbehinderung
Zur besseren Visualisierung können kontrastreiche Handschuhe eingesetzt werden beim Gebärden. Die räumliche Ausdehnung der Gebärden wird insbesondere bei Kindern mit eingeschränktem Gesichtsfeld klein gehalten, der Abstand wird reduziert oder die Gebärden erfolgen körpernah. Zudem muss die Geschwindigkeit der Zeichen- oder Gebärdenabfolge herabgesetzt werden und allenfalls sind die Zeichen bei Bedarf zu wiederholen (Hartmann 2007).

Körpereigene Kommunikationsformen für Nutzende mit Blindheit

Verständigung mit Gesten und Gebärden ist auch blinden Kindern möglich, wenn Bewegung und Berührung in körpernahen Gebärden eingeschlossen sind. Ergänzt werden können sie allenfalls mit akustischen Signalen wie stimmlichen Reaktionen oder Geräuschen. Taktile Gebärden kommen bei taubblinden Menschen zum Einsatz. Beim taktilen Gebärden legt die taubblinde Person ihre Hände auf diejenigen ihres Gesprächspartners und kann so dessen Bewegungen erfassen und, wenn die Gebärden bekannt sind, verstehen. Wechseln die Gesprächsrollen, so wechseln auch die Handstellungen, so dass die Sprechenden resp. Gebärdenden stets die Hände der Zuhörerenden auf dem Handrücken tragen. Wichtig ist gegenseitiges Vertrauen darauf, dass die Hände, die oben liegen, den Partnerhänden folgen, ohne sie festzuhalten (Pittroff 2009, 164).

Stets ist in individuellen Fördersituationen abzuwägen, ob taktile Gebärden im unmittelbaren Dialog entwickelt werden oder ob auch konventionelle Zeichen einer bestehenden Sammlung genutzt werden können. Diejenige von Gerti Jaritz ist systematisch nach Lebensbereichen geordnet und enthält 154 körpernahe Gebärden. Auf einer CD sind alle Gebärden als Videoclip mit Ton und Grafik dargestellt.[22]

Die PORTA-Gebärden sind eine Sammlung von Deutschschweizer Gebärden für Menschen mit geistiger und mehrfacher (Sinnes-)Behinderung. Sie sind sowohl anschlussfähig an die Lautsprache wie an die Deutschschweizerische Gebärdensprache (DSGS). Auch hierzu gibt es Videos, Gebärdenzeichnungen, Ausführungsbeschreibungen und Begriffsbilder. Die seit 2018 beziehbare App kann auf Smartphone und Tablet installiert werden. Sie enthält einen Basiswortschatz 1 und 2 zu je 100 Wörtern sowie spielerische Angebote und eine Funktion, um eigene Gebärden, Gebärdenkataloge und Arbeitsblätter zu erstellen.[23]

---

22 Bezug per Mail: spz@odilien.at oder gerti.jaritz@vbs.eu
23 https://www.tanne.ch/porta, Zugriff am 30.03.2020

11.5 Nichtelektronische Kommunikationshilfen

Nichtelektronische Formen bestehen insbesondere aus Objekten, oder Teilen von Objekten, untergebracht in Kästen, Regalen oder aufgehängt an Leisten, Ständern etc. oder aus Fotos, Abbildungen, Graphiken und multimodalen Symbolen (visuell, taktil oder auditiv wahrnehmbar), einzeln oder geordnet und strukturiert nach Themen auf Tafeln oder in Mappen. Objekte, Abbildungen und Symbole können sehr realistisch oder schematisierend abstrakt auf wenige Merkmale reduziert sein. Strukturierungen des Vokabulars sind auf individuelle Voraussetzungen abgestimmt zu planen. Erweiterungen des Vokabulars in möglichst von Anfang an bestehende Strukturen unterstützen Überblick und Orientierung nicht nur für sehbehinderte Nutzende.

Umwelt als Kommunikationstafel

Beschriftungen von Räumen, Regalen etc., welche innerhalb eines Hauses oder einer Institution einem gleichbleibenden System an Formen, Symbolen und taktilen Qualitäten folgen, unterstützen neben der Orientierung auch die Kommunikation. Gleiches gilt für die Strukturierung von Räumen mit markanten Punkten, Matten, Teppichen, Vorhängen, Bodenmarkierungen, Leitlinien und Schildern. Mit deren Hilfe lässt sich viel differenzierter Bezug nehmen auf oder sprechen über örtliche Standpunkte und Beschäftigungen als in einem *leeren* Raum.

Kommunikationstagebuch, Kommunikationsordner oder Ich-Buch

In bildlicher Form, anhand von sicht-, tast- oder riechbaren Objekten oder aber als akustische Dokumentation können Protokolle über Erlebtes festgehalten, als Erinnerung und Kommunikationsanlass später wieder gemeinsam genutzt oder anderen Bezugspersonen vermittelt werden. Eine vergleichbare Form mit anderer Zielsetzung stellt der Kommunikationspass dar. Damit die für Nutzende individuell bedeutsamen Symbole, Zeichen, Objekte oder Gebärden von allen Bezugspersonen genutzt werden können, ist es sinnvoll, diese umfassend zu dokumentieren und zu erläutern in einem Heft oder in Ordnern, welche die Unterstützte Kommunikation nutzenden Kinder und Jugendlichen stets begleiten. Ist die Dokumentation systematisch gegliedert, so können Ordnungen mit verschiedenen Sachgebieten und Lebensbereichen (z. B. Familie, Klasse, Spiele, Essen etc.) erstellt und laufend erweitert werden (vgl. Hömberg 2018; Weid-Goldschmidt 2015).

Nichtelektronische Kommunikationshilfen für Nutzende mit Sehbehinderung

Vor jeder Entscheidung für bestimmte Objekte oder Symbole müssen die funktionalen Sehvoraussetzungen genau erfasst sein. Insbesondere die Größen-, Farb- und

Kontrastwahrnehmung sowie die Möglichkeiten des Überblickens und der Orientierung im Hand- und Armtastraum müssen die Auswahl und Zusammenstellung der Kommunikationshilfen anleiten.

Symbole und Symboltafeln

Systematisierte Angebote von Symbolen beziehen sich auf ein allgemeines Kernvokabular, erweitert mit einem individualisierten Randvokabular. Kernvokabulare orientieren sich an den in der Alltagskommunikation einer Sprache am häufigsten genutzten Worten (ca. 200 bis 300). Darin enthalten sind situationsunspezifische Funktionswörter wie Pronomen, Verben, Adverbien und Adjektive, einige Nomen, Fragewörter sowie Ausdrücke für wichtige soziale Routinen wie zum Beispiel sich Begrüßen, sich Bedanken oder Bitten.

Die Kölner Kommunikationsmaterialien, welche auf diesen Prinzipien beruhen, sind als Ordner mit unterschiedlichen Kommunikationstafeln und Wandtafeln mit Klettsymbolen aufbereitet (Sachse & Boenisch 2009).

Die angemessene Auswahl des Vokabulars ist eine wichtige Voraussetzung für eine gelingende Förderung der Unterstützten Kommunikation. Das Vokabular muss den individuellen behinderungs- und sprachentwicklungsspezifischen wie auch altersmäßigen Voraussetzungen entsprechen. Es muss zudem auch themenübergreifend einsetzbar sein und die soziale Interaktion erleichtern (Zimmermann 2019).

Werden Symboltafeln trotz Beeinträchtigungen des Sehens ausgewählt, muss die Orientierung darauf intensiv geübt werden. Bei Nutzenden mit stark eingeschränktem Gesichtsfeld dürfen sie nicht zu groß sein. Die Tafeln werden in stets gleicher Ausrichtung und Position angeboten. Eindeutige Farbgebungen der Symbole und/oder des Hintergrunds (evtl. themenbezogen festgelegt), gut ausgewählte und individuell abgestimmte Reihenfolgen bei Thementafeln, allenfalls auch zusätzliche taktile Hinweise unterstützen die Orientierung. Die Symbole, als besondere Präsentationsform des Vokabulars werden sinnvollerweise kombiniert mit dem zugehörigen geschriebenen Wort in angemessener Größe und geeigneter Schriftart (z. B. Verdana) für sehbehinderte und Brailleschrift für blinde Kinder und Jugendliche. In elektronischen Kommunikationshilfen wird die Schriftsprache lautsprachlich ergänzt, mittels der assistiven Technologie der Sprachausgabe (Kaiser-Mantel 2019).

Partnerscanning

Analog zum kompensierenden auditiven Scanning (▶ Kap. 11.6) kann Partnerscanning beigezogen werden. Dabei zeigt die mitkommunizierende Person auf die Symbole und liest sie vor, worauf sie durch ein körpereigenes Signal mit »Ja« bestätigt oder mit »Nein« abgelehnt werden können. Der Vorteil ist die Unabhängigkeit von elektronischen Geräten. Als Nachteil ergibt sich dabei eine eher passive Rolle der auf die Angebote reagierenden Person. Bei hochgradiger Sehbehinderung kann es sinnvoll sein, selbstleuchtende Objekte einzusetzen oder Symbole mit Hilfe der Lightbox oder des Bildschirmlesegeräts anzubieten.

Nichtelektronische Kommunikationshilfen für Nutzende mit Blindheit

Hier bieten sich Objekte oder taktile Symbole als Repräsentanten für Handlungen oder Situationen an. Mit prägnanten tastbaren Symbolen anstelle der Objekte, kann die Menge an Angeboten vergrößert und auf Tafeln themenbezogen strukturiert werden.[24] Dabei ist zu berücksichtigen, dass feinmotorische Fähigkeiten und Merkfähigkeit für die Anordnung der Symbole nötig sind. Vielfältige Materialqualitäten unterstützen die Erfassung und Unterscheidung der Symbole, können aber zur Ablenkung von deren Bedeutung führen.

Bezugsobjekte

Bezugsobjekten wird eine bestimmte Bedeutung zugewiesen, da sie wie Wörter oder Gebärden auf etwas verweisen. Sie können als Ankündigungen, Wahlmöglichkeiten zur Vorwegnahme von Kommendem oder als Erinnerungen für Vergangenes genutzt werden. Objekte mit Bezug auf bestimmte Räume oder Situationen ermöglichen die Kommunikation über Geschehnisse an anderen Orten. Anders als Laut- oder Gebärdensprache sind sie stabil und können wiederholt befühlt werden. Sie entstammen Alltagshandlungen wie Anziehen, Essen, Spielen etc. und werden je nach Zweck in Wunschkisten, Erinnerungsschachteln oder Entscheidungsboxen aufbewahrt. Das Herausholen oder Zurücklegen verweist auf Anfang oder Ende einer Kommunikation. Bedeutsam ist der Einsatz von Wunsch- oder Entscheidungsboxen, weil mit deren Hilfe das Auswählen und sich Entscheiden gelernt werden kann. Abfolgen von Aktivitäten können anhand von Systemen (Leisten, Fächer, Regale) zur Anordnung der Bezugsobjekte angezeigt werden. Diese unterstützen die zeitliche Orientierung in Form von Stunden-, Tages- oder Wochenplänen. Die Anordnungen müssen für Kinder jedoch gut zugänglich sein, damit ihnen das Erkunden oder Kontrollieren von Plänen und Abfolgen jederzeit möglich ist (vgl. Rascher-Wolfring 2018; Lemke-Werner 2009; Hartmann 2007; Wieczorek 2006).

Entscheidend in der kommunikativen Entwicklung anhand von Bezugsobjekten ist das Festlegen eines Objekts, welches individuell bedeutsam ist für bestimmte Situationen oder Handlungen. Für blinde Kinder ist es wichtig, dass sie Bezugsobjekte über einen zweckgebundenen Kontext und möglichst mit verschiedenen Wahrnehmungskanälen erfahren können. Es handelt sich somit idealerweise um tägliche Gebrauchsobjekte (Seife, Klingel, Ball etc.), mit denen sich auch die zugehörigen Bewegungen und Tätigkeiten verbinden lassen. Eine Verkleinerung, Reduktion oder (taktile) Abbildung von Bezugsobjekten ist möglich, wenn deren Bedeutung klar ist. Miniaturobjekte sind für blinde Kinder oft nicht identifizierbar, weshalb einfache Teilobjekte, z. B. ein Lederstück anstelle der Tasche, vielfach zu bevorzugen sind. Aufgeklebt auf einen soliden Untergrund können diese auch mit dem geschriebenen Wort in Braille und in Schwarzschrift ergänzt werden (ebd.).

---

24 vgl. https://inklusiv-shop.ariadne.de/kommunikation/kommunikationshilfen/nichtelektronische-kommunikationshilfen/, **Zugriff am 30.03.2020**

11.6 Elektronische Kommunikationshilfen

Elektronische Kommunikationshilfen umfassen ein Angebot an Geräten mit verschiedenen Speicherkapazitäten und Ebenen zum Anordnen von Vokabular-Gruppen. Ausgehend von einfachsten Sprachausgabegeräten mit begrenzter Speicherkapazität (Talkern) reichen sie bis hin zu sehr elaborierter computerunterstützter Kommunikation.[25]

Aufgrund der gesprochenen Hinweise, des auditiven Scannings (s. unten), werden blinde Nutzende beim Navigieren unterstützt. Das für sie ungeeignete dynamische Display ist wichtig, vermittelt es doch sehenden Bezugspersonen einen guten Überblick über das vorhandene Vokabular und dessen Anlagestruktur. Einzelne Schritte der Navigation der Nutzenden durch das Vokabular hindurch lassen sich verfolgen, so dass Suchprozesse, wenn nötig auch gezielt unterstützt werden können. Talker wie Computer können gesteuert werden durch Tasten mit Bildsymbolen, alphabetischer Tastatur oder durch Tastenbedienung mit auditiver Ansage.

Zu berücksichtigen ist immer der hohe zeitliche Aufwand in Planung, Auswahl, und kontinuierlicher Anpassung der Geräte an die kommunikativen Entwicklungen der Nutzenden. Dabei gibt es die folgenden Kriterien zu berücksichtigen:

- Größe und Gewicht der Geräte entspricht individuellen Motilitäts- und Mobilitätsvoraussetzungen sowie zeitlichen und räumlichen Nutzungsbedürfnissen,
- Komplexität und Speicherkapazität richten sich nach kognitiven und sprachlichen Voraussetzungen,
- Größe, Farbe, Kontrast, und benötigter Krafteinsatz zur Tastenansteuerung sind den Voraussetzungen der Nutzenden angepasst (Probleme des Touchscreens für sehbehinderte Nutzende),
- Stimmen für Sprachausgaben werden bezüglich Angemessenheit für die individuellen Nutzungserfordernisse sowie Vorlieben oder Abneigungen der Nutzenden erprobt,
- zur Vokabular-Auswahl und Gestaltung der Aussagen werden die Interessen der Nutzenden einbezogen,
- die Geräte sind unterstützend für die Teilhabe an Gruppenaktivitäten (vgl. Weid-Goldschmidt 2015; Pivit 2009).

Vokabularstrukturen

Damit die Suche möglichst gezielt erfolgen kann ist eine themenbezogene Gruppierung des zur Verfügung stehenden Vokabulars auf Thementafeln wichtig. Die Auswahl desselben, je nach Thema oder Situation, kann zunächst von Bezugspersonen vorgenommen werden. Als Gruppierungen bieten sich bestimmte Kommu-

---

[25] vgl. https://inklusiv-shop.ariadne.de/kommunikation/, Zugriff am 30.03.2020

nikationssituationen wie Unterrichtsthemen, Pausenspiele, Mahlzeiten, Einkäufe, Ausflüge, Tagesabläufe zu Hause, Besuche etc. an.

In Baumstrukturen können hierarchische Verknüpfungen von Thementafeln erfolgen. Mit Netzstrukturen können Tafeln durch Querverbindungen miteinander verlinkt werden.

Wie bei den Symboltafeln der nichtelektronischen Hilfsmittel ist die Strukturierung des Vokabulars von Anfang an gut zu planen, damit bei Ergänzungen die bestehenden Strukturen möglichst beibehalten werden können. Falls eine visuelle Erfassung der Symboltafeln möglich ist, sollten diese auch ausgedruckt werden (vgl. Bünk et al. 2008).

Die Kölner Kommunikationsmaterialien sind 2013 von Sachse, Wagter und Schmidt als verschiedene elektronische Versionen (MyCORE) mit unterschiedlich großem Wortschatzumfang weiterentwickelt worden.[26] Die MyCORE-Versionen basieren auf einer Einzelwortstrategie, mit deren Hilfe Sätze Wort für Wort aufgebaut werden können. In MyCORE können zudem Fotos, Videos und Musik eingefügt und für die Kommunikation genutzt werden. Die Sprachausgabe wird mit Kinderstimmen geliefert, Erwachsenenstimmen können wahlweise hinzugefügt werden. Ebenfalls enthalten ist in den Materialien ein Ich-Buch, in welchem wichtige Informationen der Nutzenden festgehalten werden können (Sachse, Wagter et al. 2013). Als App mit einem symbol- und schriftbasierten Vokabular für das iPad entwickelt worden ist MetaTalk. 2018 ist die App bereits in dritter, erweiterter Version erschienen.[27]

System zur Sprachgenerierung: Minspeak

Minspeak-Anwendungsprogramme (MAP) bieten umfassende Wortschatzprogramme und Möglichkeiten zur Auswahl und Strukturierung des Vokabulars an. Minspeak verwendet Bilder resp. Symbole mit mehreren Bedeutungen. Die Symbole können zu kurzen Sequenzen kodiert werden, z. B. mit Nomen, Verb und Adjektiv (Bett und schlafen oder Buch und lesen). Der zentrale Teil des Vokabulars besteht aus einzelnen Wörtern (z. B. Namen, Orte, Vorlieben etc.). Ergänzt werden die Wörter mit Redewendungen, Ausrufen und wichtigen Sätzen.

Minspeak Aussagen, in Form von Wörtern und Sätzen, sind sowohl als bildliche Symbole wie auch als gesprochene (natürliche Stimme) oder aufgeschriebene Inhalte (synthetische Stimme) verfügbar. Aussagen werden nach bestimmten Regeln entsprechend ihrer sprachlichen Verwandtschaft in Kategorien gruppiert (semantische Kodierung). Kontextabhängig werden jeweils auch weitere Aussagen zur Auswahl angeboten. Minspeak-Kommunikationshilfen enthalten bereits zu Beginn einen strukturierten Grundwortschatz, welcher Platz bietet für individuelle Erweiterungen. Da die Aussagen unter sich via Tastendruck gut kombinierbar sind (Zustimmung-Ablehnung, qualitative Ausprägungen…) kann bereits mit wenigen Bildern/Aussagen vieles kommuniziert werden (https://minspeak.com/about/).

---

26 vgl. https://rehamedia.de/beratung-service/kernprodukte/mycore/, Zugriff am 30.03.2020
27 vgl. https://itunes.apple.com/de/app/metatalkde/id471644249?mt=8, Zugriff am 30.03.2020

Methoden der Ansteuerung

Unterschieden werden in der Ansteuerung direkte und indirekte resp. fortlaufende Selektion (Scanning). In beiden Fällen kann als visuelles Feedback eine farbliche Veränderung oder ein farbiger Rand das Auslösen der Tasten bestätigen. Direkt erfolgt die Auswahl durch Tastendruck oder Berührung des Displays, wobei das Symbol selbst ohne Zwischenschritte angepeilt wird. Sind die entsprechenden motorischen und visuellen Voraussetzungen vorhanden, ist dies die schnellste Möglichkeit der Ansteuerung. Individuell angepasst werden für sehbehinderte Nutzende kann sie in Größe und Abstand der Tastenfelder. Bei indirekter Ansteuerung wird das Vokabular durch ein oder zwei externe Tasten ausgewählt. Das Ein- oder Zwei-Tasten-Scanning kann bei eingeschränkten motorischen oder visuellen Fähigkeiten zu gezielter direkter Tastenansteuerung genutzt werden. Auswahl via Scanning ist immer möglich, wenn mindestens eine gezielte Bewegung mit einem Körperteil ausführbar ist. Die technischen Belange der Ansteuerung sind mit Fachpersonen aus Beratungsstellen oder Hilfsmittelfirmen zu klären (vgl. Bünk et al. 2008).

Auditives Scanning

Eine besondere Form des Ansteuerns bei elektronischen Hilfsmitteln ist auditives Scanning. Dabei erfolgt die Orientierung in einem Vokabular über akustische Signale resp. Ansagen. Durch Tastendruck können dann gewünschte Aussagen angewählt werden.

Zielpublikum dieser Methode sind hochgradig sehbehinderte und blinde Menschen ohne (ausreichende) Lautsprache aber mit intaktem Hörvermögen und Sprachverständnis. Wenn zusätzliche motorische Einschränkungen das Ertasten und Bedienen einer Tastatur oder des Displays (Touchscreen) erschweren, ist die auditive Orientierung eine verbleibende Möglichkeit. Voraussetzung zur Nutzung ist die Möglichkeit und Motivation, sprechende Tasten zu bestätigen und eine Auswahl im angebotenen Vokabular zu treffen. Das Organisationsprinzip ist grundsätzlich so, dass Ansage gleich Aussage ist. Sinnvolle Ausnahmen sind zum Beispiel beim Thema *Lieder* oder *Geschichten* vorzunehmen, wo die Ansagen aus den Titeln der Lieder resp. Geschichten bestehen. Als akustisches Feedback kann ein Piepton die erfolgte Auslösung einer Taste bestätigen.

Auditives Scanning ist eine Form von Unterstützter Kommunikation, wenn visuelle Zugänge zu Symbolen, Gebärden oder Zeichen beeinträchtigt sind. Allerdings ist auch hier von einem erhöhten Zeitbedarf und nicht zuletzt aus diesem Grund von der Voraussetzung einer guten Konzentrationsfähigkeit auszugehen (vgl. Hoffmann-Schöneich 2008).

Wortvorhersagestrategie

Die auf vielen Computern anwendbare Wortvorhersagestrategie arbeitet mit einem internen Lexikon, in welchem die Wörter gemäß Häufigkeit ihres Vorkommens in der deutschen Sprache sortiert sind. Nach Eingabe des/r ersten Buchstaben wird ein mögliches Wort vorgeschlagen, das dann bestätigt werden muss. Bei motorischen Einschränkungen erweist sich die Wortvorhersagestrategie als sinnvoll. Weniger geeignet ist sie bei visuellen Einschränkungen, weil es in diesen Fällen meist zu lange dauert, die verschiedenen Vorschläge durchzusehen und in der dafür benötigten Zeit die ursprüngliche Intention einer Aussage verloren gehen kann. Interaktive Wortvorhersagesysteme können hier geeigneter sein, weil sie sich dem individuellen Sprachgebrauch anpassen. Sie ›lernen‹, welche Wörter von den Nutzenden häufig gebraucht werden und schlagen diese schneller vor als andere (vgl. Bünk et al. 2008; Wachsmuth 2006).

11.7 Förderorte und Unterrichtsgestaltung

Obwohl Kommunikation immer in sozialen Situationen erfolgt, wird Kommunikationsförderung in sonderpädagogischen Einrichtungen noch mehrheitlich im Einzelunterricht durch speziell qualifizierte Lehrpersonen durchgeführt. Bünk und Baunach (2008) kritisieren die dadurch unterbrochene Teilhabe am Unterrichtsgeschehen, die Delegation pädagogischer Verantwortung wie auch die erschwerte Übertragung und Generalisierung der vom Kinde erworbenen kommunikativen Kompetenzen und Methoden.

Kommunikationsförderung setzt mit Vorteil dort an, wo Kommunikation normalerweise stattfindet. Einzelunterricht außerhalb der Klassensituation ist dann nachhaltig, wenn die Förderziele im Unterricht aufgenommen werden, um die Kompetenzen übend weiterzuentwickeln. Umfassende und in möglichst viele Lebenssituationen eingebettete Förderung ist die Voraussetzung dafür, dass unterstützt kommunizierende Kinder und Jugendliche ihre Kommunikationssysteme ausreichend anwenden und von anderen Menschen in gemeinsamer Nutzung derselben modellhaft auch lernen können. Nur so kann es ihnen letztlich gelingen, diese bis zu einem gewissen Grad zu automatisieren (Nonn 2019).

Tab. 11.2: Didaktische Prinzipien zur Nutzung unterstützter Kommunikation im gemeinsamen Unterricht

Mediengestaltung	Der Einbezug individueller Vokabulare in die Gestaltung allgemeiner Unterrichtsmedien ermöglicht die Teilhabe an Unterrichtsaktivitäten.
Kooperatives Arbeiten	Der Einbezug der unterstützt Kommunizierenden in Tandem- und Gruppenarbeiten erweitert den Kreis derjenigen, die spezifische Methoden Unterstützter Kommunikation kennen und nutzen können.
Individualisierte Aufträge	Arbeitsaufträge für unterstützt Kommunizierende sind so zu gestalten, dass erworbene Kompetenzen in neuen Situationen, Anforderungen und mit wechselnden Gesprächspartnern umgesetzt werden können.

Tab. 11.2: Didaktische Prinzipien zur Nutzung unterstützter Kommunikation im gemeinsamen Unterricht – Fortsetzung

Lieder und Spiele	Vokabular und Themen der unterstützt Kommunizierenden sind nach Möglichkeit in Lieder, Singspiele, Reime, Bewegungsspiele einzubeziehen.
Akustische Impulse im Klassenunterricht	Einfache elektronische Kommunikationshilfen können als allgemeine akustische Signale zur Tagestruktur der ganzen Gruppe (Pause; Sammlung im Gruppenkreis, Singen etc.) genutzt werden.
Kommunikative Mahlzeiten	Auch Esssituationen und Tischgespräche können unter Einbezug der Vokabulare und Hilfsmittel der unterstützt Kommunizierenden gestaltet werden.
Vielfältige Übungssituationen schaffen	In Unterrichtssituationen außerhalb der Schule (Erkundungen, Exkursionen) können die erworbenen Kompetenzen eingesetzt werden.
Einbezug selbstbetroffener Expertinnen und Experten	Expertinnen und Experten (ältere Selbstbetroffene, die unterstützt kommunizieren) können Praxistauglichkeit wie Störungsanfälligkeit der Unterstützten Kommunikation authentisch erleben lassen.

Unterrichtsimmanente Förderung bietet viele natürliche Lernanlässe, in welchen kommunikative Fertigkeiten genutzt und im situativen Handeln verankern werden können. Die in Tabelle 11.2 aufgeführten didaktischen Prinzipien unterstützen Transfer und vertiefende Übung von Unterstützter Kommunikation.

11.8 Allgemeine Schlussfolgerung

Kommunikative Kompetenzen sind bedeutsam für soziale Teilhabe blinder und hochgradig sehbehinderter Menschen in allen Lebensbereichen. Weil visuelle Wahrnehmung das Überblicken sozialer Situationen ermöglicht und erste Einschätzungen des Gegenübers, dessen Gestimmtheit und Kommunikationsbereitschaft erlaubt, schafft eine Beeinträchtigung oder das Fehlen derselben eine besondere kommunikative Ausgangslage. Darauf beruhende Verunsicherungen auf beiden Seiten können zur Folge haben, dass soziale Kontakte in lediglich beschränktem Maße stattfinden.

Daraus folgt, dass kommunikative Förderung in jedem Fall Transfer und übendes Anwenden in inklusiven Situationen mitbeinhalten soll. Kinder und Jugendliche mit und ohne Beeinträchtigungen des Sehens brauchen viele verschiedene Situationen und gemeinsame Handlungsanlässe, um miteinander kommunizieren zu können. Dadurch sich aufbauende Kompetenzen ermöglichen ihnen einen flexiblen Einsatz situativ passender verbaler, vokaler und körpersprachlicher Kommunikationsformen und -strategien. Eine wichtige Kompensation fehlender visueller Informationen stellt insbesondere eine differenzierte auditive Wahrnehmung dar, weshalb Kompetenzen des Hörverstehens besonders zu fördern sind.

Menschen mit zusätzlichen kognitiven, sinnlichen oder motorischen Beeinträchtigungen bedürfen eine besonders umfassende kommunikative Unterstützung. Die dargestellten besonderen Methoden und Mittel der Unterstützten Kommunikation sind unüblich für sprechende Menschen. Insbesondere auch aus diesem Grund ist die Notwendigkeit des gemeinsamen Lernens und Nutzens derselben unmittelbar gegeben. Nur so ist und bleibt kommunikative Teilhabe für die betroffenen Menschen nicht lediglich mit einer kleinen Anzahl an Bezugspersonen möglich.

Literatur

Braun, U. (2008): Besonderheiten der Gesprächssituation. In: *Handbuch der Unterstützten Kommunikation*. Karlsruhe, 01.026.002-01.026.006.

Bünk, Ch., Baunach, M. (2008): Unterstützte Kommunikation in der Schule. In: *Handbuch der Unterstützten Kommunikation*. Karlsruhe, 08.003.001-08.011.001.

Bünk, Ch., Sesterhenn, C. & Liesen, I. (2008): Elektronische Kommunikationshilfen mit dynamischem Display im Vergleich. In: *Handbuch der Unterstützten Kommunikation*. Karlsruhe, 04.005.001-04.018.001.

Elbl, K. (2008): Theaterpädagogische Ansätze bei der Entwicklung von sozialer Kompetenz. *blind-sehbehindert 128*, 45–55.

Eriksson-Hotz, B. (2017): Mündliche Sprachhandlungsformen im Unterricht umsetzen. In: Bundesinstitut für Bildungsforschung, Innovation & Entwicklung des österreichischen Schulwesens (Hrsg.): *Praxishandbuch für den Kompetenzbereich «Sprechen». Deutsch, Sekundarstufe I*. Graz, 7–14.

Hallbauer, A. (2009): »Hey, du! Kitzel mich doch mal!« Möglichkeiten Unterstützter Kommunikation bei Kindern und Jugendlichen mit den Förderschwerpunkten geistige Entwicklung, Sehen und Kommunikation. In: Verband der Blinden- und Sehbehindertenpädagogen und -pädagoginnen e.V. (Hrsg.): *Teilhabe gestalten. Kongressbericht. XXXIV. Kongress vom 14.–18. Juli 2008 in Hannover (CD)*. Würzburg.

Hartmann, S. (2007): Unterstützte Kommunikation – Möglichkeiten zur Mitgestaltung und zum eigenaktiven Lernen für besondere Kinder. In: Arbeitsgemeinschaft Frühförderung sehgeschädigter Kinder (Hrsg.): *Besondere Herausforderung durch besondere Kinder. Kinder mit Mehrfachbehinderung in der Frühförderung. Referate der 21. Fortbildungstagung Frauenchiemsee Benediktinerinnen-Abtei Frauenwörth*. Würzburg, 73–84.

Heidemann, R. (2007): *Körpersprache im Unterricht: Ein Ratgeber für Lehrende*. Wiebelsheim.

Heim, M., Jonker, V. & Veen, M. (2008): COCP: Ein Interventionsprogramm für nicht sprechende Personen und ihre Kommunikationspartner. In: *Handbuch der Unterstützten Kommunikation*. Karlsruhe, 01.026.007-01.026.015.

Hömberg, N. (2018): With a Little Help from Your Friends. Unterstützte Kommunikation im integrativen Unterricht. In: E. Wilken (Hrsg.): *Unterstützte Kommunikation. Eine Einführung in Theorie und Praxis. 5., erweiterte und überarbeitete Auflage*. Stuttgart, 166–187.

Hofer, U., Lang, M., Fabian, W., Schweizer, M., Hallenberger, A. & Laemers, F. (2019): Lese- und Schreibkompetenzen von Braille Lesenden. Forschungsergebnisse aus dem Projekt «Zukunft der Brailleschrift». *blind-sehbehindert 139*, 7–26.

Hofer, U. (2019): Förderung von Schülerinnen und Schülern mit Sehbeeinträchtigungen. In: J. Kahlert (Hrsg): *Die Inklusionssensible Grundschule*. Stuttgart, 169–221.

Hoffmann-Schöneich, B. (2009): »Wenn du das sagen willst, dann drück jetzt die Taste!« In: Verband der Blinden- und Sehbehindertenpädagogen und -pädagoginnen e.V. (Hrsg.): *Teilhabe gestalten. Kongressbericht. XXXIV. Kongress vom 14.-18. Juli 2008 in Hannover (CD)*. Würzburg.

Kaiser-Mantel, H. (2019): Bausteine der Unterstützten Kommunikation in der sprachtherapeutischen Arbeit mit kognitiv beeinträchtigten Kindern und Jugendlichen. *Sprachförderung und Sprachtherapie in Schule und Praxis 1/19*, 14–20.

Kleedorfer, J. (2017): Sprechsituationen im Unterricht schaffen. In: Bundesinstitut für Bildungsforschung, Innovation & Entwicklung des österreichischen Schulwesens (Hrsg.): *Praxishandbuch für den Kompetenzbereich «Sprechen». Deutsch, Sekundarstufe I*. Graz, 32–39.

Lemke-Werner, G. (2009): Bezugsobjekte – ein Weg zum besseren Verständnis alltäglicher Zusammenhänge und eine Möglichkeit, mit anderen zu kommunizieren. In: G. Lemke-Werner & H. Pittroff (Hrsg.): *Taubblindheit / Hörsehbehinderung – Ein Überblick*. Würzburg, 71–75.

Loeliger, W. (Hrsg.). (2010): *Hör mal! Hörverstehen 5-6. 5./6. Schuljahr*. Winterthur.

Maack, D. (2003): Warum blinde Hühner beim Theaterspielen Goldkörner finden können. In: M. Sassmannshausen & K. Winkelsträter (Hrsg.): *… blindlings auf die Bühne!? Theaterarbeit mit Blinden und Sehbehinderten. Konzepte, Theorien, Erfahrungen und Perspektiven. Ein Werkstattbuch zum Ersten Internationalen Theatertreffen mit blinden und sehbehinderten Jugendlichen »PunktSpiele« in Marburg im November 2002*. Marburg, 10–14.

Mächtel, R. & Sarimski, K. (2013): Einsatz von Unterstützter Kommunikation in der frühen Förderung sehgeschädigter Kinder. *blind-sehbehindert 133*, 173–181.

McLetchie, B. & Riggio, M. (2009): Kommunikation: Interaktive Beziehungen. In: G. Lemke-Werner & H. Pittroff (Hrsg.): *Taubblindheit/Hörsehbehinderung – Ein Überblick*. Würzburg, 127–140.

Merz-Grötsch, J. (2017): Schulausflug. Ein authentischer Anlass für mündliches Argumentieren. In: Bundesinstitut für Bildungsforschung, Innovation & Entwicklung des österreichischen Schulwesens (Hrsg.): *Praxishandbuch für den Kompetenzbereich «Sprechen». Deutsch, Sekundarstufe I*. Graz, 61–65.

Nonn, K. (2019): Sprachtherapie via Unterstützte Kommunikation (UK) bei Kindern mit schweren und mehrfachen Behinderungen. *Sprachförderung und Sprachtherapie in Schule und Praxis 1/19*, 21–32.

Pittroff, H. (2009): Empfehlungen zum Taktilen Gebärden. In: G. Lemke-Werner & H. Pittroff (Hrsg.): *Taubblindheit / Hörsehbehinderung – Ein Überblick*. Würzburg, 163–179.

Pivit, C. (2008): Individuelle Kommunikationssysteme. In: *Handbuch der Unterstützten Kommunikation*. Karlsruhe, 01.005.001-01.017.001.

Rascher-Wolfring, M. (2018): Objektsymbole – Ein »begreifbares« Kommunikationsmittel. In: E. Wilken (Hrsg.): *Unterstützte Kommunikation. Eine Einführung in Theorie und Praxis. 5., erweiterte und überarbeitete Auflage*. Stuttgart, 139–150.

Röder, K. & Severin, D. (1997): Nonverbale Kommunikation und Körpersprache. Aspekte der sozialen Kompetenz sehgeschädigter Jugendlicher. *Beilage zu blind-sehbehindert Heft 3/97*, 17–29.

Trefz, A. & Sarimski K. (2012): Pragmatische Sprachkompetenzen von blinden und sehbehinderten Kindern. *blind-sehbehindert 132*, 20–27.

Sacks, S. (2014): Social Interaction. In: C.B. Allman & S. Lewis (Eds.): *ECC Essentials – Teaching the Expanded Core Curriculum to Students with Visual Impairments*. New York, 324–359.

Sachse, S. & Boenisch, J (2009): Kern- und Randvokabular in der Unterstützten Kommunikation: Grundlagen und Anwendung. In: ISACC/ von Loeper (Hrsg.): *Handbuch der Unterstützten Kommunikation*. Karlsruhe, 01.026.30-01.126.40.

Sachse, S., Wagter, J. & Schmidt, L. (2013): Das Kölner Vokabular und die Übertragung auf eine elektronische Kommunikationshilfe. In: A. Hallbauer, T. Hallbauer & M. Hüning-Meier (Hrsg.): *UK kreativ. Wege der Unterstützten Kommunikation*. Karlsruhe, 35–53.

Schmitt, S. (2019): *Arbeitsheft VERA Hörverstehen. Grundschule 3. Klasse*. Hallbergmoos.

Vogel, I. C & Gleich, U. (2018): Non- und paraverbale Kommunikation. In: I.C. Vogel (Hrsg.): *Kommunikation in der Schule. 2. Auflage*. Bad Heilbrunn, 31–52.

Wachsmuth, S. (2015): *Hallo, ich mag Dich! Wie unterstützt und lautsprachlich kommunizierende Menschen gelingende Beziehungen entwickeln können.* Karlsruhe.

Wachsmuth, S. (2006): *Kommunikative Begegnungen. Aufbau und Erhalt sozialer Nähe durch Dialoge mit Unterstützter Kommunikation.* Würzburg.

Weid-Goldschmidt, B. (2015): *Zielgruppen Unterstützter Kommunikation. Fähigkeiten einschätzen – Unterstützung gestalten.* Karlsruhe.

Wieczorek, M. (2006): Kinder entwickeln sich – auch im Bereich der Kommunikation. In: Arbeitsgemeinschaft Frühförderung sehgeschädigter Kinder (Hrsg.): *Frühförderung im Spannungsfeld zwischen Entfalten lassen und Lenken. Referate der 20. Fortbildungstagung in Klink/Müritz 2005.* Würzburg, 74–88.

Wilken, E. (2018): Kommunikation und Teilhabe. In: E. Wilken (Hrsg.): *Unterstützte Kommunikation. Eine Einführung in Theorie und Praxis.* 5., erweiterte und überarbeitete Auflage. Stuttgart, 7–17.

Willmeroth, S. (2015): *Verstehendes Zuhören mit Grundschulkindern trainieren.* Mülheim an der Ruhr.

Zimmermann, K. (2019): Vokabular und Wortschatzaufbau in der Unterstützten Kommunikation. *Sprachförderung und Sprachtherapie in Schule und Praxis 1/19*, 42–50.

Zingg Stamm, C., Käser-Leisibach, U. & Bertschin, F. (2014): *ohrwärts. Zuhören und literarisches Hörverstehen. Kompetenzerhebung mit Hörangeboten für 9- bis 10-Jährige.* Solothurn.

12 Förderung von Orientierung und Mobilität

Ursula Hofer & Viola Oser

12.1 Orientierung und Mobilität (O&M) im Überblick

Nach der Darstellung von Zielsetzungen und einem Überblick über Inhalte des O&M-Unterrichts werden exemplarisch didaktische Konzepte dargestellt, welche auch die Gestaltung des Unterrichts für sehbeeinträchtigte Kinder und Jugendliche mit zusätzlichem Förderbedarf berücksichtigen. Im Fokus sind insbesondere Inhalte und Umsetzungen des Basistrainings. Gleichzeitig handelt es sich um Inhalte, welche fachübergreifend zu fördern sind. Nicht berücksichtigt werden übergeordnete Aufgaben von O&M-Fachpersonen als Verantwortliche und Beratende in der Gestaltung des öffentlichen Raumes. Auch auf den Blindenführhund, welcher als Hilfsmittel und in seiner sozialen Bedeutung in den letzten Jahren eine eigentliche »Renaissance« erlebt hat (Klee 2005, 98), wird hier nicht eingegangen.

12.1.1 Definitionen, Aufgaben und Ziele

Orientierung bedeutet zu wissen, wo man ist, wohin man geht und wie man dorthin kommt. Sie wird möglich, wenn innere Landkarten mit Vorstellungen von Wegen, mit Abfolgen, Verbindungen, Ausrichtungen und Längen derselben aufgebaut oder Wege mittels markanter Punkte in genauer Abfolge für individuelle Routen und das Erreichen gesetzter Ziele nutzbar sind. Wer seine Umgebung visuell wahrnehmen kann, gewinnt schnell Überblick und Einsicht in Ausschnitte, wodurch zielsichere Orientierung möglich wird. Kinder, die blind oder sehbehindert sind, müssen lernen, sich anders zu orientieren. Mobilität bedeutet Fortbewegung unter Einsatz eigener Strategien und Geschwindigkeiten, mit Einsatz individueller Hilfsmittel und den Möglichkeiten, sich vor Hindernissen und Gefahren zu schützen (vgl. Bossert de Paz et al. 2009a). Anders gesagt: Orientierung ist letztlich ein kognitiver Akt, welcher alle sinnlichen Informationen nutzt, um die eigene Stellung im Raum und das Verhältnis zu anderen, im Raum anwesenden Menschen und Dingen erfassen zu können. Sie ist Voraussetzung von Mobilität und verleiht die Fähigkeit, sich im Raum, zwischen und zu den anwesenden Personen und Objekten in angemessenem Tempo bewegen zu können (ISB 2001).

Kern der Schulung in O&M nach Klee (2005, 94) ist das Herstellen von Kausalitätsbeziehungen und Sinn aus einem »Chaos an akustischen und taktilen Informationen«. Der Unterricht soll Kinder und Jugendliche dazu befähigen, sich selbstständig und sicher im Raum in der unmittelbaren und weiteren Umgebung fortzubewegen. Er beinhaltet auch Verkehrs- und Umwelterziehung sowie Unterricht im Einsatz des Langstocks und anderer Hilfsmittel. Basalere Vorstellungen des Unterrichts in O&M sehen dessen Aufgabe darin, die Umwelt durch Bewegung erfahrbar zu machen, dabei den Raum und eigene Grenzen zu erleben. Brambring dagegen bezieht sich auf das ursprüngliche O&M-Ziel, möglichst selbstständige und sichere Fortbewegung zu erlangen oder diese wieder herzustellen: »Ziel der O&M-Schulung ist es, eine sehgeschädigte Person zu befähigen, selbstständig und ohne Gefährdung der eigenen Person oder anderer Personen Wegstrecken in einem für sie angemessenen Tempo zurückzulegen« (2003, 22). Sapp und Hatlen (2010) präzisieren dahingehend, dass darin deren Lernen über sich als Person und der Umwelt, in welcher sie sich bewegen, also vom basalen Körperschema bis zu ihrer unabhängigen Fortbewegung, enthalten sei.

Diese Zielsetzungen werden von schulischen Institutionen, Beratungsstellen und Verbänden mehr oder weniger geteilt. Köwing (2016) bezieht sich auf die UN-Konvention über die Rechte von Menschen mit Behinderungen von 2006, welche die Vertragsstaaten verpflichtet, die »persönliche Mobilität mit größtmöglicher Unabhängigkeit sicherzustellen« (ebd., 61).

12.1.2 Klientel von O&M

O&M-Schulung erhielten ursprünglich Kriegsblinde in den USA. Bei diesen ging es darum, einmal erworbene Kompetenzen in ihre neue Lebenssituation zu übertragen. Zunehmend weitete sich der Adressatenkreis der Schulung in den letzten 50 Jahren aus auf blind geborene wie auch sehbehinderte Menschen jeden Alters, wobei zunehmend Gewicht auf die Notwendigkeit des frühzeitigen Beginns gelegt wurde: »Selbstständige Fortbewegung sollte schon gefördert werden, bevor ein Kind zu gehen beginnt. Ich glaube, jedes Kleinkind mit Blindheit oder hochgradiger Sehbehinderung sollte so früh wie möglich das Klicken und den Blindenstock kennenlernen, denn das sind die Augen für dieses Kind. Sehende Kinder beginnen schließlich auch nicht erst mit fünf Jahren, ihre Augen zu verwenden« (Ruiz 2015, 24).

Ebenfalls zu den Adressaten von O&M gehören nun Menschen mit zusätzlichen Beeinträchtigungen (vgl. Hölscher 2018; Brambring 2003; Cory 1998; Weinläder 1998). Waren mit dem Einbezug blindgeborener Menschen die Inhalte der Schulung bereits zu ergänzen mit Konzepten zu Körperschemata, zu Vorstellungserwerb und Begriffsbildung, so erweiterte sich deren Komplexität durch die Zuwendung zu Menschen mit zusätzlichem Förderbedarf nochmals erheblich.

O&M bei hochgradig sehbehinderten Kindern und Jugendlichen

Selbst sehr begrenzte visuelle Fähigkeiten ergeben grundsätzlich andere Voraussetzungen für Orientierung und Mobilität als vollständige Blindheit. So wirkt bereits die Fähigkeit zur Unterscheidung von Hell und Dunkel sehr unterstützend. Auszugehen ist von der Erfassung der Sehfunktionen (Bedarf an Vergrößerung, Licht, und Kontrast) im Hinblick auf räumliche Situationen und Bedingungen drinnen und draußen. Besonders bedeutsam für die Orientierung ist die Erfassung des Gesichtsfeldes und des Sehens in Dämmerung und Dunkelheit, bei Wetterverhältnissen mit schwachen Kontrasten (Nebel, Schnee), in hellem Sonnenschein oder in Situationen mit besonderem Lichteinfall.

Vorhandene Sehfunktionen legen fest, welche visuellen Hinweise bzw. visuellen Muster in Kombination mit anderen sinnlichen Informationen aufnehmbar und nutzbar sind. Deren Einschätzung kann jedoch nicht lediglich auf Grund vorhandener Abklärungsberichte der Sehfähigkeiten erfolgen. Es bedarf situativer Erfassungen von Fernvisus, Gesichtsfeld, Farb- und Kontrastsehen, Blendempfindlichkeit sowie Hell-Dunkel-Adaptation zur Orientierung in Innen- und Außenräumen, auf Teststrecken in bekannten wie in unbekannten Gebieten. Wesentlich dabei sind Aufgaben- und Fragestellungen (offene Fragen), sowie das sorgfältige Beobachten eingesetzter Wahrnehmungs- und Handlungsstrategien:

- Was siehst du? Welche Farben siehst du?
- Wie viele Autos sind hier parkiert? Wie viele Hauseingänge, Bäume etc. hat es?
- Was hörst du?
- Ab welcher Distanz werden fahrende Autos, Velos etc. visuell wahrgenommen?

Unbedingt zu berücksichtigen sind im Rahmen dieser Diagnose aktuelle Befindlichkeit, Konzentrationsfähigkeit wie auch motivationale Voraussetzungen.

12.1.3 Entwicklungspsychologische Voraussetzungen

Visuell werden andere Qualitäten der Umwelt wahrgenommen als diejenigen, die über Hör-, Tast- und weitere Sinne erfahrbar sind. Hörend die Umwelt erfahren ist weit anspruchsvoller und zugleich lückenhafter als visuell. Taktiler Zugang ist auf den Nahraum begrenzt und kann ohne visuelle Vorabsicherung auch riskant sein. Es lässt sich demzufolge vermuten, dass die nicht geringe Anzahl sich eher passiv verhaltender blinder Kinder, mit einem mehr verbalen und weniger bewegungsmäßigen Neugierverhalten, primär auf diesen besonderen Wahrnehmungsvoraussetzungen beruhen könnte. Alternativ oder ergänzend lässt sich auch annehmen, dass vorsichtig besorgte und aus diesem Grund bisweilen überbehütende Bezugspersonen Ursache dafür sein könnten. Dass lernende Kinder sich mit *blinder Selbstständigkeit*, in neugierigem Erkunden und Handeln auch Gefahren aussetzen, ist sicher unbestritten. Gerade im O&M-Unterricht werden gerne erhebliche Risiken vermutet, wenn Kinder sich mit Langstock und alternativen Techniken selbstständige Möglichkeiten der Orientierung und Mobilität aneignen sollten. Gleichzeitig gilt es jedoch zu beachten, welche Risiken aus der Begrenzung von selbsttätigem Erkunden und Erfahren von Ursache-Wirkungsgefügen für die Entwicklung von Wahrnehmung und Bewegung erwachsen können.

Selbstbetroffene Vertreter der Klicksonartechnik (▶ Kap. 12.2) meinen, dass besondere Passivität von Lernenden oft darauf beruhe, dass sehende Bezugspersonen die Kontrolle im Erkunden der Umwelt übernehmen und steuern würden (Kish 2015; Ruiz 2015).

Wahrnehmung

Fallen visuelle Informationen weitgehend oder ganz weg, ist das eigenständige Explorieren mit verschiedenen Sinnen die zentrale Voraussetzung zum Erwerb räumlicher Strukturen (Brambring 1999). Aktive taktile Zuwendung zum umgebenden Raum und Diskriminierungsfähigkeit für akustische Hinweisreize sind wesentliche Voraussetzungen, um sich darin orientieren zu können. Unterstützend benötigen blinde und hochgradig sehbehinderte Kinder Angebote, welche, ausgehend von ihren Fähigkeiten, die Motivation zum Explorieren unterstützen und die Wahrnehmungsleistungen und den Aufbau räumlicher Vorstellungen fördern können. Kish plädiert allerdings vehement für sorgfältig zu planende und zu dosierende Unterstützungsangebote:

> »Allzu oft werden passiv-rezipierende Muster dadurch erzeugt, dass dem Kind immer wieder Dinge direkt in die Hand gedrückt werden, ohne es dazu anzuregen, nach etwas zu greifen. Oder die Hände des Kindes werden von anderen allzu oft physisch zu den Objekten dirigiert, oder es wird vom Kind erwartet, dass es wahllos nach Objekten tastet. Wir haben die begründete Vermutung, dass diese weit verbreiteten Szenarien die Entwicklung eines Prozesses stören, mit dessen Hilfe das Kind ein dynamisches Verhältnis zu seiner Umgebung etabliert, indem es deren Elemente als relativ zu sich selbst wahrnimmt und somit in der Lage ist, seine Interaktion mit diesen exakt zu bestimmen« (2015, 61).

Bezüglich auditiver Umwelterfassung und der Orientierung durch Klick-Echoortung (▶ Kap. 12.2) verweist Kish auf »Motivation, häufiges und regelmäßiges, aber selbstbestimmtes Üben sowie Praxiserfahrungen unter herausfordernden Umständen« (ebd., 47).

Begriffsbildung

Wenn kleine Kinder die Kommunikation mit ihren Bezugspersonen ausweiten durch das Zeigen auf Objekte und Situationen, beruht dies weitgehend auf visueller Steuerung: Das Gezeigte wird zum gemeinsamen Thema, es wird in der Folge durch die Bezugsperson kommentiert und benannt. Bei geburtsblinden Kindern verläuft dieser Prozess oft eingeschränkter. Aus diesem Grunde ist Begriffsbildung auch in O&M bei der Förderung geburtsblinder Kinder ein wichtiges Thema (Krumpen 2011; Weinläder 1998). Handelnde Erfahrungen mit Objekten und darauf aufbauend die Klärung und Festigung (räumlicher) Begriffe sind basale Voraussetzungen des O&M-Unterrichts.

Motorische Voraussetzungen

Weil der Erwerb motorischer Fertigkeiten insbesondere visuell gesteuert ist, verfügen sehende Kinder, aber auch solche, die nach dem Erwerb grundlegender Bewegungsmuster erblindet sind, über ein größeres Repertoire an Kompetenzen als geburtsblinde (vgl. Brambring 1999; 2003; Nielsen 1996; 2001). Insbesondere Brambring betont, dass weder propriozeptive Rückmeldungen der Gelenke und Muskeln oder des Vestibulärsystems noch das Hören einen vergleichbaren Ersatz für den

Wegfall der visuellen Informationen darstellen. Anders als im Erwerb lebenspraktischer Fähigkeiten, wofür mehrheitlich feinmotorische Voraussetzungen zu erwerben sind, erfordert die Mobilität insbesondere grobmotorische Fertigkeiten (Cory 2009).

Vorauszusetzende Kompetenzen zur Orientierung

Voraussetzung zur Orientierung in der Umwelt sind eindeutige Bezugspunkte. Zentral ist das Körperschema als Grundkonzept aller Vorstellungen des eigenen Körpers (ISB 2001). Es bildet die Basis zum Erfassen räumlicher Bezüge und zu zielstrebiger Ortsveränderung. Notwendig ist zudem Bewegungsfähigkeit, welche jedoch auch sehr basal, als Rollen oder Robben, verstanden werden kann. Zum Erwerb und zur Differenzierung von Vorstellungen räumlicher Konstellationen müssen sensorische und bewegungsmäßige Erfahrungen, kognitive Informationen und Begrifflichkeiten aufeinander bezogen werden.

Ausgehend vom eigenen Körper ergeben sich mit oben und unten, rechts und links sowie vorne und hinten sechs räumliche Ausrichtungen. Für diese gilt es, ein verlässliches Bewusstsein zu erarbeiten. Während dies mittels visueller Wahrnehmung relativ einfach möglich ist und oftmals lediglich die Verbindung mit den entsprechenden Begriffen zu üben ist, stellt die auditive Raumwahrnehmung wesentlich höhere Ansprüche an Lernende. Lernen und Üben des Richtungshörens zur auditiven Lokalisierung von Geräuschquellen ist eine unabdingbare Voraussetzung der räumlichen Orientierung blinder Kinder. Gemäß Guerette (2014) entwickeln sich deren Vorstellungen räumlicher Bezüge auf egozentrische Weise, was bedeutet, dass sie vorab die Verortung von Objekten und Situationen ausschließlich von sich ausgehend vornehmen, bevor sie deren Beziehungen untereinander verstehen und benennen können.

Demzufolge muss die Übertragung vom Körper auf den Raum besonders geübt werden. Sind hinten und vorne sowie links und rechts hinsichtlich des eigenen Körpers gesichert, kann bezugnehmend darauf erfasst werden, was sich hinter oder vor, rechts oder links der eigenen Person befindet.

Die 4-jährige R., blind, will mit dem Lift zur Turnhalle. Sie betritt den kleinen Lift und bleibt stehen. Zwei Etagen tiefer geht nicht die Türe hinter ihr, sondern die Türe vor ihr auf. Sie hört das Öffnen der Türe und versucht rückwärtsgehend den Lift zu verlassen.

Das Geräusch der sich öffnenden Türe wäre ein akustischer Hinweis auf die passende Richtung gewesen.

Mit der Erweiterung räumlicher Vorstellungen muss gleichzeitig begriffliches Lernen erfolgen, so dass Kinder Bezeichnungen wie innerhalb und außerhalb oder parallel und rechtwinklig zueinander etc. verstehen und nutzen können (ebd.).

Oben und unten bezieht sich auch auf aufstehen und absitzen oder liegen. Später entwickelt sich in diesem Zusammenhang der räumliche Bezug von oberem und unterem Stockwerk.

> *Die 6-jährige S., hochgradig sehbehindert, besucht seit 1½ Jahren die Turnhalle einmal wöchentlich mit der Klasse. Die Turnhalle befindet sich eine Etage tiefer im gleichen Gebäude. Geht S. diesen Weg unbegleitet, startet sie zwar in die richtige Richtung, bleibt aber auf der gleichen Etage und sucht erfolglos die Turnhalle.*
>
> Das Konzept eines Gebäudes mit verschiedenen Etagen, verbunden durch Treppen, hat S. noch nicht verstanden.

Räumliche und geografische Orientierung

Brambring (2003) unterscheidet zwischen den Fähigkeiten zu räumlicher (sinnlich verfügbarer) und denjenigen zu geografischer (vorstellungsmäßiger) Orientierung. Erstere wird durch die je verschiedene Reichweite von sinnlichen Modalitäten begrenzt, während letztere über diese Grenzen der Erfahrbarkeit hinausgeht. »Diese Form der Orientierung erfordert kognitive Fähigkeiten, da entweder ein Abgleich zwischen der Wahrnehmung und den früher gelernten oder ein Abgleich zwischen der Wahrnehmung und der erhaltenen Information stattfinden muss« (ebd., 28).

Ein Weg kann jedoch auch durch Herausbilden einer Gewohnheit erlernt und gespeichert werden. Gerade Kinder mit zusätzlichen Beeinträchtigungen können sich auf einem Gelände mit mehreren Gebäuden zurechtfinden, wenn sie dazu ausreichend unterstützende Übungsmöglichkeiten erhalten. Die so erworbene Fähigkeit beruht weniger auf dem Ausbau einer inneren Landkarte, als auf dem Abrufen von aneinandergereihten Bewegungsabläufen, von verinnerlichten Distanzen und Drehungen.

Dagegen erfordert das Zurücklegen unbekannter Wegstrecken geografische Informationen in grafischer Form als Landkarten, Pläne, Informationstafeln oder in verbaler Form als Wegbeschreibungen. Zu berücksichtigen ist hier vorerst die oben dargestellte Abfolge von Vorstellungsentwicklungen, primär in egozentrischer Manier, ausgehend vom eigenen Körper, hin zu räumlichen Bezügen zwischen Objekten und Situationen. Erst wenn diese Erfassung räumlicher Beziehungen gelingt, können in einem weiteren Schritt Informationen eines dreidimensionalen Modells und schließlich solche aus zweidimensionalen taktilen Repräsentationen oder verbalen Beschreibungen von Wegen zur Orientierung genutzt werden (Guerette 2014).

12.1.4 Individualisierung und Kooperation

Aufgrund großer individueller Unterschiede in den Voraussetzungen der Lernenden kann O&M-Unterricht weder einem fixen Lehrplan folgen noch in der Vermittlung ›richtiger‹ Techniken der Fortbewegung oder aus dem Einüben konkreter Wege und Routen bestehen. Konsequent fordert Heule, die vorhandenen Strategien der Kinder wirklich zu nutzen, statt sie, in als »richtig« angenommene, verändern zu wollen. Es gilt, »die von Kindern gezeigten Handlungen durch die O&M-Brille als »Können« und damit als »sinnvoll« im Kontext von O&M zu interpretieren und diese Handlungen des Weiteren für die Unterstützung der selbstständigen O&M des Kindes zu nutzen« (2006, 167).

Beobachtung und Analyse

Aufgrund einer sorgfältigen Erfassung der Voraussetzung der Lernenden gilt es den Unterricht zu planen.

- Nimmt ein Kind seine Umwelt teilweise oder weitgehend taktil, auditiv, visuell, olfaktorisch oder kinästhetisch wahr?
- Wie bewegt es sich/wie handelt es in seiner Umwelt?
- Welche Variationen enthält sein Tun?
- Worauf bezieht es sich (Objekte, Personen, räumliche Ausprägungen)?
- Welche (räumlichen) Begriffe sind im bereits geläufig?

Mittels systematischer Analyse gewonnener Erkenntnisse gilt es gezielt zu planen, wie sich vorhandene Bewegungs- und Handlungskonzepte erweitern und differenzieren lassen.

Kooperation

Nahestehende Bezugspersonen und Eltern sind als Experten einzubeziehen in die Erfassung. Sie sollen O&M-Zielsetzungen und Inhalte kennen, weil sie nur so die Anwendung und den Transfer erlernter Kompetenzen unterstützen können. Allenfalls gilt es mit den Eltern Lernender mit Migrationshintergrund die Bedeutsamkeit größtmöglicher Selbstständigkeit auch für Menschen mit Beeinträchtigungen in unserer Gesellschaft zu klären.

Neben der Zusammenarbeit mit familiären Bezugspersonen ist insbesondere die Kooperation im schulischen Kontext, mit beteiligten Lehr- und Fachpersonen zentral. Interdisziplinäre Kooperation ist unabdingbar, wenn es in der O&M-Förderung nicht um eine allgemein ›richtige‹ Technik geht, welche zu vermitteln ist, sondern um Fähigkeiten, welche ausgehend von den Ressourcen der einzelnen Lernenden vermittelt und geübt werden. Damit diese je angemessene und möglichst effiziente Techniken der Orientierung und Mobilität erwerben können, ist sicherzustellen, dass sie nicht durch andere Förderansätze, Anforderungen oder Begrifflichkeiten irritiert werden. Das Üben und den Transfer besonders unterstützen kann die Zusammenarbeit mit Lehrpersonen aus den Fachbereichen Sport sowie mit Psychomotorik-Therapeutinnen und -Therapeuten. (vgl. Lieberman et al. 2014). Grobmotorisch wichtige Voraussetzungen wie Gleichgewicht, Gehen, Rennen, Springen oder Werfen und Fangen können in diesen Unterrichtsfächern oder der Therapie geübt werden. In Zusammenarbeit mit O&M-Fachpersonen können im Sportunterricht z. B. Hindernisparcours aufgebaut werden, welche entsprechende Übungsangebote beinhalten. Im Schwimmunterricht können Räumlichkeiten und Dimensionen des Schwimmbeckens exploriert und Vorstellungen davon aufgebaut werden (ebd., 241).

12.1.5 Rahmenbedingungen des Unterrichts

Aufgrund der Vielfalt an basalen Voraussetzungen zur Orientierung und Mobilität scheint es ideal, blinde und hochgradig sehbehinderte Kinder bereits in ihren frühesten Entwicklungsphasen zu unterstützen und die Förderung, angepasst an sich erweiternde Anforderungen, zielorientiert durch die Schulzeit hindurch fortzusetzen. Ausführende sind qualifizierte Rehabilitationsfachpersonen, welche die Maßnahme als individuelle und altersangemessene Einzelförderung gemäß Voraussetzungen und Bedürfnissen des betroffenen Menschen durchführen (ISB 2001; Weinläder 1998).

In der Schweiz ist O&M in Sonderschuleinrichtungen für sehbehinderte und blinde Kinder und Jugendliche ein Unterrichtsfach, welches im allgemeinen Stundenplan integriert ist. Anrecht auf O&M haben auch Schülerinnen und Schüler, die die Regelschule besuchen, wobei das dafür vorgesehene Zeitbudget oft wesentlich knapper ist. Auch in Deutschland (vgl. VBS 2008) findet der O&M-Unterricht in vielen Bundesländern in Schulen für blinde Kinder und Jugendliche – etwas weniger oft in denjenigen für sehbehinderte Schülerinnen und Schüler statt. Die schulgesetzlichen Regelungen dazu sind sehr unterschiedlich; nicht in allen Bundesländern ist O&M-Unterricht in der Stundentafel vorgesehen. Integriert beschulte Kinder und Jugendliche erhalten Unterricht in O&M entweder von Fachkräften des für sie zuständigen Förderzentrums oder von freiberuflichen Rehabilitationslehrpersonen.

Ihre staatlich geprüfte Qualifikation erlangen die O&M-Fachpersonen in Deutschland seit 2009 in Vollzeitausbildungen (Köwing 2016). Daneben gibt es seit 2017 als länderübergreifendes Projekt für Deutschland, Österreich und die Schweiz eine anerkannte berufsbegleitende Ausbildung. Diese wendet sich jedoch ausschließlich an Mitarbeitende in Facheinrichtungen (ebd.).

Zu berücksichtigen ist, dass sich der O&M-Unterricht durch die Erweiterung der Klientel (vgl. 1.2) auch an blinde und hochgradig sehbehinderte Kinder und Jugendliche mit zusätzlichen Beeinträchtigungen richtet. Dies hat Auswirkungen auf die Rahmenbedingungen des Unterrichts: Zusätzliche kognitive oder körperliche Behinderungen, sowie besondere Wahrnehmungsverarbeitung, z. B. aufgrund eines Cerebral Visual Impairment (CVI) oder einer Autismus-Spektrum-Störung (ASS), beeinflussen den Erwerb von vorauszusetzenden Kompetenzen für Orientierung und Mobilität. Sie erfordern individualisierte didaktische Anpassungen und inhaltliche Gewichtungen. Über spezialisierte Angebote hinausgehend ist immer zu beachten, dass Kompetenzerwerb in Orientierung und Mobilität als fächerübergreifendes Prinzip zu blinden- und sehbehindertenspezifischer Förderung ganz allgemein gehört.

12.2 Echolokalisation

Die Möglichkeit der Orientierung mit Hilfe der Echolokalisation ist etwa ab Beginn des 21. Jahrhunderts im deutschsprachigen Raum als zu vermittelnder Inhalt in O&M zur Kenntnis genommen worden. Dan Kish, Juan Ruiz und andere Fachpersonen der Echolokalisation demonstrieren mit blinden Menschen die gezielte Nutzung von auditiv Wahrnehmbarem in der Orientierung und Mobilität. Dazu dienen nicht lediglich direkte Schallquellen, sondern insbesondere auch die Reflexionen von Geräuschen, welche durch das Klicken des Langstocks, durch Fingerschnipsen, Schnalzen mit der Zunge oder Klickern ausgelöst werden können. Wird die Umgebung so beschallt, treten Gegenstände akustisch prägnanter hervor. ›Zurückkehrende‹ Geräusche vermitteln anhand von Tonhöhe und -stärke, Zeitabstand und Richtung Ansätze eines räumlichen Bildes. Kish unterscheidet zwischen passivem und aktivem Klicksonar. Bei den passiven Varianten, durch Umgebungsgeräusche oder vom hörenden Menschen selbst produzierte Informationen, wie Schritt- oder Langstockgeräusche ergeben sich lediglich vage und unscharfe Rückmeldungen. »Beim aktiven Sonar kommt ein vom Hörer selbst gezielt produziertes Signal zum Einsatz. Im Gegensatz zum passiven Sonar wird hier das Auffinden spezifischer Charakteristika und weiter entfernterer Objekte möglich. Es stellt sich eher so dar, als würde man mit Elementen der Umwelt ein aktives Gespräch führen. Man kann bestimmten Elementen spezifische Fragen stellen und klarere Antworten bekommen« (Kish 2015, 17).

Einerseits, als Attraktion medienwirksam aufbereitet, wurden die Echolokalisation oder Echoortung und der Einsatz von Klicksonar von vielen blinden Menschen und deren Bezugspersonen mit Interesse aufgenommen, stießen jedoch andererseits bei einigen O&M-Fachpersonen vorerst einmal auf Skepsis. Dass Hörorientierung, zwar stets Bestandteil des Trainings in O&M war, darin aber eine eher (zu) geringe Rolle spielte, wurde erkannt. Auf ihre mögliche Überbewertung im Gefolge der Publizität von Klicksonar wurde allerdings ebenso verwiesen (Ohrens 2013). Aktuell wird das Konzept zunehmend mit Interesse aufgenommen und in die O&M-Förderung integriert. Hölscher (2018) betont, dass Echoortung in höherem Maße als bislang angenommen systematisch gefördert werden könne. So lasse sich belegen, dass sich mit gezieltem Training die Wahrnehmungsmöglichkeiten kleiner Kinder wie auch Jugendlicher mit zusätzlichen Beeinträchtigungen erweitern ließen. Gleichzeitig verweist sie auf die vorerst marginale Einbindung von Klicksonar in die curricularen O&M-Inhalte (ebd., 27). In Deutschland stoße die Echoortung zwar zunehmend auf Anerkennung und werde als Teil der Schulungsinhalte betrachtet, während sich ihr systematischer Gebrauch als Orientierungshilfe noch nicht etabliert habe. Ihr Fazit: »Je mehr wissenschaftliche Untersuchungen und Studien jedoch zusammengetragen werden, desto mehr verblassen der Zweifel und die Skepsis gegenüber der Methode und machen Platz für eine intensivere Umsetzung der beeindruckenden Orientierungshilfe« (ebd., 31 f).

Als generell geteilter Grundsatz unter O&M-Fachpersonen gilt jedoch, dass es sich nicht um ein Entweder - oder, Fortbewegung mit Langstock oder mit Echolokalisation, sondern um eine Ergänzung handelt, wobei letzteres systematisch in die O&M-Schulung einzubauen ist (vgl. Ruiz 2015). Mit Echolokalisation lassen sich z. B. keine Löcher, Bodenvertiefungen oder Abwärtsstufen anzeigen, deren Erkennung für den Selbstschutz beim Gehen unabdingbar ist. Freies sich Fortbewegen ist somit immer nur zusammen mit dem Langstock sicher.

12.3 Inhalte von O&M

Allgemeine Inhalte finden sich meist aufgeteilt in zu vermittelnde Techniken und verschiedene Bereiche des täglichen Lebens, in welchen diese zu möglichst selbstständiger Orientierung und Mobilität erforderlich sind (Klee 2005).

Als zu vermittelnde Inhalte werden z. B. die folgenden aufgeführt:

- Begriffsbildung,
- Sinnesschulung und Wahrnehmung (taktil, auditiv, kinästhetisch, olfaktorisch),
- eigenständige und begleitete Fortbewegung,
- Fortbewegung mit dem Langstock oder alternativen Mobilitätshilfen,
- Orientierungstechniken.

Das Üben in verschiedenen räumlichen Bereichen kann dem Prinzip abnehmender Nähe folgen:

- Räume, Raumanordnungen, Stockwerke, Gebäude und deren Umgebung,
- Wohngebiet, Straßenverkehr, Einkaufsviertel und Innenstadt,
- öffentliche Verkehrsmittel und zugehörige Infrastruktur (Bahnhöfe etc.),
- öffentlicher Raum und zugehörige Schutz- Leit- und Informationssysteme

Ein anderer Überblick (ISB 2001) unterteilt die Inhalte von O&M in Basistraining und darauf aufbauende Techniken in verschiedenen Bereichen.

Basistraining:

- Sinnesschulung, Körper- und Raumkonzepte,
- Körperschutz- und Begleittechniken mit Sehenden,
- Orientieren in bekannten und unbekannten Räumen,
- Teile und Funktionen von Fahrzeugen.

Aufbauende Techniken:

- Stocktechniken,
- Schulung in ruhigem Wohngebiet,
- Nutzung öffentlicher Verkehrsmittel,
- Einkaufen,
- Stadtgebiet, Innenstadt und Arbeitsplatz.

Auch Hölscher (2018, 26), folgt in ihrer Inhaltsdarstellung dem Grundprinzip abnehmender Nähe: »Orientierung sowie sichere und selbstständige Fortbewegung in bekannten und unbekannten (Innen-)Räumen, häuslicher Umgebung, ruhigen Wohngebieten, kleinen Einkaufsgebieten, belebten Gebieten, komplexen Verkehrssituationen, an ampelgeregelten Kreuzungen sowie bei der Benutzung öffentlicher Verkehrsmittel.«

Im ›klassischen‹ O&M-Unterricht verortet sie einerseits das Erlernen der Techniken des Gehens mit dem Langstocks und andererseits eine umfassende Sinnesschulung zur Unterstützung der Orientierung. Hier wird insbesondere unterschieden zwischen kinästhetischem Sinn zur Wahrnehmung innerkörperlicher Signale im Gegensatz zu den umweltlichen, wobei für letztere akustische Signale als wichtige Informationslieferanten betont werden. Ergänzend zu bisher aufgeführten Inhalten findet sich hier die Förderung von sozialen und kommunikativen Kompetenzen, die Befähigung zum Einholen von Informationen sowie die Förderung von Körperbewusstsein und Zeitgefühl (ebd., 27).

Trotz unbedingter Bedeutsamkeit der hiermit vorgestellten Inhalte gilt jedoch, dass Techniken ebenso wie Bereiche immer auszuwählen und zu gewichten sind in Bezug auf individuelle Entwicklungsvoraussetzungen und Lebensperspektiven. So kann für Menschen, welche über Sehfunktionen verfügen, die ihnen auch die Nutzung visueller Informationen zur Orientierung und Mobilität ermöglichen als weiterer O&M-Inhalt die Nutzung eines Signalstocks dazukommen.

O&M-Konzepte für Menschen mit zusätzlichen Beeinträchtigungen

Für Menschen mit körperlichen Beeinträchtigungen, denen selbstständiges Fortbewegen nicht möglich ist, ergibt sich eine Unvereinbarkeit mit traditionellen Definitionen von *Mobilität*. Das Kriterium *eigenständige Bewegung* als Voraussetzung von O&M verliert seine Allgemeingültigkeit. Doch gerade auch für motorisch stark beeinträchtigte Menschen ist die Unterstützung und Förderung räumliche Erfahrungen bedeutsam, weil damit Vorstellungen der eigenen Wirksamkeit erweitert, Sicherheit erhöht und gesellschaftliche Partizipation ermöglicht werden können. Gemäß Heule (2005) besteht O&M angesichts unterschiedlicher Klientel aus einer Vielzahl von Themen. Die Schulung wird weniger bestimmt durch Techniken als durch Grundhaltungen, welche sich im Dialog mit dem Gegenüber in der konkreten Arbeit entwickeln. Primär ausgerichtet auf basalste Bedürfnisse, ist Mobilität für einen schwer mehrfachbehinderten Menschen die Fähigkeit, auf seine Weise und entsprechend seinen Möglichkeiten angenehme Erlebnisse zu erreichen und sich vor unerfreulichen zurückzuziehen (Harley & Merbler 1980). Mobilität wird so auf direkt zugängliche Objekte und konkrete Situationen fokussiert und »ist eine bewusste Handlung im Zusammenhang mit Gegenständen in einem Raum« (Arntzen 2006, 88). In gleicher Weise sind Wechsler und Weinläder der Meinung, dass Kindern mit mehrfachen Behinderungen O&M-Kompetenzen im realen Alltagskontext durchaus vermittelbar sind. »Man kann konkrete Wege und Strecken zurücklegen, ohne dass man weiß, in welchem Verhältnis sich diese zu Gegebenheiten der Umwelt befinden« (2000, 245).

Es ist aber davon auszugehen, dass Wissen um den Raum ringsum sowie Kenntnisse vom *Wohin* bei Raumänderungen Sicherheit vermittelt, was die Konzentration auf Aktivitäten und Förderangebote erleichtert. Folgende basale Angebote können Kinder mit mehrfachen Beeinträchtigungen in der Wahrnehmung bedeutsamer Nahräume unterstützen (Berger et al. 2004):

- Wahrnehmen unterschiedlicher Aufenthaltsbereiche in einem Raum (Ruhe- oder Spielecke),
- Erleben unterschiedlicher Funktionen von Räumen (Badezimmer, Küche),
- Erfahren und Verstehen von Richtungsbegriffen wie »vorwärts«, »rückwärts«, »abwärts«, »abbiegen«… und deren Ankündigungen,
- Wahrnehmen und Unterscheiden verschiedener Bodenbeschaffenheiten,
- Vertraut sein mit und unterscheiden können von Wegen, auf welchen man zum Beispiel im Rollstuhl geschoben wird.

12.3.1 Förderung von Wahrnehmung und Bewegung

Wahrnehmen und Bewegen sind grundsätzlich nicht isoliert voneinander denkbar (Giese 2007, 191). Jede Sinneswahrnehmung wird durch eine Bewegung ausgelöst. Riechen an einer Blume lässt deren Duft einatmen (Bewegung des Atemapparates). Braillepunkte werden erkannt, indem die Fingerspitzen über die Punkte streichen. Beim Geschoben werden über einen unebenen Boden im Rollstuhl geben Erschütterungen über das Gesäß Hinweise auf Bodenbeschaffenheiten.

Visuelle Wahrnehmung als bedeutsame Unterstützung der Orientierung

Angesichts der Dominanz des Sehens in räumlicher Orientierung erstaunt es nicht, dass die Nutzung selbst sehr begrenzter Sehfunktionen in neueren Konzepten des O&M-Unterrichts mit sehbehinderten Menschen berücksichtigt wird. O&M in Außenräumen und in öffentlichen Innenräumen hat sich allerdings auszurichten nach den je vorhandenen Lichtverhältnissen (Wetter, Tages- und Jahreszeit, Beleuchtung, Blendung) und der visuellen Gestaltung von Räumen (Farben, Größen, Kontraste, Entfernungen). Die Möglichkeiten des Sehens sind somit abhängig von grundsätzlich nicht beeinflussbaren Kontextfaktoren. Gefordert ist in diesen verschiedenen Bereichen vorwiegend das Sehen in die Ferne.

Ein wichtiger Inhalt der Förderung ist das Erkennen und Ausnützen von visuellen Mustern, das heißt, die Fähigkeit, in Ansammlungen von Linien, Flächen, Formen und Farben, systematische Anordnungen, Regelmäßigkeiten, Wiederholungen und Ähnlichkeiten zu erkennen und dadurch bereits bekannte Umweltmuster oder Teile davon zu identifizieren. Wird diese Fähigkeit frühzeitig gefördert, kann es auch bei abnehmendem Sehvermögen noch lange Zeit möglich sein, Elemente wie Haupteingang, Treppenhaus, Flur oder Gehwege selbst in einer unbekannten Umgebung sicher wahrzunehmen (Finke 2019).

Schützende und die visuelle Wahrnehmung unterstützende Hilfsmittel:

- Schützend sind Schildmützen und Sonnenbrillen mit angepassten Filtergläsern und Seitenschutz. Zum Beispiel beim Spielen im Wald haben Brillen wichtige Schutzfunktionen.

- Unterstützend sind Taschenlampen und vergrößerte, kontrastreiche Pläne oder Karten. Das Monokular kann für das scharfe Sehen in die Nähe (z. B. Fahrplan lesen) und das Sehen auf Distanz (Gebäudeeingänge, Verkehrsschilder, Ampeln, Zebrastreifen, öffentliche Verkehrsmittel, Haltestellen, Auslagen und Anordnungen von Geschäften etc.) eingesetzt werden. Solche Elemente des öffentlichen Raumes können damit ansatzweise erkannt und als Orientierungshinweise genutzt werden.
- Zum Sehen in die Nähe, so zum Lesen von Fahrplänen, Türanschriften etc. sind optische oder elektronische Lupen einfach nutzbare Hilfsmittel.
- Mit OrCam MyEye ist eine besonders ausdifferenzierte, aber einfach bedienbare Sehhilfe auf dem Markt gelangt. Es handelt sich um eine kleine und leichte Kamera, welche an jedem Brillentyp befestigt werden kann. OrCam liest gedruckte und digitale Texte ohne Internetverbindung vor, weshalb sie unterwegs gut einsetzbar ist. Fahrpläne, Anschriften an Türeingängen, Hinweisschilder, aber auch Geldscheine oder Gesichter sind damit identifizierbar.

Auditive Erfahrung des Raumes: Kompensation durch den Fernsinn »Hören« (vgl. ISB 2001; Oser 2003; Hofstetter 2006)

Die Strukturierung von Hörinformationen erfolgt beim wahrnehmenden Menschen durch Geräuschdifferenzierung, fokussierte Aufmerksamkeit und dadurch mögliche Figur- Grundunterscheidung, wodurch Wichtiges von Nebensächlichem getrennt wird. Tönende Objekte können als direkte Schallquelle genutzt werden. Physikalische Gegebenheiten ergeben aber auch Strukturen der Wahrnehmung durch Schallreflexion. Unter Einbezug von Schallschatten oder -lücken können Formen und Dimensionen von Räumen, Eingängen, Häusern, Häuserzeilen, Plakatwänden, Bäumen, Hecken, geparkten Autos etc. erfasst werden. Dies im Gegensatz zur Echolokalisation (▶ Kap. 12.2), welche durch (Klick-)Laute zu einem selbstgewählten Zeitpunkt Informationen aus der Umgebung abfragt.

Zu beachten ist, dass einseitige Hörbeeinträchtigungen insbesondere das räumliche Hören erschweren.

Tasten

Bodenbeschaffenheiten können wichtige Hinweise zu Innen- und Außenräumen vermitteln. Schwellen, Absätze, Begrenzungen, Materialien unterschiedlicher Bodenbeläge innerhalb und außerhalb von Gebäuden, naturgegebene Bodenstrukturen sowie deren Wechsel haben einen hohen Informationsgehalt. Die Wahrnehmung durch Füße oder Stockspitze vermittelt taktile und gleichzeitig auch auditiv fassbare Aussagen zu den Räumlichkeiten (Hofstetter 2006). Sie können mit Informationen zu spezifischen Örtlichkeiten die Orientierung unterstützen und somit als markante Punkte eingesetzt werden. Zur Kennzeichnung von Eingängen, Räumen und Mobiliar können ergänzend angefügte markante Punkte als taktile Orientierungshilfen zusätzlich zur Nutzung des Tastsinnes motivieren.

Fühlen/Hautwahrnehmung

Temperaturen, Sonnenabstand (Licht und Schatten), Wind (Windstöße oder Durchzug) werden gefühlt. Sie können Abfolgen und Ausrichtung von Häusern oder Straßen anzeigen und zur Orientierung genutzt werden. Der Sonnenstand und die dadurch erfolgende Wärmeeinstrahlung auf der Haut können geradeaus Gehen, Standortbestimmungen und die Richtungswahl unterstützen. Das Wissen, dass die Sonne am Morgen im Osten, am Mittag im Süden und am Abend im Westen steht, ist hilfreich im Sinne eines Kompasses.

Kinästhetik: Tiefensensibilität und Gleichgewichtssinn

Rezeptoren in Muskeln, Sehnen und Gelenken für Bewegungen, Drehungen, Distanzen und Gleichgewicht spielen eine zentrale Rolle in der Körper- und Raumwahrnehmung. Die Topografie des Raumes, mit Steigung und Gefälle, Schwellen, Unebenheiten und weiteren Besonderheiten liefert wichtige Informationen für Orientierung und Bewegung. Der Körper stellt sich auf räumliche Veränderungen ein und kann so das Gleichgewicht behalten. Dies gilt auch für eigens ausgeführte Richtungsänderungen, wie Drehungen, Kurven oder das Ausweichen vor Hindernissen. Der kinästhetische Sinn ermöglicht es, je verschiedene Distanzen und Proportionen körperlich zu speichern und dadurch ein Gefühl für räumliche Dimensionen des Raumes aufzubauen (Hofstetter 2006). Im Gegensatz zu sehenden Kindern, müssen blind geborene Kinder im Aufbau dieser Vorstellungen spezifisch gefördert und unterstützt werden. Topographische Informationen können sodann als wichtige markante Punkte genutzt werden.

> Eine blinde Schülerin, welche auf einem Ohr nichts hört, hat Schwierigkeiten, auf einem freien großen Platz geradeaus zu gehen, weil ihr akustische Informationen zur räumlichen Situation fehlen. Liegt der Platz in der Sonne, gelingt ihr das geradeaus Gehen. Erst nachdem ihr Körper gelernt hat, ein Gefühl für Bewegungen aufgrund von Muskelempfindungen zu entwickeln, kann sie die gerade Ausrichtung ohne Unterstützung durch Sonneneinstrahlung halten.

> Der 16-jährige C., blind, möchte gerne in der Stadt einkaufen. Das Auffinden des Geschäfts ist erschwert, weil es keine deutlichen Hinweise gibt. Des Weiteren hat es mehrere Geschäfte mit gleichen Eingängen. Das Geschäft über Distanzwahrnehmung zu finden ist ebenfalls erschwert, da es zu viele Passanten hat. Trotzdem gelingt es dem Schüler jedes Mal zuverlässig das Geschäft aufzufinden. Minimalste Veränderung in der Topographie (visuell nicht erkennbar) helfen ihm, rechtzeitig zur passenden Türe abzubiegen.

Geruchswahrnehmung als Orientierungshilfe

Differenzierungsfähigkeit durch Riechen hilft, Orte zu unterscheiden und wieder zu erkennen. Innen- wie Außenräume unterscheiden sich geruchlich. Ein Kiosk riecht anders als ein Blumenladen oder eine Bäckerei. Der Geruch eines Holzzaunes, einer Wäscherei, einer Autogarage können den Weg hilfreich strukturieren. Gerüche sind aber nicht sichere Hinweise aufgrund ihrer Abhängigkeit von Temperatur, Wetter, Wind, Belüftungen, Uhrzeit oder Jahreszeit. Permanente Gerüche bestimmter Orte können durch situative überlagert oder verschoben werden: Abgase des Transporters vor den Auslagen des Lebensmittelladens verdrängen den Geruch der Früchte, der Wind oder eine Belüftung tragen den Geruch woanders hin. Kombinationen verschiedener Gerüche können neue und allenfalls widersprüchliche Informationen liefern. Zudem zeigen die Rezeptoren der Nase eine hohe Anpassungsfähigkeit. Beim Verbleib in einem bestimmten Raum wird selbst ein prägnanter Geruch mit der Zeit kaum mehr wahrgenommen.

Sinnlich Wahrnehmbares nutzen als markante Punkte

Taktile, auditive, kinästhetische, olfaktorische und prägnante visuelle Hinweise sowie deren Kombinationen können die Orientierung als herausragende unterscheidbare Informationen unterstützen. Ein taktiler Hinweis kann ein Teppich sein, ein dekoratives Merkmal an der Tür, eine strukturelle Besonderheit an einer bestimmten Stelle des Tisches. Ein olfaktorischer Hinweis ist der Geruch der Turnhallengarderobe aber auch das Parfum einer Person. Ein kinästhetischer Hinweis stellt eine Richtungsänderung, eine Stufe oder eine Vertiefung im Bodenbelag dar. Auditive Hinweise gibt das charakteristische Echo eines Raumes oder das Stimmengewirr an bestimmten Stellen eines Gebäudes. Eine Kombination von nichtvisuellen Informationen bietet zum Beispiel ein Korridor mit seiner Akustik, Temperatur, seinem Bodenbelag und spezifischen Geruch (vgl. ISB 2001).

Zum markanten Punkt wird ein Objekt, Geräusch, Geruch, eine Temperatur oder ein taktiler Hinweis, wenn sich daraus eine eindeutige Information zur eigenen Position oder Bewegungsausrichtung ergibt. Ein markanter Punkt unterstützt Orientierungsstrategien durch die Möglichkeit der Herausbildung innerer Landkarten. Im O&M-Unterricht wird unterschieden zwischen markanten Punkten und Hinweisen. Auch ein Hinweis kann hilfreich sein, obwohl er nicht permanent vorhanden ist. Dies zum Beispiel bei der Suche nach dem Hauseingang, wenn in dieser Zeit zufällig jemand das entsprechende Gebäude verlässt.

Notwendige Kriterien markanter Punkte sind:

- Wahrnehmbarkeit durch einen oder mehrere Sinne,
- überdauerndes Vorhandensein in unveränderter Position in Innen- oder Außenräumen,
- leichte Auffindbarkeit,
- eindeutige Unterscheidbarkeit von anderen Zeichen oder Gegenständen.

12.3.2 Orientieren und Bewegen im Raum: Fortbewegung und Schutz

Kleinräume ermöglichen simultane Erfahrungen räumlicher Dimensionen und Gestaltungsmerkmale. Je nach Altersstufe können der Little Room von Lili Nielsen, ein Lift, eine Umzieh- oder Duschkabine geeignete Ausgangspunkte zum Verstehen räumlicher Strukturen und deren Übertragung auf größere Räume darstellen. Vor jeder präzisen (orientierten) Bewegung im Raum müssen Kinder sich bewegend Raumvorstellungen erwerben. Am Bespiel der Sporthalle (Thiele 2001) oder des möblierten Raumes (Oser 2014) lassen sich vielfältige Möglichkeiten für Bewegungs- und Orientierungserfahrungen aufzeigen.

Leerer Raum:

- Durch Gehen entlang der Wände, beginnend von der Türe ausgehend nach rechts, lassen sich Raumgröße und -form verdeutlichen: Dauert es gleich lang, längs oder quer durch die Halle zu laufen? Anzahl Schritte?
- Hilfreich kann das Nummerieren oder das Bezeichnen der Wände mit Namen (Türwand, Fensterwand etc.) sein.
- Durch freies Laufen im Raum in unterschiedlichen Geschwindigkeiten, vorwärts oder rückwärts, krabbelnd, mit dem Rollbrett fahrend etc. lassen sich basale Raumerfahrungen vertiefen und erweitern.
- Zur Unterstützung der Speicherung von Wegen durch den Raum ist es wichtig, diese in immer gleicher Weise zu gehen und Richtungsänderungen im rechten Winkel vorzunehmen.

Möblierter Raum (Oser 2014):

- Elemente des Raumes sind kennenzulernen, zu benennen, wobei gleichbleibende Benennungen durch Bezugspersonen wichtig sind.
- Wegstrecken im Raum sind den Voraussetzungen und Bedürfnissen entsprechend einzuführen, z. B. von der Türe zur Spielecke oder zum Arbeitsplatz. »Wenn später auch der Weg von der Spielecke zum Arbeitsplatz gelernt wird, müssen wir beachten, dass dies für das Kind als ein vollkommen neuer Weg erlebt wird und nicht wie für uns Sehende als eine, durch den visuellen Überblick bereits bekannte, Verbindung von zwei Orten. Erst wenn das blinde Kind den ganzen Raum erschlossen hat, kann es solche Verbindungen im verinnerlichten Raumkonzept nachvollziehen und verstehen« (ebd., 129).

Dies sind nur einige Beispiele zur elementaren Schulung der Raumerfahrung.

Geradeaus gehen

Sehende Menschen lernen geradeaus gehen, sich drehen zur Richtungsanpassung (Viertel- oder Halbdrehungen) durch visuelle Orientierung. Auch blinde Menschen können dies erlernen, müssen ihre Bewegung aber in Bezug zu einem unbewegten Gegenstand (z. B. Tisch, Wand, Tür) setzen können oder über die Akustik lernen. Zu diesem Lernprozess gehört auch das Einhalten einer eingeschlagenen Richtung, d. h. weiter geradeaus gehen, nach Umgehen eines Hindernisses. Als wichtiges Hilfsmittel hierzu wird weiter unten (▶ Kap. 12.5) der feelSpace-Gürtel vorgestellt.

Gleiten: Vorwärtsbewegung und Erkundungstechnik (ISB 2001,197)

Mit der Gleittechnik lässt sich Wänden entlang gehen. Dabei kann der Raum erkundet werden (Richtungen, Formen, Türöffnungen, Fenster…). Seitlich ausgerichtet zur Wand wird der Handrücken (Finger leicht gekrümmt zum Schutz der Fingerkuppen) beim Gleiten etwa auf Taillenhöhe leicht an die Wand gelegt.

Körperschutztechniken

Diese Techniken bieten keinen umfassenden Schutz vor Verletzungen. Ihr Einsatz kann aber unterstützend für die Bereitschaft zu eigenständiger Fortbewegung sein. Beim Oberkörperschutz (Kopf) wird der abgewinkelte Arm diagonal vor das Gesicht gehalten. Die Hände sind nach vorne gedreht und die Fingerspitzen zeigen schräg nach oben. Zum Unterkörperschutz (Genitalbereich) wird der eine Arm durchgestreckt nach unten diagonal vor den Körper gehalten. Die Hand befindet sich dabei in der Körpermitte. Der Handrücken zeigt nach vorne, die Fingerspitzen weisen gegen unten (ISB 2001).

Basale Körperschutztechniken

Ist ein Kind mobil, muss es lernen, sich zu schützen. Kleine oder mehrfachbehinderte Kinder sind auf Schutz besonders angewiesen. Grundvoraussetzung für Körperschutztechniken stellt allerdings ein Bewusstsein des eigenen Körpers dar. In intuitivem Schutzbedürfnis strecken blinde Kinder ihre Hände oft seitwärts aus. Dadurch sind sie allerdings in der Körpermitte nicht geschützt. In einfach vermittelbarer Technik hält das Kind die Hände in Bauchhöhe, zusammen vor sich hingestreckt. Manchmal entwickeln Kinder von sich aus brauchbare Körperschutztechniken. So gehen Schüler L. und A. oft der Wand entlang. Mit der von der Wand entfernten Hand gleiten sie dabei auf Augenhöhe der Wand entlang.

Sehende Begleitung

Grundtechnik: Die blinde oder sehbehinderte Person ergreift mit der Hand (Daumen in Gegenposition) oberhalb des Ellbogens den Oberarm (kleine Kinder das Handgelenk) der Begleitperson. Deren Arm liegt mit rechtwinklig angezogenem Unterarm oder gerade hängend leicht am Körper an. Die geführte Person geht seitlich etwas hinterher. Um einem Kind den Übergang vom Händehalten zu dieser Technik zu ermöglichen, kann die Führperson die Faust machen, sodass das Kind sich daran festhalten muss. Einhängen im Arm kann sehr mühsam sein, insbesondere, wenn die zu führende Person gehbehindert ist oder Gleichgewichtsprobleme hat. Zudem erzeugt Einhängen eine passivere Einstellung als die Grundtechnik.

Treppen und Rolltreppen nutzen:

Sobald das Prinzip der Treppennutzung erlernt ist, stellen diese in der Regel auch für Kinder kein Problem mehr dar. Die sehende Begleitperson bleibt unmittelbar vor der ersten Stufe stehen, bis die geführte Person neben ihr steht. Der sich auf- oder abwärts bewegende Führarm gibt dann das Zeichen zum Auf- oder Absteigen. Am Ende der Treppe bleibt die Begleitperson nach der letzten Stufe stehen.

Bei Rolltreppen (vgl. ISB 2001) kann durch die Bewegung des Geländers die Laufrichtung (immer rechts gehen) wahrgenommen werden. Das Ende der Rolltreppe ist anhand der Neigungsänderung des Geländers erkennbar. Beim Gehen mit Begleitung wird das Ende der Rolltreppe auch durch die Veränderung der Neigung im Führarm wahrnehmbar. Zusätzlich kann beim Aufwärtsfahren ein Fuß auf die nächsthöhere Stufe gestellt werden. Dadurch wird das Ende gut wahrnehmbar. Beim Abwärtsfahren ist dies nicht ratsam. Wird der Fuß auf die Stufenkante gestellt und die Schuhspitze gegen unten gehalten, so ist das Ende der Treppe ebenfalls erfahrbar.

Türen passieren:

Dies kann mit oft benötigtem Seitenwechsel in Begleitung umständlich sein. Ein Kind wird in der Regel losgelassen, damit es die Türe allein passiert. So kann es gleichzeitig deren Mechanismus erkunden. Danach kann die Führung wieder übernommen werden.

Aufzug und Rolltreppen:

Konkrete Vorstellungen, Funktionswissen und Vorstellungen über die Gesamtanlage wie auch die Nutzungsbedingungen werden mit Vorteil fächerübergreifend im Klassen- und Gruppenunterricht erarbeitet. Modelle können sehr hilfreich sein dabei.

12.3.3 Gestaltung des Raumes

Konzepte zur Gestaltung von Innen- und Außenräumen und deren Verbindungen unterstützen oder beeinträchtigen die Aktivität und Partizipation maßgeblich. O&M-Rehabilitation richtet sich somit nicht nur an einzelne Individuen, sondern erfolgt immer auch in Form von Mitwirkung und Beratung in Fragen räumlicher Umweltgestaltung.

Außenräume von Schulen

Schulanlagen bestehen in der Regel aus mehreren Gebäuden. Flächen dazwischen unterstützen die Orientierung durch Bodenmarkierungen oder Orientierungspunkten wie z. B. Geländer oder Eingangsbereiche, die kontrastreich und farblich unterschiedlich gestaltet sind. Stark riechende Pflanzen, Bäume und Sträucher können olfaktorische Anhaltspunkte liefern. Ein Mobile oder Windspiel bietet akustische Hinweisreize. Durch die Schaffung verschiedener Zonen, als Spiel- und Begegnungsraum nutzbar, können Räume Anreiz- und Hinweischarakter erhalten (Krug & Mauersberger 1999). Hilfreich sind Bodenbeläge, welche aufgrund struktureller Unterschiede Hinweise liefern zu Wegetappen.

Räumliche Gestaltungskonzepte

Angemessene Gestaltung berücksichtigt Verbindung und Integration markanter Punkte in ein übergeordnetes Leit- und Orientierungssystem (Pommerenke & Zeun 2003) und unterstützt so das Erkennen und Unterscheiden von Etagen, Gängen, Räumen und Arbeitsbereichen in der ganzen Schule. Zielgerichtete Fortbewegung wird unterstützt durch »Aneinanderreihen von markanten Punkten wie bei einer Perlenkette« (Brambring 2003, 27). Markante Punkte sind besonders wirksame Orientierungshilfen, wenn sie über mehrere Sinne erfahrbar sind. So haben an Raumeingängen angebrachte kleine Dosen mit unterschiedlich tönendem Inhalt taktilen und akustischen Informationsgehalt. Bedeutsame Prinzipien der Ausgestaltung von Innenräumen sind (vgl. Boosert de Paz et al. 2009b; Berger et al. 2004):

- Gleichmäßige, blendfreie und möglichst dimmbare starke Ausleuchtung,
- Klare Farb- und Helligkeitskontraste,
- visuelle und taktile Leitlinien, Boden- und Treppenmarkierungen,
- kontrastreiche Leitlinien in Armhöhe oder tiefer für Rollstuhlfahrende,
- visuelle und taktile Markierungsflächen - immer eckig gestaltet,
- das Prinzip der Rechtwinkligkeit (Möblierung möglichst nicht schräg, Leitlinien nicht kurvig),
- Möblierung mit klarer und verständlicher Systematik (Platzierung von Pulten und Tischen: Lichteinfall beachten),
- feststehende Raumbereiche mit ausgelegtem Teppich markieren,
- Struktur- und Ordnungsprinzipien auch für Garderoben, Spiel- und Lernplätze, Regale und Schränke festlegen,
- offene Regale vermeiden (evtl. Vorhang in Kontrastfarbe anbringen),
- Räume, Korridore, Etagen, Treppenhäuser, Gebäude, Eingänge, Außenplätze und Wege in Schwarzschrift und Braille mittels klarer Begriffe beschriften,
- Räume für Kinder mit zusätzlichen Beeinträchtigungen mit Symbolen kennzeichnen. Gleiche Räume mit gleichen Symbolen (z. B. Musikzimmer: kleine Rassel, Küche: Rührbesen etc.),
- Räumen einen bestimmten und konstanten Duft zuordnen (Lavendel, Minze…),

- Räumen eine konstante Geräuschquelle zuordnen (Zimmerbrunnen, tickende Uhr…),
- bei stark hallenden Räumen Abhilfe schaffen und gleichzeitig taktile Hinweise anbieten durch Teppiche und Vorhänge,
- Pfosten oder Säulen visuell und taktil markieren (ev. als markante Punkte nutzbar).

Wichtig und unterstützend für die Begriffsbildung, den Aufbau räumlicher Vorstellungen und letztlich eine sichere Orientierung ist die durchgehend einheitliche Nutzung von Raum- und Objektbezeichnungen durch alle Fach- und Bezugspersonen.

12.4 Didaktische Konzepte

Kritisch merkt Walthes (2014, 179) zum O&M-Unterricht an, dass es sich dabei oft um ein Fertigkeitstraining handle, welches ausgehe von Vorstellungen des »richtigen« Verhaltens. In gleicher Weise argumentiert Heule (2005): Anstelle eines O&M-Unterrichts, welcher von Vorstellungen des »richtig« und »falsch« ausgeht, fordert sie ein primäres Erfassen erfolgreicher individueller Strategien. Angemessene Förderung unterstützt das Kind in deren Erweiterung, Ausdifferenzierung und Übertragung auf andere Situationen und Aufgaben.

Ausgeführte Handlungen führen zu Entwicklungen

Das folgende didaktische Grundprinzip ist auch im O&M-Unterricht und insbesondere auch für Lernende mit mehrfachen Beeinträchtigungen von zentraler Bedeutung. Jede initiierte und ausgeführte Handlung ist zum Zeitpunkt ihrer Ausführung eine richtige Handlung. Es ist unwesentlich, ob die Handlungsmotivation auf Anforderungen von außen beruht oder ob sie der Befriedigung eines persönlichen Bedürfnisses dient. In der Unterrichtsgestaltung sind Möglichkeiten zu Einsatz und Erweiterung selbstgewählter Handlungen in frei wählbarem Tempo anzubieten. Dies ist möglich, wenn offene Aufgaben vorerst ohne Handlungsvorgaben gestellt werden und Kinder oder Jugendliche die Möglichkeit erhalten, eigene Handlungskonzepte zu erproben. Weil Eingriffe in Handlungen das Lernen zumeist unterbrechen, ist es wichtig, sich möglichst zurückzuhalten bis zum Abschluss derselben. Die Bewältigung einer gestellten Anforderung mit Hilfe der gewählten Handlung gilt es anschließend gemeinsam zu reflektieren. Allenfalls sind Anpassungen vorzuschlagen oder erfolgversprechendere Alternativen abzuleiten.

> Schülerin H. hat eine Hemiplegie und kann ihren linken Arm nur eingeschränkt benutzen. Die Eingangstüren zum Hauptgebäude der Schule sind schwer und fallen stets sofort wieder zurück ins Schloss. H. wird die Türe zumeist geöffnet. Als

sie den Langstock neu hat, muss sie nach dem O&M-Unterricht diese Türe benutzen. Sie versucht, diese Aufgabe allein zu bewältigen. Entweder ist sie selbst durch die Türe oder der Stock, nie beide. Nach 12 Minuten allein üben sind letztlich beide durch. Ein einmaliges Erfolgserlebnis mit nachhaltiger Wirkung.

Hier gilt es im Sinne der Schonung von Ressourcen allerdings zu überlegen, ob nicht eine Anpassung des Türmechanismus an die Bedürfnisse körper- und sehbehinderter Menschen eine angemessene Maßnahme wäre.

Schülerin L. ist blind und hat ein ASS (Autismus-Spektrum-Störung). Sie übt den Weg von der Wohngruppe zur Schule. Dazu muss sie einem Fußweg folgen und am Schluss den Pausenplatz überqueren, um zum Schulgebäude zu gelangen. Auf dem Pausenplatz beginnt sie scheinbar völlig ziellos umherzuirren und macht unzählige Drehungen. Nach 10 Minuten erreicht sie endlich die Treppe zur Schule. Am nächsten Tag bewältigt sie den Schulweg in kürzester Zeit allein.

Schüler N. hat ein ASS und ein CVI (Cerebral Visual Impairment). Er interessiert sich ausschließlich für Lifte, elektrische Türen und defekte Technik. Sich im Bahnhof der Stadt zu bewegen bedeutete vorerst, dass er jedes noch so kleine defekte Licht fand, aber nicht wusste wo er war und wohin er gehen sollte. Dadurch, dass er alle Lifte im Bahnhof nutzen durfte, jedoch jeweils den Weg dahin selbst finden musste, lernte er, sich im Bahnhof zu orientieren. Mit dem Prinzip vom Kleinen zum Großen findet N. nun Lifte in der ganzen Stadt verteilt und lernt dazu den öffentlichen Verkehr zu nutzen. Zusätzlich haben sich seine visuellen Fähigkeiten verbessert. Er ist nun fähig, sein Sehen zur Orientierung und zur Wahrnehmung der Umwelt einzusetzen.

12.4.1 Erfahrungslernen und Begriffsbildung

Eine wichtige Voraussetzung für Orientierungsleistungen sind Begriffe zu Umweltkonstellationen: »Grundsätzliche Umwelterfahrung und Begriffsbildung ist von hoher Relevanz. Wir führen deshalb nicht um »Hindernisse« herum, sondern an Hindernisse ran! Alles ist wichtig. Gelbe Säcke und Mülltonnen, geparkte Fahrräder und Autos ... und für alles braucht man Zeit, Wiederholung, evtl. Handlungen« (Bossert de Paz et al. 2009a, 2). Nur mittels gemachter Erfahrungen lassen sich »Vorstellungen hinter den Wörtern« (Krumpen 2011, 6) entwickeln. Vielfältig gemachte Erfahrungen ermöglichen es, erworbene Begriffsstrukturen schlussfolgernd zu erweitern und zu differenzieren, ohne dass in jedem Fall ein direkter Objektkontakt notwendig ist (ebd., 8). Diese Entwicklung ist analog der Didaktik im Unterricht mit sehenden Lernenden zu verstehen: Wenn enaktives (handelndes) Begreifen und ikonisches (anschauliches) Erkennen mit zunehmendem Alter zugunsten des symbolischen, begrifflich-verbalen Lernens in den Hintergrund tritt, gelingt dies erfolgreich, wenn zuvor Wissen und Verstehen handelnd und sinnlich erworben werden konnten.

Vorstufen im Erwerb räumlicher Begrifflichkeiten

Es ist wichtig, mit blinden Kindern von Anfang an die Begriffe *links* und *rechts*, *vorne* und *hinten* zu nutzen. Ihnen gelingt deren Unterscheidung viel früher als sehenden Kindern, welche nicht notwendig auf dieselben angewiesen sind und sie deshalb erst später erwerben. Sobald blinde Kinder das Körperschema ausweiten und auf den umgebenden Raum übertragen können, ist eine sichere Vorstellung dieser räumlichen Bezüge bedeutsam. Sie haben jedoch bereits ein Bewusstsein davon, bevor sie die Begriffe sicher nutzen können.

> *So steht Schülerin Z. am Straßenrand. Sie kann mit dem Arm zeigen, woher ein Auto kommt, ohne die Richtung benennen zu können. Gleiches geschieht, wenn sie mit dem Rücken oder Bauch zu einem Geräusch steht. Sie kann nicht sagen, ob das Geräusch hinter oder vor ihr ist, kann aber entsprechend dazu ihren Rücken oder Bauch berühren.*

Grundsätzliche didaktische Prinzipien zur Förderung der Begriffsbildung

Als wichtige Prinzipien zu Begriffsbildung und verbaler Handlungsbegleitung blinder und hochgradig sehbehinderter Lernender gelten für Bossert de Paz et al. (2009a, 3):

- Zeit geben, um auf eigene Wahrnehmungen zu reagieren, anstatt diese vorwegzunehmen durch Vorankündigungen,
- Formulierungen wie »Geh dem Schrank entlang bis zur Tür« unterstützen die Orientierung besser als »Komm mal hier her«,
- Begriffe wie »rechts« oder »links« können auch körperlich durch entsprechende Berührungen am Oberarm oder durch ein Geräusch am Gegenstand (Schrank, Wasserhahn...) welcher gesucht wird, unterstützt werden,
- verlässliche Umgebungen in Institutionen sind Nahräume, welche das Wiedererkennen und Vertiefen ermöglichen,
- parallel dazu erleben die Schülerinnen und Schüler außerhalb ihrer Nahräume komplexere und unvertraute Umweltmuster.

> Schüler M. fängt spät damit an, sich selbstständig in vertrautem Gelände zu bewegen. Zwar kennt er verschiedene Wege, hat aber Mühe, spontan die benötigte Richtung einschlagen. Er entwickelt die folgende Lösungsstrategie: Er geht in eine Richtung los und wartet dabei auf eine Rückmeldung. Sobald jemand ruft: »M., du bist falsch.« oder »Was machst du?«, kehrt er um und wählt eine andere Richtung. In der Folge wird abgemacht, M. diese Art von Hilfe nicht mehr zu gewähren. M. geht nun los, bis er jeweils an einen Ort gelangt, den er als den nicht richtigen erkennt. Nun muss er seine Richtung selbstständig korrigieren. Dadurch geht er oft Umwege. Die Zeit, die er braucht, um Fehler zu erkennen, wird aber kürzer. M. hat eine neue Strategie erworben, welche verbunden ist mit mehr Eigenverantwortung für sein Handeln.

Begriffsbildung in fachübergreifender Umsetzung (vgl. ISB 2001)

Was nachfolgend exemplarisch am Beispiel *Räume des Alltags* dargestellt ist, lässt sich auch auf unbekannte Räume (z. B. Bahnhof) übertragen. Diese Erfahrungen der Umwelt, die Verbindung mit Begrifflichkeiten und der Aufbau entsprechender Vorstellungen sind nicht nur Inhalte des O&M-Unterrichts, sondern ebenso von Fachbereichen wie Musik, Turnen, Geometrie, Geografie etc.

- Raumbegriffe klären durch Benennen (Wänden Namen geben z. B. Türwand, Fensterwand),
- Formbegriffe einführen und vertiefen (Viereck, Dreieck, Ecke),
- Raumarten erfahren, kennen und benennen (Klassenzimmer, Gang, Toilette, Saal),
- Vorstellungen zum Raumkonzept aufbauen: »Be-Greifen« und Benennen von Teilen eines Raumes, vorstellungsmäßig mit weiteren Räumen des Hauses verbinden (Geräusche, Klopfzeichen, Musik, Stimmen aus anderen Räumen),
- Verstecken spielen, Abenteuerreise mit Klicker, Langstock oder anderen Mobilitätshilfen,
- Konzept des ganzen Hauses (Dach, Stockwerke, Treppenhaus): Hausmodelle und Reliefpläne einsetzen,
- verschiedene Gebäudeformen und Überbauungsformen erkunden,
- taktile Pläne und Karten, Maßstäbe einführen und deren Nutzung üben.

Modelle und Reliefs

Einerseits kann der Einsatz von Reliefs und Modellen den Aufbau von Vorstellungen des Raumes ganz wesentlich unterstützen. Andererseits ermöglichen vorhandene Vorstellungen des Raumes und gemeinsam geteilte zugehörige Begriffe den Einsatz derselben eigentlich erst. Die Nutzung von Modellen und Reliefs zur Orientierung stellt grundsätzlich hohe Ansprüche an räumliche und begriffliche Kenntnisse und Orientierungsfähigkeiten, welche als solche primär und begleitend zu fördern sind.

Kinder, auch blinde Kinder, sind zumeist schon im Vorschulalter vertraut mit dem spielerischen Einsatz von Legosteinen, welche sich gut eignen, um einfache Reliefs und Modelle herzustellen. Bei Kindern mit Migrationshintergrund sind diese Voraussetzungen allenfalls zuerst zu schaffen. Vorteile von Legosteinen oder Klettreliefs bestehen darin, dass – im Gegensatz zu denjenigen, die als Magnetsystem konzipiert sind – einzelne Teile nicht verschoben werden können. Ergänzend erhöht der Einbezug von Magnetflächen oder Klettstreifen das Tempo des Bauens. Erst aufgrund ausreichend anschaulicher Unterstützung des Erwerbs von Vorstellungen wird es in fortgeschrittener O&M-Schulung möglich, die modellhaften Einführungs- und Lernanlagen durch taktile Pläne zu ersetzen. Nach Krumpen gilt es zu betonen, dass es zahlreiche Lernerfahrungen braucht »um von Reliefdarstellungen auf die Wirklichkeit schließen zu können. Eine gekrümmte Linie ist zunächst einmal nur eine gekrümmte Linie« (2011, 9). Mit der Technologie des 3D-Drucks hat die Zugänglichkeit räumlicher Körper und Formen eine bedeutsame Ergänzung erhalten. Sie unterstützt modellhafte aber präzise Vermittlung von Sachverhalten und Phänomenen und sie eröffnet die Möglichkeit, genaue, maßstäblich korrekte Modelle eines Raumes, der darin befindlichen Möbel, eines Hauses oder unterschiedlicher Gebäude aus der konkreten näheren Umgebung herzustellen. Wie Kalina (2015, 18) betont, gelingt dies in relativ kurzer Zeit, in erforderlicher Anzahl und zudem mit geringen Produktionskosten.

12.4.2 Vom markanten Punkt zum kognitiven Plan

Markante Punkte dienen der Orientierung. In zumeist visueller Ausprägung werden sie auch von sehenden Menschen genutzt. Alternativen dazu stellen bekannte Objekte, Geräusche, Gerüche, Temperaturen sowie kinästhetische oder taktile Hinweise dar. Als Voraussetzungen zur Nutzung dieser Punkte als Orientierungshilfen braucht es jedoch ausreichend sensorische Gedächtnisfunktionen sowie minimal ausgeprägte systematische Suchtechniken. Lernende sollen erfahren können, welche Punkte ihre Orientierung unterstützen und ob sich eine Kombination markanter Punkte ergibt (Geruch, Hall, Bodenstruktur, Temperatur etc.). Motivierend sind markante Punkte nur, wenn sie als hilfreich akzeptiert werden.

Nutzung des markanten Punktes als Ausgangs- und Fixpunkt räumlicher Orientierung:

- Punkt finden,
- Position festlegen,
- Namen festlegen,
- Merkmale und Funktion herausfinden und vertraut werden damit.

Nutzung des markanten Punktes zur Orientierung und Bewegung im Raum:

- Richtungsbeziehungen festlegen (stehe ich mit dem Rücken zur Tür, so schaue ich zum Fenster),
- vom markanten Punkt ausgehend bestimmte Ziele anlaufen und wieder zurückfinden,
- Wege gehen im Raum, Kontrolle und Bestätigung eingeschlagener Wege,
- Wiedererkennen des Raumes,
- Distanzen einschätzen.

Ausgehend von markanten Punkten entwickeln sich nach und nach *kognitive Landkarten* von Räumen und damit entsteht die Möglichkeit, sich auch vorstellungsmäßig darin zu bewegen.

Grundbegriffe zu Raumvorstellung und Umweltmustern

Raumvorstellungen, insbesondere wenn sie kommunizierbar sein sollen, sind eng verbunden mit Formbegriffen (Gerade, Kante, Kurve, Rechteck, Kreis etc.). Zusätzlich sind Positionsbegriffe (unten, dahinter, quer, senkrecht, durch, ...) erforderlich. Zu nutzende Begriffe sind sprachlich und sachlich zu klären, was reale Erkundungen, Arbeiten und spielerischen Umgang mit Formen und Modellen voraussetzt. Sinnvollerweise werden Formen auch mit akustischen Mitteln (z. B. Rundgesang, Positionierung von Geräuschquellen im Raum) dargestellt. Positionsbegriffe sind ebenfalls in zahlreichen Handlungs- und Spielanweisungen (sich gegenüberstehen, Rücken an Rücken oder mit dem Rücken zur Wand stehen etc.) einführ- und vertiefbar. Zur Präzisierung von Raumkonstellationen und Positionen müssen außerdem Dimensionen wahrgenommen, gemessen, verglichen und abgeschätzt werden. Auch hier sind akustische Hinweise (z. B. Ball gegen Wand rollen, Klicker einsetzen etc.) mit einzubeziehen. Gleichzeitig geht es um den Umgang mit Messinstrumenten und somit um Vernetzungen mit Mathematik. Zusätzlich sind Entfernungen, Geschwindigkeiten, Wegstrecken und zeitliche Dauer miteinander zu verbinden. Die Bezugnahme auf die Zeit, auf den Umgang mit (akustischen oder taktilen) Uhren ist ebenfalls erforderlich.

Räumliche Vorstellungen sind letztlich unvollständig, wenn der Aspekt der Konstanz der Umgebung bei Veränderungen des eigenen Körpers nicht erkannt wird. Der Aufbau dieser Vorstellungen kann durch Analyse und Übung der folgenden Teilaspekte unterstützt werden (vgl. ISB 2001):

- Eigene Position im Raum verändern (erlebbar in Bezug auf konstante Geräuschquellen, Verschieben von Figuren auf einem Spielbrett),
- Wirkungen verschiedener Drehungen (90°, 180°...) in kleinen Räumen (z. B. im Lift) erfahren,
- Drehung(en) bestimmen und im Stehen vollziehen (Änderungen in Bezug zu ringsum verteilten Gegenständen wie Tisch, Stuhl, Notenständer, Papierkorb o. ä. feststellen, diese bereits im Voraus bestimmen),
- Drehungen im Gehen ausführen und als Richtungsänderung in Räumen (z. B. Turnhalle) oder auf Plänen erkennen.

12.4.3 Gestaltungsprinzipien einer O&M-Unterrichtssequenz im öffentlichen Raum

Die folgend skizzierte Unterrichtssequenz bewährt sich bei jüngeren Kindern oder bei Kindern und Jugendlichen mit mehrfachen Beeinträchtigungen. Sie beinhaltet Bereiche im öffentlichen Raum, welche bereits mehr oder weniger gut ausdifferenzierte Kompetenzen voraussetzen und auf diesen aufbauen. Sie enthält auch das Nutzen öffentlicher Verkehrsmittel. Selbstständig bewältigbare Teilaufgaben wechseln ab mit unvertrauten, noch nicht ausreichend geübten. Der Vorteil dieser Methode besteht im Ansetzen an bekannten Situationen und den darin erworbenen Kompetenzen, was Sicherheit und Vertrauen stärken kann.

Inhalte

- Fahrt mit dem Bus, zwei Stationen bis zur Endstation (ca. 10 Minuten Aufenthalt),
- Rückfahrt mit dem Bus (Endstation, deshalb kein Wechsel der Haltestelle).

Ausgewählte Lernziele

- Einsteigestelle kennen lernen, wiedererkennen, evtl. selbstständig auffinden,
- Busankunft wahrnehmen, hören wie die Türen aufgehen,
- Einsteigen, wissen, in welcher Hand der Stock sein muss und wo man sich festhält,
- Handhabung des Langstocks: Stocktechniken beim Stufen/Treppen auf- und absteigen, freien Platz erkennen und Aufbewahren des Stocks,
- Platz suchen und sich setzen,
- Wahrnehmen, wie der Bus geradeaus oder Kurven fährt, beschleunigt und abbremst,
- Wahrnehmen und unterscheiden lernen, wie man in Bezug auf die Fahrtrichtung sitzt (vor-, seit-, oder rückwärts),
- selbstständig Aussteigen mit Hilfe des Langstock, dabei wissen, in welcher Hand der Stock sein muss und wo man sich festhält, mit dem Stock die Entfernung der (untersten) Stufe zum Boden abtasten und die Eigenbewegungen der wahrgenommenen Distanz anpassen,
- den Bus innen und außen erkunden, Begriffe einführen oder festigen,
- den Bus als Raum kennen (vorne, hinten, Seiten, wissen, dass Türen in Fahrtrichtung rechts sind),
- bestimmte Haltestelle kennen und bei deren Ansage das Aussteigen vorbereiten.

Diese Unterrichtssequenz belegt, wie verschiedene O&M-Inhalte parallel und abwechselnd erkundet, geübt und gefestigt werden können. Für Wahrnehmungsförderung und Begriffsbildung, zur Erkundung verschiedener Lebensräume, für die Mobilität mit Hilfe eines öffentlichen Verkehrsmittels sowie das Erlernen von Langstocktechniken ergeben sich vielfältige Möglichkeiten.

12.5 Hilfsmittel

Sich orientieren und räumliche Anordnungen überblicken gelingt visuell sowohl im unmittelbar umgebenden Nahraum als auch auf Distanz. Dies ermöglichen die als Fernsinn funktionierenden Augen. Im Gegensatz dazu ist der Tastsinn auf den Nahraum beschränkt. Eine für Orientierung und Mobilität unabdingbare Erweiterung beruht auf der Nutzung von Hilfsmitteln.

12.5.1 Der Langstock: Unterstützung und Schutz

Seit den Anfängen der O&M-Schulung gilt der Langstock als wichtigste Hilfe zu selbstständiger und sicherer Fortbewegung. Erstmals erprobt worden ist er in Einrichtungen für im Krieg erblindete Menschen in den USA nach dem Ende des 2. Weltkriegs (Hoover 1950). Langstöcke sind stets weiß, werden heute jedoch in vielen verschiedenen Ausführung und Materialien (z. B. Kohlefaser, Keramik, Aluminium) angeboten. Sie sind falt- oder zusammenschiebbar, sind ausgestattet mit verschieden geformten kugelgelagerten Stockspitzen welche besser über Unebenheiten und Risse hinweggleiten als die traditionelle Stockspitze. Mit dem Langstock als verlängertem Arm wird der Tastraum erweitert und der mögliche Kontakt mit erwünschten (z. B. markanten Punkten) oder unerwünschten Objekten in Form von Hindernissen und Gefahren (z. B. Treppen, Löcher) im Voraus angezeigt. Gleichzeitig vermittelt der Langstock den Nutzenden Informationen über Bodenbeschaffenheiten wie z. B. Grenzkanten zwischen Weg und Rasen. Nicht zuletzt lassen sich durch Abtasten Erkenntnisse gewinnen über Eigenschaften und Formen von Objekten (vgl. Brambring 2003; Klee 2005).

Gemäß Bossert de Paz et al. (2009a) müsste der Langstock zum ständigen Begleiter werden, damit die durch ihn möglichen Informationen auch differenziert wahrgenommen und zur Orientierung genutzt werden können. Basale Stockerfahrungen haben demzufolge einen »Werkzeugcharakter«; alles ist erlaubt, was sich als Spiel- Lern- und Erfahrungsraum anbietet. Dies gilt selbst dann, wenn ein Kind den umfassenden Einsatz des Langstockes zur Orientierung voraussichtlich nicht erlernen kann. Der Umgang damit in unterschiedlichen Situationen, so z. B. auch beim Treppensteigen oder beim Passieren von Türen und insbesondere beim selbstständigen oder begleiteten Gehen stellt hohe Anforderungen an Wahrnehmungsfähigkeiten und Körperbewusstsein. Den Stock vor sich herschieben vermittelt jedoch auch kleinen Kindern oder Kindern mit zusätzlichen Behinderungen bereits wichtige räumliche Informationen. Insbesondere im englischsprachigen Raum wird oftmals betont, dass Kinder ab ihren ersten Gehversuchen stets nur mit dem Langstock gehen sollten. Dagegen gilt es allerdings unbedingt einzuwenden, dass Gehen immer wieder auch ohne jedes Hilfsmittel geschehen sollte, um die Entwicklung des Körperschemas, des sicheren Gleichgewichts und der koordinierten Ganzkörperbewegungen nicht zu beeinträchtigen. Kinder, welche das Gehen unter ständiger Nutzung des Langstocks oder alternativer Hilfsmittel erlernen, sind beeinträchtigt im Erlernen freier und eigenständiger Haltung und Fortbewegung. Das Hilfsmittel zur Orientierung kann so unter Umständen die Funktion einer »Gehhilfe« erhalten.

Anspruchsvoller Einsatz des Langstocks (vgl. Hofstetter 2006)

Der Langstock ist das effizienteste Hilfsmittel zur Fortbewegung wie auch zum Selbstschutz. Es muss jedoch erkannt und richtig interpretiert werden, welche Hindernisse, Gegenstände und Situationen er anzeigt. Darauf basierend muss anschließend eine angemessene Handlung ausgeführt werden können. Zweitens muss der Stock so benutzt werden, dass er eine körperbreite Schutzzone bietet. Dazu muss die Pendeltechnik (Rolltechnik) für das freie Gehen angewandt werden. Rollend ergeben sich durch ständigen wischenden Bodenkontakt viele taktile Informationen. »Es ist wichtig, die Stocktechnik soweit wie möglich harmonisch in den individuellen Bewegungsablauf einzufügen, damit eine weitgehend unauffällige Fortbewegung erzielt wird« (ISB 2001, 23). Tippen mit dem Stockende sollte der Absicherung in unebenem Gelände, z. B. in Wald oder Feld, in Grasflächen oder im Schnee vorbehalten sein. Beim Stehen oder Warten wird der Stock in der Senkrechten in *Bleistifthaltung* gehalten, ebenso beim Treppen hochsteigen, bei Drehungen oder beim Abtasten eines Objekts.

Grundregeln für O&M-Lehrpersonen

Die Lehrperson geht hinter dem Kind oder Jugendlichen, ohne Körperkontakt und in individuell angemessener Distanz. Lernende haben dadurch die Umwelt vor sich und können so die Umgebung wahrnehmen und Erfahrungen sammeln. Ginge die Lehrperson vor ihnen, so würden die Lernenden ihre Aufmerksamkeit auf deren Gehgeräusche richten und diesen folgen, unter Vernachlässigung weiterer möglicher Umweltinformationen. Nimmt die Lehrperson ein Kind an der Hand, wird dieses sich ebenfalls an ihr orientieren und nicht an der Umwelt. Kinder können jedoch vorausgehen und sich trotzdem durch die Begleitperson gesichert fühlen. Dabei muss aber sorgfältig abwägend die passende Distanz ermittelt werden. Sicherheitsbedürfnis und der allgemeine Entwicklungsstand des Kindes sind differenzierend einzuschätzen und zu berücksichtigen.

Erst wenn ein Kind sich nach vorne orientieren kann, übernimmt es Verantwortung für sein Gehen.

> Der 7-jährige L. ist blind und sich von zuhause gewohnt, dass er überall an der Hand geht. Im Unterricht wird von ihm verlangt, alleine zu gehen. Das üben wir. Dabei dreht L. sich immer wieder um und fragt, ob ich noch da sei. Nachdem er sich im Schulhausgang auskennt, soll er diesen alleine gehen. Zunehmend vergrößere ich die Distanz zu ihm. Wir setzen sogar ein Handfunkgerät ein, um L. die Möglichkeit zu geben, sofort mit mir in Kontakt zu treten. So gewöhnt er sich an eine Distanz von ca. 6 Metern. Die nächste Anforderung besteht darin, in ein anderes Gebäude zu wechseln und diese Distanz beizubehalten. An jeder Türe und jeder Ecke wartet er, bis ich wieder da bin. Das heißt, auch wenn er 6 Meter vorausgeht, versichert er sich ständig, dass ich da bin.

12.5.2 Alternativen zum Langstock – Ergänzung des Langstocks

Grundsätzlich ist zu beachten, dass der frühzeitige Einsatz des Langstocks, wenn immer möglich, der Nutzung von Alternativen vorzuziehen ist. Als Alternative bietet sich alles an, was vor sich hergeschoben werden kann und eine Knautschzone gewährt, wie z. B. Spielzeugkinderwagen, Einkaufswagen oder Schubkarren. Sinnvoll ist es, mit blinden Kindern, sobald sie selber gehen können, den Umgang mit individuell passenden Mobilitätsgeräten im Haus und in geschützter Umgebung zu fördern. Unterstützt werden können dabei neben der Motivation, sich mit der Umwelt auseinanderzusetzen, die Differenzierung und Erweiterung von Wahrnehmung und Bewegung. Geeignete Alternativen stellen zum Beispiel der Rectangular AMD (Adaptive Mobility Devices) oder der Mobifit dar. Für Kinder, die motorisch unsicher sind, die etwas mit beiden Händen ev. besser halten können oder zu schnell unterwegs sind, allenfalls auch als Unterstützung des Gleichgewichts, eignet sich ein Rectangular AMD, der körperbreiten Schutz bietet. Dieser benötigt keinerlei Technik, außer, dass er vor dem Körper hergeschoben werden muss.

12.5.3 Der Navigationsgürtel feelSpace

Der feelSpace-Gürtel ist ein fühlbares Navigationsgerät, welches mittels Vibration stets Norden anzeigt. Er ist in verschiedenen Größen erhältlich und wird wie ein normaler Gürtel getragen. Er ist unauffällig, sein Gewicht ist gering trotz integrierter Batterie und eingebauten Vibrationsmotoren, die in gleichmäßigen Abständen verteilt sind. Stets vibriert nur derjenige von ihnen, welcher in Richtung magnetischen Norden zeigt. FeelSpace kann den Langstock sinnvoll ergänzen zur Kontrolle einer zielorientierten Körper- und Bewegungsausrichtung (Wache 2016). Als Hilfsmittel kann er bereits bei Kindern eingesetzt werden.

- Nach zwei Versuchen kontrolliert ein 6-jähriges Kind den Vibrationspunkt stets mit der Hand, scheint ihn jedoch noch nicht als Hilfe zur Richtungsangabe zu verstehen.
- Eine 10-Jährige spürt den Gürtel und kann deutlich besser erkennen, dass der Vibrationspunkt eine stets gleiche Richtung angibt.

Der Gürtel enthält neben der Kompassfunktion weitere Funktionen, indem er per Bluetooth mit dem Smartphone kommunizieren und im Zusammenspiel mit einer barrierefreien Navigations-App aktuelle Weginformationen vermitteln kann (ebd., 25).

12.5.4 Hilfsmitteltraining am Beispiel ›Monokular‹

Zum Adressatenkreis der O&M-Schulung gehören auch Menschen, die sich, wenn auch sehr begrenzt, mit Hilfe visueller Strategien orientieren können (▶ 12.1.2). Somit ist es naheliegend, dass auch die Nutzung optischer Hilfsmittel Inhalt von O&M darstellen kann. Besonders geeignet ist das Monokular, dessen Einsatz allerdings zu üben ist, damit es situativ schnell und sicher nutzbar ist.

Mit Hilfe des Monokulars können z. B. Straßenschilder, Busnummern, Anschriften in Bahnhöfen etc. erkannt werden. Je stärker dessen Vergrößerung jedoch ist, desto kleiner wird der sichtbare Ausschnitt und je kleiner dieser ist, desto gezieltere Suchstrategien sind erforderlich. Wird ein Monokular mit starker Vergrößerung (z. B. 8 x 20: 8-fache Vergrößerung bei 20mm Durchmesser der Eintrittslinse) benötigt, kann es trotzdem sinnvoll sein, das Training mit einem Monokular mit geringerer Vergrößerung zu beginnen, weil die Suchstrategien damit einfacher und schneller erlernbar sind. Anschließend lassen sie sich ohne weiteres auf das stärker vergrößernde Instrument übertragen.

Die nachfolgende Abbildung enthält einen Überblick über einen möglichen Trainingsaufbau.

Tab. 12.1: Aufbau eines Monokulartrainings

Thema/Strategie	Teilbereiche/Bedeutung
Einführung	• Funktion und Konstruktion des Monokulars, Sicherheit, Schärfe-Unschärfe erleben • dominantes Auge bestimmen
Handhabung	• Halten und Stabilisieren, Ausrichten des Monokulars mit eingestellter Distanz, Detailbetrachtung und Identifikation • Distanz einstellen
Spotting	• Lokalisation - Fixation - scharf stellen - Identifikation
Tracing	• Visuelles Verfolgen von Linien
Scanning	• Absuchen einer eingrenzbaren Umgebung
Tracking	• Folgen von bewegten Objekten
Transfer	• Bezug zu Anforderungen in Unterricht, Freizeit und Alltag herstellen

Die einzelnen Themen sind sowohl isoliert als auch im Zusammenhang mit komplexeren Aufgabenstellungen zu üben. Zu allen Techniken sind Übungssituationen zu gestalten, welche möglichst in Verbindung mit Inhalten und Anforderungen des allgemeinen Unterrichts, der Orientierung und Mobilität im schulischen oder häuslichen Lebensalltag und im öffentlichen Raum stehen (vgl. Zeun 2007).

12.5.5 Smartphone und Apps

Sinnvoll programmierte und mit Bedienungshilfen in Smartphones – insbesondere im iPhone – ausgestattete, kompatible Apps sind zu wichtigen Hilfsmitteln für blinde und hochgradig sehbehinderte Menschen zur Bewältigung von Umweltanforderungen geworden. Dies gilt auch für die täglichen Herausforderungen in Orientierung und Mobilität.

Im Folgenden wird exemplarisch nur eine käufliche, barrierefreie GPS-App vorgestellt.

Blindsquare GPS-App[28]

Diese App steht nur für iOS-Geräte, also iPhone oder iPad, zur Verfügung. Entwickelt wurde sie in Zusammenarbeit mit blinden Nutzenden. Sie ist kompatibel mit der Bedienungshilfe VoiceOver und enthält überdies auch eine eigene Sprachausgabe. Standort und Richtungserkennung erfolgen über den Kompass des iPhones. Die Angabe des aktuellen Standorts kann durch Schütteln des Geräts ausgelöst werden. Die App vermittelt Informationen zur Umgebung, Wegbeschreibungen und sagt Kreuzungen und Straßennamen an (Iriogbe 2016).

Mit dem folgenden Link gelangt man zu einem kurzen, aber sehr klaren und informativen YouTube-Film.[29] Im Film demonstriert und erläutert eine blinde Nutzerin den Umgang mit der App und erklärt deren wichtigste Funktionen. Die App ist nicht billig (CHF. 39.-/€ 39.-). Da sie große Datenmengen in Echtzeit vermittelt, beansprucht sie den Energievorrat des Geräts erheblich; zur Nutzung wird eine Datenflatrate empfohlen.

12.5.5.1 Besondere Voraussetzungen zur Nutzung von Smartphones und Apps in O&M

Werden Apps auf Smartphones mit Sprachausgabe wie z. B. dem iPhone mit VoiceOver genutzt, sind Kopfhörer erforderlich, welche im Straßenverkehr allerdings problematisch sind, da sie die Nutzung akustischer Informationen aus der Umgebung weitgehend verunmöglichen (Iriogbe 2014). Zur Lösung dieses Problems empfehlen Fachpersonen Knochenleitkopfhörer, welche die Schallschwingen weiterleiten durch die das Mittelohr umgebenden Schädelknochen. So bleibt der Gehörgang, der den Schall via Trommelfell und die Gehörknöchelchen ins Innenohr weiterleitet, für die Aufnahme anderer akustischer Informationen frei.

Eine zentrale Voraussetzung zur Nutzung des Smartphones im O&M-Unterricht ist, dass der Umgang damit bereits sicher beherrscht wird. Andernfalls stellt es eine Gefährdung der sicheren Mobilität dar, weil die Nutzung von Apps besondere Zuwendung und Aufmerksamkeit erfordert, welche zur Orientierung und Fortbewegung verfügbar sein müssten.

Ebenso zentral und unbedingt zu beachten ist, dass jede App, sei sie noch so hilfreich und für blinde und hochgradig sehbehinderte Menschen weitgehend barrierefrei zugänglich, letztlich erst nutzbar ist, wenn diese aufgrund einer soliden O&M-Schulung die Techniken der Orientierung und eine gezielte sichere Fortbewegung beherrschen. In der Förderung von Kindern und Jugendlichen ist es demzufolge unabdingbar, dass zu vermittelnde Inhalte und zu erreichende Ziele in einem sachlogischen Aufbau geplant und umgesetzt werden.

Dies gilt indessen nicht nur für die letztgenannten Technologien, sondern ebenso für alle anderen Hilfsmittel: Nur gesicherte Strategien unterstützen die Nutzenden in ihrer Orientierung und Mobilität.

---

28 https://www.blindsquare.com/de/about/ (Zugriff am 28.03.2020)
29 https://www.youtube.com/watch?v=AZUphzNVf48 (Zugriff am 28.03.2020)

Literatur

Arntzen A. T. (2006): Orientierung und Mobilität. In: A. Henriksen & Ch. Henriksen (Hrsg.): *Comenius Project European Union: Focus MDVI. Informationen für die Beratung bei Kindern und Jugendlichen mit mehrfachen Behinderungen und Sehschädigung.* Deutsche Fassung. Schleswig, 88–100.
Berger, Ch., Lesny-Ruoff, M. & Metzger, Ch. (2004): Möglichkeiten zur Anbahnung der Raumwahrnehmung und der Orientierung bei Kindern mit mehreren Behinderungen. In: Verband der Blinden- und Sehbehindertenpädagogen und -pädagoginnen e.V. (Hrsg.): *»Qualitäten« Rehabilitation und Pädagogik bei Blindheit und Sehbehinderung. Kongressbericht. XXXIII. Kongress vom 4.–8. Juli 2003 in Dortmund (CD).* Würzburg.
Bossert de Paz, K., Laudahn, E. & Troost, G. (2009a): Workshop: Orientierung und Mobilität für blinde und sehbehinderte Menschen mit mehreren Behinderungen. In: Verband der Blinden- und Sehbehindertenpädagogen und -pädagoginnen e.V. (Hrsg.): Teilhabe gestalten. Kongressbericht. XXXIV. Kongress vom 14.-18. Juli 2008 in Hannover (CD). Würzburg.
Bossert de Paz, K., Laudahn, E. & Troost, G. (2009b): Blinden- und sehbehindertenfreundliche Gestaltung von Räumlichkeiten unter dem Aspekt der Orientierung und Mobilität. In: Verband der Blinden- und Sehbehindertenpädagogen und -pädagoginnen e.V. (Hrsg.): *Teilhabe gestalten. Kongressbericht. XXXIV. Kongress vom 14.-18. Juli 2008 in Hannover (CD).* Würzburg.
Brambring, M. (2003): Orientierung und Mobilität bei sehgeschädigten Personen. *blind-sehbehindert 123,* 22–30.
Brambring, M. (1999): *Handbuch: Entwicklungsbeobachtung und Förderung blinder Klein- und Vorschulkinder.* Würzburg.
Cory, P. (2009): Die Herausforderung der Vermittlung Lebenspraktischer Fähigkeiten. *Orientierungshilfe 32,* 37–41.
Cory, D. (1998): From long cane training to orientation and mobility: the international expansion of services. *Journal of Visual Impairment and Blindness 92,* 264–267.
Fazzi, D. L. (2014): Orientation and Mobility. In: C.B. Allman & S. Lewis (Eds.): *ECC Essentials – Teaching the Expanded Core Curriculum to students with visual impairments.* New York, 248–274.
Finke, K. (2019): »Das O in O&M«. Unveröffentlichtes Referat IRIS e.V. Februar 2019. Hamburg.
Giese, M. (2007): Wenn die Methodenkonstruktion blind macht – Über die Entstehung und Vermittlung intendierter Bewegungsgestalten. *blind-sehbehindert 127,* 191–195.
Guerette, A. R. (2014): Compensatory Access. In: C.B. Allman & S. Lewis (Hrsg.): *ECC Essentials – Teaching the Expanded Core Curriculum to students with visual impairments.* New York, 61–103.
Harley, R.K. & Merbler, J.B. (1980): Development of an orientation and mobility program for multiply impaired low vision children. *Journal of Visual impairment and Blindness 74,* 9–14.
Heule, R. (2005): Orientierung und Mobilität mit blinden, sehbehinderten und mehrfachbehinderten Kindern: Wo wollen wir hin? Wie kommen wir dort hin? *Orientierungshilfe 28,* 13–18.
Heule, R. (2006): Orientierung und Mobilität bei Kindern (O&M) – Vom fertigkeitsorientierten Lernen bis hin zum Nutzen individueller Strategien. In: Arbeitsgemeinschaft Frühförderung sehgeschädigter Kinder (Hrsg.): *Frühförderung im Spannungsfeld zwischen Entfalten lassen und Lenken. Referate der 20. Fortbildungstagung in Klink/Müritz 2005.* Würzburg, 164–177.
Hölscher, U. (2018): O&M? – Echoortung? – Klick-Echoortung/Klicksonar? Was nun eigentlich? – Und wieso überhaupt? – Und wer eigentlich? *blind-sehbehindert 138,* 22–33.
Hofstetter, Ch. (2006): Notebook O&M-Ausbildung. Unveröffentlicher Text aus dem Kurs »Formation en locomotion 638 UCBA«, 2004-2006.
Hoover, R.E. (1950): The cane as a travel aid. In: P. Zahl (Hrsg.): *Blindness.* Princeton, N.J., 353–365.
Hudelmayer, D. (2006): Tradition und Umgestaltung der Blinden- und Sehbehindertenpädagogik in der BRD nach 1945. In: W. Drave & H. Mehls (Hrsg.): *200 Jahre Blindenbildung in Deutschland (1806-2006).* Würzburg, 197–210.

Iriogbe, J. (2016): Das iPhone als Mobilitätshilfe. *blind-sehbehindert 136*, 209–214.
Iriogbe, J. (2014): Das iPhone als Alltagshilfe für Sehgeschädigte. *Orientierungshilfe 37*, 4–7.
ISB – Staatsinstitut für Schulpädagogik und Bildungsforschung (Hrsg.) (2001): *Mobilität und Lebenspraktische Fertigkeiten im Unterricht mit sehgeschädigten Kindern und Jugendlichen.* Würzburg.
Kalina, U. (2015): Mit 3D-Druck die Welt begreifbar machen. *blind-sehbehindert 135*, 9–19.
Kish, D. (2015): *Bilder im Kopf. Klick-Echoortung für blinde Menschen.* Aus dem Englischen übersetzt von Karin Müller. Würzburg.
Klee, K. (1998): 28 Jahre Orientierung und Mobilität – Wo stehen wir? Wo wollen wir hin? Wie gelangen wir dorthin? In: VBS (Hrsg.): *Lebensperspektiven. Kongressbericht, 3.-7. August 1998 in Nürnberg.* Hannover, 1009–1021.
Klee, K. (2005): Der Langstock als Mobilitätssystem. *blind-sehbehindert 125*, 93–101.
Köwing, G. (2016): Förderung Lebenspraktischer Fähigkeiten (LPF) sowie der Orientierung und Mobilität (O&M). Positionen 2016. *Sonderheft blind-sehbehindert 136*, 61–64.
Krumpen, Ch. (2011): Die Bedeutung von Worten - »Du machst dir keinen Begriff davon!« *Orientierungshilfe 34*, 6–18.
Liebermann, L.J., Haegele, J.A., Columna, L. & Conroy, P. (2014): How students with visual impairments can learn components of the Expanded Core Curriculum through physical education. *Journal of Visual impairment and Blindness 108*, 239–248.
Nielsen, L. (1992): *Räumliche Erfahrungen von blindgeborenen Kleinkindern.* Zürich.
Nielsen, L. (1996): *Schritt für Schritt. Frühes Lernen von sehgeschädigten und mehrfachbehinderten Kindern.* Würzburg.
Nielsen, L. (2001): *Das Ich und der Raum. Aktives Lernen im »Kleinen Raum«.* Würzburg.
Ohrens, Ch. (2013): Click and point out. Ein paar Gedanken zur sogenannten Echoortung. *Orientierungshilfe 36*, 15–17.
Oser, V. (2014): Mobilitätsunterricht im möblierten Raum. *blind-sehbehindert 134*, 125–133.
Oser, V. (2003): Orientierung und Mobilität. Unveröffentlichtes Notebook aus dem SZB-Weiterbildungskurs 474, 2001–2003.
Pommerenke, F. & Zeun, U. (2003): Raumbeschriftungen in einer Blinden- und Sehbehindertenschule als Leit- und Orientierungssystem. *blind-sehbehindert 123*, 16–21.
Ruiz, J. (2015): »Mythos Mobilität« Inhaltliche Reflexionen und Überlegungen zum Projekt (ins Deutsche übertragen von Stanetty, E.). In: BBI Wien (Hrsg.): *Autonomie durch Zungenschnalzen. Klick-Sonar-Methode. Endbericht Herbst 2013–Frühjahr 2015*, 18–25.
Sapp, W. & Hatlen, P. (2010): The expanded core curriculum: Where we have been, where we are going, and how we can get there. *Journal of Visual impairment and Blindness 104*, 338–346.
Thiele, M. (2001): *Bewegung, Spiel und Sport im gemeinsamen Unterricht von sehgeschädigten und normalsichtigen Schülerinnen und Schülern.* Würzburg.
VBS – Verband der Blinden- und Sehbehindertenpädagogen und -pädagoginnen e.V. (Hrsg.): Positionen 2016. *Sonderheft blind-sehbehindert 136.* Würzburg.
Wache, Susanne (2016): Ein fühlbares Navigationsgerät: der feelSpace-Gürtel. *Orientierungshilfe 39*, 23–25.
Walthes, R. (2014): *Einführung in die Blinden- und Sehbehindertenpädagogik.* 3. Auflage. München und Basel.
Wechsler, S. & Weinläder, H. (2000): Orientierung und Mobilität von mehrfachbehinderten Kindern und Jugendlichen mit Sehschädigungen. In: E. Fischer (Hrsg.): *Pädagogik für Kinder und Jugendliche mit mehrfachen Behinderungen. Lernverhalten, Diagnostik, Erziehungsbedürfnisse und Fördermaßnahmen.* Dortmund, 237–261.
Weinläder, H.G. (1998): O&M mit speziellen Gruppen (Überblick über Klientengruppen). In: VBS (Hrsg.): *Lebensperspektiven. Kongressbericht 3.–7. August 1998 in Nürnberg.* Hannover, 1030–1035.
Zeun, U. (2007): Monokular-Schulung. Techniken – Übungen – Tipps. *blind-sehbehindert 127*, 117–123.

13 Förderung Lebenspraktischer Fähigkeiten (LPF)

Alex Hergert & Ursula Hofer

13.1 Lebenspraktische Fähigkeiten (LPF) im Überblick

Als spezieller Bildungsinhalt wurde LPF *Lebenspraktische Fähigkeiten* in Deutschland erstmals 1981 offiziell in Hessen in den Richtlinien für Blindenschulen unter dem Stichwort *social training* beschrieben. Hudelmayer betonte deren Bedeutung als Schlüssel zu sozialer Kompetenz sehbehinderter und blinder Menschen im Alltag (vgl. 2006 und 1997). Der Schwerpunkt von LPF liegt insbesondere auf spezifischen Techniken und Fertigkeiten, welche die Betroffenen, einschließlich derjenigen mit zusätzlichen Beeinträchtigungen, in der weitgehend selbstständigen Alltagsgestaltung in jedem Lebensalter unterstützen können. Sich als selbstwirksam und unabhängig wahrnehmen, gilt als notwendige Basis zu erfolgreicher Aktivität und Teilhabe in allen Lebensbereichen (Köwing 2016, 61).

13.1.1 Aufgaben und Ziele von LPF

Unterricht in LPF ist bedeutsam für blinde und hochgradig sehbehinderte Kinder und Jugendliche, weil Alltagshandlungen sehend durch weitgehend unbewusstes, visuell gesteuertes Nachahmen und Lernen erworben werden können (sich anziehen, sich kämmen, Türen öffnen und schließen, Werkzeuge benutzen, ein Buch durchblättern, mit einer Puppe spielen etc.). Fehlt das Sehen ganz oder weitgehend, braucht es zum Erlernen und zum Ausüben dieser Tätigkeiten gezielte Anreize, angemessene Einführung und Übung. LPF hat demzufolge die Aufgabe, Menschen mit Sehbeeinträchtigung oder Blindheit im Erwerb der Handgriffe, Tätigkeiten und Verhaltensweisen zur Bewältigung des Alltags zu unterstützen. Die Inhalte von LPF sind entsprechend weit gefasst und erstrecken sich von Sinnesschulung, Umwelt- und Sacherfahrung bis hin zur Vermittlung vielfältiger Techniken zu selbstständiger Lebensführung. Dazu gehören auch realistische Einschätzungen der Umwelt sowie notwendige Handlungssicherheit im Lebensalltag.[30]

Selbstständige Alltagsbewältigung und selbstverantwortete Lebensgestaltung sind demnach die zentralen Zielsetzungen des Unterrichts in LPF. Damit ist auch die

---

30 vgl. https://www.bbs-nürnberg.de/index.php/angebote-dienste/reha-bereich, Zugriff am 12.10.2020

Erwartung weitgehender gesellschaftlicher Integration blinder und hochgradig sehbehinderter Menschen in Beruf und Freizeit verbunden. Wenn blinde und sehbeeinträchtigte Menschen lernen, ihre gesamte Alltagsorganisation effizient und erfolgreich zu erledigen, gewinnen sie freie Zeit und vergrößern dadurch ihre Möglichkeiten gesellschaftlicher Teilhabe. Ansonsten besteht die Gefahr, dass die Freizeit neben der Berufstätigkeit vollauf zur Organisation des Alltags eingesetzt werden muss. Es gibt aber auch andere Argumente zur Betonung der Wichtigkeit umfassender lebenspraktischer Fähigkeiten. Angesichts ungesicherter beruflicher Integration und drohender Arbeitslosigkeit kann erfolgreiches Bewältigen des privaten Alltags eine kompensierende Wirkung haben. Die erworbenen Fähigkeiten können beitragen zur Steigerung von Autonomie und zum Erleben von Selbstwirksamkeit im privaten Bereich (vgl. Cory 2009).

Alltagsorganisation und persönliche Autonomie

LPF-Unterricht ist gleichzusetzen mit der Motivierung und Unterstützung sehbeeinträchtigter und blinder Menschen in der Suche nach Lösungsstrategien für Alltagsprobleme. So wie viele Wege nach Rom führen, gibt es viele Methoden zur Lösung von Alltagsproblemen (Cory 1997). Das Ziel von LPF ist demnach nicht nur in der Vermittlung einer möglichst guten Technik zu sehen, was z. B. essen, sich kleiden, einkaufen, sich in privaten wie in öffentlichen Lebensräumen zu organisieren etc. Ebenso und primär geht es darum, von individuellen Ressourcen und Ansätzen persönlicher Lösungsstrategien auszugehen. Konsens besteht darin, dass das Ausmaß der Beherrschung alltäglicher Lebensverrichtungen letztlich das Ausmaß persönlicher Autonomie in zentraler Weise bestimmt.

13.1.1.1 Alltagsorganisation und normative Erwartungen

Alltagsorganisation folgt mehr oder weniger strikten kulturellen Normen. Gesellschaftliche Teilhabe scheint wesentlich dadurch bestimmt zu sein, ob und wie man gewisse Dinge tut.

Pädagogische Prinzipien, welche auf der Akzeptanz von individueller Vielfalt und Selbstbestimmung beruhen geraten ins Wanken angesichts des links herum getragenen Pullovers bei einer blinden Jugendlichen oder bei deren Gewohnheit, mit den Händen zu essen, oder bei geschminkten Lippen mit Tendenz zur Asymmetrie (Walthes 2014, 181).

Die Selbstwahrnehmung der eigenen lebenspraktischen Kompetenzen blinder Menschen kann aufgrund der fehlenden visuellen Kontrolle erheblich von den normativ geprägten Erwartungen der sehenden Umgebung abweichen. Förderung in LPF muss demzufolge auch informieren über allgemeine Normen. Andererseits kann eine integrative Gesellschaft nicht von einseitiger Anpassung behinderter Menschen ausgehen, sondern muss geprägt sein durch Toleranz und gegenseitige Anpassungsleistungen. In einer primär visuell strukturierten Welt gilt es deshalb stets aufs Neue zu fragen: »Wo wird die Selbstwahrnehmung von Menschen mit einer Sehbeeinträchtigung akzeptiert, nicht nur toleriert, wo durch die normsetzende

Definition der Sehenden überformt?« (ebd.). Als Fazit hält Walthes fest, dass Körperpflege, Kleidung, Haushaltführung und Umgangsformen Lebensbereiche darstellen, in denen Abweichungen von Normen mit wenig Toleranz begegnet wird (ebd.).

13.1.1.2 Klientel von LPF

Der Unterricht in LPF hat sich auf die Tatsache eingestellt, dass viele Kinder und Jugendliche aufgrund mehrfacher Beeinträchtigungen besondere kognitive, kommunikative und bewegungsmäßige Lernvoraussetzungen haben. Diese beeinflussen auch ihren Erwerb alltagspraktischer Fähigkeiten. LPF-Förderung gestaltet sich angesichts dieser Vielfalt individueller Lernvoraussetzungen oft als *learning by doing* in der Planung angemessener Lernangebote. Offenheit anstelle eines Verharrens auf ›richtigen‹ Techniken ermöglich das Erkennen individuell vorhandener Ressourcen und bereits erworbener Strategien oder Ansätzen dazu. LPF nimmt so seinen Ausgang bei den individuellen Bedürfnissen und Handlungsmöglichkeiten der Lernenden.

13.1.1.3 Entwicklungspsychologische Voraussetzungen

Für Cory (1997) bestehen lebenspraktische Fähigkeiten aus motorischen Handlungen im alltäglichen Leben, aus Handgriffen und Bewegungen, die Voraussetzungen darstellen zur Bewältigung komplexer Aufgaben. Motorische Handlungen, welche zum Erwerb und der Ausdifferenzierung dieser Fähigkeiten bedeutsam sind, eignen sehende Kinder sich größtenteils durch unbewusste visuelle Nachahmungsprozesse an: »...das Übernehmen der ›richtigen‹ Handhaltung des Bestecks, die Handrotation beim Umrühren einer Soße mit dem Schneebesen, das Zusammenlegen eines Pullovers – das sind alles motorische Handlungen, die wir uns irgendwie und scheinbar ohne großen Aufwand angeeignet haben« (Cory 2009a, 66). Daraus kann folgen, dass die Motivation, etwas auszuprobieren ebenso erschwert ist aufgrund einer Sehbehinderung wie die visuomotorische Steuerung der Handlung samt anschließender Erfolgskontrolle. Letztere ist zentraler Ausgangspunkt zur Anpassung und Differenzierung von Handlungen. Selbstständiges Ausprobieren reicht bei blinden und hochgradig sehbehinderten Kindern aus diesem Grunde nicht aus zur Aneignung lebenspraktischer Fähigkeiten. Vieles ist für sie nicht lernbar bevor sie über sprachliche und kognitive Kompetenzen verfügen und dadurch eigene Erfahrungen und Vorstellungen mit verbalen Anleitungen und Handführungen verbinden können (vgl. auch Brambring 1999). Vor jedem Üben von Fertigkeiten sind die zu schaffenden motorischen und begrifflichen Voraussetzungen von besonderer Bedeutung.

Folgende Voraussetzungen müssen erfüllt sein, damit die Vermittlung lebenspraktischer Fähigkeiten gelingen kann (vgl. Metz 1989; Brambring 1999):

- begriffliche Vorstellungen stimmen weitestgehend überein mit der Realität;
- Zusammenhänge zwischen eigenem Tun und Handlungsergebnissen werden erkannt;

- die Motivation, lebenspraktische Probleme zu lösen, ist gekoppelt mit Erfolgserwartung;
- basale (fein-)motorische Kompetenzen sowie Strategien, um sich im Handlungsraum zu orientieren wurden erworben;
- Arm- und Handbewegungen und manuelle Teilfertigkeiten können koordiniert werden.

Zusammenfassend ist aus diesem Grunde festzuhalten, dass jede Planung von Interventionen von einer Diagnostik im Sinne differenzierter Erfassung der Voraussetzungen in allen Bereichen auszugehen hat (vgl. VBS 2011/2016).

Motorische Beeinträchtigungen

Motorische Beeinträchtigungen wirken sich zusätzlich erschwerend auf den Erwerb lebenspraktischer Fähigkeiten aus. Unmittelbar relevant sind insbesondere Halbseiten- oder Querschnittlähmungen, spastische Bewegungsmuster, niedriger Muskeltonus oder Tremor in Armen und Händen. Es ist zu berücksichtigen, dass sinnliche Behinderungen gravierender sind in ihren Auswirkungen, wenn gleichzeitig das handelnde Explorieren aufgrund motorischer Beeinträchtigungen erschwert ist (vgl. Hofer 2007). Kinder und Jugendliche mit körperlichen Behinderungen bedürfen besonders intensiver Unterstützung im Erwerb alltagspraktischer Fähigkeiten.

13.1.2 Ausbildungskonzepte für Fachpersonen LPF

Der Schweizerische Zentralverein für das Blindenwesen[31] bietet LPF-Ausbildungen seit 1987 an. In Deutschland kann seit den 1970er Jahren in Hamburg (IRIS)[32] sowie an der Blindenstudienanstalt in Marburg (RES)[33] aufbauend auf einer pädagogischen oder sozialen Berufsausbildung der erforderliche Abschluss, anerkannt durch den Deutschen Blinden- und Sehbehindertenverband (DBSV), erworben werden. Seit 2009 besteht die Möglichkeit, einen staatlich anerkannten Abschluss als Fachlehrkraft der Blinden- und Sehbehindertenrehabilitation zu erlangen (Köwing 2016, 62). Zudem kann im Rahmen des seit 2017 bestehenden Drei-Länder-Projekts (Deutschland, Österreich, Schweiz) eine anerkannte berufsbegleitende Ausbildung zur Rehabilitationsfachkraft, auch in der Ausrichtung LPF absolviert werden. Voraussetzung ist jedoch eine Anstellung in einer entsprechenden Facheinrichtung (ebd.).

---

31 https://www.szb.ch, Zugriff am 12.10.2020
32 https://www.iris-hamburg.org, Zugriff am 12.10.2020
33 https://www.blista.de, Zugriff am 12.10.2020

13.2 Besondere Herausforderungen des Fachs LPF

Herausforderungen betreffen einerseits die Zielsetzungen einer weitgehend autonomen Lebensführung. Andererseits gehören Aspekte der Unterrichtsorganisation und Lehrplanung dazu.

13.2.1 Selbstständige Lebensgestaltung

Der Begriff »Selbstständigkeit« ist in den meisten LPF-Zielsetzungen enthalten. Selbstständige Alltagsbewältigung ist in unserer heutigen Gesellschaft und Kultur ein wichtiges Kriterium persönlicher Autonomie. Dennoch ist zu bedenken: »Die Entscheidung des blinden oder sehbehinderten Menschen, eine von ihm gelernte Fertigkeit einzusetzen oder nicht einzusetzen, sei es aus Bequemlichkeit, Zeitgründen oder was auch immer, ist eine Bestätigung seiner persönlichen Autonomität und steht ihm wie jedem Sehenden selbstverständlich zu« (Cory 1997, 31). Oder anders gewendet: »Selbstständigkeit steht in Gefahr der Ideologisierung, die den einzelnen Menschen von seinen sozialen Bezügen abkoppelt« (Metz 1989, 209). Dass normative Erwartungen auch zu Fremdbestimmung führen können, betonen Drolshagen und Rothenberg (1998, 254): »Weitestmögliche Selbstständigkeit ist eine solche Norm, die von Menschen ab einem gewissen Alter verlangt, ihr Leben so unabhängig und selbstbestimmt wie möglich zu gestalten.« Normativer ›Zwang zum Selbermachen‹ kann jedoch in einen unverhältnismäßigen Mehraufwand münden, welcher letztlich das grundsätzliche Ziel der Autonomie gefährdet.

Anhand der täglich auszuübenden Handlung *sich anziehen* ist belegbar, welchen Aufwand eine an sich nicht sehr komplexe Tätigkeit bei beeinträchtigter oder wegfallender visueller Steuerung erfordert.

Anforderungen an jüngere Kinder:

- Welche Kleider kann ich allein ohne Hilfe anziehen? Wie hole ich mir Unterstützung? Welche Begriffe (Was wird wie bezeichnet?) sollte ich kennen?
- Welche Verschlüsse gibt es (Knöpfe, Reißverschluss, Klettverschluss, Bändel, Schnallen etc.)?
- Wo befinden sich die Kleider (Anordnungen im Kleiderschrank, Ordnungssysteme)?
- Wie erkenne ich an Kleidungsstücken, was innen, was außen, was vorne und was hinten ist?
- Welche Kleider ziehe ich bei welcher Witterung an?
- Welche Kleider sind für drinnen, welche eher für draußen angemessen?
- Wie kann ich Schuhe anziehen und binden (Alternativen zum Binden, Mode)?
- Wie wird die Schultasche gepackt (Schulmaterial, Pausenimbiss?)

Anforderungen an Jugendliche:

- Welche Kleider will ich heute anziehen? Was passt zum Tag, zur Tagesplanung? Was tragen andere Jugendliche (Zugehörigkeit, sozialer Vergleich)?
- Finden der Kleidungsstücke im Schrank: Welche Ordnungssysteme (Behälter, Beleuchtung, Kontraste, Markierungen) unterstützen das schnelle und sichere Finden des Gesuchten?
- Was passt zusammen, was nicht (Stil, Farbe, Muster)?
- Saubere Kleidung: Wie ist erkennbar, dass Kleider schmutzig sind?
- Wie behalte ich den Überblick: Kleider sortieren, wegräumen, zusammenfalten, im Schrank einordnen?
- Wie kann ich passende Kleider einkaufen?

Das Beispiel aus dem LPF-Themenbereich *Kleidung* verdeutlicht, dass mehr zeitliche Ressourcen erforderlich sind bei beeinträchtigter visueller Kontrolle. Unterstützende Technologien, wie z. B. Farberkennungsgeräte oder Apps für das iPhone mit analogen Funktionen zur Sicherung der farblich passenden Auswahl von Kleidern sind gute Hilfsmittel. Sie müssen jedoch einerseits zur Verfügung stehen und andererseits sind wiederum zeitliche Ressourcen erforderlich zum Erlernen ihres nutzbringenden Einsatzes.

13.2.2 LPF als spezifisches Unterrichtsfach oder als fächerübergreifendes Prinzip?

Bereits im Vorschulalter werden im Rahmen der Frühförderung basale Fertigkeiten des Sich-Anziehens oder Essens, des Umgangs mit Materialien des Alltags spielerisch erprobt und geübt. Hier, wie auch später im schulischen Alter findet die Förderung von LPF vielfach als Einzelunterricht statt (Walthes 2014, 183).

In Deutschland sind die Voraussetzungen für den Unterricht in LPF je nach Bundesland verschieden. Cory nennt drei Umsetzungsmodelle (2009a, 64):

- Erfahrungsräume in den Unterrichtsfächern Hauswirtschaft, Werken und Gestalten;
- Förderung als fächerübergreifendes Prinzip;
- Spezieller Unterricht durch qualifizierte Rehabilitationslehrpersonen (in Einzelfällen).

In der Schweiz ist der Unterricht in LPF grundsätzlich integriert in den Stundenplan der Sonderschulen für sehbehinderte und blinde Kinder und Jugendliche. Generell ist feststellbar, dass für schulisch integrierte Schülerinnen und Schüler wesentlich kleinere Pensen zur Verfügung stehen. Der Unterricht, oft als Einzel- oder Kleingruppenunterricht durchgeführt, erfolgt durch ausgebildete Fachlehrpersonen.

Zur Umsetzung von LPF als fächerübergreifendes Prinzip betont Cory, dass Erfahrungsräume in bestimmten Fachbereichen und Umsetzung von LPF wichtig, aber nicht ausreichend zur Vermittlung der benötigten Fähigkeiten sind (ebd.). Es stellt sich zudem die Frage, wie viel an speziellem Fachwissen zu deren Vermittlung notwendig ist. Die Tatsache, dass LPF-Förderung sich zunehmend in Anlehnung an Prinzipien des aktiven Lernens und weg von einem Training der ›richtigen‹ Methoden weiterentwickelt hat, verleiht dieser Frage zusätzliche Brisanz. Gemäß Cory ist es gerade auch angesichts dieser Öffnung unabdingbar, dass die vermittelnden Lehrpersonen über ein vielseitiges Repertoire an bewährten, dem Sehvermögen angepassten lebenspraktischen Techniken und Strategien verfügen (1997). Auch Hölscher (2008) verweist auf die Notwendigkeit, dass der Unterricht durch ausgebildete Fachpersonen erteilt wird und darauf, dass die Inhalte des Curriculums »Hauswirtschaft« nicht ausreichen, weil dieser Unterricht von visuellen Erfahrungen ausgehe, welche blinde und sehbehinderte Kinder und Jugendliche so nicht erworben haben.

Einzelunterricht oder integrierte Förderung?

In Fachkreisen wird oft mit den entwicklungspsychologischen Bedingungen und der Besonderheit der zu vermittelnden Kompetenzen argumentiert. Deshalb, und insbesondere auch aufgrund der erforderlichen besonderen beruflichen Qualifikation von Rehabilitationslehrpersonen wird die Durchführung von LPF in individueller Einzelschulung gefordert (vgl. ISB 2001, 19). Im anderen Fall wird plädiert gegen segregierende Maßnahmen und für alltagsnähere, sozial geteilte Erfahrungen und für weitestgehende Teilhabe, somit für gemeinsame Ziele aber spezifische Wege, um diese zu erreichen. Befürwortende des Einzelunterrichts verweisen auf damit gemachte gute Erfahrungen. Damit jedes Kind anknüpfen kann an seinem Vorwissen und die vorhandenen Voraussetzungen erfasst werden können, ist gemäß dieser Argumentation die äußere Differenzierung sinnvoll. Gleichzeitig wird aber darauf verwiesen, dass die Einzel- oder Kleinstgruppenunterrichtssituation einen etwas klinischen, realitätsfremden Charakter habe.

Metz stuft die Abkoppelung des LPF-Unterrichts vom Lebensalltag als wenig unterstützend für integrative Zielsetzungen ein (1989). Er erkennt als besonderes Problem der Rehabilitation, dass Einzelunterricht im Widerspruch zur sozialen Dimension der Inhalte steht, und fordert, dass das Erlernen von Alltagsfertigkeiten in eben diesen Alltag zu integrieren sei und die dort vorhandenen Bezugspersonen dafür zu qualifizieren seien (ebd.). Auch Cory erkennt in der Schaffung von Erfahrungsräumen mit gemeinsamen Erfahrungen und produktivem Einsatz gelernter Fähigkeiten ein wichtiges Ziel. Trotzdem erachtet sie diese nicht als ausreichend für den Aufbau von LPF-Fähigkeiten (Cory 2009).

Zusammenarbeit

Für Schwarz (2005, 29) hängt der Erfolg von LPF davon ab, wie die erlernten Fähigkeiten im Alltag, in Schule und Familie eingesetzt werden können. »Dabei ist die Mitarbeit der Erzieher und der Eltern von größter Bedeutung. Wie bei meinem blinden Schüler, der mit Messer und Gabel essen nicht vorankam. Bis ich feststellte, dass er zu Hause immer noch mit dem Löffel aß. Die Eltern waren überrascht, welche

Forderungen an ihren Sohn gestellt wurden, versprachen aber, darauf zu achten und seither kommen wir besser voran« (ebd.). Zusätzlich bedeutsam und notwendig ist die Zusammenarbeit mit Fachpersonen aus Ergo- oder Physiotherapie insbesondere bei Kindern mit zusätzlichen körperlichen Beeinträchtigungen.

Für die Zusammenarbeit im schulischen Kotext erweist sich neben der grundsätzlich sinnvollen Kooperation in den verschiedensten Fachbereichen diejenige mit Lehrpersonen im Turn- und Sportunterricht oder der Psychomotorik als sinnvoll. Weil jede Einzelförderung, mag sie noch so effektiv sein, nie ausreichend Gelegenheiten zu umfassendem Üben der erworbenen Fähigkeiten bietet, ist die Nutzung fachimmanenter Situationen bedeutsam. Dazu gehört zum Beispiel der meist notwendige Kleiderwechsel oder das Duschen im Turn- oder Schwimmunterricht. Die regelmäßig sich bietenden Übungsgelegenheiten unterstützen den sicheren Aufbau von routinemäßigen Gewohnheiten (vgl. Lieberman et al. 2014).

Schulbegleitung oder Assistenz

Vielen Kindern und Jugendlichen mit hochgradiger Sehbehinderung oder Blindheit wird aktuell im schulischen Alltag, insbesondere in integrativen Settings eine Schulbegleitung oder persönliche Assistenz zugewiesen. Hier stellt sich die Frage, ob diese Maßnahme eine Hilfe oder aber ein Hindernis darstellt im Erwerb lebenspraktischer Fähigkeiten und möglichst großer Autonomie in der Alltagsgestaltung. Eine Antwort auf diese Frage ist nicht einfach, beruht jedoch grundsätzlich auf dem *Wie* der Ausgestaltung dieser Maßnahme. Dieser ist besondere Beachtung zu schenken, damit sie eine effektive Hilfe im Erwerb von Autonomie und Selbstständigkeit darstellt (vgl. Henriksen 2018).

Bedeutsamkeit von Projektarbeiten

In besonderen schulischen Projekten können individuell erworbene Fähigkeiten im Rahmen gemeinsamer Aktivitäten geübt und Aufgaben bezogen eingesetzt werden.

Beispiel *Bistro*[34]

In einem Projekt der Schule in Zollikofen können blinde und sehbehinderte Jugendliche ihre LPF-Fähigkeiten anwenden und vertiefen. Sie leisten an einem Tag pro Woche Praxiseinsätze im Bistro, wo sie kochen, die Gäste empfangen, den Service ausüben, einkassieren und servieren. In der Zuteilung der Aufgaben und Rollen werden ihre individuellen Erfahrungen und Fähigkeiten berücksichtigt. Gleichzeitig üben sie sich in Teamarbeit, im Umgang mit Geld, sie knüpfen Kontakte und orientieren sich in Berufsfeldern.

---

34 https://www.blindenschule.ch/bistro/, Zugriff am 12.10.2020

Beispiel *Schülerfirma*[35]

Die Vermittlung von praktischen Fertigkeiten und betriebswirtschaftlichen Grundkenntnissen wird in der Schule für Blinde und Sehbehinderte in Königs Wusterhausen (neu: Marie-und-Hermann-Schmidt-Schule) im Projekt ›Schülerfirma‹ umgesetzt. Die Jugendlichen sind aktiv in der Produktion und Vermarktung verschiedener Konsumgüter. Sie können dabei Kenntnisse auf den Gebieten des Geld- und Zahlungsverkehrs, der Gewinn- und Verlustrechnung sowie der Lohn- und Gehaltsabrechnungen erwerben. Dies sind wichtige Möglichkeiten zur Vertiefung und Umsetzung praktischer Fähigkeiten und gleichzeitig Grundlagen der Berufsvorbereitung (vgl. Gehre 2009). Im Schuljahr 2017/18 wählten die Jugendlichen z. B. das Fachgebiet Ernährung, umgesetzt in Form von wöchentlich stattfindenden Pausenverpflegungsangeboten für die ganze Schule.

Beide Projekte zeichnen sich dadurch aus, dass die erworbenen LPF-Fähigkeiten in gemeinsamen Aktivitäten weiter geübt und erprobt und damit gleichzeitig Voraussetzungen zu gesellschaftlicher Teilhabe geschaffen werden.

13.3 Inhalte von LPF

Inhalte von LPF finden sich als Auflistungen von Ausbildungsinstitutionen wie von Förder- und Sonderschulen, sehen aber ebenso in der Fachliteratur – abgesehen von kleinen Besonderheiten – weitgehend deckungsgleich aus (vgl. KMK 2000; ISB 2001; Hölscher 2008; Walthes 2014; Bardin 2014).

13.3.1 Inhalte und Lebensbereiche

Spezifiziert werden Inhalte und Lebensbereiche von LPF in der Regel anhand der folgenden Themen:

- Wohn- und Esssituationen,
- Haushaltgestaltung und Reinigung,
- Kleidung und Körperpflege,
- Kochen,
- Kommunikation (Umgang mit Behörden, Zahlungsmittel, Formulare, Banken),
- Medien (spezielle Hilfsmittel, Lesegeräte, Telekommunikation),
- gesellschaftliche Organisations- und Umgangsformen (Walthes 2014, 181).

---

35 https://www.blindenschule-kw.de/schuelerfirma/, Zugriff am 12.10.2020

Alle aufgeführten Themen finden sich weitgehend identisch auch in den Komponenten des *independent living* (unabhängig Leben) des *Expanded Core Curriculums* (erweitertes Curriculum) der American Foundation for the Blind (Bardin 2014, 284):

- Organisation,
- Persönliche Hygiene und Körperpflege,
- Kleidung,
- Essen und Kochen,
- Reinigung und Haushaltgestaltung,
- Telekommunikation,
- Umgang mit Geld,
- Zeitmanagement.

Lediglich die zuletzt aufgeführte Thematik der zeitlichen Planung und des Bewusstseins von Dauer und Begrenzung von Handlungen und Situationen wird in Inhaltsübersichten von LPF in deutschsprachigen Ländern meist nicht explizit erwähnt. Zur Basis eines Zeitmanagements gehören folgende Kompetenzen:

- Routineabläufe planen und verfolgen,
- Einbetten können von Handlungen in zeitliche Abläufe (Was ist vorher und was kommt nachher?),
- Zeitbedarf einschätzen,
- Planungsagenda und Kalender nutzen,
- Uhr und Zeit nutzen,
- Zeitliche Prioritäten setzen (Bardin 2014, 291).

Die hiermit genannten Fähigkeiten, welche als LPF-Inhalte im erweiterten Curriculum aufgeführt werden, sind besonders auch im Kontext Schule bedeutsam.

13.3.1.1 Begrifflichkeit zu Inhalten und Lebensbereichen

Fällt die visuelle Erfassung von Situationen, von Beschaffenheit und Dimensionen zugehöriger Gegenstände und Materialien weg, beruhen Anleitung und Steuerung von Handlungen zu großen Teilen auf den zugehörigen Begrifflichkeiten (Cory 2009b, 38). Verbale Handlungssteuerung und -unterstützung setzt das Kennen und Verstehen dieser Begriffe voraus.

Am Beispiel *Hände waschen* lässt sich verdeutlichen, wie vielfältige Begrifflichkeiten bereits relativ einfache Handlungen erfordern.

- *Körperbegriffe* (Arme, Hände, Finger, Schweiß etc.):
  - Schmutzige Finger müssen gewaschen werden: Was ist schmutzig, ölig, staubig, klebrig?
- *Orientierung* (links, rechts, oben, unten, vor, hinter etc.):
  - Wo ist das Waschbecken, der Wasserhahn, das Handtuch, die Seife etc.?

- *Umweltbegriffe* (Materialien und Bestandteile des Waschbeckens, Wasserhahn, Griffe, Porzellan, Chromstahl, Stöpsel, Unterseite, Oberseite, Überlauf etc.):
  - Wasser: Zu- und Wegleitung; Eigenschaften (nass, kalt, warm etc.);
  - Wasserhahn aufdrehen; Wassertemperatur und -menge einstellen;
  - Eigenschaften von Seife (flüssig, fest, parfümiert);
  - Hände netzen, einseifen und reiben; Seife abspülen; Wasser abschütteln; Wasserhahn zudrehen;
  - Handtuch: Hände abtrocknen; Handtuch aufhängen.

Guerette (2014) fokussiert die Bedeutung der Begrifflichkeit und integriert sie in die Entwicklung von Konzepten (Concept Development), welcher bei beeinträchtigter visueller Erfassung der Umwelt besondere Bedeutung beizumessen ist.

Konzeptentwicklung als 4-stufiger Prozess (ebd., 64):

1. Wahrnehmung (z. B. des Tellers),
2. Absicht und Möglichkeit, damit etwas zu tun (essen aus dem Teller),
3. Merkmale erkennen (ist rund, ist aus Porzellan oder aus Plastik, ist ein Suppen- oder Dessertteller),
4. Klassifikation anderer Objekte mit ähnlichen Merkmalen (Schüssel, Platte).

13.3.1.2 Sensorische und motorische Förderung als Voraussetzung von LPF

Für alle blinden und sehbehinderten Kinder und Jugendlichen, insbesondere aber für diejenigen mit zusätzlichen kognitiven oder motorischen Beeinträchtigungen ist die Vermittlung von motorischen und sensorischen Voraussetzungen besonders zu berücksichtigen. Beide sind unabdingbar für den Erwerb lebenspraktischer Fähigkeiten.

Wahrnehmungsförderung ist einerseits zentraler Bestandteil der Begriffsbildung und andererseits Voraussetzung zu aktiver Umweltexploration: »Der Unterricht muss vielfältige, wiederholte und variantenreiche Wahrnehmungserfahrungen ermöglichen, Wahrnehmungsqualitäten benennen und zu einer strukturierten kognitiven Wahrnehmungsverarbeitung hinführen« (VBS 2011/2016, 178).

Zum Lösen alltagspraktischer Probleme ist Handgeschicklichkeit unerlässlich. Grob- und Feinmotorik, kinästhetische Wahrnehmung, Tonusaufbau und Kraftdosierung, Handgelenk- und Fingerbeweglichkeit, Auge-Hand-Koordination, Hand-Hand-Koordination gehören gemäß Röpke (2002,15) dazu und müssen primär unterstützt und gefördert werden. Handgeschicklichkeit ist Voraussetzung dafür, dass zielbezogene Handgriffe und Bewegungen eingesetzt werden können, um die Anforderungen des Alltags zu bewältigen. Dabei kann es sich um so elementare Fertigkeiten handeln wie das Ergreifen eines Werkzeugs, einen Schraubdeckel auf- oder zudrehen, die Handgelenkrotation, um etwas schaumig schlagen mit einem Schneebesen, Kuchen backen, Schuhe an- und ausziehen oder Zähne putzen (Cory 2009b, 39).

13.3.1.3 Unterstützende Modifikationen

Adäquate Modifikationen sind wesentliche kompensatorische Prinzipien in der Vermittlung lebenspraktischer Fähigkeiten. Dabei ist stets individuell festzulegen, welche persönlichen Ressourcen nutzbar sind. Durch kleine Objektanpassungen (z. B. besondere Handgriffe beim Besteck, Fixierungsmöglichkeiten von Geschirr oder Lese- oder Schreibmaterialien) können viele Handlungen ermöglicht werden. Oberstes Prinzip muss es indessen sein, den persönlichen Voraussetzungen, Bedürfnissen und Zielen entsprechende Strategien und Methoden anzubieten. So lassen sich auf ganz bestimmte Probleme und Aufgaben angepasste Eigenkreationen auch gemeinsam mit Kindern oder Jugendlichen entwickeln (Röpke 2002, 15). Bereits mit einfachen Veränderungen kann oft ein Ziel erreicht werden. Anstelle eines Knopfes kann an der Hose ein Klettverschluss angebracht werden, um das selbstständige Anziehen zu ermöglichen. Vor jedem Erlernen neuer Techniken oder einzelner Arbeitsschritte müssen jedoch individuell vorhandene Fähigkeiten in Bezug gesetzt werden zu den zu erlernenden Tätigkeiten. Erkennbare Schwierigkeiten sind primär kein Ausschlusskriterium. Vielmehr verweisen sie auf den notwendigen Adaptationsbedarf (Röpke 2016, 10). So ergeben sich grundsätzlich vier Schritte in der Vermittlung von LPF:

- Ermittlung der Lernvoraussetzungen,
- Adaptation des Arbeitsplatzes (Beleuchtung, Kontrast, Strukturen),
- Vermittlung angemessener Handlungs- und Arbeitsabläufe,
- Vermittlung des Umgangs mit aufgabenbezogenen Hilfsmitteln und deren allfällige Adaptation je nach Bedarf aufgrund vorhandener Beeinträchtigungen (ebd.).

Das Erstellen individuell angemessener Organisationssysteme zum Einordnen und raschen Auffinden von persönlichen Objekten, Materialien oder Dokumenten stellt ebenfalls ein wichtiges kompensatorisches Prinzip dar. Ordnungssysteme lassen sich bereits mit kleinen Kindern entwickeln anhand ihrer Spielsachen, Kleider und Objekte, welche sie zur täglichen Routine benötigen (Bardin 2014).

Unterstützend dabei kann sein:

- Beschreiben, was gemacht wird beim Einordnen und Auffinden von Objekten,
- Sortieren von gleichen und ähnlichen Objekten beim Einordnen,
- Einsatz von Etiketten, Strukturen und Farbe zum Unterscheiden von Behältern, Dokumenten und Ordnern,
- Ordnungssysteme und Einordnen gemeinsam planen und umsetzen,
- Musterbeispiele von geeigneten Organisationssystemen zeigen und besprechen,
- Persönliche Systeme entwickeln lassen.

Persönliche Ordnungssysteme sollten individuell passen, einfach und möglichst übertragbar auf verschiedene Themenbereiche sein (ebd., 286).

13.3.1.4 Bedeutsamkeit von Inhalten

Bereits in den 1950er Jahren forderte Klafki mit seiner didaktischen Analyse, dass zu vermittelnde Inhalte lebensbedeutsam in Gegenwart und Zukunft sein sollen (Klafki 1958). Viele LPF-Zielsetzungen verweisen nun implizit eher auf zukünftige Bedeutsamkeit und sind auf die Lebens- und Alltagsbewältigung im Erwachsenenalter ausgerichtet. Wenn LPF-Fachpersonen die Wichtigkeit des Ausgehens von den Bedürfnissen der Kinder und Jugendlichen betonen, lässt sich hier ein mögliches Dilemma erahnen. Cory argumentiert: »Die Vermittlung Lebenspraktischer Fähigkeiten setzt immer da an, wo das Kind sich momentan befindet« (2005, 12). Es kann nur diejenigen Erfahrungen wirklich machen, die seinen aktuellen Fähigkeiten entsprechen. Vermittelte Erfahrungen, für welche diese Voraussetzung fehlt, können die Lernmotivation beeinträchtigen, können ein Kind verunsichern. Andererseits postuliert Cory zu Recht den Grundsatz der rechtzeitigen Vermittlung von Inhalten zur Vermeidung von Nachholbedarf. Kinder im Grundschulalter sollten z. B. grundsätzlich über die Fähigkeiten, die Schuhe zu binden und mit Messer und Gabel essen zu können, verfügen. Rehabilitationsfachpersonen sind vielfach der Meinung, dass Üben auf Vorrat durchaus sinnvoll ist, nicht um eine Technik vollständig zu beherrschen, sondern, um deren Grundlagen zu kennen. Das Auffrischen der Fertigkeit *Bügeln* beispielsweise fällt leichter, wenn die Grundlagen vorhanden sind. Diesem Argument ist entgegenzuhalten, dass aktuell im Kontext von schulischer Bildung und Ausbildung die hierfür notwendigen zeitlichen Ressourcen mit Sicherheit fehlen. Es gilt somit stets individuell zu erfassen, welche lebenspraktischen Fähigkeiten in welchen Lebensbereichen Kinder und Jugendliche tatsächlich und vordringlich benötigen, um ihren vielfältigen schulischen und lebensalltäglichen Anforderungen möglichst gerecht werden zu können.

Dabei ist zu berücksichtigen, dass es aufgrund des fehlenden visuellen Überblicks für Kinder und Jugendliche schwieriger sein kann, wichtige Alltagshandlungen von weniger wichtigen zu unterscheiden. Unterstützend ist deshalb, dass wichtige Aktivitäten nicht isoliert vom Lebensalltag geübt werden. In ihren Grundprinzipen von LPF betonen Lewis und Allman (2014), dass einzelne Fertigkeiten möglichst immer in realen alltäglichen Situationen und im Rahmen zugehöriger Handlungen (z. B. Zähneputzen nach dem Essen) zu vermitteln sind. Gleichzeitig sind sich ergebende Situationen zum Erwerb von Fähigkeiten (z. B. taktile Suchstrategien, wenn etwas zu Boden gefallen ist) sinnvoll zu nutzen, auch wenn andere Inhalte geplant waren. Von zentraler Bedeutung ist in jedem Fall das Warten können (auf »Händen sitzen«) um zu frühes – unterstützendes oder korrigierendes – Eingreifen in Handlungsausführungen der Lernenden zu vermeiden. Der Bedarf an helfender Unterstützung ist in jedem Fall ausgehend von den Voraussetzungen derselben zu planen und sorgfältig und angemessen zu reduzieren bei erkennbaren Fortschritten.

13.3.1.5 Der LPF-Inhalt »Persönliche Hygiene und Körperpflege«

Diesen Inhalten kommt in jedem Lebensalter eine besondere Bedeutung zu. Dies, weil die Macht des Normativen in unserer Gesellschaft sich deutlich in der Wichtigkeit zeigt, welche dem äußeren Eindruck eines Menschen beigemessen wird. Wer nachlässig oder unpassend gekleidet ist, gleichzeitig ungepflegt wirkt (und riecht), verletzt ungeschriebene gesellschaftliche Regeln und landet relativ rasch in Randzonen. Weil Selbstdarstellung weitgehend visuell reguliert und kontrolliert wird, sind gerade Körper- und Imagepflege für blinde Menschen keine einfachen Themen. Wagner meint dazu: »Sehbehinderte tun sich oft schwer mit ihrer äußeren Erscheinung, da ihnen die direkte Kontrolle fehlt. Dies führt oft zu Verunsicherung, Scheu oder gar Verdrängung, da sich die Betroffenen selbst so genau nicht sehen können« (2003, 197).

Eine angemessene Selbstdarstellung ist wichtig, betrifft aber auch sehr persönliche und intime Lebensbereiche. Der LPF-Inhalt ›Körperpflege‹ ist somit ebenso bedeutsam wie heikel. Bereits Haut-, Haar-, Nagel- und Zahnpflege können im Unterricht an Grenzen stoßen. Während schon für Anleitung und Übung des Haare Waschens am Waschbecken oder das Nägel schneiden nicht alle Kinder (ganz abgesehen von Jugendlichen) ihr Einverständnis geben, ist Duschen ohne Badeanzug ein relativ klarer Tabubereich. Weitergehend gilt dies für die Intimpflege, für Ausscheidungsfunktionen oder Menstruation. Im Sinne einer Zusammenarbeit ist hier ein Support von Eltern oder gleichgeschlechtlichen Sozialpädagogen und -pädagoginnen vorzuziehen, wobei LPF-Fachpersonen eine beratende Rolle zukommt. Für wiederkehrende Situationen können allgemein gehaltene kurze Informationsschreiben gemäß folgendem Beispiel auch für mit der LPF-Fachperson kooperierende Bezugspersonen sinnvoll sein.

Hinweise zur Nutzung öffentlicher Toiletten

- Toiletten in bedienten öffentlichen Anlagen, im Bahnhof oder in großen Kaufhäusern besuchen, wo sie regelmäßig gereinigt werden,
- in Männertoiletten Pissoir meiden und Kabine nutzen,
- Toilettenpapier suchen und Toilettensitz und Spültaste vor dem Benutzen reinigen,
- kleinen Papiervorrat evtl. auch Wegwerfhandschuhe bei sich haben,
- Öffnungsrichtung der Türe erkunden und Schließsysteme vor dem Abschließen testen,
- Ausstattung der WC-Kabine: Toilette rechts oder links oder gegenüber der Tür (mit dem Stock ertasten),
- nichts auf den Boden stellen oder legen (Haken zum Aufhängen befindet sich meist an der Innenseite der Türe, ungefähr auf Augenhöhe),
- Toilettenpapier ist meist links vom Toilettensitz aus (mit dem Stock ertasten),
- Spülsysteme befinden sich meist hinter dem WC (in der Bahn oft eine Taste, entweder am Boden oder neben dem Lavabo),
- Hände gut mit Seife waschen,
- Wasserhahn: mit verschiedensten Systemen ist zu rechnen; Seifenspender sind meist links oder rechts davon angebracht,
- in keine Behälter oder Papierkörbe fassen (sie können unangenehme Überraschungen enthalten).

Die Nutzung öffentlicher Toiletten, eigentlich ein Detail im Gesamtrahmen der Körperpflege, erweist sich als komplex und anforderungsreich. In ihrer Bedeutung für persönliche Mobilität ist sie nicht zu unterschätzen.

13.4 Didaktische Konzepte von LPF

Ein didaktisches Grundprinzip in der Vermittlung lebenspraktischer Fähigkeit besteht darin, dass zu vermittelnde Inhalte und zu erreichende Ziele stets ausgehend von der besonderen Lebenssituation und den Bedürfnissen des zu unterstützenden, zu fördernden oder zu beratenden Menschen festzulegen sind.

13.4.1 Unterrichtsvoraussetzungen auf verschiedenen systemischen Ebenen

Unterricht beruht auch in LPF auf differenzierten Sachanalysen, auf förderdiagnostischem Erfassen der Voraussetzungen der Lernenden sowie dem Gestalten angemessener und motivierender Lern- und Übungsumgebungen.

- Grundvoraussetzungen der Lehr- und Fachpersonen:
  Eine zentrale Voraussetzung besteht aus deren Fähigkeit, sich die Ausführung von Alltagshandlungen ohne Sehen vorzustellen (Cory 2009a). Nur so ist es möglich, Handlungen in angemessene und klar abgegrenzte Teilschritte zu gliedern und diese auf die individuellen Voraussetzungen der Lernenden zu beziehen. Es kann nützlich sein, die dazu notwendige Analyse der zu erwerbenden Fähigkeit mithilfe der Dunkelbrille, also ›blind‹ vorzunehmen (Lewis & Allman 2014). Weil es demzufolge keine allgemeingültigen und ›richtigen‹ Lösungsstrategien zur Bewältigung der Anforderungen des Alltags gibt, sind Absprachen und Zusammenarbeit beteiligter Fachpersonen notwendig, um Verunsicherungen Lernender mit unterschiedlichen Zielen und Methoden zu vermeiden.
- Voraussetzungen der Lernenden:
  Lernvoraussetzungen gilt es vorab insbesondere in den folgend aufgeführten Bereichen zu klären:
  - Motorik: Sind die Voraussetzungen zur Handlungsausführung vorhanden (Hand- und Fingerkoordination, Kraftdosierung und Fingerbeweglichkeit)?
  - Wahrnehmung und Vorstellung: Wird die Situation erfasst? Kann ein Handlungsergebnis vorgestellt und dessen Bedeutung eingeschätzt werden?
  - Begriffsbildung: Sind die zugehörigen Begriffe bekannt? Kann über die Handlung verbal kommuniziert werden?
  - Umgang mit Anforderungen: Können Ziele gesetzt und das Erreichen derselben eingeschätzt werden?

Motivation zum Tun fängt an mit Neugier. Neugier setzt ein Minimum an Vertrauen in sich und die Möglichkeit, etwas bewirken zu können, voraus. Vertrauen beruht aber gleichzeitig auf Bezugspersonen, welche Handeln und Lernen begleiten und vor Gefahren schützen können (vgl. Hüther 2006). Motivation kann grundsätzlich erhöht werden, wenn die Ressourcen der Lernenden einbezogen werden. Somit gilt es möglichst an deren Vorwissen anzuknüpfen. Zudem müssen die zu erwerbenden Fähigkeiten für sie von Bedeutung sein. Andernfalls gehört es mit zur didaktischen Planung, die Bedeutsamkeit derselben in realen Lebensbereichen kenntlich zu machen.

- Voraussetzungen der Lern- und Übungskontexte:
Durch das Bereitstellen vieler unterschiedlicher Umgebungen mit Objekten und Materialien will Nielsen (1996) freies Auswählen ermöglichen. Alle Dinge sollen die Eigenaktivität der Lernenden anregen. Die Gestaltung der Umgebung geschieht jedoch nicht beliebig, sondern stets aufgrund von Beobachtungen: Wozu ist ein Kind bereits in der Lage? Wie entwickeln und verändern sich seine Interessen? Jede Kontextgestaltung, welche die Eigenaktivität anregen und unterstützen kann, ist förderlich. Zu Recht meinen Fikus und Steinberger: »Da es also von unseren Bewegungsmöglichkeiten abhängt, wie (reichhaltig) wir die Welt wahrnehmen, ist es notwendig, insbesondere sehgeschädigten Kindern eine immer reichhaltiger werdende Bewegungswelt und damit Wahrnehmungswelt erschließen zu helfen« (1998, 432). Gleichzeitig unterstützen vielfältige Angebote und reichhaltige, aber bewusst gestaltete Lernumgebungen den Transfer einer erfolgreich ausgeführten Handlung auf andere Materialien und Gegenstände.

13.4.2 Didaktische Grundprinzipen

Entwicklungsbegleitender Unterricht in LPF geht aus von individuellen Voraussetzungen, vorhandenen Ressourcen und der Motivation, eine Situation zu bewältigen, ein Problem zu lösen, ein Ziel zu erreichen. Lösungsideen und -wege der Lernenden sind die zentrale Basis in der Planung von Fördermaßnahmen. Auf ihnen aufbauend ist das Anbieten zahlreicher Übungsgelegenheiten zum Erwerb von Fähigkeiten zur Bewältigung bestimmter Anforderungen unerlässlich. Nur so können diese zum sicheren Repertoire werden, was einerseits ihre routinemäßige Nutzung ermöglicht und andererseits eine Übertragung auf ähnliche Situationen und letztlich deren Generalisierung begünstigt. Zu beachten ist jedoch, dass es Lernenden mit kognitiven Beeinträchtigungen oftmals nicht gelingt, Gelerntes in verschiedene Situationen zu übertragen. Sie benötigen differenzierende und vielfältige Übungsangebote in Situationen, die zwar vergleichbar, aber nicht identisch sind (vgl. Lewis & Allman 2014, 44).

- Aktives Lernen:
Hinter diesem Ansatz von Nielsen (1996) steht die Überzeugung, dass erlernte Fähigkeiten zu gesicherten persönlichen Kompetenzen werden, wenn Lernen aus eigenem Antrieb und gemäß persönlichem Auswählen und Entscheiden erfolgen kann.

Lernen muss gleichzeitig ausgehen vom aktuellen Entwicklungsstand und verfügbaren Vorwissen:
- Sich Anziehen kann ausgehen vom Anziehen der Puppe im Spiel: Was kann alles angezogen werden?
- Die Ausführung einer Aktivität muss erfahr- und verstehbar sein, damit angemessene Strategien zu deren Ausführung erlernt werden können.
- Beim sich An- oder Ausziehen werden die Kleidungsstücke von den Lehrenden benannt. Beim Anziehen einer Mütze oder einer Schürze wird verbalisiert, warum und wie dies getan wird.
- Genügend Zeit zum Experimentieren und unbeschränkten Wiederholen muss gewährleistet sein, damit erkennbar ist, dass eine spezielle Handlungsart immer zum selben Ergebnis führt.
- Zum Binden der Schuhe lässt sich eine Geschichte ausdenken, welche die Handlung solange begleitet, bis der Ablauf des Schuhe Bindens automatisiert ist und auch auf eine andere Bindetätigkeit übertragen werden kann (z. B. eine Schürze umbinden).
- Das Zuknöpfen ist zuerst mit großen, dann mit immer kleineren Knöpfen zu üben, bis auch ein Hemd mit ganz kleinen Knöpfen allein angezogen werden kann.

Verschiedene gemachte Erfahrungen müssen verglichen werden. So werden Übereinstimmungen und Unterschiede entdeckt. Neue Erfahrungen können zu bereits im Gedächtnis abgespeicherten in Bezug gebracht, mit ihnen verknüpft und später kategorisiert oder generalisiert werden.

In konsequenter Ableitung daraus ist für Cory (2005) in der LPF-Schulung das Ermöglichen eines explorierenden Neugierverhaltens zentraler Ausgangspunkt. Daraus ergibt sich die aktive Auseinandersetzung mit der Umwelt, dadurch werden Erfahrungen ermöglicht und letztlich können Lernende Vertrauen in ihre Handlungsfähigkeit aufbauen.

Bei blinden Kindern muss die Neugier oft geweckt werden, weil das Erfassen von Situationen eingeschränkt ist und sie oftmals gar nicht wissen, was es alles zu tun gäbe und worin Herausforderungen bestehen könnten. Diese Kinder sind somit bereits in ihren Explorationen, in der aktiven Auseinandersetzung mit Umweltkonstellationen (vorsichtig) zu unterstützen und zu begleiten, so dass sie Ausgangspunkte von Handlungen überhaupt als solche erkennen. Begleitendes Verbalisieren ist auch hier unabdingbar.

- Komplexitätsreduktion: Analyse (Isolieren) – Üben – Synthese (Kombinieren): Komplexe Situationen sind in überschau- und verstehbare Teilbereiche aufzuteilen. Die Aufgaben werden kleinschrittig isoliert und durch geeignete Methoden systematisch erarbeitet und geübt, bis sie beherrscht werden und so wiederum zu einer Gesamthandlung zusammenführbar sind. Bei Kindern mit zusätzlichen kognitiven Beeinträchtigungen kann das Ziel bereits darin bestehen, Teilschritte eines ganzen Ablaufs selbstständig ausführen zu können. Zu berücksichtigen ist auch hier, dass Sinnbezüge »Dreh- und Angelpunkte des Lernens« darstellen (Giese 2007, 192). Trotz Elementarisierung, welche oftmals im (LPF-) Unterricht notwendig ist, muss der Bedeutungsgehalt für Lernende erhalten bleiben. »Viele der gängigen Vermittlungsstrategien erzeugen hier ein Reduktionismus-Problem, indem sie die Elemente des methodischen Aufbaus aus Elementen der Zieltechnik gewinnen. Abgesehen davon, dass einem solchen Vorgehen analytische Fehlschlüsse (z. B. vom Produkt auf den Prozess und von der Außen- auf die Innensicht) zugrunde liegen, wird das Verhältnis von Aufgabe und Lösung umgedreht: Methodische Aufgaben entwickeln sich dann aufgrund gegebener Techniken, nicht, wie üblicherweise beim Handeln, Lösungstechniken aufgrund vorgegebener Aufgaben« (Hillenbrand & Scherrer 1995, 48 zit. nach Giese 2007, 194).

13.4.3 Unterricht strukturieren und rhythmisieren

Angemessener Wechsel in den Erarbeitungsformen und zeitliche Begrenzungen anstrengender Lernperioden sind wichtige Strukturelemente des Unterrichts. Kurze Übungsperioden sollten der Ermüdung vorbeugen, Erfolgserlebnisse die Lernmotivation erhalten.

Allgemeine didaktische Prinzipien

- Transparente Inhalte und Zielsetzungen:
  Einstiege sollen Lernende informieren darüber, was geplant ist und welche Ziele anvisiert werden.
- Vollständigkeit:
  Um klare und umfassende Auskünfte über das zu Übende zu erhalten, muss dieses möglichst vielfältig – sinnlich und handelnd – erfasst werden.
- Systematik:
  Um nichts Wichtiges zu übergehen, muss planvoll exploriert (beobachtet, getastet, hingehört) werden.
- Benennen:
  Wenn Wahrgenommenes benannt wird, gewinnt es an Prägnanz und wird besser im Gedächtnis verankert. Die Verwendung genauer Begriffe und die Klärung, ob sie verstanden werden, ist zentral. Beispiel *Staub saugen*:
  - Um in einem Raum Staub zu saugen, muss man sich darin frei bewegen können, muss die räumlichen Konstellationen und Dimensionen kennen und wissen, was sich wo befindet.
  - Bei Kindern gilt es auch den Staubsauger mit seinen Bestandteilen und Funktionen auszukundschaften. Die zugehörigen Begriffe sind ebenfalls zu vermitteln und zu sichern.
- Ergebnisorientierung:
  Analyse und Auswahl von in Teilschritten zu erarbeitenden Fertigkeiten muss ergebnisorientiert geplant sein. Immer nur ›Tisch decken‹ oder ›Schneiden‹ üben, ohne dass dies zum realen Essen führt, wird die Motivation weiter zu üben beeinträchtigen.

- Bei kleineren Kindern kann man Teilfertigkeiten und Abläufe auch spielerisch einüben.
- Einzelne Ablaufschritte können weggelassen werden, sind aber zu erwähnen, damit das Endziel schneller erreicht wird: »Heute tischst du nur die Gabeln auf, den Rest mache ich für dich.«
- Erholungsphasen:
Auf Anzeichen von Ermüdung wird besser mit einer kurzfristigen Pause reagiert, als auf eine später geplante zu vertrösten.
- Unterrichtsrituale:
Regelmäßig wiederkehrende Handlungen gestalten und strukturieren Unterrichtssequenzen und machen sie durchschaubar.

13.4.4 Gestaltung von Lernprozessen

Lernprozesse lassen sich in der Regel in drei übergeordnete Phasen aufteilen: Primär anzusetzende Lernphasen verbinden sich mit Übungsphasen, welche letztlich weiterführen in möglichst autonome Phasen des Handelns.

1. Lernphase

Wichtig ist das Eingehen auf Ideen und Vorschläge der Lernenden; sie sollen Lernprozesse aktiv mitgestalten. Zu erlernende Fähigkeiten werden unterteilt in Teilbereiche. Ausgehend von der Erfassung und allenfalls Förderung der motorischen Voraussetzungen werden die zur Fähigkeit gehörenden Handlungsschritte erarbeitet. Stets werden sie begleitet von verbalen Anweisungen. Gemeinsame geteilte und mit Erfahrungen verbundene Begrifflichkeiten stellen die Voraussetzung dazu dar. Bedeutsam sind außerdem die folgenden didaktischen Prinzipien:

- Lernschritte erarbeiten unter Einbezug von Spielen, Begleiten durch Geschichten,
- Selbstkontroll- und Evaluationsmöglichkeiten einbauen,
- Erfolgserlebnisse ermöglichen und Feedbacks vermitteln.

2. Übungsphase

Lernende verfügen in dieser Phase über die notwendigen Fertigkeiten, um das gewünschte Ergebnis herbeizuführen. Sie müssen ihr Handeln nun situations- und zielbezogen üben. Es erfolgt der Transfer des Gelernten in Alltagssituationen. Wichtig dabei ist die Zusammenarbeit mit anderen Bezugs- und Fachpersonen, welche das Üben in unterschiedlichen Alltagssituationen begleitend sichern und unterstützen können. Unpräzise, ungeeignete Handlungen oder Abfolgen von Handlungsschritten sind zu korrigieren. Korrektes Ausüben der Fertigkeiten ist positiv zu würdigen, dabei auch zu erläutern, worin die Korrektheit insbesondere besteht. Es ist ratsam, früher eingeübte Handlungen immer wieder mit einzubeziehen, zu vertiefen und allenfalls zu differenzieren oder zu übertragen auf ähnliche Situationen.

3. Autonome Phase

Die Handlungen sind nun verinnerlicht und laufen mehr oder weniger automatisch ab. Komplexe Handlungen wie z. B. ein Fleischstück mit Knochen zerschneiden, bedürfen weiterhin der aktiven konzentrierten Zuwendung.

Die Phasen werden unterschiedlich schnell durchlaufen. Manchmal dauert die erste Phase sehr lang, was darauf hinweisen kann, dass die Bedeutsamkeit der zu erlernenden Fähigkeit für die Lernenden nicht unmittelbar einsichtig ist und demzufolge die Motivation begrenzt sein könnte. Grundsätzliche Misserfolgsorientierung und geringe Einschätzung der eigenen Wirksamkeit, aber auch übergroße Fürsorglichkeit durch nahe Bezugspersonen können zu Handlungshemmungen führen. Dauert dagegen die Übungsphase sehr lang, könnten unzureichende motorische Voraussetzungen oder Probleme, sich die Handlungsschritte in ihrer Abfolge vorzustellen, Ursachen dafür sein. Allenfalls stellt der Transfer auf andere Situationen eine große Herausforderung dar, weil Lernende auf ganz konkrete und klar umrissene Handlungsfelder angewiesen sind und in diesen verhaftet bleiben. Ein analoger Kontext wird demzufolge nicht als solcher erkannt, sondern als neue Aufgabe wahrgenommen. Sind Lernende neugierig und motiviert, so suchen sie in der Regel aktiv und erfolgreich nach Kombinations- und Übertragungsmöglichkeiten.

13.4.5 Das Drei-Phasen-Modell am Beispiel ›Schuhe binden‹

In der ersten Phase geht es grundsätzlich darum, zu klären, welche Schuhe man binden muss und welche Alternativen zum Binden es gibt. Schritt für Schritt werden die verschiedenen Teilhandlungen besprochen und in einer sinnvollen Reihenfolge umgesetzt. Es werden zuerst die Bändel eingezogen oder man setzt mit dem Überkreuzen derselben ein. Daraus ergibt sich als nächster Schritt das Bilden der Schlaufen, welche anschließend zu verknüpfen sind.

In der zweiten Phase geht es darum, das Binden zu üben. Die Lehrperson lässt möglichst lange handelnd Erproben, beobachtet und leitet vorhandene Ressourcen sowie notwendige weiterführende Unterstützungen daraus ab. Unterbrochen wird nur, wenn die ausgeführten Handlungsschritte keinerlei Erfolg versprechen. Der Erfolg aller Ansätze wird gemeinsam besprochen und wo möglich verglichen. Geglückte Teilschritte werden als Ausgangspunkt für unterstützende Anpassungen gewählt.

In der dritten Phase ist die erworbene Fähigkeit weitgehend automatisiert und es geht um den Transfer und die Umsetzung der erlernten Fähigkeit in ähnlichen Situationen.

13.4.6 Das Drei-Phasen-Modell am Beispiel ›Rasieren‹

In der ersten Phase gilt es zu klären, warum überhaupt rasiert werden muss und welche Möglichkeiten es gibt, dies zu tun. Möchte der Jugendliche sich elektrisch oder nass rasieren? Durch Abtasten des Gesichts werden Teile mit und ohne Bartwuchs erfasst. Gemeinsam legt man eine Strategie fest, wie der Apparat oder die Klinge zu führen ist. Kontrolle: Wo ist das Ergebnis zufriedenstellend? Sind gewisse Stellen im Gesicht gar nicht berücksichtigt worden?

In der zweiten Phase rasiert sich der Jugendliche, möglichst ohne begleitenden Kommentar der Lehrperson. Sie greift nur ein, wenn die Handlung zu keinem Erfolg führt oder Verletzungsgefahr besteht.

In der dritten Phase sollte es möglich sein, sich zu rasieren und gleichzeitig auch an etwas anderes zu denken. Die Handlung ›Rasieren‹ ist automatisiert und eine Ergebniskontrolle schließt sie ab.

13.5 Didaktische Umsetzung von Lernfeldern rund um das Thema ›Essen‹

Individuelle Zielsetzungen werden gemäß Voraussetzungen der Lernenden festgelegt. Für die einen wird das Ziel *perfekt essen können* anvisiert, während bei anderen vorerst das Teilziel *mit dem Löffel selbstständig essen* zu erreichen gesucht wird.

Bei der Unterrichtsgestaltung ist besonders zu beachten, dass in multikulturellen Gesellschaften spezielle und unterschiedliche Essensgewohnheiten zu berücksichtigen sind. Aus religiösen oder ethischen Gründen dürfen oder wollen nicht alle alles essen. Vegetarische oder vegane Grundsätze und Entscheide sind zu berücksichtigen. Dies gilt ebenso für individuelle Essensgewohnheiten, welche bei Kindern und Jugendlichen mit Autismus-Spektrum-Störungen sehr ausgeprägt vorhanden sein können. Ohne ausreichende Berücksichtigung derselben, kann die Förderung der zum Essen erforderlichen Tätigkeiten, Strategien und Kompetenzen kaum erfolgreich gelingen.

13.5.1 Inhalte (vgl. auch ISB 2001)

Die komplexe Tätigkeit ›Essen‹ setzt verschiedene Kenntnisse und Fähigkeiten voraus. Neben der umfassenden Begrifflichkeit gehören Kompetenzen in der räumlichen Orientierung sowie feinmotorische Fertigkeiten und Strategien, aber auch soziale Kompetenzen mit dazu.

13.5.2 Begriffsbildung

Zum bedeutsamen Alltagsthema Essen gehört eine sehr umfangreiche Vielfalt an Begriffen, angefangen beim Ess- und Trinkbaren inklusive zugehörigen Verpackungen, geschmacklichen und geruchlichen Ausprägungen, Strukturen, Konsistenzen, Formen und Größen über Gerätschaften zum Essen und Trinken sowie der Techniken zu deren Nutzung.

Einführend und übend gilt es Begrifflichkeiten den einzelnen Inhalten und Handlungen zuzuordnen.

- Üben lässt es sich mit Rätseln, Versen und Geschichten, mit Ratespielen zu Essbarem (tastend, riechend, schmeckend),
- Esswaren gilt es in Verpackungen zu erkennen und zu unterscheiden: Schätzen, wägen, riechen, vergleichen etc.,
- Aufbewahrung und Suche von Esswaren (Butter, Joghurt, Wurst, Käse gehören in den Kühlschrank, Besteck in die Schublade): Such- und Wegräumwettspiele, Fehler entdecken (z. B. Zahnbürste im Besteckbehälter),
- Speisepläne erfinden oder erinnern: passende Lieblingsmenüs zusammenstellen,
- Geschirr und Besteck: Was gibt es für Tassen, Gläser, Messer?

Zur Entwicklung angemessener Essensstrategien ist es nicht unwesentlich, ob Teller groß oder klein, flach, randlos oder vertieft sind und welche besonderen Eigenschaften Trinkgefäße oder Besteck haben.

13.5.3 Räumliche Orientierung

Viele Tätigkeiten des Essens und Trinkens beruhen auf räumlichen Orientierungsleistungen, weil Geschirr und Besteck, Nahrung und Getränke zu lokalisieren und angemessen in Bezug zum eigenen Körper zu setzen sind. Brambring (1999) betont hierzu, dass durch geeignete Adaptationen von Besteck und Geschirr, wie z. B. Lerntassen, spezielle Löffel, aber auch durch eine großflächige Anordnung zum Positionieren von Nahrung und Getränken, anhand des übenden Einsatzes beider Hände (z. B. eine Hand zur Orientierung und die andere zum Ausführen der Ess- oder Trinkaktivität nutzen) blinde Kinder hilfreich in ihrem Strategieerwerb unterstützt werden können.

> **Der Tisch und rundum den Tisch: Strukturen und Anordnungen**
>
> Wie finde ich den Tisch und was befindet sich darum herum?
>
> - Tische erfahren und benennen: Form, Material, Größe, Anordnung der Beine,
> - den Tisch nutzen: Anzahl Stühle, mögliche Tischordnung,
> - am Tisch sitzen, paralleles Ausrichten an der Tischkante unterstützt die Orientierung: Wo befindet sich die Tür? Was höre ich im Raum?

- Anordnung auf dem Tisch: Wo sind Besteck, Teller, Glas, Serviette? Was befindet sich auch noch da? Wie muss ich mich bewegen, damit ich nichts umwerfe?
- Tischsets strukturieren die Fläche und können die Orientierung unterstützen,
- Tisch decken: Es gibt... zum Essen: Wie wird der Tisch gedeckt? Tisch falsch decken mit unpassenden Gegenständen oder Anordnungen: Fehler und richtige Lösungen finden,
- Tellerinhalt: Was befindet sich wo in meinem Teller? Angaben zur Aufteilung erfolgen analog zum Zifferblatt der Uhr: Auf 12 Uhr befindet sich der Reis, auf 9 Uhr der Spinat.

13.5.4 Verhalten am Tisch

Bei sehbehinderten Kindern oft beobachtbar ist die visuelle Erfassung des Tellerinhalts durch Hinabsenken des Kopfs auf den Teller. Bei blinden Kindern kann dessen Erfassung durchaus auch taktil, mit den Fingern, erfolgen. Diese Strategien entsprechen kindlichen Grundbedürfnissen, ermöglichen sie doch wichtige Erfahrungen mit Nahrungsmitteln und deren Eigenschaften. Sie unterstützen zudem die Orientierung auf dem Teller, die Kontrolle der genutzten Essensstrategien sowie deren Erfolg. Andererseits stehen sie in mehr oder weniger offensichtlichem Widerspruch zu gebräuchlichen Tischmanieren. Wird auf diese besonders Gewicht gelegt, wirkt sich dies ebenso beeinträchtigend aus auf den Erwerb von Vorstellungen wie auf denjenigen sicherer Essenstechniken. Je nach Alter und allgemeinen Entwicklungsvoraussetzungen eines Kindes ist die Nutzung visueller und allenfalls auch taktiler Strategien deshalb vorerst bedeutsamer als Normerfüllung. Mit zunehmendem Alter gewinnt diese jedoch als soziale Kompetenz an Bedeutung, weshalb das Essen mit Verzicht auf unangemessene visuelle und taktile Strategien zu vermitteln ist. Durch Nutzung verschiedener Essstrategien und mittels Perspektivenwechsel sind deren unterschiedliche Wirkungen auf andere gemeinsam zu reflektieren.

Im Weiteren ist auch die Vermittlung folgender Verhaltensweisen rund ums Essen einzuplanen (vgl. Sacks 2014, 333):

- Größe der Portionen, die in den Mund geschoben werden, Kauen mit geschlossenem Mund,
- angemessene Nutzung der Serviette,
- sich bedienen aus Schüsseln oder Platten: Bitten um Unterstützung, Umgang mit Unterstützungsangeboten,
- nach dem Beenden der Mahlzeit: Ablage des Bestecks, Zusammenstellen des Geschirrs und evtl. auch Abräumen desselben.

Für Jugendliche wird auch der Besuch eines Restaurants zu einem wichtigen Thema. Grundsätzlich geht es hier darum, im Sinne eines Skripts die erforderlichen Handlungen und deren Abfolgen zu thematisieren. Deren Umsetzung, vom Auswählen von Getränken und Speisen über das Bestellen bis hin zum Bezahlen lässt sich gut im Rollenspiel durchführen. Um durch effektives Üben ausreichend Sicherheit erlangen zu können, sind Reflexion und anschließende Wiederholung gleicher Sequenzen unabdingbar.

13.5.5 Essenstechniken

Essen erfolgt je nach Speisen und Situationen auf unterschiedlichste Weisen und ist, nicht anders als bei sehenden Kindern, auch altersabhängig. Essen von Hand dominiert altersunabhängig grundsätzlich bei Obst, Früchten oder rohem Gemüse, Sandwichs, bei Gebäck, bei vielen Süßigkeiten, wie auch bei Salzknabbereien.

Das Essen mit Besteck erfolgt bei kleinen Kindern ausgehend vom Gebrauch des Löffels, welcher dann bei der Mehrheit der Speisen ersetzt wird durch Gabel und Messer. Auch hier entspricht das Einüben der korrekten Handhaltung demjenigen bei sehenden Kindern. Bei wegfallendem Sehen ist die Armhaltung zusätzlich besonders zu thematisieren. Bleiben Arm oder Ellenbogen beim zum Mund führen von Löffel oder Gabel auf dem Tisch, was aus Gründen der Sicherung der Bewegung nachvollziehbar ist, senkt sich der Kopf über den Teller oder das Besteck gerät in Schräglage. Löffel- oder Gabelinhalte fließen oder rutschen in den Teller oder auf den Tisch. Erst durch Heben des Arms lässt sich das Besteck in der zum Essen notwendigen Gerade halten.

Essen mit Messer und Gabel: Schieben, Stechen, Schneiden, Streichen

Sinnvoll ist der Beginn mit der Schiebe- und Stechtechnik. Ob die Einführung parallel oder nacheinander erfolgt, ist insbesondere abhängig von individuellen feinmotorischen Voraussetzungen.

Bewegungsabläufe lassen sich spielerisch einüben, z. B. mit dem Aufstechen von Gummibärchen oder deren Aufschieben auf die Gabel.

Schieben:

- Sehende Menschen nutzen das Messer intensiv: Sie schieben das Essen mit dem Messer auf die Gabel. Optimaler für blinde Menschen ist es, das Messer stabil zu halten und das Essen dagegen und dadurch gleichzeitig auf die Gabel zu schieben.

Stechen:

- Auch das Aufstechen ist eine oft erforderliche Technik, welcher sicherer gelingt, wenn Messer und Gabel zusammenarbeiten. Das Messer fixiert die Kartoffel und die Gabel sticht sie auf. Voraussetzung dafür ist, dass sich beide Hände gleichzeitig und unabhängig voneinander bewegen können.

Schneiden:

- Beim Schneiden erhöht sich die Komplexität der Handlung in Abhängigkeit von Konsistenz, Form und Größe des zu Schneidenden. In jedem Fall sind verschiedene Bewegungsabfolgen zu koordinieren.
- Lässt man Kinder vorerst ›Wursteln‹ beim Wurstessen, können ihre Ideen und Lösungsstrategien beobachtet und für andere Speisen differenziert und erweitert werden. Sind sie wenig erfolgreich, können passendere Vorgehensweisen vorgeschlagen und geübt werden.

Streichen/Bestreichen:

- Der Einbezug dieser Technik, z. B. beim Auftragen von Brotaufstrichen, ist in vielen Kulturen ein wesentlicher Bestandteil des Essens. Hautnahe Erfahrung dazu kann das Streichen von Handcreme auf dem Handrücken mittels stumpfer Messer oder Holzspachtel vermitteln.

Esswaren und Zutaten aus unterschiedlichen Behältern nutzen

Ohne ausreichende Kenntnisse über die vielfältigen Verpackungs- und Aufbewahrungsmöglichkeiten von Speisen und Getränken gelingt deren effektive und effiziente Nutzung kaum. Dies gilt ebenso für den Gebrauch von Zutaten und Gewürzen.

Auspacken von Wegräumen von Nahrungsmittel:

- Unterschiedliche Verpackungsmaterialen und -arten erfahren und den Umgang damit üben: Joghurtbecher öffnen; Senftuben, Konfitüre- oder Gurkengläser auf- und zuschrauben (verschiedene Arten von Deckeln), Bonbons oder Schokolade auswickeln.

Eingießen von Flüssigkeiten aus unterschiedlichen Gefäßen (Krügen, Flaschen) in unterschiedliche Behälter (Tassen, Gläser):

- Kontrolle des Füllens (Hand- und Fingerstellung),
- Vielfältige Füll- und Umfüllerlebnisse sind zu vermitteln zur Unterstützung der Mengen- und Volumenwahrnehmung (erweitern mit Mess- und Rechenmöglichkeiten, z. B. aus Flaschen verschiedener Größen und Formen verschieden große Gläser füllen).

Streuen:

- Umgang mit verschiedenen Streubehältern (Salz, Pfeffer, Pfeffermühlen, Zucker, flüssige und feste Gewürze) und Erfahrungen mit Dosierungen ermöglichen.

Dieser kurze Überblick über das Thema «Essen» ist keineswegs vollständig. Er dient als Basis und Ausgangspunkt zu weiterer individueller Ausdifferenzierung und Förderplanung.

13.6 Hilfsmittel zur Unterstützung Lebenspraktischer Fähigkeiten

Um blinde oder hochgradig sehbehinderte Menschen in der Bewältigung alltäglicher Aufgaben zu unterstützen, gibt es verschiedenste speziell adaptierte Hilfsmittel wie Uhren und Wecker, Thermometer, Waagen, Flüssigkeitsstand-Anzeiger, Farberkennungsgeräte aber z. B. auch Schrittzähler oder medizinische Geräte wie Fiebermesser, welche sprechend, mittels akustischer Signale oder vibrierend das Gewünschte anzeigen. Daneben finden sich adaptierte Nagelfeilen oder spezielle Portemonnaies zum Sortieren von Münzen, Ausweisetuis, Nadeleinfädler, Dosenöffner, spezielle Schneidegeräte oder Schnittschutzhandschuhe für den Haushalt in den traditionellen Angeboten der Hilfsmittelshops. Die in Größe, Kontrast, akustisch oder taktil angepassten Werkzeuge und Geräte können in den Shops ausprobiert und gekauft oder online von dort bezogen werden. Als weitere Unterstützungsmöglichkeiten zur individuellen Gestaltung von Arbeitsumgebungen sind z. B. auch Markierungsmaterialien oder Ordnungshilfen, Verschluss- und Haftmaterialien, Magnetstifte zum Auffinden metallischer Gegenstände erhältlich. Die wichtigsten Adressen hierfür sind https://www.szb.ch/hilfsmittel/[36] für die Schweiz, https://www.blista.de/hilfsmittel-shop[37] oder https://www.deutscherhilfsmittelvertrieb.de/[38] für Deutschland, sowie https://www.hilfsgemeinschaft.at/hilfsmittel-shop[39] für Österreich.

Nachteile dieser an sich wichtigen Angebote bestehen einerseits in der stets nur begrenzten Auswahl und andererseits in den aufgrund kleiner Auflagen relativ hohen Preise. Speziell angefertigte Hilfsmittel eignen sich grundsätzlich nie für alle blinden oder hochgradig sehbehinderten Nutzenden. Es lohnt sich somit immer, nach Angeboten auf dem regulären Markt Ausschau zu halten, welche mit oftmals nur geringfügigen Anpassungen (z. B. dem Anbringen taktiler Markierungen) auch von blinden Menschen genutzt werden können.

Damit wird insbesondere auch das übergeordnete Prinzip der »Normalität« berücksichtigt: So unspektakulär und unauffällig wie möglich und so speziell wie nötig. Gerade Jugendliche lehnen spezielle Hilfsmittel oft ab, unterstreichen diese doch ihre besonderen Bedürfnisse, während sie sich gerade nicht unterscheiden möchten von ihren sehenden Peers. Diese oft sehr starke Motivation kann eine gute Basis darstellen für die Förderung und das Einüben lebenspraktischer Techniken, zum Beispiel das Schneiden ohne spezielle Schneidehilfe, das Lernen also, wie nicht adaptierte Schneidewerkzeuge gefahrlos und sicher zu nutzen sind. Röpke (2016) liefert viele Beispiele dafür, wie Geräte und Arbeitsbereiche modifiziert und adaptiert werden können. Allerdings ist der notwendige Aufwand vielfach nicht unerheblich und die Besonderheit der Anpassungen ist teilweise markant. Es lässt sich vermuten, dass sie insbesondere für ältere Menschen in der Rehabilitation

---

36 (Zugriff am 12.10.2020)
37 (Zugriff am 12.10.2020)
38 (Zugriff am 12.10.2020)
39 (Zugriff am 12.10.2020)

besonders bedeutsam sind, während sie bei Kindern und Jugendlichen auf Ablehnung stoßen können.

> **Transfer von Fähigkeiten und Strategien**
>
> LPF-Fachpersonen suchen sinnvollerweise nach Möglichkeiten, eingeübte Strategien mit gut akzeptierten Hilfsmitteln auf andere zu übertragen. Statt eines Messbechers mit taktilen Maßanzeigen oder eines sprechenden Messbechers kann auch eine sprechende Waage eingesetzt werden, um 2 dl Wasser abzumessen. Einen Transfer von Strategien, wann immer er sich anbietet, auszuprobieren, kann in vielen Fällen einhergehen mit einer schonenden Nutzung zeitlicher wie finanzieller Ressourcen.

13.6.1 Unterstützende Technologien: Exemplarischer Überblick

Ein Problem vieler technischer und elektronischer Geräte für Haushalt und andere Lebensbereiche ist deren zunehmende Komplexität. Die Übersicht über die vielfältigen Funktionen, über welche die Geräte verfügen, ist oft nur visuell über Display möglich. Blinde und sehbehinderte Menschen geraten dadurch immer öfter in die unbefriedigende Lage, gewisse Aufgaben nicht mehr selbstständig lösen zu können, wenn alte Haushaltgeräte (z. B. Waschmaschinen) ersetzt werden. Für diejenigen mit zusätzlichen kognitiven Beeinträchtigungen verschärft sich die Problematik dadurch, dass die vielfältigen Funktionen elektronischer Geräte auch kognitive Anforderungen an Nutzende stellen.

Neben vielen technologischen Neuerungen, welche nicht oder nur bedingt für alle hochgradig sehbehinderten und blinden Menschen nutzbar sind, gibt es jedoch auch bedeutsame, barrierefreie Entwicklungen.

13.6.1.1 Spracheingabe und -ausgabegeräte

Begonnen hat es mit dem Einsatz von Audioaufnahmegeräten zum Festhalten von Notizen, Adressen, Terminen, Einkaufslisten, Schulaufgaben etc. Geräte mit erweiterten und ergänzenden Funktionen, welche im deutschsprachigen Raum verbreitet aus der Milestone-Produktefamilie genutzt werden, sind entwickelt worden. Aktuell verfügt Milestone 312 über so vielfältige Funktionen wie die Audio-Wiedergabe von Daisy, MP3-Player, Text-Wiedergaben von TXT, DOC oder HTML-Dateien in verschiedenen Sprachen und Geschwindigkeiten, über Radio, Uhr, Agenda aber auch Farberkennungsgerät und Barcodeleser oder ein Lesesystem für individuell zu beschriftende Etiketten.

Zudem können auch iPhone und iPad mit der in neueren Betriebssystemen iOS integrierten App «Sprachmemos» als Diktiergerät genutzt werden. Dabei kommt das interne Mikrophon des Geräts zum Einsatz. Zu den Aufnahmefunktionen der App, die auch mit Siri gestartet werden können, finden sich gut verständliche Nutzungsanweisungen der Apfelschule unter https://support.apple.com/de-ch/HT206775 oder https://apfelschule.ch/tipps-und-tricks/dein-iphone-ist-auch-ein-diktiergeraet-zum-beispiel-mit-der-app-sprachmemos/.[40]

Etikettenlesegeräte

Etikettenlesegeräte wie Penfriend oder Penny Talks und andere unterstützen blinde und hochgradig sehbehinderte Menschen im Erstellen persönlicher Ordnungssysteme und somit in Such- und Orientierungsfunktionen im Alltag. Es lassen sich damit Gegenstände und Nahrungsmittel in der Küche, Bücher, CDs und andere Objekte mittels Etiketten in verschiedenen Größen sprachlich kennzeichnen. Vorteilhaft ist der sehr günstige Preis der Etiketten und die Möglichkeit, sie mehrmals zu nutzen, das heißt, eine neue Information darauf zu sprechen.

Ein insbesondere für jüngere Kinder geeignetes Lesegerät mit weitgehend ähnlichen Funktionen ist der AnyBook Reader, welcher sich allerdings nicht in Hilfsmittelshops für Menschen mit Sehbeeinträchtigungen sondern in Firmen für Lernmedien bestellen lässt (z. B. https://www.betzold.de/ oder https://www.active-education.ch/.[41]

Barcode-Leser

Der Leser aus der Milestone-Palette verfügt über einen guten Scanner, welcher die codierten Informationen beim Einkaufen rasch und sicher vorliest. Den im Code enthaltenen Produkteinformationen lassen sich eigene Sprachnotizen anfügen. Als weiteres Lesesystem mit vergleichbaren Funktionen aber einem wesentlich höheren Preis ist der Einkaufsfuchs (https://www.rehadat-gkv.de/produkt/index.html[42] auf dem Markt. Beide Leser sind kompatibel mit den europäischen Strichcode-Standards. Aktuell sind zudem verschiedene kostenlose Barcode Scanner-Apps für Smartphones erhältlich.

13.6.1.2 Bedeutung des 3D-Drucks in LPF

Die Vermittlung lebenspraktischer Fähigkeiten beruht im Wesentlichen auf dem Umgang mit konkreten Objekten und Anordnungen des Alltags. Diese begreifbar und anschaulich zu machen mit Hilfe des 3D-Drucks scheint hier demzufolge nicht primär notwendig zu sein, kann allenfalls sogar das Einschlagen eines unnötigen Umwegs darstellen. Ausnahmen können sehr kleine oder sehr fragile Gegenstände sein, welche so der Exploration besser zugänglich werden.

---

40 (Zugriff am 12.10.2020).
41 (Zugriff am 12.10.2020).
42 (Zugriff am 12.10.2020).

Unterschrift in Druckschrift

Zum Bereich Kommunikation in LPF gehört auch die Fähigkeit, Dokumente persönlich zu unterschreiben und zwar so, dass der Name als solcher auch bei blinden Menschen erkennbar ist. Köwing (2018) verweist hierfür auf die Vorteile, der verbundenen Schrift (Schreibschrift). Während beim Schreiben in Druckschrift die Buchstaben oft übereinandergeschrieben werden, verhindert die verbundene Schrift dies aufgrund des fortlaufenden Schreibens ohne Absetzen zwischen den einzelnen Buchstaben. Mittels 3D-Druck sind in einer einfachen verbundenen Ausgangsschrift vollständige Namen herstellbar, welche taktil zugänglich und somit zum Üben vielfältig nutzbar sind.

13.6.1.3 Apps zum Einsatz in LPF

Auf dem aktuell sehr umfänglichen App-Markt für Tablets und Smartphones ist es nicht einfach, die geeigneten und möglichst barrierefrei zugänglichen Apps zu finden. Bei Loscher (2018) und Iriogbe (2014) finden sich einige grundsätzliche Kriterien zur Beurteilung der Nutzbarkeit von Apps für blinde und sehbehinderte Lernende. Zwei im Alltag hilfreiche Anwendungen werden nachfolgend kurz vorgestellt.

Geldnoten erkennen

Die App CashReader https://cashreader.app/de/[43] bietet gute Unterstützung im Umgang mit Geld. Sie ist konzipiert für blinde und sehbehinderte Menschen mit in Größe, Farbe und Kontrast sehr gut geeigneter und anpassbarer schriftlicher Anzeige sowie assistiver Technologie, die den Geldwert vorliest und zusätzlich optimiert ist für VoiceOver (iOS) und TalkBack (Android). Der Cash Reader funktioniert offline und erkennt Geldscheine der meisten Währungen zuverlässig aus jedem Winkel selbst in schwacher Beleuchtung.

Farben erkennen

Die App ColorVisor (iOS) https://itunes.apple.com/de/app/id511093568[44] identifiziert Farben von Gegenständen und die Farbigkeit von Bildern. Mit VoiceOver wird die Farbbezeichnung angesagt, wobei die Ausführlichkeit in den Einstellungen angepasst werden kann. Ebenfalls einstellbar sind unterschiedliche Farbpaletten für die Benennung von Grundfarben oder farblichen Nuancen.

Das rasch wechselnde Angebot an Apps sowie deren kontinuierliche Weiterentwicklungen erfordern stets von Neuem kritische Evaluationen ihrer Nutzbarkeit.

---

43 (Zugriff am 12.10.2020).
44 (Zugriff am 12.10.2020).

13.7 Fazit

Es ist einerseits davon auszugehen, dass aus technologischen Weiterentwicklungen gerade im Fachbereich LPF auch zukünftig wesentliche Unterstützungs- und Förderangebote entstehen. Zu fordern wäre allerdings, dass diese, dem Prinzip der einfachen und intuitiven Bedienbarkeit folgend, möglichst allen Menschen mit beeinträchtigtem oder fehlendem Sehen Zugang gewähren, also auch denjenigen unter ihnen mit zusätzlichen Beeinträchtigungen.

Andererseits verweist die Bezeichnung LPF darauf, dass es sich doch grundsätzlich um den Erwerb von Handlungskompetenzen im Umgang mit alltagspraktischen Anforderungen handelt. Erfahrungen sammeln, erleben, lernen, üben und anwenden in konkreten Lebensbereichen steht im Zentrum.

Sowie die Lebensbereiche sich durchdringen und überschneiden, hat auch die Vermittlung der darin erforderlichen Fähigkeiten als Angebot fächerübergreifend, inner- und außerschulisch und je nach Alter und besonderen Voraussetzungen angemessen zu sein. Kooperation unterschiedlicher Fach- und Lehrpersonen ist darin ebenso unabdingbar wie diejenige von Schule und familiärem Umfeld. So lassen sich ausreichend Angebote finden zum Erwerb von Kompetenzen wie zum Umsetzen und Anwenden des Erworbenen in vielen persönlichen und gemeinsam mit anderen geteilten Erfahrungsräumen.

Literatur

Bardin, J. A. (2014): Independent living. In: C.B. Allman, & S. Lewis (Eds.): *ECC essentials – teaching the Expanded Core Curriculum to students with visual impairments*. New York, 283–310.

Brambring, M. (1999): *Entwicklungsbeobachtung und Förderung blinder Klein- und Vorschulkinder. Beobachtungsbögen und Entwicklungsdaten der Bielefelder Längsschnittstudie. Handbuch.* Würzburg.

Cory, P. (1997): Bedeutung von LPF für die Entwicklung der Gesamtpersönlichkeit. *Orientierungshilfe 1997*, 30–39.

Cory, P. (2005): Lebenspraktische Fähigkeiten (LPF) bei Kindern. *Orientierungshilfe 2005*, 9–12.

Cory, P. (2009a): Die Vermittlung lebenspraktischer Fähigkeiten (LPF) als Bildungsauftrag der Blinden- und Sehbehinderteneinrichtungen. *blind – sehbehindert 129*, 62–69.

Cory, Pamela (2009b): Die Herausforderung der Vermittlung Lebenspraktischer Fähigkeiten. *Orientierungshilfe 2009*, 37–41.

Drolshagen, B. & Rothenberg, B. (1998): Selbstbestimmt leben als Lebensperspektive sehgeschädigter Menschen – eine Herausforderung auch für die Sehgeschädigtenpädagogik. In: Verband der Blinden- und Sehbehindertenpädagogen und -pädagoginnen e.V. (Hrsg.): *Lebensperspektiven. Kongressbericht 3.–7. 8.1998.* Hannover, 249–271.

Fikus, M. & Steinberger, F. (1998). Sich-Bewegen als Grundlage des Lernens. In: Verband der Blinden- und Sehbehindertenpädagogen und -pädagoginnen e.V. (Hrsg.): *Lebensperspektiven. Kongressbericht 3.–7.8.1998.* Hannover, 432–437.

Gehre, B. (2009): Die Vermittlung von praktischen Fertigkeiten und betriebswirtschaftlichen Grundkenntnissen im Rahmen des langfristigen Projektes »Schülerfirma WAT Konsumgüterproduktion« an der Brandenburgischen Schule für Blinde und Sehbehinderte Königs Wusterhausen als wichtige Grundlage für die Berufsvorbereitung. In: Verband der Blinden- und Sehbehindertenpädagogen und -pädagoginnen e.V. (Hrsg.): *Teilhabe gestalten. Kongressbericht. XXXIV. Kongress vom 14.–18. Juli 2008 in Hannover (CD)*. Würzburg.

Giese, M. (2007): Wenn die Methodenkonstruktion blind macht – Über die Entstehung und Vermittlung intendierter Bewegungsgestalten. *blind-sehbehindert 127*, 191–195.

Guerette, A. R. (2014): Compensatory access. In: C.B. Allman & S. Lewis (Eds.): *ECC essentials – teaching the Expanded Core Curriculum to students with visual impairments*. New York, 61–103.

Henriksen, Ch. (2018): Schulbegleitung: Hilfe oder Hindernis? *blind-sehbehindert 138*, 95–101.

Hudelmayer, D. (1997): Soziale Kompetenz. *blind-sehbehindert, Beilage zu Heft 3/97*, 6–16.

Hudelmayer, D. (2006): Tradition und Umgestaltung der Blinden- und Sehbehindertenpädagogik in der BRD nach 1945. In: W. Drave & H. Mehls (Hrsg.): *200 Jahre Blindenbildung in Deutschland (1806-2006)*. Würzburg, 197–210.

Hüther, G. (2006): Die Bedeutung sozialer Erfahrungen für die Strukturentwicklung des menschlichen Gehirns. In: U. Herrmann (Hrsg.): *Neurodidaktik. Grundlagen und Vorschläge für gehirngerechtes Lehren und Lernen*. Weinheim und Basel, 41–48.

Hoelscher, U. (2008): Basaler Bildungsplan (Waldtraut Rath) und Erziehung sehgeschädigter Kinder, Jugendlicher und junger Erwachsener – Selbstverständlichkeiten oder vergessene Wahrheiten? *blind-sehbehindert 128*, 25–32.

Hofer, U. (2007): Lernförderung »Interaktion«: Mit mehrfachbehinderten Kindern Beziehungen zu Menschen und Welt gestalten und erweitern. In: Arbeitsgemeinschaft Frühförderung sehgeschädigter Kinder (Hrsg.): *Besondere Herausforderung durch besondere Kinder. Kinder mit Mehrfachbehinderung in der Frühförderung. Referate der 21. Fortbildungstagung Frauenchiemsee Benediktinerinnen-Abtei Frauenwörth*. Würzburg, 85–98.

Iriogbe, J. (2014): Das iPhone als Alltagshilfe für Sehgeschädigte. *Orientierungshilfe 37*, 4–7.

ISB - Staatsinstitut für Schulpädagogik und Bildungsforschung (Hrsg.) (2001): *Mobilität und Lebenspraktische Fertigkeiten im Unterricht mit sehgeschädigten Kindern und Jugendlichen*. Würzburg.

Klafki, W. (1958): Didaktische Analyse als Kern der Unterrichtsvorbereitung. *Die deutsche Schule 10/1958*, 450–471.

Köwing, G. (2016): Förderung Lebenspraktischer Fähigkeiten (LPF) sowie der Orientierung und Mobilität (O&M). Positionen 2016. *Sonderheft blind-sehbehindert 136*, 61–64.

Köwing, G. (2018): 3D-Druck in der LPF-Schulung – Neue Unterrichtsmaterialien für das Erlernen der Unterschrift. *blind-sehbehindert 138*, 245–248.

Kultusministerkonferenz (KMK) (2000): Empfehlungen zum Förderschwerpunkt Sehen. In: W. Drave (Hrsg.): *Empfehlungen zur sonderpädagogischen Förderung: Allgemeine Grundlagen und Förderschwerpunkte; mit Kommentaren*. Würzburg, 177–197.

Lewis, S. & Allman, C.B. (2014): Instruction and assessment: General principles and strategies. In: C.B. Allman & S. Lewis (Eds.): *ECC essentials – teaching the Expanded Core Curriculum to students with visual impairments*. New York, 31–58.

Liebermann, L.J., Haegele, J.A., Columna, L. & Conroy, P. (2014): How students with visual impairments can learn components of the Expanded Core Curriculum through physical education. *Journal of Visual impairment and Blindness 3/108*, 239–248.

Loscher, Th. (2018): Gibt's denn da eine App? *blind-sehbehindert 138*, 236-244.

Metz, P. (1989): Lebenspraktische Fertigkeiten am Scheideweg? Ein Plädoyer für Spezialisten und Spezialwissen in den Internaten für Sehgeschädigte! *blind-sehbehindert 109*, 207–213.

Nielsen, L. (1996): *Schritt für Schritt. Frühes Lernen von sehgeschädigten und mehrfachbehinderten Kindern*. Würzburg.

Röpke, B. (2002): Die Bedeutung von körperlichen Einschränkungen bei der Vermittlung Lebenspraktischer Fertigkeiten für sehgeschädigte Menschen. *Orientierungshilfe 2002*, 14–19.

Röpke, B. (2016): *Einfach leichter. Modifikation und Adaptation von Hilfsmitteln zur Durchführung alltagspraktischer Fertigkeiten für Menschen mit beeinträchtigtem Sehen*. Würzburg.

Sacks, S.Z. (2014): Social interaction. In: C.B. Allman & S. Lewis (Eds.): *ECC essentials – teaching the Expanded Core Curriculum to students with visual impairments*. New York, 324–359.

Schwarz, M. (2005): Erfahrungen zum Thema »LPF mit Kindern«. *Orientierungshilfe 2005*, 28–29.

VBS - Verband für Blinden- und Sehbehindertenpädagogik e.V. (Hrsg.) (2011/2016): Bildung, Erziehung und Rehabilitation blinder und sehbehinderter Kinder und Jugendlicher in den Ländern der Bundesrepublik Deutschland: Standards – Spezifisches Curriculum, 2011. In: S. Degenhardt, W. Gewinn & M.-L. Schütt (Hrsg.): *Spezifisches Curriculum für Menschen mit Blindheit und Sehbehinderung für die Handlungsfelder, Schule, Übergang von der Schule in den Beruf und Berufliche Rehabilitation.* Norderstedt, 169–203.

VBS - Verband für Blinden- und Sehbehindertenpädagogik e.V. (Hrsg.) (2016): Positionen 2016. *Sonderheft blind-sehbehindert.* Würzburg.

Wagner, E. (2003): *Sehbehinderung und Soziale Kompetenz.* Frankfurt am Main, Berlin, Basel.

Walthes, R. (2014): *Einführung in die Pädagogik bei Blindheit und Sehbeeinträchtigung.* 3. Auflage. München, Basel.